U0896022

大党的样子

曹普◎主编

中央党校出版集团
国家行政学院出版社
NATIONAL ACADEMY OF GOVERNANCE PRESS

图书在版编目（CIP）数据

大党的样子 / 曹普主编. —北京：国家行政学院出版社，2024.2

ISBN 978-7-5150-2866-8

Ⅰ. ①大… Ⅱ. ①曹… Ⅲ. ①中国共产党—党史 Ⅳ. ①D23

中国国家版本馆 CIP 数据核字（2023）第 250561 号

书　　名　大党的样子
　　　　　DADANG DE YANGZI
主　　编　曹　普
责任编辑　刘韫劼
责任校对　许海利
责任印制　吴　霞
出版发行　国家行政学院出版社
　　　　　（北京市海淀区长春桥路 6 号　100089）
综 合 办　（010）68928887
发 行 部　（010）68928866
经　　销　新华书店
印　　刷　北京盛通印刷股份有限公司
版　　次　2024 年 2 月北京第 1 版
印　　次　2024 年 2 月北京第 1 次印刷
开　　本　170 毫米 ×240 毫米　16 开
印　　张　32
字　　数　459 千字
定　　价　98.00 元

本书如有印装问题，可联系调换，联系电话：（010）68929022

目录
CONTENTS

序　言　大党就要有“大的样子” 何毅亭　/ 1

一个思想伟大有大志向大追求的党　/ 2

一个组织强大有大团结大一统的党　/ 4

一个目光远大有大智慧大谋略的党　/ 6

一个胸怀博大有大境界大担当的党　/ 9

第一章　“大的样子”如何铸就

——中国共产党由稚嫩到成熟、由弱小到强大的百年历程　/ 1

一、在内忧外患的危难关头开天辟地　/ 3

二、在苦难辉煌的革命岁月艰难成长　/ 10

三、在曲折发展的建设时期上下求索　/ 21

四、在高歌猛进的改革年代乘风破浪　/ 34

五、在民族复兴的伟大时代引领航向　/ 49

第二章　大志向：革命理想高于天　/ 63

一、坚定共产主义远大理想，领导伟大社会革命　/ 66

二、遵循社会历史规律，探索社会主义道路　/ 77

三、坚持实事求是，推进中国社会主义现代化建设　/ 89

第三章　大抱负：把民族复兴的重责扛在肩上　/ 101

一、寻路：先进中国人谋求民族复兴的努力　/ 103

二、救国：走上了实现民族复兴的壮阔道路 / 110
三、兴国：取得风雨前行、安身立命的资格 / 125
四、强国：彻底摆脱被开除“球籍”的危险 / 134
五、复兴：站在历史交汇点上毅然逐梦前行 / 145

第四章 大定力：坚定不移“走自己的道路” / 153
一、新民主主义革命道路的确立与发展 / 155
二、探索符合中国国情的社会主义建设道路 / 170
三、中国特色社会主义道路的开辟和发展 / 176
四、新时代中国特色社会主义道路越走越宽广 / 190

第五章 大情怀：永远同人民站在一起 / 199
一、新民主主义革命时期：解放一切被压迫阶级 / 202
二、社会主义建设探索时期：为人民谋幸福 / 216
三、改革开放以来：以人民利益为重 / 225
四、新时代：以人民为中心，创造美好生活 / 231

第六章 大优势：组织起来使力量倍增 / 241
一、把民心和民力组织起来 / 243
二、从政治成熟走向组织成熟 / 257
三、扎根新中国 / 264
四、扬帆新征程 / 275
五、走向新时代 / 282

第七章 大智慧：不断推进马克思主义中国化时代化 / 295
一、创立毛泽东思想：实现马克思主义中国化时代化的第一次历史性飞跃 / 298

二、形成中国特色社会主义理论体系：实现马克思主义中国化时代化新的飞跃　/ 315
三、创立习近平新时代中国特色社会主义思想：实现新时代马克思主义中国化时代化新的飞跃　/ 337

第八章　大手笔："强国"引领绘宏图　/ 347
一、为建设独立、自由、民主、统一、富强的新国家创造根本前提　/ 349
二、探索建设社会主义的现代化强国　/ 357
三、建设富强、民主、文明的社会主义现代化国家　/ 366
四、建设富强、民主、文明、和谐的社会主义现代化国家　/ 372
五、全面建成小康社会，迈上建设社会主义现代化强国新征程　/ 378

第九章　大胸襟：勇于进行"伟大自我革命"　/ 389
一、"自我革命"话语生成及对推进从严管党治党的意义　/ 391
二、以自我革命精神推进从严管党治党的百年历程　/ 403
三、中国共产党百年自我革命的宝贵经验与重要启示　/ 426

第十章　大担当："为世界谋大同"　/ 441
一、中国应当对于人类有较大的贡献　/ 443
二、和平与发展是当今时代的两大主题　/ 460
三、科学把握大变局，推动构建人类命运共同体　/ 476

后　记　/ 494

序 言

大党就要有"大的样子"

何毅亭

中国共产党走过奋斗历程逾百年。从一大时全国50多名党员到今天的9800多万名党员，从6个国内早期党组织到今天500多万个基层党组织，从一大为躲避搜查而移地开会到今天牢固执掌全国政权70多年、使一个14亿多人口的东方大国成为世界第二大经济体。这100多年，中国共产党团结带领中国人民创造了人类社会发展史和科学社会主义发展史上的伟大奇迹，书写了中华民族几千年历史上最恢宏的史诗，党在千锤百炼中成长为一个世所罕见的伟大政党。

习近平总书记指出："中国共产党是世界上最大的政党。大就要有大的样子。"① 这"大的样子"，不仅仅指中国共产党的党员人数超大规模、组织体系超大规模，更重要更本质的是中国共产党政治品格、组织塑造、领导智慧、胸怀格局、精神境界等方面的集中体现。这"大的样子"，来自中国共产党在百余年奋斗中对初心的坚守、对使命的担当、对责任的自觉。这"大的样子"，在中国共产党为中国人民谋幸

① 《习近平谈治国理政》第3卷，外文出版社2020年版，第67页。

福、为中华民族谋复兴的恢宏实践中已经充分展现并不断发扬光大。

一个思想伟大有大志向大追求的党

在中国这样一个占世界人口四分之一、经济文化落后的大国夺取全国政权、建立社会主义制度，进而建设社会主义现代化强国，是马克思主义发展史上的崭新课题，面对的国内外敌人之强、遇到的困难和矛盾之多、经历的挑战和风险之大都是世界上任何政党所不能比拟的。因此，对于领导中国革命、建设、改革和新时代伟大实践的中国共产党来说，最重要的就是把马克思主义基本原理同中国具体实际相结合、同中华优秀传统文化相结合，既继承前人又突破陈规、既借鉴世界经验又不照搬别国模式，坚定不移走自己的路。

中国共产党把马克思主义作为立党立国的指导思想，这使党一成立就得以用最先进的理论武装起来。100 多年来，党在推进中华民族伟大复兴的实践中不断开辟马克思主义中国化时代化新境界，创立和形成了毛泽东思想、邓小平理论、“三个代表”重要思想、科学发展观、习近平新时代中国特色社会主义思想，为党和人民事业发展提供了不可或缺的科学指南。正是在马克思主义和马克思主义中国化时代化成果指引下，中国共产党能够摆脱以往一切政治力量追求自身特殊利益的局限，以追求真理的科学精神、无私无畏的博大胸怀领导和推动中国革命、建设、改革和新时代伟大实践，团结带领人民完成了近代以来各种政治力量不可能完成的艰巨任务，干成了前人不可能企及的千秋伟业。重视思想建党、理论强党，拥有自己一整套既一脉相承又与时俱进的科学理论并用以武装全党、指导实践，从而把科学理论转化为亿万人民强大的物质力量——这种特质、这种优势、这种效果，在当今世界所有政党中是独一无二的。

中国共产党政治抱负远大、政治追求崇高。党的一大纲领就明确提出“以社会革命为自己政策的主要目的”，党的二大进而提出“消除内乱，打倒军阀，推翻国际帝国主义的压迫，达到中华民族完全独立”的反帝反封建民主革命纲领，并提出了“渐次达到一个共产主义的社会”的最高纲领。党把最高纲领同最低纲领统一起来，同党正在做的事情统一起来，这就使党能够始终站在时代发展最前沿带领人民群众不断开辟前进的道路。100 多年来，对社会主义和共产主义的信仰，成为一代又一代共产党人的政治灵魂和经受住任何考验的精神支柱；为中国人民谋幸福、为中华民族谋复兴的初心使命，鼓舞和指引着一代又一代共产党人前赴后继为之奋斗。为什么中国共产党在那么弱小的情况下能够逐步发展壮大起来，在腥风血雨中能够一次次绝境重生，在攻坚克难中能够不断从胜利走向胜利？根本原因就在于不管是处于顺境还是逆境，也不管是在革命、建设、改革时期还是新时代，党始终胸怀远大理想、践行初心使命，义无反顾、矢志不移地向着既定目标迈进，从而赢得了人民衷心拥护和坚定支持。

历史深刻表明，一个政党能够有多大作为，根本取决于这个政党能够在多大程度上发挥人民群众的历史主体作用。中国共产党之所以“能”，归根到底是坚持以人民为中心，靠的是人民的力量。上个世纪 60 年代，英国元帅蒙哥马利访问中国，在同毛泽东会见后深有感慨地说：“毛泽东的哲学非常简单，就是人民起决定作用。”这句话，客观上揭示了中国共产党同资产阶级政党的根本区别，彰显了我们党人民至上的大情怀和天下为公的大境界。中国共产党始终坚持全心全意为人民服务的根本宗旨，把群众路线作为贯彻党的政治路线、思想路线、组织路线的根本工作路线，把不断实现好、维护好、发展好最广大人民群众的根本利益作为党的全部工作的出发点和落脚点，从人民群众的智慧和力量中汲取前进的不竭动力，使之成为推动革命、建设、改革和新时代伟大实践的力量源泉。纵观世界各国政党，哪一个政党像中国共产党这样百年始终如一坚持一切为了人民、一切依靠人民，始终如一与人民风雨同舟、生死与共，始终如一同人民群众保持血肉联系！得人心者得天下。习近平总书记在党的二十大报告中深刻指出：“江山就是人民，人民就是江山。中国共产党领导人民打江山、守江山，守的是人民的心。”这段话，把共产党和人民之间的鱼水关系、舟水关系讲透了。

中国共产党这种信仰的伟大、理想的伟大、使命的伟大、宗旨的伟大，从政治品格上鲜明展示和体现了这个世界最大政党的“大的样子”。

一个组织强大有大团结大一统的党

思想伟大使中国共产党牢牢站上站稳人类社会道义的制高点，组织强大则使中国共产党不断迈向事业发展的新高峰。习近平总书记指出：“党的力量来自组织，组织能使力量倍增。”① 这是千真万确的。100多年来，中国共产党之所以能够在革命、建设、改革和新时代伟大实践中攻克一个又一个看似不可攻克的难关，创造一个又一个彪炳史册的人间奇迹，关键在于党拥有严密系统的组织体系、德才兼备的干部队伍、健全严格的组织纪律、科学管用的组织制度。这种组织上的巨大资源和巨大优势，使中国共产党具备“振臂一呼、应者云集”的强大组织动员力和政治执行力，这同样是当今世界上无论哪个政党都不具备、都做不到的。

中国共产党按照马克思主义建党原则，建立了由党的中央组织、地方组织和基层组织构成的，覆盖全国各个地方、各个领域、各个系统、

---

① 中共中央文献研究室编：《十八大以来重要文献选编》上卷，中央文献出版社2014年版，第765页。

各个行业的组织体系，使全党形成一个上下贯通、运转高效、联系广泛、执行有力的统一整体，共同为实现党的纲领和目标任务而奋斗。中国工人阶级的先进分子和中国人民、中华民族的先进分子，全国各个民族、各个领域、各个方面的优秀人才，大多数集中在中国共产党内。确保党的集中统一，充分发挥各级党委的核心领导作用，充分发挥基层党组织的战斗堡垒作用，把千千万万党员的力量拧成一股绳，把千千万万党员的智慧汇聚到一起，把千千万万党员的意志凝聚到同一个方向，这就形成改天换地的磅礴伟力，天下还有什么困难不能克服、还有什么事情不能干成?!

在中国共产党的宏大队伍中，起关键作用的无疑是党的干部队伍特别是各级领导骨干。党在领导革命、建设、改革和新时代伟大实践中，坚持五湖四海、任人唯贤，德才兼备、人岗相适的用人原则，重视基层和艰苦岗位锻炼、重视干部实绩和群众公认的用人导向，在干部培养、选拔、使用、教育、管理等方面形成一系列科学理念和一整套制度机制。在各个历史时期都培养造就了一支与实现党的政治路线和中心任务相适应、能够担当重任、经得起各种风浪考验的干部队伍，特别是造就了一大批德才兼备、干练而充满活力的领导骨干。回顾中国共产党100多年的奋斗史，无论战争年代、和平时期，无论政治军事、财政经济、科教文化等领域，无论内政外交国防、治党治国治军，各方面都是人才济济、精英荟萃、阵容齐整。正是靠着这样一支优秀干部队伍和这样一批高素质领导骨干，中国共产党在带领人民创业奋斗中从稚嫩走向成熟、从弱小走向强大，一直走到今天。毛泽东说：政治路线确定之后，干部就是决定的因素；习近平总书记说：治国之要，首在用人。中国共产党最高领袖的这些精辟论断，正是对党的干部队伍和各级领导层在中国革命、建设、改革和新时代伟大实践中发挥关键作用的高度概括。

建设和管理好中国共产党这样超大规模的党，制度更带有根本性、全局性、稳定性、长期性。党实行民主基础上的集中和集中指导下的民主相结合的制度，即民主集中制的根本组织制度和领导制度。这一制度正确规范了党内政治生活、处理党内关系的基本准则，既充分发挥各级党组织和广大党员的积极性创造性，又形成全党的统一意志、统一行动，既切实完善和扩大党内民主、倡导讲真话讲实话，又实行“四个服从”、坚决维护党中央权威和集中统一领导，从而保证了我们这个世界第一大党既朝气蓬勃、充满活力又始终保持全党政治上高度统一、行动上强大有力。战争年代党中央和毛泽东仅凭电台“嘀嗒、嘀嗒”就能运筹帷幄、决胜千里，就是一个鲜明的例证。实践证明，民主集中制是保证党的路线方针政策和重大决策部署得以正确制定和有力执行的制度，是科学的合理的有效率的制度，必须始终坚持和不断完善。

一个目光远大有大智慧大谋略的党

大党要实现大志向大追求，就要有大智慧。中国共产党围绕革命、建设、改革时期和新时代的目标任务，运用辩证唯物主义和历史唯物主义观察和分析问题，站高谋远、总揽全局，把握大势、前瞻未来，制定一系列符合中国国情和时代特征的路线、方针、政策，提出一系列对党和人民事业发展有重大意义的战略、策略、谋略，作出一系列影响深远的重大决策部署，展示出目光敏锐、深谋远虑，以小见大、见微知著，多谋善断、举要驭繁的政治智慧和战略远见。

党的政治路线是党和国家的生命线、人民的幸福线，政治路线正确与否是决定一切的。中国共产党在民主革命时期制定了无产阶级领导的，人民大众的，反对帝国主义、封建主义和官僚资本主义的新民主主义革命总路线，把革命引向了胜利。新中国成立后，党制定了在一个相当长的时间内逐步实现国家的社会主义工业化，并逐步实现国家对农业、手工业和资本主义工商业的社会主义改造的过渡时期总路线，在中国建立起社会主义制度。党的十一届三中全会确立了社会主义初级阶段以经济建设为中心、坚持四项基本原则、坚持改革开放的基本路线，从根本上改变了中国的面貌。党在制定和坚持这些正确政治路线上表现出的政治智慧，是富有独创性的大智慧大谋略。

政策和策略是实现党的政治路线的重要手段和保证。没有正确的政策和策略，党的政治路线就是空的、虚的，就难以落实落地。所以毛泽东把政策和策略提到党的生命的高度，要求全党在这个问题上万万不可粗心大意。100多年来，中国共产党把原则性和灵活性结合起来，根据政治形势和实际情况及其变化制定并执行正确的政策和策略。比如新民主主义革命时期提出：弱小的革命力量在变化着的主客观条件下能够最终战胜强大的反动力量，战略上要藐视敌人，战术上要重视敌人，要掌握斗争的主要方向，不要四面出击，对敌人要区别对待，利用矛盾、各个击破等。比如社会主义革命和建设时期提出：人民内部在政治上实行“团结—批评—团结”，在党与民主党派关系上实行“长期共存、互相监督”，在科学文化工作中实行“百花齐放、百家争鸣”，在统一战线上调动一切积极因素，化消极因素为积极因素，以便团结全国各族人民建设社会主义强大国家等。比如改革开放新时期提出：公有制为主体、多种所有制共同发展，允许和鼓励一部分地区、一部分人先富起来，以建立社会主义市场经济体制为改革目标，分“三步走”基本实现现代化，在祖国统一方面实行“一国两制”方针等。凡此种种，无不蕴涵着丰富的政治智慧和政治谋略。特别是党的十八大以来，以习近平同志为核心的党中央提出一系列新理念新思想新战略，出台一系列重大方针政策、推出一系列重大举措，这是党对中国特色社会主义建设规律认识深化和理论创新的重大成果，充分展现出深谋远虑的政治判断、卓越高超的政治智慧、驾驭全局的政治韬略。

中国共产党在重大历史关头和重大问题上作出关系全局的重大战略决策，同样表现出巨大的政治勇气、高超的政治智慧和强烈的历史担当。比如在中华民族危亡的严重时刻发生“西安事变”，党提出正确的政策主张，使事变得以和平解决，推动实现了第二次国共合作和全民族抗战。“皖南事变”后，面对国民党的反共气焰和党内一些错误情绪，党提出对国民党“政治上取攻势、军事上取守势”的方针，使形势朝着有利于我党的方向发展。抗日战争胜利后中国面临两种命运两种前途的决战，党提出“向北发展、向南防御”的战略方针，派11万大军和2万干部经略东北、抢占先机，为解放战争的胜利发挥了独特战略作用。新中国成立初期，在百废待兴而美国出兵朝鲜的重大历史关头，党作出抗美援朝的重大战略决断，创造了威武雄壮的历史伟业，避免了侵略者陈兵国门的危局，捍卫了新中国的安全。再比如十一届三中全会后，党坚持科学评价毛泽东的历史地位和毛泽东思想的科学体系，根本否定“文化大革命”的错误实践和理论，同时坚决顶住否定毛泽东和毛泽东思想的错误思潮。在上个世纪80年代末、90年代初国内国际发生政治风波的重大历史关头，党旗帜鲜明地坚持四项基本原则，维护国家的独立、尊严、安全和稳定，同时毫不动摇地坚持经济建设这个中心，坚持改革开放，使党和国家事业继续沿着十一届三中全会确定的路线蓬勃发展。后来的实践和发展都充分证明，当年党作出的这些重大决策是多么富有政治智慧和战略远见。

这里要特别指出，新时代以来面对世界经历百年未有之大变局，以习近平同志为核心的党中央积极推动构建以合作共赢为核心的新型国际关系，明确提出并积极推进构建人类命运共同体，创造性地提出“一带一路”倡议和“三大全球倡议”，为破解人类难题贡献了中国智慧、中国方案。如今，“构建人类命运共同体”理念被多次写入联合国决议、多边合作机制协议等国际文件，受到国际社会的普遍欢迎和广泛支持，成为共建美好世界的最大公约数；共建“一带一路”已成为当今世界范围最广、规模最大的国际合作平台，既发展中国，也造福世界；“三大全球倡议”获得国际社会积极评价，为当前人类面临的难题提供了综合性解决方案。中国共产党的大智慧大情怀大担当，为人类和平与发展的崇高事业作出了新的更大贡献。

一个胸怀博大有大境界大担当的党

世界最大政党是否有“大的样子”，还要看这个党的胸怀、境界、格局和担当。如果世界上政党之间比胸怀之开阔、比境界之高远、比格局之宏大、比担当之勇毅，中国共产党必定首屈一指。这里最重要的是，中国共产党有其他政党根本不具备的自我革命精神。

勇于自我革命是马克思主义政党的根本要求。马克思曾经说，无产阶级革命与其他革命不同之处就在于：它自己批评自己，并靠批评自己壮大起来。列宁也讲过：“一个政党对自己的错误所抱的态度，是衡量这个党是否郑重，是否真正履行它对本阶级和劳动群众所负义务的一个最重要最可靠的尺度。公开承认错误，揭露犯错误的原因，分析产生错误的环境，仔细讨论改正错误的方法——这才是一个郑重的党的标志。”①

中国共产党的发展历程，就是党在推进伟大社会革命中不断进行伟大自我革命的历程。100多年来，我们党有高奏凯歌的辉煌，也有失误挫折的低谷，甚至一次次站在生死存亡的悬崖边上。但在历史紧要关头，中国共产党总能够一次次力挽狂澜，就在于党敢于坚持真理、善于修正错误，始终保持自我革命、从头再来的勇气；就在于党敢于刀刃向内，敢于刮骨疗毒，敢于壮士断腕，始终具有极强的自我纠错能力和自

① 《列宁选集》第4卷，人民出版社1995年版，第167页。

我修复能力。

中国共产党勇于进行自我革命，是基于对自己初心使命的清醒认识和责任担当，是基于对中国革命、建设、改革和新时代伟大任务艰巨性、复杂性、长期性的清醒认识和责任担当，是基于对“中国要出问题，还是出在共产党内部”和“没有什么外力能够打倒我们，能够打倒我们的只有我们自己”这种政治考验、政治风险的清醒认识和责任担当。这样的自我革命，覆盖党的政治建设、思想建设、组织建设、作风建设、反腐倡廉建设、纪律建设、制度建设各个方面，通过自我净化、自我完善、自我革新、自我提高，使党获得新的更加强大的生机活力。

你看，民主革命时期，面对大革命的失败，党进行深入总结反思，毛泽东提出枪杆子里面出政权的战略思想，探索和开创了农村包围城市、武装夺取政权道路；遵义会议后纠正王明错误路线，批判张国焘分裂党和红军的错误，经过延安整风使全党在毛泽东思想基础上实现空前统一，中国共产党和中国革命出现崭新局面。社会主义建设时期，总结反思“大跃进”的教训，提出社会主义建设规律的宝贵经验。十一届三中全会以后，总结反思“文化大革命”的沉痛教训，开创了改革开放和社会主义现代化建设新时期。

特别是党的十八大以来，以习近平同志为核心的党中央把全面从严治党纳入“四个全面”战略布局，以刀刃向内的政治勇气向党内顽瘴痼疾开刀，在刮骨疗毒中解决自身思想、组织、作风、纪律等方面存在的一系列突出问题，根本扭转了长期以来存在的管党治党宽松软局面，实现了自身革命性锻造和自身战斗力的极大提升，实现了党心军心民心的空前凝聚，实现了党和国家事业的历史性变革，开辟了坚持和发展中国特色社会主义崭新境界。

由此及彼，其兴也勃焉、其亡也忽焉的历史周期率不只是中国历史上政权的兴衰治乱、往复循环，也是世界政党政治中执政在野、上台下台的历史写照。世界上那些有过不凡历史和政绩的老党大党之所以没有跑赢历史周期率而垮台，很重要的原因就是在掌控执政资源、创造执政业绩的光环下，存在着忽略自身不足、忽视自身问题的状况，陷入“革别人命容易、革自己命难”的怪圈。唯有中国共产党坚持不懈进行自我革命，勇于正视和解决自身问题，不仅找到了跳出历史周期率的“第二个答案”，而且进一步塑造和丰富了自己的政党优势。这样的卓尔不群、独树一帜，恰恰是中国共产党永葆活力、长盛不衰的奥秘和关键所在。

《共产党宣言》发表170多年来，马克思主义在世界范围内得到广泛传播，马克思主义政党在全世界雨后春笋般建立和发展起来，深刻改变了整个世界，也深刻改变了整个中国。中国共产党成立已100多年，在全国执政也已70多年，这在马克思主义发展史和世界社会主义发展史上都是极为罕见的，这个现实不仅对中国和中华民族的发展，而且对世界社会主义的发展都具有十分重大的意义。

中国共产党作为百年大党，作为世界上最大的马克思主义执政党，大有大的优势，大也有大的难处。党要始终赢得人民拥护、巩固长期执政地位，必须时刻保持解决大党独有难题的清醒和坚定。经过党的十八大以来全面从严治党，解决了党内许多突出问题，但党面临的执政考验、改革开放考验、市场经济考验、外部环境考验将长期存在，精神懈怠危险、能力不足危险、脱离群众危险、消极腐败危险将长期存在。如何始终不忘初心、牢记使命，如何始终统一思想、统一意志、统一行动，如何始终具备强大的执政能力和领导水平，如何始终保持干事创业精神状态，如何始终能够及时发现和解决自身存在的问题，如何始终保持风清气正的政治生态，是我们这个大党在带领人民推进强国建设、民族复兴伟业新征程上必须解决好的重大问题。正在全党深入开展的学习贯彻习近平新时代中国特色社会主义思想主题教育，就是要“学思想、强党性、重实践、建新功”，通过深刻的当代中国马克思主义、21 世纪马克思主义的思想理论洗礼，使全党始终保持统一的思想、坚定的意志、协调的行动、强大的战斗力，为实现新时代新征程党的使命任务汇聚起磅礴力量，让中国共产党的伟大品格更加彰显。我们欣喜地看到，一个思想伟大的党、一个组织强大的党、一个目光远大的党、一个雄韬伟略的党、一个胸怀博大的党，一个始终走在时代前列、人民衷心拥护、勇于自我革命、经得起各种风浪考验、朝气蓬勃的马克思主义执政党，在以习近平同志为核心的党中央坚强领导下，在习近平新时代中国特色社会主义思想正确指引下，正团结带领全国各族人民满怀信心、意气风发向着全面建成社会主义现代化强国、实现第二个百年奋斗目标，以中国式现代化全面推进中华民族伟大复兴的目标持续迈进。这，就是新时代新征程中国共产党“大的样子”。

第一章

“大的样子”如何铸就

——中国共产党由稚嫩到成熟、由弱小到强大的百年历程

- 在内忧外患的危难关头开天辟地
- 在苦难辉煌的革命岁月艰难成长
- 在曲折发展的建设时期上下求索
- 在高歌猛进的改革年代乘风破浪
- 在民族复兴的伟大时代引领航向

中国共产党已走过了一百多年风雨历程。百年征程波澜壮阔，百年初心历久弥坚。从上海石库门到嘉兴南湖，一艘小小红船承载着人民的重托、民族的希望，越过急流险滩，穿过惊涛骇浪，成为领航中国行稳致远的巍巍巨轮。中国共产党的百年历史，是深刻改变中国人民和中华民族前途命运与逐步壮大党的力量同步发展的历史，是为中华民族作出伟大历史贡献与党的自身建设取得重大成效相互促进的历史，是在中国建立和建设社会主义与推进马克思主义中国化时代化相辅相成的历史。习近平指出：“我们党要搞好自身建设，真正成为世界上最强大的一个政党。”① 这一论述鲜明表达了中国共产党全面推进党的建设新的伟大工程的崇高志向和远大追求，体现了以习近平同志为核心的党中央管党治党的坚定决心和高度自信，反映了我们这样一个马克思主义政党的宽阔眼界和历史担当。

一、在内忧外患的危难关头开天辟地

1840 年鸦片战争之后，中国开始成为半殖民地半封建社会，中国迈上了从器物到制度再到观念层面向西方强国学习之旅。随着中国社会的逐渐近代化，民族危机进一步加深，西方政党思想在中国社会逐渐被理解和掌握；也随着中国革命发展的逐渐深入，中国的革命力量需要政党，需要政党来领导革命，中国社会也需要政党，需要政党来实现政治家们的理想。然而，要建立一个强有力的、有现代化发展取向的政党权威，谈何容易！中国人民在争取民族独立、反帝反封建的斗争过程中，历尽坎坷，几经选择，逐渐形成了自己的政党和政党制度。

戊戌变法前后，因救亡态度不同，中国资产阶级分为两个政治派别。

① 习近平：《在中央政治局常委会会议审议“两学一做”学习教育方案时的讲话（节选）》，《党建研究》2016 年第 5 期。

康有为是清末改良派领袖和思想家，先后组织了强学会、南学会、保国会，孙中山是资产阶级革命派领袖和思想家，先后组织了兴中会、华兴会、光复会，均显出政党的雏形。1945 年，毛泽东在党的七大口头报告中说："孙中山这位先生，要把他讲完全。我们是马克思主义者，是讲历史辩证法的。孙中山的确做过些好事，说过些好话，我在报告里尽量把这些好东西抓出来了。这是我们应该抓住死也不放的，就是我们死了，还要交给我们的儿子、孙子。"① 历代封建社会的统治者极端仇视各类党派团体，就连古汉语中的"党"字也常含贬义。建立党派叫做"勾结朋党""结党营私"，各类党派统统被称为"狐朋狗党""贼人乱党"，就是封疆大吏、公侯重臣也没有结社的自由权利，政党根本没有合法产生和存在的可能。孙中山的一个重大贡献，就是冲破封建思想的束缚，在中国历史上第一次建立了革命政党。加上清末以来"党禁"的松动，促使政党如雨后春笋般破土而出。时人叹曰："社团之多，真如过江之鲫"；"集会结社，犹如疯狂，而政党之名，如春草怒生"②。不仅在上海、北京、天津、南京、武汉等政治中心城市，即使如吉林、贵州、云南等偏远边疆地区，政党也是层出不穷。以致"党会既多，人人无不挂名一党籍。遇不相识者，问尊姓大名而外，往往有问及贵党者"③。

民初究竟有多少社团政党，已很难确切统计。台湾学者张玉法从大量史料中统计出，武昌起义前 10 年，国内公开的政治团体达 668 个，武昌起义后到 1913 年底，国内新兴的公开党会团体有 682 个，其中从事政治活动的就有 312 个。历史学家黎澍曾对民初政党林立的局面有过一段描述：这些小党派，往往是少数几个人，甚至一个人所发起，拉拢几个同志和可资号召的军政界人，就发表宣言，招收党徒，到处活动。有的是为了拥护一

---

① 中共中央文献研究室编：《毛泽东文集》第 3 卷，人民出版社 1996 年版，第 321 页。

② 杨绪盟：《移植与异化——民国初年中国政党政治研究（修订版）》，人民出版社 2009 年版，第 123 页。

③ 冰心：《北京社会之面面观》，《时事新报》1913 年 1 月 3 日。

个领袖共谋富贵而组织的，有的是为了乘机涌进行政机关，争几个人的地位而组织的，有的则是为了对抗其他集团而组织的。各个小党派都纷纷派人进行联络工作，有些人成为许多党派争取、罗致的对象，他们的名字同时出现在好几个党派的文件上。这些党派并没有固定的政治纲领，挂着“共和”的招牌，哪里有势可借，有利可图，便趋向哪里，因而旋生旋灭，旋合旋分。其中有许多到现在只剩下一纸宣言和简章，究竟实情怎样，已经很少有人知道了。

虽然清末民初成立的党会团体多达数百个，但大多数小党旋生旋灭，如同过眼云烟，无迹可寻，无绩可道。能够在国会中开展活动，参与政权争夺的不过是几个大党。但这些所谓的大党也是组织涣散、脱离民众、党纪松弛。多数政党没有基层组织，所以也很少与下层民众发生联系。即使几个大党，其活动重心也是在社会上层，集中于达官显贵，名流政客，忙于国会中的联合斗争，根本不关心民众疾苦，不了解民众愿望，不听取民众呼声，只顾海阔天空地空谈“拥护共和”“促进共和”“建设共和”“巩固民国”，但并没有给出改良中国政治和社会的具体方案，更谈不上科学理论的指导。

1917 年，俄国爆发十月社会主义革命，建立苏维埃政权，成为人类历史上的划时代事件。这场革命给正在苦闷中摸索、在黑暗里苦斗的中国先进分子展示了一条新的出路。在这以前，中国思想界已经有人谈论过社会主义。从 1899 年英国传教士在《万国公报》中第一次提到马克思和马克思的学说以来，资产阶级维新派（如梁启超）和革命派（如朱执信等）都曾对马克思及其学说作过某些介绍。但在十月革命以前，马克思主义在中国并没有得到正确的阐释，也没有为人们所重视。那时，中国社会接受马克思主义的条件还不成熟。毛泽东后来说：“十月革命一声炮响，比飞机飞得还快”①，“给我们送来了马克思列宁主义”②。毛泽东多次表示自己是

① 中共中央文献研究室编：《毛泽东文集》第 3 卷，人民出版社 1996 年版，第 290 页。
② 《毛泽东选集》第 4 卷，人民出版社 1991 年版，第 1471 页。

受十月革命的影响开始逐步转变为马克思主义者的。毛泽东的思想转变代表了中国早期马克思主义者的思想轨迹，他们深受儒家传统文化的影响，也对当时传入中国的各种“主义”发生过浓厚的兴趣，并积极付诸实践，在十月革命以后，他们开始聚焦马克思主义。所以毛泽东说，在十月革命以后，马列主义才传播到中国，我们才开始学习。毛泽东回顾自己的思想转变历程时说：“我学孔夫子、资产阶级的东西十三年，就是不知道马列”①，“十月革命后我才知道世界上有什么马克思、马克思主义，列宁、列宁主义”②。

十月革命对世界的觉醒、对中国的觉醒影响是很大的，它在社会主义的西方和被奴役的东方之间架起了一座桥梁，建成了一条从西方无产者经过俄国革命到东方被压迫民族的新的反对世界帝国主义的革命战线，给世界人民解放事业开辟了广大的可能性和现实的道路。十月革命爆发后不久，中国就有报刊报道十月革命的消息，以李大钊为代表的先进分子也开始在中国传播马克思主义。李大钊在1918年写的《庶民的胜利》和《Bolshevism的胜利》两篇文章中，热烈地赞扬十月革命，指出无产阶级的社会主义革命是世界历史的潮流。什么皇帝、贵族、军阀、官僚、军国主义、资本主义，“遇见这种不可当的潮流，都像枯黄的树叶遇见凛冽的秋风一般，一个一个的飞落在地”。他满怀信心地预言：“试看将来的环球，必是赤旗的世界！”③ 事实上，“革命行动的实际影响比理论宣传文章传播得快得多”④。在十月革命的影响下，中国“异军特起，更有中华长城渤海之间，发生了五四运动”⑤。

---

① 中共中央文献研究室编：《毛泽东文集》第8卷，人民出版社1999年版，第444页。

② 中共中央文献研究室编：《毛泽东年谱（1949—1976）》第6卷，中央文献出版社2013年版，第475页。

③ 中共中央党史研究室：《中国共产党历史·第1卷（1921—1949）》上册，中共党史出版社2002年版，第57—58页。

④ 中共中央文献研究室编：《毛泽东文集》第3卷，人民出版社1996年版，第249页。

⑤ 中共中央文献研究室编：《毛泽东年谱（1893—1949）》（修订本）上卷，中央文献出版社2013年版，第42页。

五四运动是近代中国革命史上具有划时代意义的事件，它带着辛亥革命不曾有的姿态，这就是彻底地不妥协地反对帝国主义和彻底地不妥协地反对封建主义，启导广大人民的觉悟，准备革命力量的团结。五四运动对社会主义思潮在中国的蓬勃兴起，起到了极大的推动作用。它促进了马克思主义在中国的传播并与工人运动的结合，为中国共产党的成立在思想上、干部上做了准备。因此，它标志着中国新民主主义革命的伟大开端。五四运动后不久，随着马克思主义在中国的传播及其同中国工人运动的初步结合，建立工人阶级政党的任务被提上了日程。

最早酝酿在中国建立共产党的是陈独秀和李大钊。通过对马克思主义的学习和传播，通过对俄国十月革命经验的学习，通过中国工人运动的实践，他们逐步认识到，要用马克思主义改造中国，走十月革命的道路，就必须像俄国那样，建立一个无产阶级政党，使其充当革命的组织者和领导者。这时的陈独秀已将关注的主要目光从青年学生转向工农大众，从进步思想文化的研究和传播转向建立共产党组织。这是一个重大的转折。

1920 年 2 月，为躲避反动军阀政府的迫害，陈独秀从北京秘密迁移到上海。在护送陈独秀离京途中，李大钊和他商讨了在中国建立共产党组织的问题。3 月，李大钊同邓中夏就中国共产党的创建等进行多次商议后，在北京大学组织了马克思学说研究会。这是中国最早的一个学习和研究马克思主义的团体，也是李大钊把“对于马克思派学说研究有兴味的和愿意研究马氏学说的人”联合起来的最初尝试。同年 4 月，经共产国际批准，俄国共产党（布尔什维克）远东局海参崴（即符拉迪沃斯托克）分局外国处派出全权代表维经斯基等来华（在华期间，维经斯基化名吴廷康），了解五四运动后中国革命运动发展的情况。同行的有旅俄华人、俄共（布）党员、翻译杨明斋等。维经斯基一行先到北京会见李大钊，然后又到上海会见陈独秀（五四运动开始后不久，陈独秀在北京被军阀政府逮捕入狱；出狱后，为躲避军阀迫害，他离开北京到上海，并把《新青年》迁往上海继续出版）。经过考察，维经斯基认为中国可以组织共产党。这对中国共产党的创建起了一定的促进作用。

在维经斯基等人的帮助下，陈独秀以上海马克思主义研究会为基础，加快了建党工作的步伐。1920 年 6 月，他同李汉俊、俞秀松、施存统、陈公培等人开会商议，决定成立共产党组织，并初步定名为社会共产党，还起草了党的纲领。此后不久，围绕着是用“社会党”还是用“共产党”命名的问题，陈独秀征求李大钊的意见。李大钊主张定名为“共产党”，陈独秀表示完全同意。8 月，共产党早期组织在上海法租界老渔阳里 2 号《新青年》编辑部成立，推陈独秀担任书记。11 月，共产党早期组织拟定了《中国共产党宣言》，指出“共产主义者的目的是要按照共产主义者的理想，创造一个新的社会”。为此，要通过革命的阶级斗争，推翻资产阶级政权，建立无产阶级专政。宣言的内容没有向外发表，但曾以此作为收纳党员的标准。

在上海成立的共产党早期组织，实际上是中国共产党的发起组织，是各地共产主义者进行建党活动的联络中心。1920 年 10 月，李大钊、张国焘等在新文化运动的发祥地北京成立共产党早期组织，当时称为“共产党小组”，同年年底决定成立共产党北京支部，李大钊为书记。它曾帮助天津、唐山、太原、济南等地的共产主义者开展工作，对北方党团组织的建立起过促进作用。在上海及北京党组织的联络和推动下，1920 年秋至 1921 年春，董必武、陈潭秋、包惠僧等在武汉，毛泽东、何叔衡等在长沙，王尽美、邓恩铭等在济南，谭平山、谭植棠等在广州，也成立了党的早期组织。成立共产党早期组织的地方，多是受新文化运动和五四爱国运动的影响较深、产业工人较为集中、已经出现了一批相信马克思主义的知识分子的中心城市。在日本、法国也有由留学生和华侨中先进分子组成的共产党早期组织。中国共产党早期组织的名称并不统一。如上海的组织一开始就叫“中国共产党”，北京的组织则称为“中国共产党北京支部”。它们都是不久后组成统一的中国共产党的地方组织。

1921 年 7 月 23 日晚，中国共产党第一次全国代表大会在上海法租界望志路106号（今兴业路76号）开幕。国内各地的党组织和旅日的党组织共派出13名代表出席大会，他们代表着全国的58名党员。这58名党员基本上都接受过中等以上的教育。其中，留日的有18人，北大毕业生有17人，其他大学的有8人，中师、中学毕业的有13人，只有2人文化程度不高。他们大多数都是五四新文化运动中的活跃分子，他们投身革命已不再是迫于生计，也不是为小我而奋斗。他们站在新文化运动的起点上，超越了以往仁人志士的追求，怀揣着用马克思主义来“改造中国和世界”的理想，创立了中国共产党。从入党以后的革命经历来看，在革命战争年代牺牲（包括在革命工作岗位上病逝）的有22人。只有4个人能坚持到革命胜利，成为党和国家领导人（即毛泽东、周恩来、董必武、林伯渠）。因各种原因脱党、退党的有23人，其中脱党后又恢复党籍参加革命工作的有5人，新中国成立后担任各级领导干部的还有12人。被开除党籍的有10人，其中有些是不公正的。从以上这些情况来看，这58个成员虽然历经革命“大浪淘沙”，但绝大多数人是经得起考验的。

参加党的一大的13名代表是：上海的李达、李汉俊，北京的张国焘、刘仁静，长沙的毛泽东、何叔衡，武汉的董必武、陈潭秋，济南的王尽美、邓恩铭，广州的陈公博，旅日的周佛海，以及受陈独秀派遣的包惠僧。在广州的陈独秀和在北京的李大钊因有其他事务未出席会议。出席党的一大的上述人员，平均年龄为28岁。共产国际代表马林和尼克尔斯基出席了这次大会。7月30日晚，一名陌生的中年男子突然闯入会场，后又匆忙离去。具有长期秘密工作经验的马林断定此人是敌探，建议马上中止会议。大部分代表迅速转移。稍后，法租界巡捕搜查了会议地点。在这种情况下，代表们商定最后一天的会议改在浙江嘉兴南湖的一艘游船上举行。

8月3日下午6时，会议主持人张国焘宣布会议闭幕，并举行了一个简单的闭幕仪式。在庄重的气氛中，代表们轻声呼喊：共产党万岁！第三国际万岁！共产主义、人类的解放者万岁！代表们走下游船来到岸上的时候，湖面上已经暮霭沉沉、渔火点点。大家乘坐晚车赶回上海时，已经是午夜时分。具有划时代意义的中国共产党第一次全国代表大会就这样结束了。党的一大正式宣告了中国共产党的成立，这艘游船因而获得了一个永载中国革命史册的名字——红船。从此，中国共产党引领革命的航船，劈波斩浪，开天辟地，使中国革命的面貌焕然一新。

由于中国共产党和中国以往其他政党不同，一开始便旗帜鲜明地以马克思主义的阶级斗争观点来观察和分析中国的问题，并且深入到工人中去做群众工作，所以尽管最初人数很少，却立刻使旧社会一切腐朽势力深感恐慌。当中国共产主义运动处在萌芽状态时，就被斥为“过激主义”而遭到中外反动派的联合压迫。1920 年 4 月，北洋政府致电各省区督军、省长、都统，饬令他们对所谓“过激主义”严密防范。12 月，北洋政府国务院根据步兵统领王怀庆呈文致函内务部，命令他们拟定惩治“过激党人”专条。王怀庆在呈文中惊呼共产主义的传播“其祸甚于洪水猛兽”，应“严加防范，以遏乱萌”。在这种情况下，中国共产党一成立就不得不处于非法的秘密状态，长期受到反动军警的严密搜捕和血腥镇压。这种极端严酷的环境，是中国其他政党很少遇到过的。

中国共产党作为最先进的阶级——工人阶级的政党，不仅代表着中国工人阶级的利益，而且代表着中国广大人民和整个中华民族的利益；它由于掌握着马克思主义这个锐利的思想武器，能够为中国人民指明斗争的目标和走向胜利的道路。这就是为什么它能够逐步地而又牢固地在中国的大地上扎下根来，使自己发展成为一支不可战胜的力量的原因。中国共产党的成立，给灾难深重的中国人民带来了光明和希望。它像光芒四射的灯塔，指明了中国人民的斗争道路。中国革命要取得胜利，首先需要有一个工人阶级的革命政党。自从有了中国共产党，中国革命的面目就为之一新。

二、在苦难辉煌的革命岁月艰难成长

中国共产党是在一个幅员广大、人口众多、情况复杂、经济文化落后的半殖民地半封建社会的旧中国进行活动的。把马克思列宁主义的普遍真理同中国革命的具体实践正确地结合起来，这是一项前人没有遇到过的缺乏现成经验的艰巨工程，需要有一个摸索的过程，一个在斗争中积累经验的过程。因此，党要搞好自身的建设，要制定出一整套适合中国国情的马克思主义路线、方针、政策，不能不经过艰难曲折的历程。

党的一大规定，为了保证党的先进性，大会“决定接受党员要特别谨慎，严格审查”；鉴于当时的党几乎完全由知识分子组成，大会决定要特别注意组织工人，以共产主义精神教育他们。大会通过的纲领还规定，申请入党的人，不得具有非共产主义的思想倾向。他们在入党之前，“必须断绝同反对我党纲领之任何党派的关系”；“在公开时机未成熟前，党的主张以至党员身分都应保守秘密”。尽管有这些规定，在党刚刚诞生的时候，它的成员的状况难免还是比较复杂。

党的一大后，党在领导工人运动和加强宣传工作的同时，自身也得到了发展。1921 年 11 月，陈独秀以中央局书记的名义，向各区党组织发出通告，对党、团、工会组织的发展等作出规定，明确要求上海、北京、广州、武汉、长沙五区“早在本年内至迟亦须于明年 7 月大会前，都能得同志 30 人成立区执行委员会，以便开大会时能够依党纲成立正式中央执行委员会”。对于这一指示，各地党组织认真执行。1922 年 7 月，中国共产党第二次全国代表大会在上海召开，出席这次大会的代表共 12 人，代表全国 195 名党员（其中工人党员 21 人）。在党的二大上，讨论并通过了党的历史上第一部正式党章——《中国共产党章程》。这部党章遵循马克思主义建党学说基本原理，借鉴俄国党的建设的基本经验，以及中国共产党一年来工作的初步体会，规定了党内生活和党内关系的一系列原则。这部党章针对党的纪律作了较为严格的规定，它虽然没有直接把民主集中制正式写入，但第一次明确阐释了民主集中制原则的基本思想。如“全国代表大会为本党最高机关”，“全国大会及中央执行委员会之决议，本党党员皆须绝对服从之”，“下级机关须完全执行上级机关之命令”，“本党一切会议均取决多数，少数绝对服从多数”等。另外，党章规定了开除党员的条件。包括“无故连续二次不到会”，“欠缴党费三个月”，“无故连续四个星期不为本党服务”等，都应该将之开除。

从这时起，中国共产党还开始采取资产阶级、小资产阶级政党和政治派别所没有采取过、也不可能采取的全新的革命方法，即发动和依靠群众的方法。和其他党派不同，中国共产党作为工人阶级的先锋队，它的全部活动都是为工人阶级和人民群众谋利益的，是为他们的解放事业服务的，因此，它敢于相信和依靠群众。党的二大指出，我们共产党，不是知识者所组织的马克思学会，也不是少数共产主义者离开群众之空想的革命团体。我们既然是为无产群众奋斗的政党，我们便要到群众中去，要组成一个大的群众党。这个党不仅内部必须有适应于革命的组织与训练，而且党的一切运动都必须深入到广大的群众里面去，都必须是不离开群众的。建党初期中国工人运动的勃兴，初步显示了党的群众路线的威力。

当工人运动遭到失败后，中国共产党开始寻求建立统一战线以领导中国革命的办法。1923 年 6 月 12 日至 20 日在广州召开的中国共产党第三次全国代表大会，对国共合作的方针和办法作出了正式决定。出席这次大会的代表有 30 多人，代表全国 420 名党员。党的三大正确地估计了孙中山的革命立场和国民党进行改组的可能性，决定共产党员以个人身份加入国民党。用这种形式实现国共合作，是孙中山和国民党当时所能接受的唯一形式。当孙中山夫人宋庆龄问，“为什么需要共产党加入国民党”时，孙中山回答道：“国民党正在堕落中死亡，因此要救活它就需要新血液。”① 李大钊曾同孙中山“讨论振兴国民党以振兴中国之问题”，并表示自己是第三国际的党员。孙中山说：“这不打紧，你尽管一面做第三国际党员，一面加入本党帮助我。”② 李大钊由此成为最早参加国民党的共产党员。共产

---

① 《宋庆龄选集》上卷，人民出版社 1992 年版，第 178 页。

② 刘引泉主编：《中国民主革命时期通史（1919—1949）》下卷，东方出版社 1990 年版，第 45 页。

党员加入国民党，对于国共两党的发展，对于中国革命的前进，都是有利的。因为这样做，不仅有利于中共更有力地影响国民党的政策，推动国民党的革新，推动在它影响下的资产阶级和小资产阶级群众投入革命；也有利于通过国民党的组织去发动工农群众，从而使国民党具有广泛的群众基础，获得新的生命；还有利于共产党从比较狭小的圈子里走出来，在更广阔的革命斗争的天地中接受锻炼，迎接大革命高潮的到来。所以党的三大的决定是有巨大历史功绩的。

国共合作为中共党组织的发展提供了良好契机。中共中央在 1924 年 5 月召开的第三届中央执行委员会第一次扩大会议上强调发展产业工人入党的重要性，指出：“这些工人都是我们党的基础，只有联结这些工人，我们的党才能发达而成一政治上的势力。”① 会议还强调，在大产业的工人里扩大我们的党，是现时的根本职任之一。同时还决定特别设立一个由 7 人组成的编辑委员会，主持中央机关报的编辑工作，以加强对党员的教育。此次会议之后，党的组织获得较快发展。到党的四大前，党员发展至近千人，比三大时增加了一倍多。

党的四大对党的组织建设更加重视，明确指出：“组织问题为吾党生存和发展之一个最重要的问题。”② 为加强党的组织建设，中共中央通过《对于组织问题之议决案》，决定设立一有力的中央组织部，实际上真能指导地方之党的组织，并决定“吾党在国民党及其他有政治性质的重要团体中，应组织党团，从中支配该党和该团体的活动”。议决案还规定党的组织体制是中央集权制，组织原则是民主集中制，对党员和党的各级组织也有明确的、严格的组织纪律要求。议决案将原党章中“有五人以上可组织一小组”的规定改为“有三人以上即可组织支部”；决定将党的工作重点由帮助国民党发展组织转向加强自身的组织建设，将党的组织建设的重点

① 李蓉、叶成林：《中共四大轶事》，人民出版社 2015 年版，第 121 页。

② 中央档案馆编：《中共中央文件选集（1921—1925）》第 1 册，中共中央党校出版社 1982 年版，第 379 页。

从执行委员会和地方委员会转移到党的支部建设上来。党的四大通过的党章第一次明确规定以支部作为党的基本组织，强调党支部建设应当引起全党的高度重视。根据革命形势和党的组织发展状况，党的四大通过的《中国共产党第二次修正章程》对党员、组织、会议、纪律、经费等问题都作了相应调整和明确规定，使党的章程更趋完善。党的四大决定在全国范围内加强党的建设，使党的建设开始进入一个新阶段。

大革命空前地提高了中国共产党在全国人民中的政治威望，壮大了共产党及其领导的革命力量。从建党到大革命失败短短的6年时间内，中国共产党由起初只有58名党员，发展成为一个拥有近5.8万名党员，领导着280余万工人和970余万农民的具有相当群众基础的政党。中共中央直接领导着湖南、湖北、江浙、广东、北方、江西、河南、陕甘8个区委和山东、福建、南满、北满、安徽、四川6个地委。共青团员也发展到3.5万人。共产党播下的革命火种将形成燎原之势。

但是，轰轰烈烈的大革命因蒋介石、汪精卫先后叛变而最终失败。在革命形势转入低潮的情况下，中国共产党的许多优秀干部，群众运动的领袖，成千上万的共产党员、共青团员，革命的工人、农民、知识分子以及党外革命人士倒在血泊中，党的活动被迫转入地下。据中国共产党第六次全国代表大会时的不完全统计，从1927年3月到1928年上半年，被杀害的共产党员和革命群众达31万多人，其中共产党员有2.6万多人。据1927年11月的统计，党员数量由大革命高潮时期的近6万人急剧减少到1万多人。中国共产党从成立到第一次国共合作正式实现还不到两年半，到大革命失败也只有6年。在大革命失败时，毛泽东不到34岁，瞿秋白、周恩来、罗亦农、张太雷、李立三、刘少奇、赵世炎等都只有20多岁。这样一个年轻的党，在成立后短时期内就能够推动起那么大的一场革命高潮，创造出这样一个局面，而且站在它的前列，这是十分不容易的，说明这个党内确实集中了一大批中华民族的优秀儿女。他们提出了反帝反封建的明确政治纲领，进行了规模空前的发动群众特别是广大下层群众的工作。这两点，在中国历史上没有其他任何政党能够做到。

在遭受大革命失败的严重挫折后，中国共产党内普遍要求清算并纠正过去的严重错误，决定新的路线和政策。1927 年 8 月 7 日，中共中央在湖北汉口秘密召开紧急会议，这便是八七会议。会议着重批评了大革命后期以陈独秀为代表的中央所犯的右倾机会主义错误，确定了实行土地革命和武装起义的总方针，并选出以瞿秋白为首的中央临时政治局。这次会议提出要“找着新的道路”，并决定选调积极、坚强、有斗争经验的同志到几个重要省区发动和领导农民起义。毛泽东在会上强调，以后要非常注意军事，须知政权是由枪杆子中取得的。

八七会议后，党派出许多干部分赴各地，恢复和整顿党组织，发动武装起义。1927 年 8 月 9 日，在中共中央临时政治局第一次会议上，决定毛泽东以中央特派员身份到湖南传达八七会议精神，改组省委，领导秋收起义。9 月 9 日，湘赣边界秋收起义爆发，起义武装 5000 余人兵分三路攻打长沙。但是，由于遭到远比自己强大的反革命军队的抵抗，损失严重。这时，毛泽东果断改变原有部署，下令各路起义部队停止进攻，退到浏阳文家市集中。9 月 19 日，毛泽东在文家市主持召开前委会议，否定了“取浏阳直攻长沙”的主张，决定把起义军向南转移到敌人统治力量薄弱的农村山区，寻找落脚点，以保存革命力量，再图发展。从进攻大城市转到向农村进军，这是中国人民革命发展史上具有决定意义的新起点。9 月 29 日，起义军到达江西永新县三湾村时，在毛泽东领导下进行了改编，史称“三湾改编”。前委将已不足千人的部队由原来的一个师缩编为一个团；建立党的各级组织和党代表制度，党的支部建在连上，班、排有小组，连以上设党代表，营、团设党委；成立各级士兵委员会，实行民主制度，在政治上官兵平等。这些措施开始改变起义军中旧军队的习气和不良作风，从组织上确立了党对军队的领导，是建设无产阶级领导的新型人民军队的重要开端。10 月上旬，毛泽东率领起义军到达井冈山北麓的宁冈县，先后和当地农民武装袁文才（共产党员）、王佐两部建立联系，又派党员军事干部到袁文才部队中帮助进行政治、军事训练，开始了创建井冈山革命根据地的斗争。

在创建井冈山根据地的斗争中，毛泽东尤其重视军队建设。1927 年底，他规定部队必须执行打仗消灭敌人、打土豪筹款子、做群众工作三项任务。1928 年 4 月，他又总结部队做群众工作的经验，规定部队必须执行“三大纪律（当时称‘三条纪律’）、六项注意”。三大纪律是：（1）行动听指挥；（2）不拿工人农民一点东西；（3）打土豪要归公。六项注意是：（1）上门板；（2）捆铺草；（3）说话和气；（4）买卖公平；（5）借东西要还；（6）损坏东西要赔。后来，六项注意又增加洗澡避女人和不搜俘虏腰包两项内容，发展成为“三大纪律、八项注意”。这些规定体现了人民军队的本质，对于加强人民军队建设、正确处理军队内部的关系特别是军民之间的关系、瓦解敌军等，都起了重大作用。1928 年 4 月下旬，朱德、陈毅率领南昌起义保留下来的部队和湘南起义农军 1 万余人陆续转移到井冈山地区，与毛泽东领导的部队在宁冈砻市会师。会师后，成立工农革命军第四军（后改称工农红军第四军），朱德任军长，毛泽东任党代表和军委书记，王尔琢任参谋长。从此以后，他们领导的红军被称为“朱毛红军”，是令国民党军队闻之胆寒的部队。

井冈山根据地的建立和发展，点燃了工农武装割据的星星之火，照亮了中国革命前进的道路，给苦难的中国人民带来了光明和希望。但是，井冈山根据地也有明显的弱点：一是虽然地势险要但人口稀少，物产并不丰富，随着红军人数激增，加上国民党军队的反复“清剿”和严密封锁，军民生活极端困难，有时连最低限度的衣食用品也难以保证；二是缺乏足够的发展空间和回旋余地，不能作为大发展的基地。1929 年 1 月 14 日，当湘赣两省的国民党军以 3 万人分五路向井冈山发动“会剿”时，毛泽东、朱德便率红四军主力 3600 余人离开井冈山，经过一番艰苦卓绝的斗争开辟了赣南闽西根据地，后来在此基础上，形成中央革命根据地。

红四军离开井冈山后，一段时间内处境十分艰难，部队领导层内部关于党的领导、军事和政治的关系、民主集中制等问题发生了一场严重的争论。1929 年 12 月下旬，根据中共中央“九月来信”的精神，中国共产党红军第四军第九次代表大会在福建省上杭县古田召开，这就是古田会议。大会通过了 8 个决议案，其中最重要的是关于纠正党内错误思想的决议案。古田会议决议是中国共产党和红军建设的纲领性文献。它初步回答了在党员以农民为主要成分的情况下，如何从加强党的思想建设着手，保持党的无产阶级先锋队性质的问题；初步回答了在农村进行革命战争的环境中，如何将以农民为主要成分的军队，建设成为无产阶级领导的新型人民军队的问题。决议所规定的基本原则不但很快在红四军得到贯彻，后来在各地红军中也逐步得到实行。古田会议决议是党和人民军队建设史上的里程碑，具有十分重要的意义，产生了极其深远的影响。

1934 年 10 月，第五次反“围剿”失败，中央红军被迫长征。按照原定计划，中央红军准备转移到湖南西北部同红二、红六军团会合。国民党当局在红军西进的道路上布置了四道封锁线。红军在突破第四道封锁线湘江时，在国民党湘军和桂军的夹击下，付出了极大牺牲。12 月 1 日，中共中央、中革军委和直属机关渡过湘江。由长征出发到这时，中央红军从 8.6 万余人锐减到 3 万余人。在残酷的事实面前，党和红军内部对错误领导的怀疑、不满和要求改换领导的情绪迅速增长。一些曾经支持过“左”倾错误的领导人，也逐步改变态度。

1935 年 1 月 7 日，红军攻克黔北重镇遵义。1 月 15 日至 17 日，中共中央在遵义召开政治局扩大会议，集中力量解决当时具有决定意义的军事上和组织上的问题。会议尖锐地批评第五次反“围剿”战争中的单纯防御和长征中惊慌失措的逃跑主义，指出博古（秦邦宪）、李德（原名奥托·布劳恩）要负主要责任。会议增选毛泽东为常委，指定张闻天起草《中共中央关于反对敌人五次“围剿”的总结决议》，常委中再进行适当的分工。会后不久，由张闻天代替博古对党负总责，成立由周恩来、毛泽东、王稼祥组成的三人小组负责全军的军事行动。中共中央同共产国际之间的秘密电台在长征战斗中被毁坏，原有的联系中断。它的直接后果是中国共产党可以而且只能完全独立自主地根据面对的实际情况决定自己的行动和主张，它所产生的影响是深远的。遵义会议结束了支配中共中央长达 4 年之久的“左”倾教条主义错误，在事实上确立了毛泽东在中央的领导地位，使中国共产党重新焕发出蓬勃的生机和活力。它在千钧一发的危急关头挽救了中国共产党、红军和中国革命，成为中国共产党历史上一个生死攸关的转折点。

遵义会议后，中央红军在毛泽东等人的正确领导下，采用机动灵活的作战方式，穿插于云贵川之间，四渡赤水河，巧渡金沙江，强渡大渡河，摆脱几十万尾追的国民党军；接着翻雪山，于 1935 年 6 月在四川懋功与红四方面军会合。随后，克服张国焘分裂主义错误。1936 年 10 月，红军三大主力在陕北会师，完成了最后的长征。

全面抗战爆发后，中国共产党不但坚持了敌后抗战，有力地配合了国民党的正面战场，而且真正实现了从小到大、由弱到强。全面抗战爆发之时，陕北的主力红军和南方的红军游击队，分别被改编为国民革命军第八路军和新编第四军，两军总人数 5 万余人，全国党员约 4 万人，根据地只有陕甘宁一处，人口 100 万余人。到抗战胜利之时，中共领导的武装力量达到 120 万人，全国党员人数亦达到 120 万人，根据地增加到 19 块，人口达 1 亿人。中国共产党从原来狭小的活动地域走向中国政治舞台的中央，尽管国民党军队的数量、统治区的面积和人口仍大大超过中共，但中共的实力与影响力已与当初不可同日而语，真正成为可与国民党比肩的大党，中国的政治地图亦由此而改写。

这一时期在全党范围内开展的整风运动，对于进一步端正党的思想路线，具有重要的战略意义。1941 年 5 月，毛泽东作了《改造我们的学习》的报告。9—10 月，中共中央召开政治局扩大会议，组织高级干部学习和研究党的历史，总结党的历史经验，从政治路线上分清是非，初步统一了中央领导层的思想认识，为全党整风作了准备。1942 年 2 月，以毛泽东先后发表题为《整顿党的作风》和《反对党八股》两篇讲话为先导，在全党开展了反对主观主义以整顿学风、反对宗派主义以整顿党风、反对党八股以整顿文风的整风运动。反对主观主义是整风运动的主要任务。党的历史上出现的“左”倾、右倾错误，思想根源都是主观主义，其主要表现形式则是教条主义和经验主义。反对宗派主义和党八股，是清除主观主义在组织上和文风上的表现。要克服主观主义，就必须端正党的思想路线，坚持实事求是的原则，掌握一切从实际出发、理论联系实际的思想方法。整风运动贯彻“惩前毖后、治病救人”的方针，着重提高思想认识，团结同志，而不是过分追究个人责任和对犯错误者进行组织处理。

在全党普遍整风的基础上，1944 年 5 月至 1945 年 4 月，中共中央召开扩大的六届七中全会，对党内若干重大历史问题进行深入讨论，经过反复研究得出正确结论，于 1945 年 4 月 20 日通过《关于若干历史问题的决议》，使全党在马克思主义基础上对中国民主革命的基本问题达成了一致认识，整风运动胜利结束。整风运动加强了党的团结和统一，为党的七大的顺利召开奠定了重要的思想政治基础。1945 年 4 月 23 日至 6 月 11 日，中国共产党在延安召开第七次全国代表大会。会议确立毛泽东思想在全党的指导地位，指出毛泽东思想是以毛泽东为主要代表的中国共产党人，根据马克思列宁主义的根本原理，对中国革命实践中的一系列独创性经验进行理论概括，形成了适合中国情况的科学指导思想。简言之，毛泽东思想“就是马克思列宁主义的理论与中国革命实践之统一的思想”，“就是马克思主义民族化的优秀典型”。

党的七大之后，中国革命迅速进入了新的历史发展时期，中国共产党也开始稳步地由局部执政向全面执政转变。随着全国解放战争形势的发展，许多解放区已经连成一片，中国共产党不久将要代表人民执掌全国政权。为了把一切必须和可能的权力集中于中央和中央代表机关，加强党中央的集中统一领导，尽快消除党内军内存在着的不良习惯，毛泽东于 1948 年 1 月 7 日为中央起草了《中央关于建立报告制度的指示》，提出建立报告制度，并对定期请示报告作了严格的规定。随后，中央在3月25日又发出了《中央关于建立报告制度的补充指示》，对实行报告制度作了进一步的明确规定。9月20日，毛泽东又代表党中央起草了《关于健全党委制的决定》，强调党委制是保证集体领导，防止个人包办的党的重要制度。决定规定，今后各级党组织，“都必须建立健全的党委会议制度，一切重要问题（当然不是无关重要的小问题或者已经会议讨论解决只待执行的问题）均须交委员会讨论，由到会委员充分发表意见，作出明确决定，然后分别执行”①。这些指示与决策的作出与执行，对于消除党内军内无组织、无政府、无纪律状况，加强党的集中统一领导，进一步统一党的意志和纪律、活跃党内民主生活、保证党的路线方针政策的正确贯彻执行起了重大作用，为党掌握全国政权作了重要的政治、思想和组织准备。

在全国解放战争即将胜利的历史转折关头，1949年3月，中共中央在西柏坡召开党的七届二中全会，规定了党在全国胜利后在政治、经济、外交方面应当采取的基本政策，指出了中国由农业国转变为工业国、由新民主主义社会转变为社会主义社会的发展方向。在这次会议上，毛泽东告诫全党，夺取全国胜利，这只是万里长征走完了第一步，中国的革命是伟大的，但革命以后的路更长，工作更伟大、更艰苦。因为“从将来建设新中国来说，道路还是很长的”。至于从实现中国共产党所确定的为共产主义而奋斗的最高纲领和最终目标来看，更是这样。毛泽东还提出，将来中国从新民主主义革命转变到社会主义革命，是否不流血，还要看我们工作的努力情况。如果国家，主要的就是人民解放军和我们的党腐化下去，无产阶级不能掌握住这个国家政权，那还是有问题的。为此，毛泽东提出了“两个务必”的思想，即“务必使同志们继续地保持谦虚、谨慎、不骄、不躁的作风，务必使同志们继续地保持艰苦奋斗的作风”。为了防止对个人的歌功颂德，全会还根据毛泽东的提议，作出禁止给党的领导人祝寿，

---

①《毛泽东选集》第4卷，人民出版社1991年版，第1340—1341页。

禁止用党的领导者的名字作地名、街名和企业的名字，不要把中国同志和马克思、恩格斯、列宁、斯大林并列等重要规定。他还告诫全党，必须警惕“糖衣炮弹”的攻击，不要在这种攻击面前打败仗。在中国革命转折关头召开的党的七届二中全会，具有重大历史意义。会议作出的各项政策规定，不仅对迎接革命在全国的胜利，而且对新中国的建设事业，都具有重要指导作用。

中国共产党在挽救民族危亡的革命征程中，历尽艰难曲折，从稚嫩到成熟、从弱小到强大，一次次遭受挫败，一次次力挽狂澜，一次次浴火重生，终于百炼成钢。当中国共产党夺取全国政权的时候，全国党员人数从建党初期的 58 人发展到 448.8 万人，真正建设成了一个“全国范围的、广大群众性的、思想上政治上组织上完全巩固的布尔什维克化的中国共产党”①。

三、在曲折发展的建设时期上下求索

新中国的成立，标志着中国共产党从领导人民为夺取全国政权而奋斗的党，成为领导人民掌握全国政权并长期执政的党。面对复杂形势和种种考验，中共中央保持清醒头脑，满怀信心地迎接挑战。根据七届二中全会制定的各项基本方针，党采取一系列积极稳健的政策措施，有条不紊地领导全国各族人民巩固新生人民政权，医治战争创伤，恢复工农业生产，开始了建设新中国的伟大进程。当然，在中国这样的社会历史条件下建设社会主义，没有先例，犹如攀登一座人迹未至的高山，一切攀登者都要披荆斩棘、开通道路。

1950 年 6 月，党的七届三中全会在北京召开，以全面部署党在恢复国民经济阶段的各项工作。会议指出，要获得财政经济状况的根本好转，需

---

① 《毛泽东选集》第 2 卷，人民出版社 1991 年版，第 602 页。

用3年左右的时间，创造3个条件，即土地改革的完成、现有工商业的合理调整、国家机构所需经费的大量节减。由于革命胜利引起社会经济改组，一些主要城市出现私营工厂、商店停工歇业，工人、手工业者和知识分子失业增多等现象，农民为支持解放战争后期作战和生产恢复所承受的负担还很重，工商资产阶级也有相当一部分人惶惶不可终日。针对这些情况，毛泽东在党的七届三中全会上作了题为《不要四面出击》的讲话，指出我们当前的总方针，就是肃清国民党残余、特务、土匪，推翻地主阶级，解放台湾、西藏，跟帝国主义斗争到底。面对这样复杂的斗争，必须处理好同民族资产阶级、各民主党派、知识分子和少数民族之间的关系，不要四面出击，树敌太多，造成全国紧张。必须在一个方面有所让步，有所缓和，才能彻底孤立帝国主义、地主阶级、国民党反动派及其残余。

不要四面出击的方针，不仅体现了党历来“打击主要敌人，争取最大多数同盟者”的策略，更反映了党在执政之初的一个重要战略思想，即革命在全国的胜利，不可避免地给社会带来冲击和阵痛。因此，党和人民政府的重要举措，不可进行太猛、步伐过快，宁可慎重缓进，以便稳步地达到既定目的。七届三中全会是中国共产党在新中国成立后召开的第一次中央全会。这次会议反映了党刚刚执掌全国政权时对慎重处理社会转变时期的社会矛盾保持了高度的清醒。全会决定的方针，为国民经济恢复时期党的工作规定了明确的行动纲领。

根据七届三中全会的部署，中国共产党还在全党全军进行了一次整风运动。之所以要整风，主要有两方面的原因：一方面，由于中国革命发展不平衡，党长期处于分散的农村环境，党的组织分布也很不平衡。当时全国共有约20万个党支部，除军队支部外，在16.9万个地方支部中，农村支部占79.8%，大部分集中在老解放区和半老解放区；工厂、矿山、企业支部只占3.65%。据1949年下半年的统计，在326万多地方党员中，农民出身的占83%，工人出身的占5.87%，文化程度普遍很低。党组织的这种状况，对于担负领导建设新中国这样伟大艰巨的任务来说，是很不适应的。另一方面，因为胜利，党内的骄傲情绪，以功臣自居的情绪，停顿起来不求进步的情绪，贪图享受不愿再过艰苦生活的情绪，已在一些方面上表现出来。从革命胜利后的实际情况看，有的农村党员向往“三十亩地一头牛，老婆孩子热炕头”的生活，革命意志衰退；有的党员争名誉、闹地位，个人主义膨胀；一些“老党员老干部中亦有很多人骄傲自满，发展了严重的命令主义作风，任意违反党与人民政府的政策，采取蛮横态度去完成工作任务，破坏党与人民政府的威信，引起人民不满，甚且有贪污腐化、政治上堕落颓废、犯法乱纪等极端严重现象发生”①；少数意志薄弱者经不住资产阶级的捧场和糖衣炮弹的攻击，利用人民赋予的权力谋取私利、腐化堕落。在1949年一年内就新增党员140万名，其中很多人的思想作风极为不纯，还没有来得及给予有计划的教育训练。一些投机分子看到入党有利于谋取荣誉地位，挖空心思钻进党内，在一定程度上造成党组织的不纯。整风运动于1950年下半年开始，经分批整训，年底结束。在整风运动中，各地将由上而下的整顿领导同由下而上的检查工作相结合，有针对性地克服上级机关的官僚主义和中下级机关的命令主义，纠正党员干部中的居功自傲情绪和“革命到头”思想，加强了党和人民群众的联系，为在广大新区进行土地改革作了组织上和干部上的准备。

这次整风运动的时间较短，尚来不及解决党内思想不纯和组织不纯等问题。1951年2月，中央决定以3年的时间，对党的基层组织有计划、有准备、有领导地进行一次普遍的整顿。5月，整党运动在全党有计划、有步骤地展开。在3年多整党期间，全国共吸收107万名新党员，与清退出党者相抵，全国党员总数由580万人增至636.9万人。在党员分布上，工矿企业中党员数量为66.6万人，与1950年底相比，增加了108%，增长得最快；学校教职员和学生党员为14.3万人，增加了30%；农村中的党员有337.2万人，增加了8.7%。经过整顿和发展，党在组织成分和党员

① 中共中央文献研究室编：《建国以来重要文献选编》第1册，中央文献出版社2011年版，第187页。

素质方面都有了明显的改善和提高。

在整党进行过程中，东北局、华北局报告了贪污、浪费现象和官僚主义问题，特别是刘青山、张子善堕落成大贪污犯的严重情况，引起了中央高度重视。1951 年 11 月 30 日，毛泽东在华北局报送的关于刘青山、张子善严重贪污问题的报告上加写了一段批语：“华北天津地委前书记刘青山及现书记张子善均是大贪污犯，已经华北局发现，并着手处理，我们认为华北局的方针是正确的。这件事给中央、中央局、分局、省市区党委提出了警告。必须严重地注意干部被资产阶级腐蚀发生严重贪污行为这一事实，注意发现、揭露和惩处，并须当作一场大斗争来处理。”① 毛泽东在全党反对贪污、浪费、官僚主义的意见，得到中央政治局的一致赞成。11 月底，毛泽东要身边工作人员代中央起草了关于反对贪污、浪费、官僚主义的文件。文件起草完后，交给中央政治局同志传阅并征求意见。之后，毛泽东集中中央政治局同志的意见，对文稿进行了修改。毛泽东在修改中，在文件上加写了这样一段话：自从我们占领城市两年至三年以来，严重的贪污案件不断发生，证明 1949 年春季党的二中全会严重地指出资产阶级对党的侵蚀的必然性和为防止及克服此种巨大危险的必要性，是完全正确的，现在是全党动员切实执行这项决议的紧要时机了。再不切实执行这项决议，我们就会犯大错误。这份文件最后由中央政治局通过，于 12 月 1 日下发，题为《中共中央关于实行精兵简政、增产节约、反对贪污、反对浪费和反对官僚主义的决定》。这个决定的下发，标志着全党范围的“三反”运动正式开始。

毛泽东直接督促刘青山、张子善案件的处理，在党内外引起强烈反响。在不满两年的时间里，刘、张二人利用手中职权贪污挥霍挪用公款共计人民币（旧币）171 亿 6272 万元（折合成新币 171 万多元），按照当时的消费水平，可以买粮食 2000 万斤，棉布 800 万尺，足够 50 万人吃一个

① 中共中央文献研究室编：《毛泽东文集》第 6 卷，人民出版社 1999 年版，第 190—191 页。

月并且每人做一身衣服。如果折合成黄金，171 亿元在当时可以购买将近 1 吨；当时正值抗美援朝时期，这些钱可以买 10 架飞机。刘青山有几句口头禅：天下是老子打下来的，享受一点还不应当吗？革命胜利啦，老子该享受享受啦！1951 年 12 月 14 日，河北省委向华北局报告处理意见：“我们一致意见处以死刑。”12 月 20 日，华北局将处理意见上报中央，提议“将刘青山、张子善二贪污犯处以死刑（或缓期二年执行），由省人民政府请示政务院批准后执行”。经过慎重考虑，并征求党外人士的意见，中共中央决定同意河北省委的建议，由河北省人民法院宣判，经最高人民法院核准，对刘青山、张子善判处死刑，立即执行。根据毛泽东的意见，《人民日报》在 1951 年 12 月 30 日头版将刘青山、张子善贪污侵吞国家资财的犯罪事实公布于众，同时发表了河北省委关于开除刘、张二人党籍的决定。事情被揭露后，其上级领导因顾念他们在战争年代曾出生入死，有过功劳，在干部中影响较大，向毛泽东呈请是否可以不要枪毙，给他们一个改造的机会。毛泽东态度鲜明地说，正因为他们两人的地位高、功劳大、影响大，所以才要下决心处决他们。只有处决他们，才可能挽救 20 个、200 个、2000 个、20000 个犯有各种不同程度错误的干部。经最高人民法院核准，刘青山、张子善被执行死刑。公判大会震动全国，引起强烈反响。它向全国人民表明，中国共产党绝不容忍利用执政党地位谋取私利的腐败现象，贪污腐败分子一经发现，不管资格多老、职务多高，一律严惩不贷，在人民中间树立起秉公执法、严惩腐败的形象。

火红的建设年代，为知识分子提供了施展才华的广阔天地。工程技术人员和工人们同甘共苦，奋战在生产第一线。大批高等学校和各类专业技术学校的毕业生服从国家分配，到祖国最需要的地方去；1952、1953 两届理工科大学生全部提前一年毕业奔赴建设岗位。在团中央的号召组织下，广大青年团员通过组建青年突击队、青年志愿垦荒队、造林突击队等方式，积极投身党的中心工作。为探明我国矿产资源的状况，党和国家重视地质队伍的建设和人才培养，一批批地质工作者跋山涉水、风餐露宿，为国家勘探地下宝藏。以李四光、华罗庚、赵忠尧等为代表的一批在海外卓有成就的科学家，放弃优裕的工作环境和生活条件，先后回到祖国参加建设。至1953年，约有2000名欧美留学生陆续回国。1956年5月21日，中共中央批转中组部《关于在知识分子中发展党员计划的报告》，要求在知识分子中吸收党员时，应特别注意吸收高级知识分子入党。中央有关部门还着手制定相关政策，解决知识分子的工作条件、政治待遇、安排使用、生活改善等问题。计划下发后，知识分子中发展党员工作有了明显的进步。据1957年6月底统计，在全国11万名高级知识分子中，有党员1.75万多名，占高级知识分子总数的15.8%，其中1万余名是1956年以后入党的。全国许多著名科学家、教授、工程师、医师和文艺工作者，如钱学森、李四光、梅兰芳、程砚秋等被发展为党员。他们在各自的工作岗位上为党和国家的建设事业作出了杰出的成就和贡献。

社会主义制度在中国建立起来后，社会主义的经济、政治、文化应该怎样建设？社会主义应当怎样巩固和发展？这是一个全新的历史性课题。1956年召开的党的八大，是党在全国执政后召开的第一次全国代表大会，是显示了党的团结和党的事业兴旺发达的大会。出席会议的代表有1026人，代表着全国1073万名党员，党员人数比党的七大时增加了8倍。毛泽东在开幕词中说，已经得到解放的中国人民的力量是无穷无尽的，我们一定能够一步一步地把我国建设成为一个伟大的工业化的国家。为了迎接即将到来的全面建设高潮，全党“必须善于学习”。“虚心使人进步，骄傲使人落后，我们应当永远记住这个真理。”毛泽东充满激情的话语，表达了中国共产党人的坚定信念和雄心壮志，引起与会者的强烈共鸣。党的八大是我们党独立自主地探索中国自己的社会主义建设道路的起点，它立足中国实际，以苏联为戒，在推进马克思列宁主义与中国具体实际的“第二次结合”中，就“什么是社会主义、怎样建设社会主义”这个重大理论和实践问题进行了全方位的探索和思考，初步形成了关于中国社会主义建设的较为系统的基本构想。

会议期间，有100多人作了大会发言或书面发言。对这些发言，毛泽东在会前强调要有丰富的批评，要有分析，肯定成绩，批评错误。他说：“如果我们开一次会没有批评，净讲一套歌功颂德，那就没有生气，那无非只有一个‘好’字就行了，还要多讲干什么？”[①] 在探索新风的推动下，大会充分发扬民主，思想非常活跃。代表们围绕即将展开的大规模的社会主义建设这个重点，建言献策。陈云提出了“三个主体，三个补充”的思想，即以国家经营和集体经营、计划生产、国家市场三者为主体，而以个体经营、自由生产、自由市场三者作为补充。他的发言受到大会的重视，为大会决议所采纳。这是在理论上突破苏联计划经济模式，探索经济体制改革的重要尝试，在当时是十分可贵的。董必武着重谈了有法可依、有法必依的问题，建议尽快制定刑法、民法、诉讼法、劳动法、土地使用法等法律，逐步完备社会主义法制。他还说，党员应当成为遵守法纪的模范，违反国法就是违反党纪。对于那些故意违反法律的人，不管他现在地位多高，过去功劳多大，必须一律追究法律责任。代表们在发言中提出的许多有重要价值的思想和认识，体现了党的八大在怎样建设社会主义这个问题上所取得的探索成果。

党的八大还着重提出了执政党的建设问题。大会《关于修改党的章程的报告》，一方面突出地提出反对党内主观主义、宗派主义、官僚主义，批评那种脱离实际、脱离群众的思想作风；另一方面，根据苏联社会主义建设的经验教训，强调坚持民主集中制和集体领导制度，反对个人崇拜，反对突出个人，反对对个人歌功颂德。报告指出，群众路线是我们党的组织工作中的根本问题，是党章中的根本问题，是需要在党内反复进行教育的。党的领导工作能否保持正确，决定于它能否采取“从群众中来，到群众中去”的方法。一个党和它的党员，只有认真地总结群众的经验，集中群众的智慧，才能指出正确的方向，领导群众前进。对于领袖的爱护——

① 中共中央文献研究室编：《毛泽东年谱（1949—1976）》第2卷，中央文献出版社2013年版，第606页。

本质上是表现对于党的利益、阶级的利益、人民的利益的爱护，而不是对于个人的神化。党的八大通过的新党章规定，党的全国代表大会实行常任制，每届任期五年，每年开一次全国代表大会会议。[①] 党章增加了“中央委员会认为有必要的时候，可以设立中央委员会名誉主席一人”一款。这是因为这年夏天毛泽东已向中央提出，他准备在适当的时候不当党的主席。他还提出不再担任下一届国家主席，并且建议修改宪法，规定国家主席、副主席连选只得连任一届。这些可以说是初步酝酿废除实际存在的领导干部职务终身制，准备实行党和国家领导体制改革的重要设想。党的八大是一次成功的大会。它宣告了社会主义革命的基本完成和社会主义制度的基本确立，并明确提出了党在今后的根本任务。大会制定的党的路线是正确的，提出的许多新方针和新设想是富于创造精神的，对中国建设社会主义道路的探索，站在了比较高的历史起点上，并取得了初步成果。历史证明，这些成果对于党的事业的发展有长远的重要意义。

新中国成立后，经过一系列社会改革，原来的阶级矛盾已不处在主要的地位，党和政府各级干部中的官僚主义弊端又有所发展，在这种情况下，新的社会矛盾——主要是人民内部的矛盾，包括群众同干部以至各级政府之间的矛盾日益凸显。特别是受波匈事件的影响，国内也出现了一些工人罢工、学生罢课、农民闹退社等不安定因素。一些知识分子对党和政府中的缺点错误及干部作风上的问题提出公开批评，其中有不少尖锐意见，还有一些错误议论。面对这些新出现的矛盾，许多党员和干部思想上缺乏准备，陷于被动地位；或者用老眼光看待新问题，把群众闹事和尖锐批评一概视为阶级斗争的表现，企图采取简单粗暴的办法进行压制。在这样一个社会大变动的时刻，面对着这么多以前没有遇到过的新情况和新问题，应该怎样对待？在经过长时间的观察和思考以后，在总结一年来国际国内发生的重要事件基础上，1957 年 2 月 17 日，毛泽东在有 1800 多人参

---

① 这次代表大会是中国共产党第八次全国代表大会的第一次会议，但后来除 1958 年 5 月召开八大第二次会议以外，八大再没有举行过全国会议。

加的扩大的最高国务会议上作了《关于正确处理人民内部矛盾的问题》的长篇讲话，经过补充修改后在6月19日发表。毛泽东把正确处理人民内部矛盾提升到国家政治生活主题的高度，并指出，革命时期大规模的急风暴雨式的群众阶级斗争基本结束，我们的根本任务已经由解放生产力变为在新的生产关系下面保护和发展生产力。这就是说，重点要转移到经济建设上来，要“向自然界开战”。围绕正确处理人民内部矛盾这个主题，毛泽东还系统分析和阐明了社会主义建设的一系列重大问题：在政治方面要坚持社会主义道路和党的领导；在社会经济方面实行统筹安排和兼顾国家、集体与个人的利益，找出一条中国工业化的道路；在科学文化工作中贯彻“百花齐放、百家争鸣”的方针；在与民主党派关系上实行“长期共存、互相监督”的方针；在汉族和少数民族方面一定要搞好关系，关键是克服大汉族主义，同时应当克服地方民族主义；对知识分子应当从根本上改善同他们的关系，给予信任，善于团结，同时加强对他们的教育和思想政治工作。《关于正确处理人民内部矛盾的问题》是毛泽东在社会主义时期重要的理论著作，在马克思主义发展史上具有开创性意义，是对马克思主义理论宝库的卓越贡献。毛泽东在社会主义发展历程中，第一个深入研究社会主义社会的矛盾问题，形成了一套系统的关于社会主义社会矛盾的学说，大大丰富和发展了科学社会主义理论，对党和社会主义建设事业具有长远的指导意义。

可以说，这一时期中国共产党对社会主义及执政党建设的探索，是在正确健康的轨道上进行着的。全国解放战争的胜利，国民经济的恢复，抗美援朝战争的成功结束，以至从提出过渡时期总路线到宣布进入社会主义，这些看起来极难的事情，都只用了三年时间。但是，各项工作在顺利发展的同时，也给中国共产党人造成一种错觉：似乎一切都会一帆风顺地向前发展，似乎只要充分发挥人的主观能动性，大搞群众运动，再难的事情都可以在短期内办成。这是在那种特定历史阶段形成的一种特殊心态和思维方式。人们普遍意气风发，斗志昂扬，建设热情十分高涨，能够万众一心，不分昼夜，不顾一切地拼搏，急切地期望中国的经济文化有一个大的跃进。因此，中国共产党在指导思想上逐渐出现一些偏离正确方针的“左”的错误，从而在以后探索前进中出现大的曲折。

1958 年 5 月，党的八大二次会议在北京举行。这次大会最重要的议题是要制定社会主义建设的总路线。大会通过的关于中央委员会的工作报告的决议写道，会议一致同意党中央根据毛泽东的创议而提出的鼓足干劲、力争上游、多快好省地建设社会主义的总路线。社会主义建设总路线的提出，反映了党和广大人民群众迫切要求尽快改变我国经济文化落后状况的普遍愿望，体现了党中央、毛泽东关于社会主义建设的思路。在社会主义建设中，如果既能保持鼓足干劲、力争上游的精神状态，又能保持科学冷静的头脑，尊重客观规律，把多快与好省统一起来，社会主义建设事业是可以顺利发展的。但是，由于这条总路线是在批评反冒进的过程中形成的，是在急躁冒进、急于求成的思想指导下制定的，忽视了国民经济的综合平衡，夸大了主观意志的作用，因而存在严重缺陷。在宣传和经济工作中实际上又片面地强调一个“快”字，提出“速度是总路线的灵魂”。于是，盲目求快就压倒了一切。总路线提出前后，两个贯彻总路线的运动——“大跃进”和人民公社化运动，在中国大地上轰轰烈烈地开展起来。“大跃进”、人民公社和社会主义建设总路线，合起来称为“三面红旗”，一时被看作走出了一条中国自己的可以取得成功的新路。然而，事实证明，“大跃进”运动最大的失误是急于求成，在建设速度上盲目求快；人民公社化运动最大的失误是片面地追求提高公有化程度。两者的共同教训是，背离了党一向倡导的实事求是的原则，脱离了中国社会生产力的发展水平，违背了经济和社会发展的客观规律。

当“大跃进”和人民公社化运动中的问题暴露出来以后，中共中央和毛泽东投入了极大精力进行纠“左”。从 1958 年 11 月至 1959 年 7 月这 9 个月中，毛泽东和中共中央率领全党深入调查研究、认真学习马列主义、调整政策措施，纠正“大跃进”等严重的“左”的错误，形势有所好转。

但是，由于党在“什么是社会主义”问题上的认识局限，对错误的严重性缺乏足够的清醒认识，纠“左”是在肯定“大跃进”和人民公社的前提下和框架内进行的，因此，“左”倾错误没有得到彻底纠正，初步好转的形势还很不巩固。特别是在庐山会议后期开展的“反右倾”斗争，打断了纠“左”的积极进程，许多已被指出的、有待纠正的错误重新发展起来，以高指标、瞎指挥、浮夸风和“共产风”为主要标志的“左”倾错误再度泛滥，并持续了更长的时间，造成了更大的危害。加上自然灾害和苏联政府背信弃义地撕毁合同，我国国民经济出现了新中国成立以来未曾有过的严重困难。1959 年核实的粮食产量只有 3393.6 亿斤，仅完成计划的 62%，比 1958 年的实际产量减少 559.4 亿斤，仅相当于 1954 年的水平；1960 年又比 1959 年减少 517 亿斤，下降 15.2%。粮、棉产量降到 1951 年的水平，油料产量甚至比 1949 年还低，其他主要农副产品产量也大幅下降。粮、油和蔬菜、副食品等极度缺乏，严重损害了人民群众的健康和生命。许多地方城乡居民出现了浮肿病，患肝炎和妇女病的人数也在增加。由于出生率大幅度大面积降低，死亡率显著增高。原本希望快一些让人民群众过上好日子，结果却出现这样令人痛心的事情，引起了党内的思想混乱。

为了纠正“大跃进”以来“左”的错误，毛泽东建议中央和全党展开一次读书活动，并身体力行，用两个多月的时间通读了苏联《政治经济学教科书》（第三版下册）。毛泽东的建议受到全党重视，从 1959 年底到 1960 年初，不仅在中央领导层，而且在全党也同时掀起了一场学习运动。毛泽东、刘少奇、周恩来等在读书过程中，对涉及社会主义经济、政治等一系列重大问题进行思考，就关于对社会主义社会的理解、社会主义向共产主义的过渡、社会主义所有制问题、社会主义条件下价值规律和商品生产、社会主义社会的矛盾问题、发展中“工农业并举”和农轻重（农业、轻工业、重工业）的次序问题等，提出了许多重要观点。

受到国民经济和人民生活严重困难的教训，全党逐步清醒过来。党中央、毛泽东决心认真调查研究，纠正错误，调整政策。1960 年 11 月，党中央发出《关于农村人民公社当前政策问题的紧急指示》，1961年1月召开的八届九中全会，正式决定对国民经济实行“调整、巩固、整顿、提高”的八字方针，国民经济建设由“大跃进”转入调整阶段。在党的八届九中全会上，毛泽东号召全党发扬实事求是的优良传统，大兴调查研究之风，一切从实际出发，要求1961年成为实事求是、调查研究年。在党的八届九中全会期间，毛泽东在30年前写的一篇文章《调查工作》失而复得，真可以说是恰逢其时，为推动全党大兴调查研究之风提供了思想武器。在党中央和毛泽东的倡导下，党的领导人纷纷深入进行调查研究。刘少奇到湖南长沙、宁乡，周恩来到河北邯郸，朱德到四川、河南、陕西，邓小平、彭真到北京顺义、怀柔，党中央的其他领导人和各省、市、自治区党委的负责人也都分别深入农村，进行广泛的调查研究。毛泽东虽然没有亲自下乡蹲点搞调查，但是他亲自指导的三个调查组源源不断地向他提供调查材料，加之各地报送的一些材料，毛泽东对农村的形势也有了正确的认识。

大兴调查研究之风的1961年，在共和国历史上留下了浓重的一笔，给人们留下了深刻的印象。面对严重的经济困难，中国共产党人没有退却，而是以人民群众的利益为重，依靠调查研究，到实践中寻找战胜困难的方法。“我们共产党人的每一条政策，每一个措施，都要符合群众的利益，都要通过群众的自觉自愿，并且要根据各地的不同情况因地制宜地去实现。”① 更重要的是，通过大兴调查研究之风，全党提高了对在中国建设社会主义的艰巨性的认识。这使党不但在相当程度上解决了农村中的严重问题，而且逐渐纠正了“大跃进”期间普遍泛滥的主观主义作风，对党的思想作风建设产生了重要的影响。

在党中央的纠“左”努力下，“大跃进”造成的严重经济困难的局面开始有了转变。但整个形势依然十分严峻，严重问题依然层出不穷。1962

① 中共中央文献研究室编：《毛泽东年谱（1949—1976）》第4卷，中央文献出版社2013年版，第599页。

年 1 月 11 日至 2 月 7 日，中共中央在北京召开扩大的中央工作会议。参加这次工作会的有中央和省、地、县委四级主要负责人以及部分大厂矿和军队的负责人，共 7118 人，通常称“七千人大会”。会议目的是进一步总结“大跃进”以来的经验教训，统一认识，增强团结，动员全党更坚决地执行调整方针，为战胜困难而奋斗。在七千人大会上，刘少奇代表中共中央作了书面报告，并根据中央政治局常委会的决定，在大会上发表了长篇讲话，对党的群众路线作了深刻论述。他重点讲了三个问题：实事求是，反对官僚主义；坚持民主集中制，发扬民主、集中人民群众智慧；爱惜民力，尊重群众意愿。刘少奇特别强调贯彻群众路线，实行民主集中制，一方面要发扬民主，将集中与专制区分开来；另一方面要善于汲取人民群众的意见和智慧。

毛泽东也在七千人大会上发表了长篇讲话，中心是讲民主集中制。他总结“大跃进”的教训，强调不论党内党外都要有充分的民主生活，让群众讲话。有了错误，一定要作自我批评，让人批评。他说：“凡是中央犯的错误，直接的归我负责，间接的我也有份，因为我是中央主席。”“第一个负责的应当是我。”① 毛泽东还强调，在社会主义建设上，我们还有很大的盲目性。社会主义经济对我们来说还有许多未被认识的必然王国，今后要下苦功夫调查它、研究它，弄清楚它的规律；中国的人口多，底子薄，经济落后，要使生产力很大地发展起来，要赶上和超过世界上最先进的资本主义国家，没有一百多年的时间，我看是不行的。这是毛泽东和党中央对社会主义建设长期性的进一步认识。

七千人大会在当时历史条件下取得了重要成果。会议发扬党内民主，实质上是党内关系的一次调整。虽然会议仍肯定“三面红旗”，没有能从根本指导思想上清理“大跃进”和“反右倾”的错误，但对待缺点错误的比较实事求是的态度，以及发扬民主和进行自我批评的精神，给全党以鼓

① 中共中央文献研究室编：《毛泽东年谱（1949—1976）》第 5 卷，中央文献出版社 2013 年版，第 78 页。

舞，增强了党的凝聚力，在动员全党团结奋斗战胜困难方面起了积极作用。由于这些经济和政治的措施，从 1962 年到 1966 年国民经济得到了比较顺利的恢复和发展。但是，“左”倾错误在经济工作的指导思想上并未得到彻底纠正，而在政治和思想文化方面还有发展。

全面建设社会主义的十年中的一切成就，是在以毛泽东为首的党中央集体领导下取得的。这个期间工作中的错误，责任同样也在党中央的领导集体。毛泽东负有主要责任，但也不能把所有错误归咎于毛泽东个人。这个期间，毛泽东在关于社会主义阶级斗争的理论和实践上的错误发展得越来越严重，他的个人专断作风逐步损害党的民主集中制，个人崇拜现象逐步发展。党中央未能及时纠正这些错误。林彪、江青、康生这些野心家又别有用心地利用和助长了这些错误。这就导致了“文化大革命”的发动。

1966 年至 1976 年的“文化大革命”，是一场由领导者错误发动，被反革命集团利用，给党、国家和人民造成严重灾难的内乱。这场全局性、长时间的“左”倾严重错误，使党和国家的工作、社会秩序受到巨大破坏，给我国社会主义事业造成新中国成立以来最严重的挫折，教训极其深刻。随着“文化大革命”的发展，在党的领导层内，在党内外广大干部群众中，对“左”倾错误和极左思潮的抵制和抗争不断发展起来。1976 年 10 月，中央政治局采取果断措施粉碎“四人帮”，党依靠自己的力量结束了“文化大革命”。经过“文化大革命”的严峻考验，党、人民政权、人民军队和整个社会的性质都没有改变。历史证明党和社会主义制度具有强大的生命力。

四、在高歌猛进的改革年代乘风破浪

粉碎“四人帮”后，广大干部群众强烈要求纠正“文化大革命”的错误理论和实践，彻底扭转十年内乱造成的严重局面，使中国社会主义建设事业重新奋起。与此同时，世界经济快速发展，科技进步日新月异。国内外发展大势都要求中国共产党尽快就关系党和国家前途命运的大政方针作出政治决断和战略抉择。“文化大革命”结束后的两年间，党和国家工作有所前进，一些领域的拨乱反正已经开始，经济建设、社会各项事业和外交工作在一定程度上有所恢复和发展，但由于“左”的指导思想没有得到根本纠正，党和国家工作出现了在徘徊中前进的局面。面对“两个凡是”造成的严重影响，人们开始感到，要彻底澄清“四人帮”造成的思想混乱，不能不首先解决这样的问题，即究竟应当用什么样的态度对待毛泽东的指示？判定历史是非的标准到底是什么？然而，解决这些问题不可避免地会引发实事求是与“两个凡是”的争论。

1978 年 5 月 10 日，中央党校内部刊物《理论动态》发表经中央党校常务副校长胡耀邦审定的《实践是检验真理的唯一标准》一文。5 月 11 日，《光明日报》以特约评论员名义公开发表这篇文章，新华社向全国转发。这篇文章重申了“实践是检验真理的唯一标准”这个马克思主义认识论的基本原理，尖锐地提出“四人帮”加在人们身上的精神枷锁还远没有完全粉碎，对“四人帮”设置的禁区“要敢于去触及，敢于去弄清是非”，并提出不能拿现成的公式去限制、宰割、剪裁无限丰富的飞速发展的革命实践，应该勇于研究新的实践中提出的新问题。由于这篇文章是从根本理论上否定了“两个凡是”的错误方针，并且触及盛行多年的思想僵化和个人崇拜现象，因此也受到一些领导人的强烈指责。真理标准问题讨论面临着巨大压力。

邓小平、叶剑英、陈云、李先念、胡耀邦、聂荣臻、徐向前、罗瑞卿等一批老同志都支持这场讨论。他们在不同场合强调实事求是的原则，强调要恢复党的优良传统，强调在经济建设中必须量力而行，努力抵制和克服仍然存在的“左”的倾向。1978 年 6 月 2 日，邓小平在全军政治工作会议上的讲话，再次阐述毛泽东关于实事求是的观点。他批评一些“天天讲毛泽东思想，却往往忘记、抛弃甚至反对毛泽东同志的实事求是、一切从实际出发、理论与实践相结合的这样一个马克思主义的根本观点，根本方法”的同志，说“他们的观点，实质上是主张只要照抄马克思、列宁、毛泽东的原话，照抄照转照搬就行了”。邓小平指出，如果反对实事求是，那就说不上是马克思列宁主义、毛泽东思想，就只能把我们引导到唯心主义和形而上学，引导到工作的损失和革命的失败。据此，他主张，“一定要肃清林彪、‘四人帮’的流毒，拨乱反正，打破精神枷锁，使我们的思想来个大解放”①。在邓小平和其他老同志的领导下，在党内外群众的推动下，党终于在1978年底着手解决两年徘徊期间没有解决的问题。

1978年底，中共中央召开了两个重要会议，一个是开了36天的中央工作会议，一个是开了5天的十一届三中全会，两个会议共开了41天，被称为“改变中国命运的41天”。中央工作会议本来是要讨论经济工作的，但因陈云等老一辈革命家率先提出解决历史遗留问题，以及在关于真理标准等问题上的几次思想交锋，会议议程发生改变。会议要求确立实事求是思想路线的呼声更为强烈。在与会者的强烈要求下，11月25日，中央政治局作出为天安门事件平反、为“薄一波等61人叛徒集团”案等错案平反的决定，解决了一批重大历史遗留问题。12月13日，在中央工作会议闭幕会上，邓小平作了题为《解放思想，实事求是，团结一致向前看》的重要讲话并指出，首先是解放思想，只有思想解放了，我们才能正确地以马列主义、毛泽东思想为指导，解决过去遗留的问题，解决新出现的一系列问题。一个党，一个国家，一个民族，如果一切从本本出发，思想僵化，迷信盛行，那它就不能前进，它的生机就停止了，就要亡党亡国。他提出各方面的新情况都要研究，各方面的新问题都要解决，尤其要注意研究和解决管理方法、管理制度、经济政策这三方面的问题。他强调：“再不实行改革，我们的现代化事业和社会主义事业就会被葬送。”② 讲话中提出了一个“大政策”，就是要允许一部分地区、一部分企业、一部分工人农民，由于辛勤努力成绩大而收入先多一些，生活先好起来。一部分人生

---

① 《邓小平文选》第2卷，人民出版社1994年版，第114、119页。

② 《邓小平文选》第2卷，人民出版社1994年版，第150页。

活先好起来，就必然产生示范力量，就会使整个国民经济不断地波浪式地向前发展，使全国各族人民都能较快地富裕起来。这个讲话实际上成为随后召开的十一届三中全会的主题报告。12 月 18 日到 22 日，党的十一届三中全会在北京召开，会议的主要任务是确定把全党工作重点转移到社会主义现代化建设上来。全会重新确立了解放思想、实事求是的思想路线，实现了政治路线上最为根本的拨乱反正，确定党的工作重心转移到社会主义经济建设上来；全会举起了改革开放的旗帜，开始了以改革开放为鲜明特征的新时期。

这次中央工作会议和党的十一届三中全会已经审查解决了历史上遗留的一批重大问题和一些重要领导人的功过是非问题。同时，为了集中精力加快经济建设，避免引起不必要的震动，邓小平强调，对于“文化大革命”要总结，但是“不必匆忙去做”①。然而，随着拨乱反正的深入，人们越来越认识到，要彻底改变“文化大革命”造成的混乱，单单揭批“四人帮”还远远不够，因为“文化大革命”就是毛泽东发动和领导的。因此，敢不敢正视毛泽东晚年发动和领导的“文化大革命”的错误，敢不敢客观公正地评价毛泽东的是非功过，准确地、完整地理解毛泽东思想，继续高举毛泽东思想的伟大旗帜，需要党表现出大智、大仁、大勇。邓小平及时认识到，党的重大历史问题必须有一个统一的看法，因为“党内党外和国内国外都很关心，不但全党同志，而且各方面的朋友都在注意我们怎么说”②。为了回应党内外对重大历史问题的关切，党中央决定起草《关于建国以来党的若干历史问题的决议》（以下简称《决议》）。起草过程历时一年零八个月（1979 年 11 月—1981 年 6 月），起草工作是在中央政治局、中央书记处领导下，由邓小平、胡耀邦主持进行的，起草小组主要由胡乔木负责，“起草的有二十几位同志，下了苦功夫”③。一些老一辈革命家也

---

① 《邓小平文选》第 2 卷，人民出版社 1994 年版，第 149 页。
② 《邓小平文选》第 2 卷，人民出版社 1994 年版，第 292 页。
③ 《邓小平文选》第 2 卷，人民出版社 1994 年版，第 305 页。

与闻其事，在征求意见过程中参与人员的范围就更加广泛了。因此，《决议》实际上是全党共同研究党史的政治成果。邓小平指出，这个决议的总的指导思想有三条：第一，确立毛泽东的历史地位，坚持和发展毛泽东思想，这是最核心的一条；第二，对建国30年来历史上的大事，哪些是正确的，哪些是错误的，要进行实事求是的分析，包括一些负责同志的功过是非，要作出公正的评价；第三，对过去的事情作个基本的总结。《决议》讨论稿写出后，于1980年10月交党内四千人讨论，而后又根据各方面的意见进行了修改。1981年6月，党的十一届六中全会通过了这个决议。

《决议》指出，党在建国以后的历史，总的来说是在马克思列宁主义、毛泽东思想指导下，领导全国各族人民进行社会主义革命和社会主义建设并取得巨大成就的历史。由于经验不足，党的领导在对形势的分析和对国情的认识上发生过主观主义的偏差，犯过把阶级斗争扩大化和在经济建设上急躁冒进的错误，包括“文化大革命”这样全局性的、长时间的严重错误。但是，32年来我们取得的成就是主要的。忽视错误、掩盖错误，或忽视、否认成就及取得这些成就的成功经验，都是错误的。《决议》实事求是地评价了毛泽东的历史地位，充分论述了毛泽东思想作为党的指导思想的伟大意义。《决议》指出，毛泽东是伟大的马克思主义者，是伟大的无产阶级革命家、战略家和理论家。就他的一生来看，他对中国革命的功绩远远大于他的过失。他的功绩是第一位的，错误是第二位的。毛泽东思想是马克思列宁主义在中国的运用和发展，是被实践证明了的关于中国革命的正确的理论原则和经验总结，是中国共产党集体智慧的结晶。《决议》对毛泽东思想的多方面的内容以及贯串于它的各个组成部分的立场、观点、方法作了科学的概括。《决议》强调，毛泽东思想是我们党的宝贵的精神财富，它将长期指导我们的行动。我们必须继续坚持毛泽东思想，并以符合实际的新原理和新结论丰富和发展毛泽东思想。《决议》既对多年来的“左”倾错误和毛泽东晚年的错误作了科学的分析和批评，又坚决地维护了党在长期斗争中形成的优良传统，维护了毛泽东思想的科学体系和毛泽东的历史地位，从而分清了是非，纠正了当时存在的“左”的和右的错误观点，统一了全党和全国人民的思想，为维护全党的团结、全国人民的团结，为社会主义建设事业的健康发展，提供了根本的保证。在“文化大革命”结束后不长的时间内，就能产生这个决议，使极端重要而又极其复杂的历史问题得到正确的结论，这充分表现了以邓小平同志为核心的党中央领导集体的远见卓识和政治上的高度成熟。《决议》的通过，标志着党在指导思想上的拨乱反正的胜利完成。

1982 年 9 月，中国共产党第十二次全国代表大会在北京举行。大会正式代表 1545 人，候补代表 145 人，代表着全国 3900 多万名党员。邓小平在开幕词中明确提出了“建设有中国特色的社会主义”的重大命题。他指出：“我们的现代化建设，必须从中国的实际出发。无论是革命还是建设，都要注意学习和借鉴外国经验。但是，照抄照搬别国经验、别国模式，从来不能得到成功。这方面我们有过不少教训。把马克思主义的普遍真理同我国的具体实际结合起来，走自己的道路，建设有中国特色的社会主义，这就是我们总结长期历史经验得出的基本结论。”① “建设有中国特色的社会主义”重大命题的提出，回答了进入改革开放新时期后中国走什么样的道路这一人们最为关心的重大问题，成为指引新时期改革开放和社会主义现代化建设的伟大旗帜。

党的十二大召开前后，中共中央开始着手建立和落实老干部离退休制度。1982 年 2 月，中共中央作出《关于建立老干部退休制度的决定》，建立了干部离休退休和退居二线（包括当顾问和安排荣誉职务）的制度，为新老干部有秩序、有步骤地进行合作与交替提供了制度保证。4 月，国务院印发《关于老干部离职休养的几项规定》。10 月中组部印发《关于办理老干部离休退休手续的通知》，对相关事宜作出具体规定。在 1982 年至 1984 年进行的领导班子调整过程中，全国约有 90 万名老干部退到二线、

① 《邓小平文选》第 3 卷，人民出版社 1993 年版，第 2—3 页。

三线，以实际行动带头废除领导职务终身制。1985 年 9 月召开的党的十二届四中全会收到了叶剑英、邓颖超、徐向前等 131 位同志请求不再担任第十二届中央委员、候补中央委员、中央顾问委员会委员、中央纪律检查委员会委员的来信。这批老同志以实际行动促进了中央领导机构成员的新老合作与交替，受到了全党尊重。到 1986 年底，全国共有 137 万新中国成立前参加工作的老干部离休或退休。

从 1978 年党的十一届三中全会以来，我们党坚持以经济建设为中心，坚持四项基本原则，坚决而有步骤地进行全面改革和对外开放，在探索中国特色社会主义道路的进程中取得显著成就，其中经济建设成就尤为突出。这同党的十一届三中全会以前的 20 年中，在“左”的思想指导下，“以阶级斗争为纲”，经济发展屡遭挫折，人民生活改善甚微的状况，形成了鲜明对比。因此，如何对十一届三中全会以来改革开放的实践进行总结；如何使改革开放政策得到科学理论的支撑，从而保持长期的稳定性、连续性；如何概括党的十一届三中全会以来我们党坚持和形成的基本路线；如何规划中国现代化建设的总体战略；如何深化经济体制、政治体制改革，保证我们沿着有中国特色的社会主义道路继续胜利前进——成为全党必须面对和解决的一个重大问题。党的十三大就是在这样的背景下召开的。邓小平直接指导了十三大报告的起草和大会的筹备工作。他明确要求：“十三大报告要在理论上阐述什么是社会主义，讲清楚我们的改革是不是社会主义。要申明四个坚持的必要……改革开放的必要，在理论上讲得更加明白。”① 党的十三大很好地贯彻了邓小平的要求。

1987 年 10 月，中国共产党第十三次全国代表大会在北京召开。参加大会的正式代表有 1936 人，代表着全国 4600 多万名党员。大会的突出贡献，是系统阐述了社会主义初级阶段的理论，明确概括了党在社会主义初级阶段的基本路线。大会指出，正确认识我国社会现在所处的历史阶段是

---

① 《邓小平文选》第 3 卷，人民出版社 1993 年版，第 203 页。

建设有中国特色的社会主义的首要问题，是我们制定和执行正确的路线和政策的根本依据。这个论断包括两层含义：第一，我国社会已经是社会主义社会，我们必须坚持而不能离开社会主义；第二，我国的社会主义社会还处在初级阶段。我们必须从这个实际出发，而不能超越这个阶段。从社会主义初级阶段这一新的认识出发，大会把党在社会主义初级阶段的基本路线概括为：领导和团结全国各族人民，以经济建设为中心，坚持四项基本原则，坚持改革开放，自力更生，艰苦创业，为把我国建设成为富强、民主、文明的社会主义现代化国家而奋斗。概括起来说，它的主要内容就是“一个中心，两个基本点”，即以经济建设为中心，坚持四项基本原则，坚持改革开放。实践证明，党的基本路线是党和国家的生命线。坚持这条基本路线不动摇，是不断夺取中国特色社会主义新胜利的根本保证。

党的十三大还确定了“三步走”发展战略，强调党的十一届三中全会以后，我国经济建设的战略部署大体分三步走。第一步，实现国民生产总值比 1980 年翻一番，解决人民的温饱问题。这个任务已经基本实现。第二步，到 20 世纪末，使国民生产总值再增长一倍，人民生活达到小康水平。第三步，到 21 世纪中叶，人均国民生产总值达到中等发达国家水平，人民生活比较富裕，基本实现现代化。然后，在这个基础上继续前进。“三步走”的发展战略，对中华民族百年图强的宏伟目标作了积极而稳妥的规划，既体现了党和人民勇于进取的雄心壮志，又反映了从实际出发、遵循客观规律的科学精神，是中国共产党探索中国特色社会主义建设规律的重大成果。实践证明，“三步走”是中国迈向现代化的正确战略。

20 世纪 80 年代末，世界形势复杂多变。苏联和东欧社会主义国家政局动荡不断加剧，西方国家政要扬言资本主义对社会主义将“不战而胜”，中国内部资产阶级自由化思潮滋长蔓延，改革开放中积累的矛盾和问题突出显现。受国际大气候和国内小气候的影响，1989 年春夏之交，中国发生了一场严重的政治风波。在关系党和国家生死存亡的关键时刻，中央政治局在邓小平和其他老一辈革命家坚决有力的支持下，依靠人民，旗帜鲜明地反对动乱，于6月4日采取果断措施，一举平息了北京地区的反革命暴乱。此后，北京和其他大中城市很快恢复了正常秩序。这场斗争的胜利，捍卫了我国社会主义性质的国家政权，维护了人民根本利益。政治风波的发生，促使党更加冷静地思考过去、现实和未来。1989年6月9日，邓小平在接见首都戒严部队军以上干部的讲话中坚定地指出，我们的一些基本提法，从发展战略到方针政策，包括改革开放，都是对的，不能因为这次事件的发生，就说我们的战略目标错了；十三大概括的“一个中心、两个基本点”的基本路线没有错。四项基本原则本身没有错，改革开放这个基本点也没有错。我们制定的基本路线方针政策，照样干下去，坚定不移地干下去。邓小平强调：“要坚定不移地执行党的十一届三中全会以来制定的一系列路线、方针、政策，要认真总结经验，对的要继续坚持，失误的要纠正，不足的要加点劲。”① 邓小平要求很冷静地考虑一下过去，也考虑一下未来，以便使我们的失误纠正得更快，使我们的长处发扬得更好。邓小平的重要讲话，初步总结了改革开放十年来的经验教训，为政治风波后中国的改革发展指明了方向。

那时，党面临的国际国内形势依然是复杂的。随着东欧国家的剧变和苏联的解体，社会主义在世界范围内的实践陷入低潮。冷战结束，世界开始走向多极化。世界的这种大变动、大改组，对我国的改革开放既是重大机遇，又是严峻挑战。尤其是世界社会主义发生的曲折对我国也产生一定的负面影响，有人对社会主义的前途缺乏信心，也有人对改革开放产生怀疑，提出姓“社”还是姓“资”的疑问。这样，能否坚持党的基本路线不动摇，抓住机遇、加快发展，把改革开放和现代化建设继续推向前进，成为影响20世纪90年代中国发展进步的重大问题。在这个重要历史关头，1992年1月17日，88岁高龄的邓小平乘专列离开北京，前往武昌、深圳、珠海、上海等地视察，开始了历时35天、改变中国、影响世界的“南方

① 《邓小平文选》第3卷，人民出版社1993年版，第308页。

之行”。邓小平离开北京的这一天，离苏联解体刚刚过去了23天。

南方谈话的内容，主要集中在以下六个方面：一是提出毫不动摇地坚持党的“一个中心、两个基本点”的基本路线，坚持不懈地推进改革开放。邓小平指出，要坚持党的十一届三中全会以来的路线、方针、政策，关键是坚持“一个中心、两个基本点”。不坚持社会主义，不改革开放，不发展经济，不改善人民生活，只能是死路一条。基本路线要管一百年，动摇不得。有了这一条，中国就大有希望。二是提出改革开放胆子要大一些，敢于试验。看准了的，就大胆地试，大胆地闯。邓小平提出：“到本世纪末，上海浦东和深圳要回答一个问题，姓‘社’不姓‘资’，两个地方都要做标兵。要回答改革开放有利于社会主义，不利于资本主义。这是个大原则。要用实践来回答。”① 针对计划和市场问题上的争论，邓小平强调，计划多一点还是市场多一点，不是社会主义与资本主义的本质区别。计划经济不等于社会主义，资本主义也有计划；市场经济不等于资本主义，社会主义也有市场。计划和市场都是经济手段。三是提出抓住时机，发展自己，关键是发展经济。邓小平认为，我国的经济发展，总要力争隔几年上一个台阶。发展才是硬道理，在今后的现代化建设长过程中，出现若干个发展速度比较快、效益比较好的阶段是必要的，也是能够办到的。我们就是要有这个雄心壮志！四是提出要坚持两手抓，一手抓改革开放，一手抓打击各种犯罪活动，两手都要硬。五是提出正确的政治路线要靠正确的组织路线来保证。六是提出社会主义经历一个长过程发展后必然代替资本主义，这是社会历史发展不可逆转的总趋势。

作为《邓小平文选》第3卷终卷篇的“南方谈话”，是新时期中国改革开放史上一篇极为重要的文献，是邓小平理论走向成熟的集大成之作。它代表了历史发展的潮流，代表了广大人民的意愿，因此，它犹如一声春雷，使沉寂的神州大地再次复苏，全国人民为之欢呼。这个谈话，犹如一

① 中共中央文献研究室编：《邓小平年谱（1975—1997）》下册，中央文献出版社2004年版，第1340页。

股强劲的东风，驱散了人民思想上的迷雾。它从理论上深刻回答了长期困扰和束缚人们思想的许多重大问题，是把改革开放和现代化建设推向新阶段的又一个解放思想、实事求是的宣言书，不仅对即将召开的党的十四大具有十分重要的指导作用，而且对中国整个社会主义现代化建设事业具有重大而深远的意义。

在南方谈话的指引下，1992 年 10 月 12 日至 18 日，中国共产党第十四次全国代表大会在北京召开。大会正式代表 1989 人，代表全国 5100 多万名党员。大会明确我国经济体制改革的目标是建立社会主义市场经济体制。这是我们党在建设中国特色社会主义进程中的一个重大理论和实践创新，解决了世界上其他社会主义国家长期没有解决的一个重大问题。

1997 年 2 月 19 日，我国改革开放的总设计师、中国特色社会主义理论的创立者邓小平逝世。邓小平是中国共产党第一代中央领导集体的重要成员、第二代中央领导集体的核心，为党和国家建立了不朽功勋，在国内外享有崇高威望和巨大影响力。尽管党的十三届五中全会后邓小平就不再担任任何领导职务，但他的逝世还是引起了人们的极大关注。在国内，人们普遍关心的问题是：邓小平逝世后，中国的改革开放和现代化建设，能否沿着他所开辟的建设有中国特色社会主义道路继续走下去？党的路线方针政策能否保持一贯性？在国际上，注意中国发展的各方面人士，也都在观察邓小平逝世后的中国走向，有些人担心，有些人则制造舆论，企图改变中国的发展方向。总之，邓小平逝世后的中国，又一次面临着举什么旗、走什么路的重大选择。

1997 年 9 月 12 日至 18 日，中国共产党第十五次全国代表大会在北京举行。大会正式代表 2048 人，代表着全国 5800 多万名党员。大会首次使用“邓小平理论”这个概念，把这一理论作为指引党继续前进的旗帜。大会报告指出，旗帜问题至关紧要。旗帜就是方向，旗帜就是形象。坚持党的十一届三中全会以来的路线不动摇，就是高举邓小平理论的旗帜不动摇。大会强调，在社会主义改革开放和现代化建设的新时期，在跨越世纪的新征途上，一定要高举邓小平理论的伟大旗帜，用邓小平理论来指导我们整个事业和各项工作。这是党从历史和现实中得出的不可动摇的结论。邓小平理论是中国特色社会主义理论体系的奠基之作。它是在和平与发展成为时代主题的历史条件下，在我国改革开放和现代化建设的实践中，在总结我国社会主义胜利和挫折的历史经验并借鉴其他社会主义国家兴衰成败历史经验的基础上，逐步形成和发展起来的。它第一次比较系统地初步回答了建设有中国特色社会主义的一系列基本问题，指导党制定了在社会主义初级阶段的基本路线。它是贯通哲学、政治经济学、科学社会主义等领域，涵盖经济、政治、科技、教育、文化、民族、军事、外交、统一战线、党的建设等方面比较完备的科学体系，又是需要从各方面进一步丰富发展的科学体系。

大会在我国经济发展“三步走”战略的第二步目标即将实现之际，对如何实现第三步目标作出进一步规划，提出了新的“三步走”发展战略，即新世纪第一个 10 年实现国民生产总值比 2000 年翻一番，使人民的小康生活更加宽裕，形成比较完善的社会主义市场经济体制；再经过 10 年的努力，到中国共产党成立 100 年时，使国民经济更加发展，各项制度更加完善；到下世纪中叶中华人民共和国成立 100 年时，基本实现现代化，建成富强民主文明的社会主义国家。在世纪之交的关键时刻，党的十五大继承邓小平遗志，承前启后、继往开来，明确回答了中国改革开放和社会主义现代化建设的一系列重大理论和实践问题，从思想上、政治上、组织上为我国实现跨世纪发展提供了重要保证。

党的十五大以后，以江泽民同志为核心的党中央面向新世纪，对“建设一个什么样的党、怎样建设党”这一党的建设的根本问题继续进行不懈探索，深入思考面临的新情况新问题，形成许多新思想新观点，创立了“三个代表”重要思想，丰富和发展了中国特色社会主义理论体系。2001 年 7 月 1 日，在庆祝中国共产党成立 80 周年大会上，江泽民发表重要讲话。讲话以“三个代表”重要思想统领全篇，回顾并充分肯定了我们党 80

年的光辉历程和奋斗业绩，深刻总结了我们党领导革命、建设和改革的基本经验。在阐述按照“三个代表”要求不断增强党的阶级基础和扩大党的群众基础、不断提高党的社会影响力这个问题时，江泽民指出，看一个政党是否先进，是不是工人阶级先锋队，主要应看它的理论和纲领是不是马克思主义的，是不是代表社会发展的正确方向，是不是代表最广大人民的根本利益。改革开放以来，我国的社会阶层构成发生了新的变化，出现了民营科技企业的创业人员和技术人员、受聘于外资企业的管理技术人员、个体户、私营企业主、中介组织的从业人员、自由职业人员等社会阶层。他们与工人、农民、知识分子、干部和解放军指战员团结在一起，也是有中国特色社会主义事业的建设者。伟大而艰巨的建设有中国特色社会主义事业，需要全社会各个方面忠诚于祖国和社会主义的优秀分子，以自己的实际行动带领群众共同加以推进。能否自觉地为实现党的路线和纲领而奋斗，是否符合党员条件，是吸收新党员的主要标准。来自工人、农民、知识分子、军人、干部的党员是党的队伍最基本的组成部分和骨干力量，同时也应该把承认党的纲领和章程、自觉为党的路线和纲领而奋斗、经过长期考验、符合党员条件的社会其他方面的优秀分子吸收到党内来，并通过党这个大熔炉不断提高广大党员的思想政治觉悟，从而不断增强我们党在全社会的影响力和凝聚力。不能简单地把有没有财产、有多少财产当作判断人们政治上先进与落后的标准，而主要应该看他们的思想政治状况和现实表现，看他们的财产是怎么得来的以及对财产怎么支配和使用，看他们以自己的劳动对建设有中国特色社会主义事业所作的贡献。从2001年8月至2004年3月，中共中央组织部在新的社会阶层中发展党员的试点工作先在河北、吉林、上海等10个省市的11个市（区）进行，重点研究吸收私营企业主中先进分子入党的具体政策。从2003年3月开始，试点工作扩大到31个省、区、市的35个市（区、开发区），在继续研究私营企业主中先进分子入党的具体政策的同时，对在新的社会阶层其他人员中发展党员的薄弱环节进行了研究，提出对策措施。在整个试点工作中，共有入党申请人 8774 名，从中确定入党积极分子 2574 名，发展新党员 226 名。①

跨入新世纪，中国进入全面建设小康社会、加快推进社会主义现代化的发展新阶段。2002 年 11 月 8 日至 14 日，中国共产党第十六次全国代表大会在北京举行。大会正式代表 2114 人，代表着全国 6600 多万名党员。大会明确回答了新世纪新阶段中国共产党举什么旗、走什么路、实现什么样的发展目标等重大问题。党的十六大向世人昭示，在新世纪新阶段，中国共产党高举的旗帜，就是马克思列宁主义、毛泽东思想和邓小平理论的旗帜，就是“三个代表”重要思想的旗帜；中国共产党要走的道路，就是中国特色社会主义道路；中国共产党带领人民在新世纪前 50 年所要实现的目标，就是全面建设小康社会并进而实现现代化的目标。党的十六大通过的《中国共产党章程（修正案)》，把“三个代表”重要思想同马克思列宁主义、毛泽东思想、邓小平理论一道，作为党必须长期坚持的指导思想写入党章。将“三个代表”重要思想确立为党的指导思想，是十六大的一个历史性决策和贡献。

党的十六大以后，党中央立足社会主义初级阶段基本国情和新的阶段性特征，科学分析国际国内形势的新变化，深刻把握我国发展面临的新课题新矛盾，在全面建设小康社会的进程中更加坚定地推动经济社会走上科学发展的道路。特别是 2003 年“非典”的发生和蔓延，促使党中央深刻认识到，影响经济社会发展的突出矛盾和问题的背后，是要解决实现什么样的发展、怎样发展的问题。党中央正确判断我国发展的阶段性特征，强调要解决中国的发展问题，必须牢固树立和认真落实科学发展观。科学发展观提出以后，在实践中不断得到丰富和完善，指导地位和要求越来越明晰。党中央继提出科学发展观重大战略思想之后，又从中国特色社会主义事业总体布局和全面建设小康社会的全局出发，提出建设社会主义和谐社会的重大战略目标，从而使中国特色社会主义事业的总体布局由经济建

① 中共中央组织部全国组织干部学院编：《中国共产党组织工作历程》，党建读物出版社 2015 年版，第 330—331 页。

设、政治建设、文化建设“三位一体”发展为经济建设、政治建设、文化建设、社会建设“四位一体”。

2007 年 10 月 15 日至 21 日，中国共产党第十七次全国代表大会在北京举行。大会正式代表 2213 人，代表着全国 7300 多万名党员。胡锦涛在报告中，对改革开放推动一个十几亿人口的发展中大国摆脱贫困、加快实现现代化、巩固和发展社会主义的宝贵经验作了“十个结合”的精辟概括。报告首次对马克思主义中国化第二次飞跃的理论成果——中国特色社会主义理论体系作了概括。报告指出，中国特色社会主义道路，就是在中国共产党领导下，立足基本国情，以经济建设为中心，坚持四项基本原则，坚持改革开放，解放和发展社会生产力，巩固和完善社会主义制度，建设社会主义市场经济、社会主义民主政治、社会主义先进文化、社会主义和谐社会，建设富强民主文明和谐的社会主义现代化国家。中国特色社会主义理论体系，就是包括邓小平理论、“三个代表”重要思想以及科学发展观等重大战略思想在内的科学理论体系。这表明，党对旗帜问题的认识进一步深化，即从“思想理论”扩展为“道路”“理论体系”的有机统一。报告强调，改革开放以来我们取得一切成绩和进步的根本原因，归结起来就是：开辟了中国特色社会主义道路，形成了中国特色社会主义理论体系。高举中国特色社会主义伟大旗帜，最根本的就是要坚持中国特色社会主义道路和中国特色社会主义理论体系。党的十七大把邓小平理论、“三个代表”重要思想和科学发展观等重大战略思想统一于中国特色社会主义理论体系，并把科学发展观写入党章，充分体现了党对中国特色社会主义发展规律认识的深化，对于坚持和发展中国特色社会主义具有重大而深远的意义。

党的十七大以后，在党中央、国务院坚强领导下，我国化解了难事、办好了喜事、办成了大事，尤其是成功应对和化解了各种困难和风险挑战，发挥了社会主义制度的优越性，表明我国已拥有雄厚的物质基础，体现出党和政府强大的动员组织能力，显示了中国人民在艰难险阻面前坚强不屈、团结互助的伟大力量。经过五年的不懈奋斗，我国社会生产力快速发展，综合国力大幅提升，人民生活明显改善，国际地位和影响力显著提高，社会主义经济建设、政治建设、文化建设、社会建设以及生态文明建设和党的建设取得重大进展。这不仅引起世界各国的关注，更使中国人民看到了国家振兴的希望。

2012 年 11 月 8 日至 14 日，中国共产党第十八次全国代表大会在北京举行。大会正式代表 2268 人，代表着全国 8200 多万名党员。党的十八大是在我国进入全面建成小康社会决定性阶段召开的一次十分重要的大会。确定科学发展观为党的指导思想，是党的十八大作出的重要决策和历史性贡献。大会贯穿始终的一条主线就是坚持和发展中国特色社会主义。大会指出，建设中国特色社会主义，总依据是社会主义初级阶段，总布局是社会主义经济建设、政治建设、文化建设、社会建设、生态文明建设“五位一体”，总任务是实现社会主义现代化和中华民族伟大复兴。大会强调，发展中国特色社会主义是一项长期的艰巨的历史任务，必须准备进行具有许多新的历史特点的伟大斗争。只要我们胸怀理想、坚定信念，不动摇、不懈怠、不折腾，顽强奋斗、艰苦奋斗、不懈奋斗，就一定能在中国共产党成立 100 年时全面建成小康社会，就一定能在新中国成立 100 年时建成富强民主文明和谐的社会主义现代化国家。全党要坚定这样的道路自信、理论自信、制度自信！

党的十八大肩负着全党全国各族人民的信任和期待，凝聚了亿万人民的智慧和力量，开启了具有许多新的历史特点的伟大进军，开启了共创中国人民和中华民族更加幸福美好未来的崭新征程。

五、在民族复兴的伟大时代引领航向

进行具有许多新的历史特点的伟大斗争，推进中国特色社会主义伟大事业，实现中华民族伟大复兴，关键在于不断推进党的建设新的伟大工程。作为一个世界第一大党，作为一个在有着14亿多人口的大国长期执政的党，能不能始终保持先进性和纯洁性，能不能始终保持与担负的执政兴国使命相一致的领导能力和执政能力，直接关系到实现“两个一百年”奋斗目标和中华民族伟大复兴的前景。与国内外发展形势相比，与所承担的使命任务相比，党的领导水平和执政水平，党组织建设状况，党员干部的素质、能力、作风，都还有不小差距。尤其是在一个时期内，一些地方和部门管党治党宽松软问题十分突出，消极腐败现象滋生蔓延。一些人无视党的政治纪律和政治规矩，为了自己的所谓仕途，为了自己的所谓影响力，搞任人唯亲、排斥异己的有之，搞团团伙伙、拉帮结派的有之，搞匿名诬告、制造谣言的有之，搞收买人心、拉动选票的有之，搞封官许愿、弹冠相庆的有之，搞自行其是、阳奉阴违的有之，搞尾大不掉、妄议中央的也有之。习近平鲜明指出，“党要管党，才能管好党；从严治党，才能治好党”①。

党的十八大以来，以习近平同志为核心的党中央在坚持改革开放、推进中国特色社会主义伟大事业的同时，“管党有方、治党有力、建党有效”，以更大的决心和勇气抓好党的自身建设。习近平清醒认识到党面临的“四大考验”“四种危险”，以“得罪千百人、不负十四亿”的使命担当，正风肃纪反腐，挽狂澜于既倒，逆转了多年形成的“四风”惯性。全面从严治党从中央政治局立规矩开始，从落实中央八项规定精神破题，总书记以身作则、以上率下，党风为之一新，试出了民心向背。开展党的群众路线教育实践活动、“三严三实”专题教育、“两学一做”学习教育、“不忘初心、牢记使命”主题教育、党史学习教育，提高共产党人觉悟，保持先进性纯洁性，在实现伟大复兴的关键时刻，校正了党和国家事业前进的航向，使党经历了革命性锻造。

全面从严治党从作风建设开局起步，牢牢抓住政治建设这个党的根本

① 中共中央文献研究室编：《习近平关于全面从严治党论述摘编》，中央文献出版社2016年版，第4页。

性建设，以坚定的决心、顽强的意志、空前的力度推进全面从严治党，推进正风肃纪、反腐惩恶，开创了党的建设新的伟大工程崭新局面。为了在作风问题上给全党作表率，十八届中央政治局刚建立就制定了《关于改进工作作风、密切联系群众的八项规定》，强调抓作风建设，首先要从中央政治局做起，要求别人做到的自己先要做到，要求别人不做的自己坚决不做，以良好党风带动政风民风，真正赢得群众信任和拥护；要下大决心改进作风，切实解决群众反映强烈的问题，始终保持同人民群众的血肉联系。曾经，“上百份文件管不住一张嘴”，而今，八项规定刹住了许多人认为不可能刹住的歪风，各种群众反映强烈的消极腐败现象销声匿迹，党风政风和整个社会风气都焕然一新。八项规定从规范行为入手，不仅改变了党员干部的行为，而且由表及里，深入人心，起到了净化党员思维观念与纯洁党性的效果，也提升了普通百姓对党的满意度和信心。党风、政风得到净化，也促进了社会风气的转变。党的十八届六中全会召开前夕，电视专题片《永远在路上》播出，十八大以来多名落马高官的贪腐细节以及他们身陷囹圄的忏悔之词公之于众。敢于自揭“家丑”，展示了一个政党巨大的政治勇气和坚定的执政自信，昭示了我们党继续推进全面从严治党、深入开展反腐败斗争的坚强决心。面对外界对反腐败态势的迟疑观望，党中央始终以“无禁区、全覆盖、零容忍”的决心“打虎”“拍蝇”“猎狐”，全面从严治党使党风政风为之一振，党内政治生态焕然一新。

党和人民的事业发展到什么阶段，党的建设新的伟大工程就要推进到什么阶段，党的理论也就要发展到什么阶段。党的建设是一个永无止境的动态发展过程，决定了党的理论创新永远在路上。在 14 亿多人口的大国实现社会主义现代化，这是人类历史上从未有过的壮举。实现“两个一百年”奋斗目标和中华民族伟大复兴的中国梦，将再次创造人类发展史上惊天动地的发展奇迹。面对这样的任务、挑战、考验，中国的改革需要“涉深水”和“闯险滩”，需要跨越众说纷纭的“中等收入陷阱”“塔西佗陷阱”“修昔底德陷阱”，需要防范化解“黑天鹅”“灰犀牛”事件等各种重大风险，这些无疑考验着当代中国共产党人的胆略和智慧。站在历史的交汇点，中国共产党和中国人民迫切需要与时俱进的科学理论举旗定向、照亮前程。

2017 年 10 月 18 日至 10 月 24 日，中国共产党第十九次全国代表大会在北京举行。大会正式代表 2280 人，代表着全国 8900 多万名党员。党的十九大是在全面建成小康社会决胜阶段、中国特色社会主义进入新时代的关键时期召开的一次十分重要的大会。党的十九大把伟大斗争、伟大工程、伟大事业、伟大梦想作为一个统一整体提出来，是一个重大理论创新，明确了党在新时代治国理政的总方略、引领全局的总蓝图、谋划工作的总坐标，体现了奋斗目标、实现路径、前进动力的高度统一，体现了历史传承、现实任务、未来方向的高度统一，体现了党的前途命运、国家的前途命运、民族的前途命运的高度统一，深刻回答了什么是新时代党的历史使命、怎样实现新时代党的历史使命这一重大理论和实践问题，使我们党对自身肩负历史使命的认识达到了新的高度。

党的十九大通过的党章修正案把习近平新时代中国特色社会主义思想确立为我们党的行动指南，实现了党的指导思想的又一次与时俱进。这是党的十九大的一个重大历史贡献。习近平新时代中国特色社会主义思想植根中国大地、反映人民意愿、适应新的时代特征和中国发展进步要求，是党的十八大以来中国特色社会主义伟大实践的理论总结和理论升华，是来自实践、经过实践检验又指导实践的马克思主义强大思想武器。这一思想坚持目标导向和问题导向相统一，深刻审视当前和长远、局部和全局、理论和实践中遇到的问题，提出战略性思路和举措，为应对重大挑战、抵御重大风险、克服重大阻力、解决重大矛盾提供了科学指南。在总体方向上，这一思想深刻回答了中国特色社会主义进入新时代中国共产党举什么旗、走什么路、以什么样的精神状态、担负什么样的历史使命、实现什么样的奋斗目标等一系列根本问题，向世界再次昭告中国既不走封闭僵化的老路，也不走改旗易帜的邪路，而是坚定不移走中国特色社会主义道路的鲜明立场，为新时代的中国指明了前进方向。在战略部署上，这一思想将伟大斗争、伟大工程、伟大事业、伟大梦想贯通起来，提出统筹推进“五位一体”总体布局，协调推进“四个全面”战略布局，高屋建瓴地对改革发展稳定、内政外交国防、治党治国治军等重要方面进行顶层设计和系统谋划，为实现“两个一百年”奋斗目标提供了战略指引。在实践要求上，这一思想强调全党同志一定要登高望远、居安思危，勇于变革、勇于创新，永不僵化、永不停滞，永远同人民同呼吸、共命运、心连心，以永不懈怠的精神状态和一往无前的奋斗姿态，继续朝着宏伟目标奋勇前进。

党的十九大报告首次将党的政治建设纳入党的建设总体布局，强调把党的政治建设摆在首位，以党的政治建设为统领，全面推进党的政治建设、思想建设、组织建设、作风建设、纪律建设、制度建设，是马克思主义党建理论的重大创新。党的十八大以来，党和国家事业之所以取得历史性成就、发生历史性变革，最根本在于以习近平同志为核心的党中央坚持从政治上考量全局工作，以强大的政治定力引领中国发展，以强大的政治勇气攻坚克难，以崇高的政治品格凝聚力量，从而推动解决了许多长期想解决而没有解决的难题，办成了许多过去想办而没有办成的大事，开辟了治国理政和管党治党新境界。

把党的政治建设摆在首位，是以习近平同志为核心的党中央全面从严治党、清除党的事业发展威胁的重要抉择。由于一个时期内管党治党宽松软等原因，党内一些不讲政治、淡化政治、去政治化的倾向未根本解决。对讲政治不以为然、认为讲政治是虚是“左”的现象，不守政治纪律和政治规矩、有令不行有禁不止的现象，政治觉悟和政治定力缺失、在重大原则问题上明哲保身的现象等，在现实生活中大量存在。这些都是政治上动摇和弱化的表现。习近平指出：“政治问题，任何时候都是根本性的大问题”①，“干部在政治上出问题，对党的危害不亚于腐败问题，有的甚至比

① 中共中央文献研究室编：《习近平关于全面从严治党论述摘编》，中央文献出版社 2016 年版，第 87 页。

腐败问题更严重”[①]。保持马克思主义政党的政治本色，保持党的旺盛生命力，必须把政治建设作为一项基础性工程、生命工程来抓，在固本培元、夯基垒台上下功夫，使党在政治上始终坚强。

以党的政治建设为统领，最重要的是做到“两个维护”，最关键的是坚决维护习近平总书记党中央的核心、全党的核心地位。习近平同志是在中国特色社会主义进入新时代形成的党中央的核心、全党的核心，这一地位的确立来自党的十八大以来他带领全党励精图治、革故鼎新所取得的历史性成就、所发生的历史性变革，也来自主要由他创立的习近平新时代中国特色社会主义思想的强大创造力、凝聚力、战斗力、引领力。这是对马克思主义权威观、领袖论的自觉坚持与科学遵循，是对习近平同志作为全党全国各族人民主心骨的思想权威的最高认同，是党的十九大最重大的政治成果、最深远的历史贡献。维护习近平总书记党中央的核心、全党的核心地位，是党和国家事业发展的迫切需要。

在会见意大利众议长菲科时，习近平深情地说：“这么大一个国家，责任非常重、工作非常艰巨。我将无我，不负人民。我愿意做到一个‘无我’的状态，为中国的发展奉献自己。”[②] 党的十八大以来，党和国家事业来到了一个愈进愈难、愈进愈险而又不进则退、非进不可的关键时刻，习近平十分坚定地强调要“犯其至难而图其至远”（苏轼《思治论》）[③]，意思是向最难之处攻坚，追求最远大的目标，就是要提醒全党决不能躺在过去的功劳簿上，而是要以“时时放心不下”的责任感、积极担当作为的精气神，迎难而上、知难而进。他说：“在我们这个岗位上的人，都应该能够豁得出去。党和人民需要我们献身时，我们都要毫不犹豫挺身而出，把个人生死置之度外。我们都做不到，让谁去做？我们的一切都应该为了

---

① 中共中央文献研究室编：《习近平关于严明党的纪律和规矩论述摘编》，中央文献出版社2016年版，第23页。

② 《习近平著作选读》第2卷，人民出版社2023年版，第250页。

③ 《习近平著作选读》第2卷，人民出版社2023年版，第286页。

人民，没有自我，先公后私，克己奉公。我们最核心的这一层人，应该是具有献身精神的一批人。”① 听言不如观事，观事不如观行。面对那些影响党长期执政、国家长治久安、人民幸福安康的突出矛盾和问题，以习近平同志为核心的党中央审时度势、果敢抉择，锐意进取、攻坚克难，团结带领全党全军全国各族人民撸起袖子加油干、风雨无阻向前行，义无反顾进行具有许多新的历史特点的伟大斗争，出台一系列重大方针政策，推出一系列重大举措，推进一系列重大工作，战胜一系列重大风险挑战，解决了许多长期想解决而没有解决的难题，办成了许多过去想办而没有办成的大事。例如，为了打赢脱贫攻坚战，习近平先后七次主持召开中央扶贫工作座谈会，五十多次调研扶贫工作，走遍十四个集中连片特困地区，坚持看真贫，坚持了解真扶贫、扶真贫、脱真贫的实际情况，面对面同贫困群众聊家常、算细账，亲身感受脱贫攻坚带来的巨大变化。为了坚决打好反腐败斗争攻坚战、持久战，以习近平同志为核心的党中央开展了史无前例的反腐败斗争，以“得罪千百人、不负十四亿”的使命担当祛疴治乱，不敢腐、不能腐、不想腐一体推进，反腐败斗争取得压倒性胜利并全面巩固，消除了党、国家、军队内部存在的严重隐患，确保党和人民赋予的权力始终用来为人民谋幸福。

党的领导是党和国家的根本所在、命脉所在，是全国各族人民的利益所在、幸福所在。这几年来，党中央无论推进哪个领域、哪方面工作，都是从加强党的领导抓起，最终落脚在强化党的建设上。经过持续不懈努力，党的领导弱化状况得到根本扭转，党对一切工作领导的体制机制不断完善，党的政治领导力、思想引领力、群众组织力、社会号召力不断增强，中国特色社会主义事业的政治保证、组织保障更加有力。中国共产党是一个大党，中国是一个大国，大党治理大国，首先需要一个有权威的党中央，能够从全局角度观察问题，能够“一锤定音”作决策；而且一旦党

① 《习近平关于全面从严治党论述摘编》，中央文献出版社 2021 年版，第 168 页。

中央作出决策部署，党的各个部门要坚决贯彻落实，人大、政府、政协、监察委、法院、检察院的党组织要坚决贯彻落实，事业单位、人民团体等的党组织也要坚决贯彻落实。反观资本主义的短视，已经无法作出保证长期利益的明智决策，而中国持续多年来的五年规划以及绿色转型能够以系统的方式，将中国建成符合其长期目标的国家。

2020年10月召开的党的十九届五中全会，是在我国将进入新发展阶段、实现中华民族伟大复兴正处在关键时期召开的一次具有全局性、历史性意义的重要会议。“十四五”时期是我国全面建成小康社会、实现第一个百年奋斗目标之后，乘势而上开启全面建设社会主义现代化国家新征程、向第二个百年奋斗目标进军的第一个五年。我国发展仍然处于重要战略机遇期，但面临的国内外环境正在发生深刻复杂的变化。从国际看，世界百年未有之大变局进入加速演变期，新冠疫情大流行影响广泛深远，经济全球化遭遇逆流，国际经济、科技、文化、安全、政治等格局都在深刻调整，中国发展的外部环境日趋错综复杂。从国内看，中华民族伟大复兴进入关键时期，我国社会主要矛盾发生变化，经济转向高质量发展阶段，继续发展具有多方面优势和条件，也面临不少困难和挑战。在“两个一百年”历史交汇点上，党中央召开十九届五中全会，重点研究“十四五”规划问题，描绘国家未来发展蓝图，明确前进方向和奋斗目标，对于激励全党全国各族人民，战胜前进道路上各种风险挑战，为全面建设社会主义现代化国家开好局、起好步，具有十分重要的意义。

党的十九届五中全会最重要的成果，就是审议通过了《中共中央关于制定国民经济和社会发展第十四个五年规划和二〇三五年远景目标的建议》（以下简称《建议》）。《建议》深入分析了我国发展面临的国际国内形势，清晰展望了2035年基本实现社会主义现代化的远景目标，明确提出了“十四五”时期我国发展的指导方针、主要目标、重点任务、重大举措，集中回答了新形势下实现什么样的发展、如何实现发展这个重大问题。《建议》充分体现时代新变化，符合实践新要求，反映人民新期待，是开启全面建设社会主义现代化国家新征程、向第二个百年奋斗目标进军的纲领性文件，是今后 5 年乃至更长时期我国经济社会发展的行动指南。

中国共产党领导是中国特色社会主义最本质的特征，是中国特色社会主义制度的最大优势，是推进我国经济社会发展不能脱离的最大国情。“十四五”时期乃至更长时期，我国经济社会发展将面临极其复杂的国际形势，要破解许多难题，会面临一系列风险和挑战。越是这样，就越离不开中国共产党这个指引方向的指南针、凝心聚力的主心骨、社会稳定的压舱石，就越要坚持和加强党的全面领导。因此，党的十九届五中全会把坚持党的全面领导作为“十四五”时期经济社会发展必须遵循的首要原则。

当历史的指针指向 2021 年，矢志复兴的中华民族，行进到关键一程的关键节点。党的十九届六中全会是在建党百年之际、在“两个一百年”奋斗目标历史交汇点上召开的重要会议。全会认为，总结党的百年奋斗重大成就和历史经验，是在建党百年历史条件下开启全面建设社会主义现代化国家新征程、在新时代坚持和发展中国特色社会主义的需要；是增强政治意识、大局意识、核心意识、看齐意识，坚定道路自信、理论自信、制度自信、文化自信，做到坚决维护习近平同志党中央的核心、全党的核心地位，坚决维护党中央权威和集中统一领导，确保全党步调一致向前进的需要；是推进党的自我革命、提高全党斗争本领和应对风险挑战能力、永葆党的生机活力、团结带领全国各族人民为实现中华民族伟大复兴的中国梦而继续奋斗的需要。全党要坚持唯物史观和正确党史观，从党的百年奋斗中看清楚过去我们为什么能够成功、弄明白未来我们怎样才能继续成功，从而更加坚定、更加自觉地践行初心使命，在新时代更好坚持和发展中国特色社会主义。全会听取和讨论了习近平受中央政治局委托作的工作报告，审议通过了《中共中央关于党的百年奋斗重大成就和历史经验的决议》（以下简称《决议》）。《决议》主要有三个鲜明的特点：第一，聚焦总结党的百年奋斗重大成就和历史经验。我们党已先后制定了两个历史决议。从建党到改革开放之初，党的历史上的重大是非问题，这两个历史决议基本都解决了，其基本论述和结论至今仍然适用。改革开放以来，尽管党的工作中也出现过一些问题，但总体上讲党和国家事业发展是顺利的，前进方向是正确的，取得的成就是举世瞩目的。基于此，《决议》把着力点放在总结党的百年奋斗重大成就和历史经验上，以推动全党增长智慧、增进团结、增加信心、增强斗志。第二，突出中国特色社会主义新时代这个重点。《决议》重点总结新时代党和国家事业取得的历史性成就、发生的历史性变革和积累的新鲜经验。突出中国特色社会主义新时代这个重点，有利于引导全党进一步坚定信心，聚焦我们正在做的事情，以更加昂扬的姿态迈进新征程、建功新时代。第三，对重大事件、重要会议、重要人物的评价注重同党中央已有结论相衔接。关于党的十八大之前党的历史上的重大事件、重要会议、重要人物，前两个历史决议、党的一系列重要文献都有过大量论述，都郑重作过结论。《决议》坚持这些基本论述和结论。党的十八大以来，习近平在庆祝中国共产党成立九十五周年大会、庆祝中国人民解放军建军九十周年大会、庆祝中华人民共和国成立七十周年大会特别是庆祝中国共产党成立一百周年大会等重要会议上，对党的历史都作过总结和论述，体现了党中央对党的百年奋斗的新认识。《决议》体现了这些新认识。

《决议》指出："党确立习近平同志党中央的核心、全党的核心地位，确立习近平新时代中国特色社会主义思想的指导地位，反映了全党全军全国各族人民共同心愿，对新时代党和国家事业发展、对推进中华民族伟大复兴历史进程具有决定性意义。"历史证明，坚强的领导核心、科学的理论指导始终是关系党和国家前途命运、党和人民事业兴衰成败的根本性问题。新时代新征程上把中国特色社会主义事业推向前进，最紧要的是深刻领悟"两个确立"的决定性意义。一个伟大的基本思想不是既成事物的集合体，而是过程的集合体，马克思主义在分析历史时，总是强调要把历史当作一种过程来研究。列宁强调："如果从事实的全部总和、从事实的联系去掌握事实，那么，事实不仅是'胜于雄辩的东西'，而且是证据确凿的东西。”① “两个确立”就是从新时代伟大历史变革历史实践中得出的“证据确凿”的历史事实。我们对“两个确立”不仅要有高度的情感认同，更要看到它是基于坚强有力制度保障的信任和责任。习近平认为“权力运用能否得到有效制约和监督”②，是评价一个国家政治制度是不是民主的、有效的重要标准。我们的干部都是党的干部，权力都是党和人民赋予的，必须提高运用制度干事创业能力，严格按照制度履行职责、行使权力、开展工作。习近平早就说过：“党的十八届六中全会正式提出‘以习近平同志为核心的党中央’……是对我的信任和支持”，“党中央的核心、全党的核心，对我来说就是责任”，“核心并不意味着无限权力、任性决策。对此，我始终是头脑清醒、态度如一的”③。这就是说，确立习近平同志党中央的核心、全党的核心地位，赋予的不是一种政治荣誉，而是为党和人民的事业负总责的政治担当，是“如山之责”。“两个确立”还是具有鲜明未来指向的战略思想，因为无论是党和国家事业发展，还是中华民族伟大复兴，既是现在进行时，更是将来进行时。我们要坚决维护习近平总书记党中央的核心、全党的核心地位，自觉做习近平新时代中国特色社会主义思想的坚定信仰者和忠实实践者，坚定不移地走实现中华民族伟大复兴的正确道路，以顽强斗争精神克服前进道路上可以预料和难以预料的各种风险挑战，以行百里者半九十的清醒不懈推进中华民族伟大复兴。总之，“两个确立”作为党在新时代取得的重大政治成果，已经写在了新时代的伟大征程上，写在了全党全军全国各族人民的心坎上，反映了全党全军全国各族人民共同心愿，是党和国家之幸、人民之幸、中华民族之幸，必须倍加珍惜、坚定维护、长期坚持，只有这样才能保证党的领导的成熟和稳定，切实维护我们党、国家和全国人民的根本利益。

综观整个世界，没有别的哪一个政党有中国共产党如此的豪迈与自

① 《马克思恩格斯列宁斯大林论历史科学》，人民出版社 1980 年版，第 309 页。

② 《习近平著作选读》第 2 卷，人民出版社 2023 年版，第 529 页。

③ 习近平：《论坚持党对一切工作的领导》，中央文献出版社 2019 年版，第 176 页。

信，有如此的使命感与责任感。2022 年 10 月 16 日上午 10 时，中国共产党第二十次全国代表大会在北京人民大会堂隆重召开。习近平代表第十九届中央委员会，向大会作了题为《高举中国特色社会主义伟大旗帜 为全面建设社会主义现代化国家而团结奋斗》的报告。会场内，2300 多名代表和特邀代表心潮澎湃，一次次热烈掌声传递着信心和力量。大会的主题是：高举中国特色社会主义伟大旗帜，全面贯彻新时代中国特色社会主义思想，弘扬伟大建党精神，自信自强、守正创新，踔厉奋发、勇毅前行，为全面建设社会主义现代化国家、全面推进中华民族伟大复兴而团结奋斗。大会强调，新时代十年的伟大变革，是在以习近平同志为核心的党中央坚强领导下、在习近平新时代中国特色社会主义思想指引下全党全国各族人民团结奋斗取得的。党确立习近平同志党中央的核心、全党的核心地位，确立习近平新时代中国特色社会主义思想的指导地位，反映了全党全军全国各族人民共同心愿，对新时代党和国家事业发展、对推进中华民族伟大复兴历史进程具有决定性意义。新时代新征程上把中国特色社会主义事业推向前进，最紧要的是深刻领悟“两个确立”的决定性意义，增强“四个意识”、坚定“四个自信”、做到“两个维护”，自觉在思想上政治上行动上同以习近平同志为核心的党中央保持高度一致。大会提出，从现在起，中国共产党的中心任务就是团结带领全国各族人民全面建成社会主义现代化强国、实现第二个百年奋斗目标，以中国式现代化全面推进中华民族伟大复兴。在新中国成立特别是改革开放以来长期探索和实践基础上，经过党的十八大以来在理论和实践上的创新突破，我们党成功推进和拓展了中国式现代化。中国式现代化，是中国共产党领导的社会主义现代化，既有各国现代化的共同特征，更有基于自己国情的中国特色。中国式现代化是人口规模巨大的现代化、全体人民共同富裕的现代化、物质文明和精神文明相协调的现代化、人与自然和谐共生的现代化、走和平发展道路的现代化。中国式现代化的本质要求是：坚持中国共产党领导，坚持中国特色社会主义，实现高质量发展，发展全过程人民民主，丰富人民精神世界，实现全体人民共同富裕，促进人与自然和谐共生，推动构建人类命运共同体，创造人类文明新形态。大会强调，全面建设社会主义现代化国家，是一项伟大而艰巨的事业，前途光明，任重道远。前进道路上，必须牢牢把握以下重大原则：坚持和加强党的全面领导，坚持中国特色社会主义道路，坚持以人民为中心的发展思想，坚持深化改革开放，坚持发扬斗争精神。全党必须坚定信心、锐意进取，主动识变应变求变，主动防范化解风险，不断夺取全面建设社会主义现代化国家新胜利。

大会强调，全面建设社会主义现代化国家、全面推进中华民族伟大复兴，关键在党。我们党作为世界上最大的马克思主义执政党，要始终赢得人民拥护、巩固长期执政地位，必须时刻保持解决大党独有难题的清醒和坚定。必须持之以恒推进全面从严治党，深入推进新时代党的建设新的伟大工程，以党的自我革命引领社会革命，落实新时代党的建设总要求，健全全面从严治党体系，全面推进党的自我净化、自我完善、自我革新、自我提高，坚持和加强党中央集中统一领导，坚持不懈用习近平新时代中国特色社会主义思想凝心铸魂，完善党的自我革命制度规范体系，建设堪当民族复兴重任的高素质干部队伍，增强党组织政治功能和组织功能，坚持以严的基调强化正风肃纪，坚决打赢反腐败斗争攻坚战持久战。大会号召，全党全军全国各族人民紧密团结在以习近平同志为核心的党中央周围，牢记空谈误国、实干兴邦，坚定信心、同心同德，埋头苦干、奋勇前进，为全面建设社会主义现代化国家、全面推进中华民族伟大复兴而团结奋斗！

第二章

大志向：革命理想高于天

- 坚定共产主义远大理想，领导伟大社会革命
- 遵循社会历史规律，探索社会主义道路
- 坚持实事求是，推进中国社会主义现代化建设

自从人类社会产生以来，人们就始终不懈地孜孜探索文明发展和社会进步的美好理想。无论是作为西方文明起源之一的柏拉图的《理想国》，还是具有悠久历史传统的中华文明中“大道之行也，天下为公”的理想描绘，都生动展现了人们对理想制度和美好生活的无限憧憬和向往。然而，理想不能等同于幻想，更不能停留于空想。一部人类社会发展史，不能仅是在理想主义指引下亦步亦趋，不断幻灭而觉醒的自发的历史过程，而应该是深刻揭示历史发展规律，从自发走向自觉的历史过程，更是将美好理想和科学规律转化为革命行动的积极自为的历史过程。马克思主义在唯物史观和剩余价值学说的基础上，揭示了“资产阶级的灭亡和无产阶级的胜利是同样不可避免的”历史规律，科学论证了共产主义的历史必然性，为人类社会发展树立了共产主义的远大理想。在纪念马克思诞辰200周年大会上，习近平指出，马克思主义是科学的理论，创造性地揭示了人类社会发展规律；马克思主义是人民的理论，第一次创立了人民实现自身解放的思想体系；马克思主义是实践的理论，指引着人民改造世界的行动；马克思主义是不断发展的开放的理论，始终站在时代前沿。马克思主义犹如壮丽的日出，照亮了人类探索历史规律和追寻美好理想的道路。

中国共产党是用马克思主义武装起来的政党，马克思主义是中国共产党人理想信念的灵魂。中国共产党是以共产主义为光辉旗帜的政党，共产主义是中国共产党的最高理想和最终目标。中国共产党既是马克思主义的坚定信仰者和传承者，是共产主义理想的坚定追随者和实践者，也是始终坚守为中国人民谋幸福、为中华民族谋复兴的初心和使命，带领中国人民和中华民族不断发展进步的最高政治领导力量和事业核心力量。在百年征程中，从党建立的开天辟地，到新中国成立的改天换地，到改革开放的翻天覆地，再到党的十八大以来党和国家事业取得历史性成就、发生历史性变革，中国共产党不断书写中国人民和中华民族发展史的新篇章，在社会主义发展史和人类社会发展史上也产生了重要影响和重大意义。归根结底在于中国共产党始终坚持顶天立地、上天入地，既坚持共产主义远大理想，也立足中国社会发展实际，在马克思主义与中国实际相结合、科学社会主义理论逻辑和中国社会发展历史逻辑辩证统一中，科学谋划和有力推进实现中国社会主义现代化建设和中华民族伟大复兴的“两个一百年”伟大目标。中国共产党的百年历史，既是始终坚持共产主义“革命理想高于天”的理想追求史，也是不断深入认识共产主义发展规律的科学探求史，在现实的基础上进行社会主义现代化建设，逐步实现共产主义的实践发展史。

一、坚定共产主义远大理想，领导伟大社会革命

在中国共产党人的革命理想中，作为最高理想和最终目标的共产主义是具有科学依据、深刻内涵和具体指向的。这里的共产主义，是指马克思恩格斯在揭示人类社会发展规律基础上，对未来理想社会的本质特征的科学概括。在时代依据上，共产主义理想既超越了古代人类社会关于平等、公正的社会理想，比如中华传统文化中“天下为公”“天下大同”等优秀思想，也超越了近代社会产生以来关于自由解放、协作合作的早期社会主义思想，在根本上是奠基于现代社会发展基础之上的。相对于马克思主义产生的19世纪，共产主义“源于那个时代又超越了那个时代，既是那个时代精神的精华又是整个人类精神的精华”①。在理论依据上，共产主义是建立在唯物史观揭示人类社会发展客观规律基础之上的。唯物史观超越了各种各样的唯心史观，尤其是封建社会的帝王史观和资产阶级的抽象启蒙主义历史观，深刻指出：“一切社会变迁和政治变革的终极原因，不应当到人们的头脑中，到人们对永恒的真理和正义的日益增进的认识中去寻找，而应当到生产方式和交换方式的变更中去寻找；不应当到有关时代的

① 习近平：《在纪念马克思诞辰200周年大会上的讲话》，《人民日报》2018年5月5日。

哲学中去寻找，而应当到有关时代的经济中去寻找。”① 在实践依据上，共产主义是建立在改造旧世界、建立新世界的实践指向基础上的。马克思强调，共产主义不应该从原则出发，而应该从事实出发，“不是应当确立的状况，不是现实应当与之相适应的理想。我们所称为共产主义的是那种消灭现存状况的现实的运动。这个运动的条件是由现有的前提产生的”②。共产主义既有与其他一切无产阶级政党一样的最近目的，也“在当前的运动中同时代表运动的未来”。“在实践方面，共产党人是各国工人阶级政党中最坚决的、始终起推动作用的部分；在理论方面，他们胜过其余无产阶级群众的地方在于他们了解无产阶级运动的条件、进程和一般结果。”③

因此，坚定共产主义远大理想，必须坚持马克思主义指导思想，不断增强马克思主义理论武装，在科学认识和革命实践的基础上不断实现理想。习近平指出，尽管我们所处的时代同马克思所处的时代相比发生了巨大而深刻的变化，但从世界社会主义 500 年的大视野来看，我们依然处在马克思主义所指明的历史时代。在从资本主义向社会主义、共产主义发展的历史时代，马克思主义是指导实践发展的科学理论，共产主义是引领共同奋斗的光辉旗帜。

（一）马克思主义对共产主义的科学论证

共产主义是在批判资本主义、变革资本主义基础上提出的科学理想。在一定意义上，共产主义既是资本主义产生和发展的必然结果，也是取代资本主义、超越资本主义的历史归宿。正像资产阶级和无产阶级相伴而生，“随着大工业的发展，资产阶级赖以生产和占有产品的基础本身也就从它的脚下被挖掉了。它首先生产的是它自身的掘墓人”④。共产主义也与

① 《马克思恩格斯文集》第 3 卷，人民出版社 2009 年版，第 547 页。
② 《马克思恩格斯选集》第 1 卷，人民出版社 2012 年版，第 166 页。
③ 马克思、恩格斯：《共产党宣言》，人民出版社 2014 年版，第 41 页。
④ 马克思、恩格斯：《共产党宣言》，人民出版社 2014 年版，第 40 页。

资本主义相伴而生，资本主义在取得经济上和政治上的统治地位时，也产生了它本身的替代物和超越物——共产主义。在《共产党宣言》中，马克思、恩格斯系统梳理了资本主义产生和发展的历史前提、经济过程和历史逻辑，客观阐明了资产阶级在历史发展上的革命性作用，进而在同样强有力的历史逻辑基础上强调“几十年来的工业和商业的历史，只不过是现代生产力反抗现代生产关系、反抗作为资产阶级及其统治的存在条件的所有制关系的历史”①，深刻揭示了经济危机和阶级斗争预示了资本主义的必然灭亡和共产主义的必然胜利。

在马克思、恩格斯之前，社会主义是中等阶级的运动，即使19世纪初三大社会主义者圣西门、傅立叶和欧文提出了本来意义上的社会主义和共产主义的思想体系，但既没有科学说明资本主义经济方式的本质和秘密，从而也不能实际战胜资本主义生产方式。空想社会主义既没有找到变革资本主义的科学道路，也没有找到变革资本主义的现实力量，它对未来理想社会的设想“越是制定的详尽周密，就越是要陷入纯粹的幻想”。在马克思、恩格斯之前，也爆发了作为无产阶级先驱者的那个阶级的独立运动，他们在自发斗争中提出了平均共产主义的社会主张，但由于缺乏科学理论的指导，这些运动也未能取得胜利。《共产党宣言》是马克思主义形成和创立的标志，在世界社会主义发展史上具有里程碑意义，实现了社会主义从空想到科学的飞跃，在工人阶级斗争和无产阶级运动中真正树立起共产主义的伟大旗帜。

在《共产党宣言》中，马克思、恩格斯从唯物史观出发揭示了人类社会发展的客观规律，从人类社会阶级斗争的历史视野中客观预示资产阶级和无产阶级两大阶级对立和斗争的历史趋势，科学论证了共产主义必然胜利的远大理想。唯物史观认为，“这种历史观就在于：从直接生活的物质生产出发阐述现实的生产过程，把同这种生产方式相联系的、它所产生的

① 马克思、恩格斯：《共产党宣言》，人民出版社2014年版，第33页。

交往形式即各个不同阶段上的市民社会理解为整个历史的基础，从市民社会作为国家的活动描述市民社会，同时从市民社会出发阐明意识的所有各种不同的理论产物和形式，如宗教、哲学、道德等等，而且追溯它们产生的过程”①。《共产党宣言》正是依循唯物史观的理论逻辑，深刻解析了资本主义产生的历史必然和具体过程，在资产者和无产者、无产者和共产党人的思想主题下科学推理和论证了无产阶级解放自身和最终实现共产主义人的自由全面发展的远大理想。在解析资本主义生产方式的同时，马克思、恩格斯还抓住了所有制关系这一生产关系的核心，透视了人类历史上阶级斗争的迭代和发展过程。《共产党宣言》指出：“至今一切社会的历史都是阶级斗争的历史”，“从封建社会的灭亡中产生出来的现代资产阶级社会并没有消灭阶级对立。它只是用新的阶级、新的压迫条件、新的斗争形式代替了旧的”。作为生产方式和交换方式的一系列变革的产物，“资产阶级的灭亡和无产阶级的胜利是同样不可避免的”。

《共产党宣言》还包含了马克思主义的全球化思想和世界视野。在此意义上，共产主义不仅仅是英国、德国、法国等西欧资本主义国家的独特现象，而是人类社会和世界发展的共同趋势。随着资本主义的发展，随着贸易自由的实现和世界市场的形成，随着工业生产以及与之相适应的生活条件的趋于一致，各国人民之间的民族分隔和对立日益消失，民族史越来越融合成为世界史。马克思、恩格斯强调，共产党人矢志追求的共产主义到处都努力争取全世界民主政党和进步运动之间的团结和协调，“他们公开宣布：他们的目的只有用暴力推翻全部现存的社会制度才能达到。让统治阶级在共产主义革命面前发抖吧。无产者在这个革命中失去的只是锁链。他们获得的将是整个世界”。在全球视野中，马克思、恩格斯也十分关心东方民族的社会发展和独立斗争，他们在关于近代中国一系列历史事件的评述中，“向世界揭露西方列强侵略中国的真相，为中国人民伸张正

① 《马克思恩格斯选集》第1卷，人民出版社2012年版，第171页。

义。马克思、恩格斯高度肯定中华文明对人类文明进步的贡献，科学预见了‘中国社会主义’的出现，甚至为他们心中的新中国取了靓丽的名字——‘中华共和国’”①。

马克思主义对共产主义的科学论证，尤其是《共产党宣言》在中国的出版和传播，对于中国先进分子的觉悟和中国共产党的成立发挥了重要作用。20世纪之初，在中国公开出版的刊物上开始出现了关于马克思主义和共产主义运动概况的介绍，据考证，1900年至1901年《译书汇编》上连载的日本学者贺长雄的《近世政治史》最早将马克思主义引入和传播到中国。1903年之后，一系列日文社会主义著作在中国的翻译出版，推动形成了马克思主义在中国传播的第一次高潮。其中，福井准造的《近世社会主义》、幸德秋水的《社会主义神髓》、岛田三郎的《社会主义概评》、村井知至的《社会主义》、久松义典的《近世社会主义评论》等著作的中文译本中，既有对唯物史观、剩余价值学说、共产主义理想的具体阐释，也有关于马克思主义经典著作的引述和评论，《共产党宣言》《资本论》《社会主义从空想到科学的发展》等马克思主义经典著作及其思想已经影响并启发了中国先进分子的思想觉悟。五四运动以后，马克思主义逐渐成为新文化运动的主流思潮，先进的马克思主义分子陈独秀、李大钊等筹划尽快出版《共产党宣言》的中文译本。1920年4月，陈望道在英文版和日文本的基础上完成了《共产党宣言》第一个中译本的翻译工作，于8月以中国社会主义研究社的名义在上海秘密出版。《共产党宣言》对于中国共产党的成立发挥了积极作用，“在《共产党宣言》中文译文正式出版将近一年时，中国共产党正式建立。李大钊和陈独秀商量后决定这个组织就叫共产党。显然，中国共产党的名称直接来自于这样一本书：《共产党宣言》”②。

在中国共产党百年历程中，《共产党宣言》始终是中国共产党人的思想宝典。1920年4月，毛泽东就从陈独秀那里获知了《共产党宣言》全译

---

① 王强等：《马克思的思想轨迹——文本导读的视角》，人民出版社2019年版，第155页。
② 唐瑾、王亚欧：《共产主义的爝火》，《中国政协》2020年第5期。

本的信息。从青年时期到晚年一直到生命的最后，他阅读《共产党宣言》不下一百遍，并保存了多种版本以供翻阅。1936 年，毛泽东对斯诺说："我第二次到北京期间读了许多关于俄国所发生的事情的文章。我热切地搜寻当时所能找到的极少数共产主义文献的中文本。有三本书特别深刻地铭记在我的心中，使我树立起对马克思主义的信仰。我接受马克思主义，认为它是对历史的正确解释，以后，就一直没有动摇过。这三本书是：陈望道译的《共产党宣言》，这是用中文出版的第一本马克思主义的书，考茨基著的《阶级斗争》，以及柯卡普著的《社会主义史》，到了一九二〇年夏天，我已经在理论上和在某种程度的行动上，成为一个马克思主义者，而且从此我也自认为是一个马克思主义者了。"① 1922 年，周恩来把《共产党宣言》中译本送给朱德，并介绍其加入中国共产党。习近平在纪念朱德同志诞辰 130 周年座谈会上说："在临终前不到两个月，他看到《共产党宣言》新译本后，不顾年高体弱，驱车到中央党校，看望参与翻译的同志，一起交流对这部马克思主义经典著作的学习心得。"邓小平同志 18 岁在法国勤工俭学时，就读到了《共产党宣言》，并接受了马克思主义。1992 年，邓小平视察南方时说："我的入门老师是《共产党宣言》和《共产主义 ABC》。最近，有的外国人议论，马克思主义是打不倒的。打不倒，并不是因为大本子多，而是因为马克思主义的真理颠扑不破。"《共产党宣言》被一代代的中国共产党人奉为马克思主义经典著作。习近平在成长的不同时期，也曾反复阅读《共产党宣言》，从中汲取马克思主义的思想智慧和理论精髓。在梁家河时期，习近平不仅学习《共产党宣言》，而且找到著作的不同译本，分析其不尽相同的理解和各有侧重的翻译，在分析对比中真正学深悟透。2012 年，习近平参观《复兴之路》展览，在馆内陈列的《共产党宣言》中译本前亲情讲述了陈望道翻译《共产党宣言》过程中"真理的味道非常甜"的故事。2018 年 4 月 23 日，习近平在主持十九届中

---

①《毛泽东一九三六年同斯诺的谈话——关于自己的革命经历和红军长征等问题》，人民出版社 1979 年版，第 39 页。

共中央政治局第五次集体学习时强调，《共产党宣言》是一部科学洞见人类社会发展规律的经典著作，是一部充满斗争精神、批判精神、革命精神的经典著作，是一部秉持人民立场、为人民大众谋利益、为全人类谋解放的经典著作。《共产党宣言》揭示的人类社会最终走向共产主义的必然趋势，奠定了共产党人坚定理想信念、坚守精神家园的理论基础。中国共产党是《共产党宣言》精神的忠实传人。我们要把共产主义远大理想同中国特色社会主义共同理想统一起来、同我们正在做的事情统一起来，坚定道路自信、理论自信、制度自信、文化自信，不为任何风险所惧，不为任何干扰所惑，始终坚守共产党人的理想信念，不负共产党人的光荣称号。

（二）20 世纪国际共产主义运动的发展

马克思、恩格斯在创立科学社会主义理论的同时，还在实践上直接领导了国际共产主义运动。在纪念马克思诞辰 200 周年大会上的讲话中，习近平概括了马克思革命实践的三大历史贡献：领导创建了世界上第一个无产阶级政党——共产主义者同盟，领导了世界上第一个国际工人组织——国际工人协会，热情支持世界上第一次工人阶级夺取政权的革命——巴黎公社革命。从 1864 年至 1872 年，马克思是第一国际真正的灵魂，使第一国际获得了堪比主要资本主义国家的“第七强国”的强大力量和实际影响。马克思逝世后，恩格斯继续热情支持和积极领导国际共产主义运动的发展，督促并领导德国工人党和法国工人党共同创立了“第二国际”，引领国际共产主义运动跨越到 20 世纪。第一次世界大战前后，第二国际内部的思想分歧愈演愈烈，逐渐蜕变为改良主义的政党组织。是否坚持马克思主义指导思想和共产主义远大理想，成为判断阶级政党性质的本质标准。1917 年，列宁领导俄国十月革命的胜利，使马克思主义和共产主义在 20 世纪的东方国家焕发新的生机，建立了世界上第一个社会主义制度，使社会主义从理论变为现实。1919 年，列宁领导建立了第三国际即共产国际，通过《共产国际宣言》《共产国际行动纲领》和《关于资产阶级民主和无产阶级专政的提纲》，组织世界上30个国家的工人政党和组织，引领了20世纪国际共产主义运动的蓬勃发展。成立之初，列宁领导的共产国际就十分关注中国革命的发展，援助中国共产党早期组织的建立，并为中国共产党的成立提供了实际支持。

十月革命一声炮响，给中国送来了马克思列宁主义。俄国十月革命的胜利，建立了世界上第一个无产阶级专政的社会主义国家，在国际共产主义运动史上写下了光辉的篇章。马克思、恩格斯实现了社会主义从空想到科学的发展，在领导欧洲主要资本主义国家中的社会主义革命和工人阶级斗争的同时，也关注和支持殖民地半殖民地国家的革命运动，曾经与俄国革命者讨论了俄国“跨越卡夫丁峡谷”的社会主义道路，但并未对经济文化落后的东方国家能否建立社会主义、实现社会主义提供直接的理论指导。在理论上，马克思、恩格斯强调了对西欧主要资本主义国家一般发展过程的历史概述，实际中也突出德国、法国、英国等“共同革命”基础上社会主义革命的胜利。然而，19、20世纪之交国际共产主义运动形势并没有按照马克思、恩格斯的理论预期而发展，而是在俄国这一“帝国主义链条的薄弱环节”上首先实现了社会主义革命的胜利。列宁在领导俄国十月革命的过程中，将马克思主义基本原理与战争和革命的时代特征、俄国民主革命和无产阶级斗争的实际相结合，创新和发展了马克思主义，在社会历史普遍规律和特殊规律的辩证统一中提出了“一国胜利论”、革命辩证法，领导无产阶级革命的胜利和社会主义国家的建立，使社会主义从理论变为现实。俄国十月革命的胜利，在精神上给中国的马克思主义者提供了强大鼓舞，在理论上也启发和指导了中国马克思主义者建立中国共产党，领导中国无产阶级革命斗争的独立探索。俄国十月革命的胜利，充分说明了经济文化落后的东方国家进行社会主义革命并取得胜利的历史必然性，实现了国际共产主义运动重心从欧洲向东方的转移，也进一步发展了国际共产主义运动的历史主题。列宁领导俄国和共产国际搭建了国际共产主义运动通往殖民地半殖民地国家无产阶级革命的桥梁，壮大了共产主义运动的世界力量，有力改变了俄国人民的命运和世界历史的命运。

在马克思列宁主义的指导和共产国际的帮助下，中国共产党成立了，这是中华民族发展史上开天辟地的大事变。这一大事变，深刻改变了近代以后中华民族发展的方向和进程，深刻改变了中国人民和中华民族的前途和命运，深刻改变了世界发展的趋势和格局。在百年历史征程中，中国共产党团结带领中国人民进行了 28 年的浴血奋战，打败日本帝国主义，推翻国民党反动统治，完成新民主主义革命，建立了中华人民共和国，彻底结束了旧中国半殖民地半封建社会的历史，彻底结束了旧中国一盘散沙的局面，彻底废除了列强强加给中国的不平等条约和帝国主义在中国的一切特权，实现了中国从几千年封建专制政治向人民民主的伟大飞跃。中国共产党团结带领中国人民完成社会主义革命，确立社会主义基本制度，消灭一切剥削制度，推进了社会主义建设，完成了中华民族有史以来最为广泛而深刻的社会变革，为当代中国一切发展进步奠定了根本政治前提和制度基础，为中国发展富强、中国人民生活富裕奠定了坚实基础，实现了中华民族由不断衰落到根本扭转命运、持续走向繁荣富强的伟大飞跃。中国共产党团结带领中国人民进行改革开放新的伟大革命，极大激发广大人民群众的创造性，极大解放和发展社会生产力，极大增强社会发展活力，人民生活显著改善，综合国力显著增强，国际地位显著提高。这一伟大历史贡献的意义在于，开辟了中国特色社会主义道路，形成了中国特色社会主义理论体系，确立了中国特色社会主义制度，使中国赶上了时代，迎来了中国人民从站起来到富起来、强起来的伟大飞跃。

回望20 世纪百年史，国际共产主义运动既创造了社会主义从理论到现实、从一国到多国的伟大飞跃，也历经了从社会主义革命、建设到社会主义革新、改革的历史转变。无论是顺境还是逆境，无论是社会主义的蓬勃发展还是波诡云谲的苏东剧变，中国共产党始终一贯地坚守马克思列宁主义和共产主义理想，带领中国人民和中华民族在社会主义道路上不断前进，也在国际共产主义运动中发挥了重要作用。中国共产党带领中国人民建立了新中国，极大地增强了世界社会主义力量，对第三世界国家的民族解放事业和民族社会主义的发展产生了重要影响。中国共产党带领中国人民作出改革开放的历史抉择，成为第二次世界大战后世界社会主义国家改革浪潮的引领者和中坚力量。在东欧剧变、苏联解体使世界社会主义陷入低谷的历史关头，中国共产党始终坚持四项基本原则，持续探索和不断拓展中国特色社会主义发展道路，以党和国家发展的实际成就终结了“历史终结论”，挫败了“共产主义失败论”，将马克思主义和共产主义推向21世纪。正如邓小平所强调的：“为什么我们过去能在非常困难的情况下奋斗出来，战胜千难万险使革命胜利呢？就是因为我们有理想，有马克思主义信念，有共产主义信念。我们干的是社会主义事业，最终目的是实现共产主义。”①

（三）21世纪科学社会主义的生机活力

党的十八大以来，党和国家事业取得历史性成就，发生历史性变革，中国特色社会主义进入新时代。习近平强调：“中国特色社会主义进入新时代，在中华人民共和国发展史上、中华民族发展史上具有重大意义，在世界社会主义发展史上、人类社会发展史上也具有重大意义。”② 中国特色社会主义新时代，既是在新的历史条件下继续夺取中国特色社会主义伟大胜利的新时代，是全国各族人民团结奋斗、不断创造美好生活、逐步实现全体人民共同富裕的新时代，也是科学社会主义在21世纪的中国焕发强大生机活力的新时代。在中国特色社会主义新时代，中国共产党继续坚持马

---

① 《邓小平文选》第3卷，人民出版社1993年版，第110页。

② 习近平：《决胜全面建成小康社会 夺取新时代中国特色社会主义伟大胜利——在中国共产党第十九次全国代表大会上的报告》，人民出版社2017年版，第12页。

克思主义指导思想，坚定共产主义远大理想，在百年未有之大变局和中华民族伟大复兴的战略全局中，不断推动中国特色社会主义向共同富裕、共产主义的发展。

党的十八大以来，习近平始终强调共产主义的理想信念。2012 年 11 月 17 日，习近平在主持十八届中共中央政治局第一次集体学习时指出："坚定理想信念，坚守共产党人精神追求，始终是共产党人安身立命的根本。对马克思主义的信仰，对社会主义和共产主义的信念，是共产党人的政治灵魂，是共产党人经受住任何考验的精神支柱。"① 他将理想信念比喻为共产党人精神上的"钙"，深刻警示"没有理想信念，理想信念不坚定，精神上就会'缺钙'，就会得'软骨病'"。2016 年 11 月 29 日，习近平在纪念朱德同志诞辰 130 周年大会上讲话指出："不忘初心，方得始终。对马克思主义的信仰，对社会主义和共产主义的信念，是共产党人的政治灵魂，是共产党人经受住各种考验的精神支柱。只有理想信念坚定的人，才能始终不渝、百折不挠，不论风吹雨打，不怕千难万险，坚定不移为实现既定目标而奋斗。"②

如何坚定共产主义的理想信念，习近平强调，坚定的理想信念，必须建立在对马克思主义的深刻理解之上，建立在对历史规律的深刻把握之上。要坚持学而信、学而思、学而行，把学习成果转化为不可撼动的理想信念，转化为正确的世界观、人生观、价值观，用理想之光照亮奋斗之路，用信仰之力开创美好未来。习近平强调，共产党员和领导干部要经常对照党章党规党纪，检视自己的理想信念和思想言行，"要教育引导各级党组织和广大党员、干部经常进行思想政治体检，同党中央要求'对标'，拿党章党规'扫描'，用人民群众新期待'透视'，同先辈先烈、先进典型

---

① 中共中央文献研究室编：《习近平关于全面从严治党论述摘编》，中央文献出版社 2016 年版，第 58 页。

② 《习近平在纪念朱德同志诞辰 130 周年座谈会上的讲话》，《人民日报》2016 年 11 月 30 日。

‘对照’，不断叩问初心、守护初心，不断坚守使命、担当使命，始终做到初心如磐、使命在肩”①。他还强调，理想信念教育要面向全社会开展，工人阶级、广大青年要牢固树立、始终坚定中国特色社会主义理想信念，把全国各族人民团结和凝聚在中国特色社会主义伟大旗帜之下，使科学社会主义在21世纪的中国继续焕发强大生机活力，在21世纪中华民族伟大复兴的历史征程中继续闪耀马克思主义的真理光芒和共产主义的理想光辉。

二、遵循社会历史规律，探索社会主义道路

在中华传统文化中，“大道之行也，天下为公”的思想，朴素地表达了人们对共产主义的理想追求，“人法地，地法天，天法道，道法自然”的思想，启迪了人们对社会历史发展的客观规律的积极探求。近代以来，封闭僵化的封建中国在工业革命、社会革命和思想革命的世界潮流中逐渐落后了，在西方船坚炮利的攻击和现代文明的冲击下，历史悠久的中华传统文明遭遇了东—西、古—今的思想幻灭。面对国内国际交困的历史变局，近代中国的仁人志士在探求规律、追求理想中殚精竭虑，东奔西走，终于在马克思主义中找到了历史发展的客观规律，树立了共产主义的远大理想。中国共产党是马克思主义的坚定追随者，是共产主义的坚定信仰者，同时始终坚持科学、辩证地对待马克思主义、共产主义，将马克思主义与中国实际相结合，将共产主义从理想的彼岸贯穿到现实的此岸，在中华大地上独立自主地探索社会主义道路，不断赶上时代发展的步伐。

（一）科学社会主义的基本原则和理论逻辑

在马克思主义形成和发展的过程中，马克思、恩格斯使用共产主义概念早于科学社会主义概念。青年时期，马克思、恩格斯就在诸多著作中明

① 《习近平在“不忘初心、牢记使命”主题教育总结大会上的讲话》，《人民日报》2020年1月9日。

确提出了共产主义思想。在《1844 年经济学哲学手稿》中，26 岁的马克思就从对资本主义社会私有财产和异化劳动的深刻批判中产生了共产主义思想。马克思指出："共产主义是对私有财产即人的自我异化的积极的扬弃，因而是通过人并且为了人而对人的本质的真正占有；因此，它是人向自身，也就是向社会的即合乎人性的人的复归。这种复归是完全的复归，是自觉实现并在以往发展的全部财富的范围内实现的复归。这种共产主义，作为完成了的自然主义，等于人道主义，而作为完成了的人道主义，等于自然主义，它是人和自然界之间、人和人之间的矛盾的真正解决，是存在和本质、对象化和自我确证、自由和必然、个体和类之间的斗争的真正解决。它是历史之谜的解答，而且知道自己就是这种解答。"① 同一时期，恩格斯在《英国工人阶级状况》也形成了共产主义思想，他强调这本著作是"用共产主义的观点写的"。1848 年，马克思、恩格斯在《共产党宣言》中系统阐述共产主义思想，同时强调"既然我们自始就认定'工人阶级的解放应当是工人阶级自己的事情'，那么，在这两个名称（社会主义和共产主义——引者注）中间我们应当选择哪一个，就是毫无疑义的了。而且后来我们也从没有想到要把这个名称抛弃。"② 随着马克思主义的广泛传播，工人阶级逐渐觉悟并接受了共产主义思想。为了团结和引领更广泛的工人阶级运动，马克思、恩格斯从 19 世纪 70 年代起开始使用科学社会主义概念。1880 年，恩格斯发表了《社会主义从空想到科学的发展》，明确提出了科学社会主义的历史使命和基本理论。在马克思主义的语境中，共产主义和科学社会主义成为同义语，共产主义理想成为照耀科学社会主义理论的一颗明珠，科学社会主义理论从理论逻辑和基本原则上奠定了共产主义理想的科学基础。

中国共产党人始终坚持马克思主义指导思想和共产主义最高理想，在不同的历史时代始终强调从共产主义的基本特征、科学社会主义的基本原

① 马克思：《1844 年经济学哲学手稿》，人民出版社 2018 年版，第 77—78 页。
② 马克思、恩格斯：《共产党宣言》，人民出版社 2014 年版，第 12 页。

则、科学社会主义的理论逻辑等思想高度，深刻把握马克思主义的思想精髓和共产主义理想的内在本质。作为马克思主义的经典著作，《共产党宣言》关于共产主义的科学设想影响了一代又一代中国共产党人。《共产党宣言》指出："代替那存在着阶级和阶级对立的资产阶级旧社会的，将是这样一个联合体，在那里，每个人的自由全面发展是一切人的自由发展的条件。"① 以毛泽东同志为核心的党的第一代中央领导集体首先从中汲取了阶级斗争的思想武器，通过新民主主义革命、社会主义革命引领中国走上社会主义道路。新中国建设初期，中国共产党人从《共产党宣言》中概括了共产主义的基本特征。毛泽东在20世纪50年代中期概括了社会主义必须具备的五条具体特征，同时强调我国建设社会主义，应该遵循"反映了人类社会发展长途中一个特定阶段内关于革命和建设的普遍规律"。改革开放新时期，中国共产党人提出了坚持社会主义道路、坚持人民民主专政、坚持中国共产党的领导、坚持马克思列宁主义毛泽东思想的四项基本原则。邓小平强调："如果动摇了这四项基本原则中的任何一项，那就动摇了整个社会主义事业整个现代化建设事业。"②

21世纪以来，中国共产党人在坚持和发展中国特色社会主义中创新提出了科学社会主义基本原则和科学社会主义理论逻辑的重大命题。党的十八大报告指出，"中国特色社会主义，既坚持了科学社会主义基本原则，又根据时代条件赋予其鲜明的中国特色，以全新的视野深化了对共产党执政规律、社会主义建设规律人类社会发展规律的认识"。2013年1月5日，习近平在新进中央委员会的委员、候补委员学习贯彻党的十八大精神研讨班开班式上发表讲话，系统阐述了科学社会主义的基本原则，同时强调通过无产阶级专政和社会主义高度发展，最终实现向消灭阶级、消灭剥削、实现人的全面而自由的发展的共产主义社会过渡。习近平的重要讲话再次

① 马克思、恩格斯：《共产党宣言》，人民出版社2014年版，第51页。

② 中共中央文献研究室编：《邓小平思想年谱（1975—1997）》，中央文献出版社，第116页。

重申了《共产党宣言》关于共产主义社会的本质概括，同时贯通了共产主义理想与社会主义现实之间的理论逻辑，使共产主义理想的实现有途可循、有章可依。

（二）社会历史发展的普遍规律和共同趋势

在马克思主义的理论体系中，共产主义理想是建立在人类社会历史发展的客观规律基础上的共同趋势，贯穿从资本主义到共产主义的发展过程的是“铁的历史必然性”，“历史本身就是审判官，而无产阶级就是执刑者”①。马克思、恩格斯在形成共产主义思想的过程中，牢牢立足对历史的客观考察和实际分析基础上，尤其是在对17、18世纪以来英国、德国、法国等西欧国家的资本主义发展状况、阶级对立和无产阶级斗争形势进行实证的、经验的研究中，揭示了人类社会发展的历史规律和必然趋势。马克思指出：“大体说来，亚细亚的、古希腊罗马的、封建的和现代资产阶级的生产方式可以看做是经济的社会形态演进的几个时代。资产阶级的生产关系是社会生产过程的最后一个对抗形式……因此，人类社会的史前时期就以这种社会形态而告终。”② 在对比德国革命、法国革命和英国社会革命的基础上，恩格斯强调共产主义是世界历史和现代文明的共同趋势：“共产主义不是英国或任何其他国家的特殊情况造成的结果，而是从现代文明社会的一般实际情况所具有的前提中不可避免地得出的必然结论。”③

与此同时，马克思、恩格斯并没有否定不同国家、不同民族通过不同的发展道路实现共产主义的特殊性。马克思坚决反对“一定要把我关于西欧资本主义起源的历史概述彻底变成一般发展道路的历史哲学理论，一切民族，不管他们所处的历史环境如何，都注定要走这条道路，——以便最后都达到在保证社会劳动生产力极高度发展的同时又保证每个生产者个人

① 《马克思恩格斯文集》第2卷，人民出版社2009年版，第581页。
② 《马克思恩格斯文集》第2卷，人民出版社2009年版，第592页。
③ 《马克思恩格斯全集》第2卷，人民出版社2002年版，第474页。

最全面的发展的这样一种经济形态。但是我要请他原谅。他这样做，会给我过多的荣誉，同时也会给我过多的侮辱”①。在关于无产阶级革命上，马克思、恩格斯也没有否定过政治斗争和和平手段等具体形式。1872年，马克思在荷兰阿姆斯特丹群众大会上指出：“工人总有一天必须夺取政权，以便建立一个新的劳动组织；他们如果不愿意像轻视和摒弃政治的早期基督徒那样，永远失去自己在尘世的天国，就应该推翻维护旧制度的旧政治。但是，我们从来没有断言，为了达到这一目的，到处都应该采取同样的手段。我们知道，必须考虑到各国的制度、风俗和传统；我们也不否认，有些国家像美国、英国——如果我对你们的制度有更好的了解，也许还可以加上荷兰——工人可能用和平手段达到自己的目的。但是，即使如此，我们也必须承认，在大陆上的大多数国家中，暴力应当是我们革命的杠杆；为了最终地建立劳动的统治，总有一天正是必须采取暴力。”②

在西欧国家的无产阶级斗争和共产主义运动中，马克思、恩格斯坚持了辩证对待暴力革命和政治斗争的观点，加强了世界无产阶级的国际团结，领导了第一国际、第二国际等世界无产阶级组织的集中团结和发挥重要作用。晚年马克思在从“共同革命论”出发进而关注俄国等东方社会问题时，创造性地提出了“跨越卡夫丁峡谷”的理论设想。马克思在给俄国革命者查苏利奇复信的草稿中指出：“在俄国，由于各种情况的独特结合，至今还在全国范围内存在着的农村公社能够逐渐摆脱其原始特征，并直接作为集体生产的因素在全国范围内发展起来。正因为它和资本主义生产是同时存在的东西，所以它能够不经受资本主义生产的可怕的波折而占有它的一切积极的成果。”③

列宁在领导俄国革命的过程中，深刻把握了马克思主义的历史辩证

① 《马克思恩格斯全集》第25卷，人民出版社2001年版，第145页。
② 《马克思恩格斯全集》第18卷，人民出版社1964年版，第179页。
③ 《马克思恩格斯全集》第25卷，人民出版社2001年版，第456页。

法，鲜明提出社会历史发展的普遍规律和特殊规律辩证统一的思想，在20世纪初特殊的历史条件和俄国社会发展实际基础上，创造性地提出了先革命后建设的发展道路。列宁指出："世界历史发展的一般规律，不仅丝毫不排斥个别发展阶段在发展的形式或顺序上表现出特殊性，反而是以此为前提的。"① 列宁认为，俄国先夺取政权，"在工农政权和苏维埃制度的基础上赶上别国"的道路，体现了世界历史发展规律的特殊性。同时，列宁还预示"在东方那些人口无比众多、社会情况无比复杂的国家里，今后的革命无疑会比俄国革命带有更多的特殊性"②。

中国共产党领导中国人民走上社会主义道路，面临比俄国更多的特殊性。近代以来的旧中国逐渐落入半封建半殖民地的历史境遇，资本主义的发展和社会阶级结构的变化既区别于欧洲资本主义国家，也不同于俄国。在遵循历史规律的同时，结合中国工人阶级斗争实际，中国共产党开创了农村包围城市的革命道路。毛泽东指出："强大的帝国主义及其在中国的反动同盟军，总是长期地占据着中国的中心城市，如果革命的队伍不愿意和帝国主义及其走狗妥协，而要坚持地奋斗下去，如果革命的队伍要准备积蓄和锻炼自己的力量，并避免在力量不够的时候和强大的敌人作决定胜负的战斗，那就必须把落后的农村造成先进的巩固的根据地，造成军事上、政治上、经济上、文化上的伟大的革命阵地，借以反对利用城市进攻农村区域的凶恶敌人，借以在长期战斗中逐步地争取革命的全部胜利。"③ 新中国建设初期，中国共产党人也从普遍规律和特殊规律的辩证法出发，强调："马克思列宁主义认为：在人类社会的发展中有共同的基本规律。但是在不同的国家和民族之间，又存在着千差万别的特点。因此，每个民族都经历着阶级斗争，并且最后都将沿着在一些基本点上相同、而在具体形式上各有不同的道路，走向共产主义。只有善于根据自己的民族特点运

① 《列宁杂文集》，人民出版社1973年版，第361页。

② 《列宁选集》第4卷，人民出版社1995年版，第778页。

③ 《毛泽东选集》第2卷，人民出版社1991年版，第635页。

用马克思列宁主义的普遍真理，各国无产阶级的事业才能得到成功。”① 中国共产党在领导中国革命、建设和改革的历史过程中，既坚持马克思主义基本原理与中国实际相结合，也将共产主义的远大理想与中国社会历史发展的客观实际相结合，在理论上不断创新中国化的马克思主义，在实践中不断探索中国走上社会主义道路、实现社会主义现代化发展的具体形式。

（三）社会主义、共产主义的发展阶段

共产主义是人类社会历史发展的最高理想和最终目标，但是从资本主义到共产主义却不是一蹴而就的，必然要历经不同的发展阶段。马克思、恩格斯在批判资本主义旧世界、构想共产主义新世界时，一方面深刻批判了平均的共产主义、粗陋的共产主义等空想的观点，强调共产主义是“使现存世界革命化，实际地反对并改变现存的事物”的具体的、历史的运动；另一方面对从资本主义到共产主义的历史阶段的研究和阐述还没有充分地展开。在科学社会主义理论逻辑的意义上，马克思、恩格斯科学设想了无产阶级解放和人类解放的两个阶段，同时强调共产党人在实践上要代表各国工人政党中最坚决的、始终是起推动作用的力量，在理论上，他们胜过其余无产阶级群众的地方在于他们了解无产阶级运动的条件、进程和一般结果。在科学社会主义的代表作《社会主义从空想到科学的发展》中，恩格斯指出：“完成这一解放世界的事业，是现代无产阶级的历史使命。深入考察这一事业的历史条件以及这一事业的性质本身，从而使负有使命完成这一事业的今天受压迫的阶级认识到自己的行动的条件和性质，这就是无产阶级运动的理论表现即科学社会主义的任务。”②

深入研究从资本主义到共产主义的历史条件、进程和最终结果，既是科学社会主义理论研究的重要组成部分，也是实现共产主义远大理想的实

---

① 中共中央文献研究室编：《建国以来重要文献选编》第 9 册，中央文献出版社 1994 年版，第 579 页。

② 《马克思恩格斯选集》第 3 卷，人民出版社 2012 年版，第 671 页。

践要求。马克思、恩格斯从历史观上深刻批判各种空想的社会主义和共产主义的思想体系，因此不愿意像空想的学说那样提供历史发展的现成答案。恩格斯指出：“我们是不断发展论者，我们不打算把什么最终规律强加给人类。关于未来社会组织方面的详细情况的预定看法吗？您在我们这里连它们的影子也找不到。”① 马克思、恩格斯只是在历史辩证法和唯物史观的指导下，在批判资本主义生产方式、生产关系和社会状况的基础上，将无产阶级解放和最终实现人类解放的历史趋势转化为从资本主义到共产主义的必然途径和发展阶段。在此意义上，马克思、恩格斯主要区分了实现共产主义的第一阶段和高级阶段。共产主义的第一阶段是从资本主义到共产主义的过渡时期，“工人革命的第一步就是使无产阶级上升为统治阶级，争得民主。无产阶级将利用自己的政治统治，一步一步地夺取资产阶级的全部资本，把一切生产工具集中在国家即组织成为统治阶级的无产阶级手里，并且尽可能快地增加生产力的总量”②。在这一时期，共产主义社会还“不是在它自身基础上已经发展了的，恰好相反，是刚刚从资本主义社会中产生出来的，因此它在各方面，在经济、道德和精神方面都还带着它脱胎出来的那个旧社会的痕迹”③。马克思对共产主义第一阶段的概括有三点。一是强调必须坚持无产阶级专政。二是提出了按劳分配的原则：“这里通行的是商品等价物的交换中通行的同一原则，即一种形式的一定量劳动同另一种形式的同量劳动相交换。”④ “所以，每一个生产者，在作了各项扣除以后，从社会领回的，正好是他给予社会的。他给予社会的，就是他个人的劳动量。”⑤ 三是实现两个“最彻底的决裂”，即“共产主义革命就是同传统的所有制关系实行最彻底的决裂；毫不奇怪，它在自己的

① 《马克思恩格斯全集》第 22 卷，人民出版社 1965 年版，第 628—629 页。
② 马克思、恩格斯：《共产党宣言》，人民出版社 2014 年版，第 49 页。
③ 《马克思恩格斯文集》第 3 卷，人民出版社 2009 年版，第 434 页。
④ 马克思：《哥达纲领批判》，人民出版社 2018 年版，第 15 页。
⑤ 马克思：《哥达纲领批判》，人民出版社 2018 年版，第 14 页。

发展进程中要同传统的观念实行最彻底的决裂”①。在与共产主义第一阶段相对比的意义上，马克思指出：“在共产主义社会高级阶段，在迫使个人奴隶般地服从分工的情形已经消失，从而脑力劳动和体力劳动的对立也随之消失之后；在劳动已经不仅仅是谋生的手段，而且本身成了生活的第一需要之后；在随着个人的全面发展，他们的生产力也增长起来，而集体财富的一切源泉都充分涌流之后，——只有在那个时候，才能完全超出资产阶级权利的狭隘眼界，社会才能在自己的旗帜上写上：各尽所能，按需分配！”②

马克思、恩格斯在共产主义和科学社会主义的同义语意义上，没有提出在资本主义与共产主义之间有一个社会主义阶段。列宁领导俄国十月社会主义革命胜利后，在探索社会主义建设的过程中逐步形成了关于社会主义和共产主义两个历史阶段的思想。列宁指出：“社会主义和共产主义之间的科学区别，只在于第一个词是指从资本主义生长起来的新社会的第一阶段，第二个词是指它的下一个阶段，更高的阶段。”③ 列宁关于社会主义、共产主义历史阶段的划分，立足在经济文化落后的俄国建设社会主义的现实基础上，客观看待共产主义理想的现实性、历史性和长期性。列宁去世之后，苏联社会主义建设中出现了急于求成、超越历史阶段的观念，最终导致了苏联模式的僵化和最终解体。

中国共产党在领导中国革命、建设和改革的过程中，在中国实际的基础上客观看待建设社会主义、实现共产主义的历史阶段。在中国革命的过程中，毛泽东提出了新民主主义革命的历史阶段。他指出，中国现时社会的半殖民地半封建性质，决定了中国革命必须分为两个步骤：第一步，改变殖民地、半殖民地、半封建的社会形态，使之变成一个独立的民主主义社会；第二步，使革命向前发展，建立一个社会主义的社会。他还说明，

① 马克思、恩格斯：《共产党宣言》，人民出版社 2014 年版，第 49 页。

② 马克思：《哥达纲领批判》，人民出版社 2018 年版，第 16 页。

③ 《列宁选集》第 4 卷，人民出版社 1995 年版，第 10 页。

这两个性质不同的革命阶段，既相互区别又相互连接。“民主主义革命是社会主义革命的必要准备，社会主义革命是民主主义革命的必然趋势。”① 在社会主义建设的初步探索中，毛泽东认为：“社会主义这个阶段，又可能分为两个阶段，第一个阶段是不发达的社会主义，第二个阶段是比较发达的社会主义。”② 改革开放新时期，中国共产党提出了社会主义初级阶段理论，奠定了中国特色社会主义的理论基石。社会主义初级阶段不是泛指任何国家进入社会主义都会经历的起始阶段，而是特指我国在生产力落后、商品经济不发达条件下建设社会主义必然要经历的特定阶段。党的十八大以来，在党和国家发展的历史性成就、发生的历史性变革基础上，中国特色社会主义进入新时代。2020 年，全面建成小康社会的伟大胜利，标志着中国开启了全面建设社会主义现代化国家的新征程。习近平指出：“全面建设社会主义现代化国家、基本实现社会主义现代化，既是社会主义初级阶段我国发展的要求，也是我国社会主义从初级阶段向更高阶段迈进的要求。”③

从 20 世纪世界社会主义发展史的经验和教训来看，走上社会主义道路的国家教条式地理解马克思主义关于共产主义第一阶段和高级阶段的思想，“在实践中带有普遍性的失误主要有两个：一是把社会主义发展阶段看的很短暂，因而不去划分阶段，并急于向共产主义过渡；二是当认识到社会主义是一个很长的历史阶段以后，又对本国社会主义所处的发展阶段估计偏高，如认为是发达社会主义社会等。从而发生了超越阶段的‘左’的错误。”④ 中国共产党对中国革命、建设和改革中不同历史阶段的划分，尤其是社会主义初级阶段理论，丰富和发展了马克思主义关于社会主义、

---

① 《毛泽东选集》第 2 卷，人民出版社 1991 年版，第 651 页。

② 中共中央文献研究室编：《毛泽东思想年编（1921—1975）》，中央文献出版社 2011 年版，第 891 页。

③ 《深入学习坚决贯彻党的十九届五中全会精神 确保全面建设社会主义现代化国家开好局》，《人民日报》2021 年 1 月 12 日。

④ 赵曜：《关于中国特色社会主义道路的几个问题》，《前线》2007 年第 9 期。

共产主义历史阶段的思想，使我们党的路线、方针和政策建立在现实的基础之上，扎扎实实地逐步实现共产主义远大理想。

（四）与中国实际和时代特征相结合

共产主义概念及其作为人类社会理想目标，是在近代西方社会和欧洲文化的基础上形成的。在欧洲文字中，“共产主义”一词最早出现在1834—1839年法国巴黎工人阶级的秘密团体和革命集会中。马克思最早使用“共产主义”一词是在1842年，他在《共产主义和奥格斯堡“总汇报”》中谈道，“《莱茵报》甚至不承认现有形式的共产主义思想具有理论上的现实性，因此，更不会期望在实际上去实现它，甚至根本不认为这种实现是可能的事情。……但是，对于像勒鲁、孔西得朗的著作，特别是对于蒲鲁东的机智的著作，决不能根据肤浅的、片刻的想像去批判，只有在长期持续的、深入的研究之后才能加以批判”①。因此，共产主义概念及其作为人类社会的理想目标，自然带有源自近代西方社会历史的“文化基因”。马克思、恩格斯对共产主义的科学论证，也主要是在对英国、法国、德国等西欧国家历史考察和现实批判基础上，因此也使共产主义具有一定的西方文明色彩。

从历史时代的角度看，马克思、恩格斯构想共产主义时，所面对和批判的是19世纪上半叶的西欧资本主义生产方式和社会关系。恩格斯在《社会主义从空想到科学的发展》中指出：“现代社会主义，就其内容来说，首先是对现代社会中普遍存在的有财产者和无财产者之间、资本家和雇佣工人之间的阶级对立以及生产中普遍存在的无政府状态这两个方面进行考察的结果。”“现代社会主义不过是这种实际冲突在思想上的反映，是它在头脑中、首先是在那个直接吃到它的苦头的阶级即工人阶级的头脑中的观念上的反映。”② 在一定意义上，19世纪的资本主义是自由竞争的资

---

① 《马克思恩格斯全集》第1卷，人民出版社1995年版，第295页。
② 《马克思恩格斯全集》第25卷，人民出版社2001年版，第371、396页。

本主义，生产中的自由竞争造成了无政府状态，进一步导致了经济危机，社会日益划分为资产阶级和工人阶级两个阶级，进而激化了阶级对立。克服资本主义的基本矛盾及其经济危机和阶级斗争的后果，必然要求对社会生产实行有计划的调节，而比化解阶级矛盾更根本的是取消阶级对立、阶级差别，进入无阶级社会。马克思、恩格斯关于共产主义的计划生产和无阶级社会的基本特征的概括，对 19 世纪资本主义生产方式和社会关系的批判具有十分鲜明的针对性。

因此，中国共产党在中华大地上传播和发展马克思主义、共产主义的时候，必须实现马克思主义基本原理、共产主义远大理想与中国实际和时代特征相结合。中国共产党成立之初，在共产主义的远大理想之下，还强调了实现民族独立和人民解放的历史使命。中国共产党第二次代表大会制定了党的最低纲领和最高纲领。党的最低纲领即党在民主革命阶段的纲领是：消除内乱，打倒军阀，建立国内和平；推翻国际帝国主义的压迫，达到中华民族完全独立；统一中国为真正的民主共和国。党的最高纲领是：在最低纲领实现之后，建立劳农专政的政治，铲除私有财产制度，渐次达到共产主义。在新中国成立后的社会主义建设探索中，我们党根据时代条件和历史任务的变化提出了基本纲领：中国共产党的基本纲领，是彻底推翻资产阶级和一切剥削阶级，用无产阶级专政代替资产阶级专政，用社会主义战胜资本主义。党的最终目的，是实现共产主义。中国共产党在领导中国革命、建设和改革的过程中，始终坚持共产主义的最高纲领和理想目标，同时不断发展和完善基本纲领、基本理论、基本路线，将共产主义的远大理想与中国实际和时代特征相结合。

党的十八大以来，以习近平同志为核心的党中央既强调共产主义理想信念，也与时代特征和中国实际相结合，以生动的话语、鲜活的形象展示共产主义的理想光辉。2012 年 11 月 15 日，习近平在中外记者见面会上讲话指出："人民对美好生活的向往，就是我们的奋斗目标。" 11 月 29 日，习近平在参观《复兴之路》展览时提出了"中国梦"。他指出，实现中华民族伟大复兴，就是中华民族近代以来最伟大的梦想。这个梦想，体现了中华民族和中国人民的整体利益，是每一个中华儿女的一种共同的期盼。他强调，到中国共产党成立100年时全面建成小康社会的目标一定能实现，到新中国成立100年时建成富强民主文明和谐的社会主义现代化国家的目标一定能实现，中华民族伟大复兴的梦想一定能实现。党的十九大报告中，“人民对美好生活的向往”转化为“人民日益增长的美好生活需要”，中华民族伟大复兴的“中国梦”细化为到2035年基本实现社会主义现代化、到本世纪中叶建成富强民主文明和谐美丽的社会主义现代化强国的新“两步走”战略，使共产主义理想与中国特色社会主义新时代的历史方位和中国人民的生活实际更加紧密结合起来。理想因其远大而为理想，信念因其执着而为信念。征途漫漫，唯有坚定信念，踏实奋斗，才能不断实现共产主义远大理想。

三、坚持实事求是，推进中国社会主义现代化建设

共产主义既是人的解放和社会发展的最高理想和最终目标，具有理想性和预见性，又是受历史条件和历史规律决定的，具有现实性和科学性，“它的根子深深扎在物质的经济的事实中”。1848年，马克思、恩格斯在《共产党宣言》中揭示了资本主义必然灭亡、共产主义必然胜利的历史必然性，但这种历史必然性的最终实现必须立足在经济社会形态的现实发展基础之上。1859年，马克思在《〈政治经济学批判〉序言》中对“两个必然”原理作出了补充和完善。马克思强调：“无论哪一个社会形态，在它所能容纳的全部生产力发挥出来以前，是决不会灭亡的；而新的更高的生产关系，在它的物质存在条件在旧社会的胎胞里成熟以前，是决不会出现的。”① 马克思从唯物史观揭示经济社会形态发展的客观规律出发，既强调

① 《马克思恩格斯选集》第2卷，人民出版社1995年版，第33页。

了共产主义的历史必然性，也指出了实现共产主义的现实性、长期性。1872 年，马克思、恩格斯在《共产党宣言》德文本序言中再次指出：《宣言》中所阐述的一般原理整个说来直到现在还是完全正确的。这些原理的实际运用，正如《宣言》中所说的，随时随地都要以当时的历史条件为转移。1880 年，恩格斯在《社会主义从空想到科学的发展》中强调："为了使社会主义变为科学，就必须首先把它置于现实的基础之上。"因此，马克思、恩格斯视为最高理想和最终目标的共产主义，是建立在具体的、给定的历史条件和现实基础之上的。

人们追求伟大的理想、创造自己的历史，但却不是没有任何前提地、随心所欲地创造历史，而是必须在一定的物质的、不受他们任意支配的界限、前提和条件下进行物质生产和社会生活的。"解放"是一种历史活动，不是思想活动。同样，共产主义是一种历史科学，不是抽象的思想原则。正如马克思所说："一个社会即使探索到了本身运动的自然规律，——本书（《资本论》——引者注）的最终目的就是揭示现代社会的经济运动规律，——它还是既不能跳过也不能用法令取消自然的发展阶段。"① 马克思、恩格斯所说的从资本主义到共产主义的自然的发展阶段，是针对西欧资本主义国家已经建立在工业革命取得的现代生产力、生产方式和社会关系基础之上的。

当社会主义、共产主义的历史使命从欧洲东移至俄国，在不同的历史条件和现实基础上，必然产生不同的历史阶段、历史任务和发展历程。十月革命胜利后，俄国为抵御帝国主义的围攻和国内反革命力量的反扑而实行的"战时共产主义政策"很快失败了。列宁在《十月革命四周年》中反思："我们计划（说我们计划欠周地设想也许比较确切）用无产阶级国家直接下命令的办法在一个小农国家里按共产主义原则来调整国家的产品生产和分配。现实生活说明我们错了。"② 列宁认为，在俄国的经济文化落后

① 马克思：《资本论》第 1 卷，人民出版社 1975 年版，第 11 页。
② 《列宁选集》第 4 卷，人民出版社 1995 年版，第 570 页。

的社会现实面前，不能教条式地照搬马克思、恩格斯关于共产主义革命和共产主义社会的设想，“现在已经到了这样一个历史关头：理论在变为实践，理论由实践赋予活力，由实践来修正，由实践来检验”①。

以社会历史普遍规律和特殊规律相统一的历史辩证法为指导，列宁从俄国现实出发提出了新经济政策等向共产主义“迂回过渡”的发展道路。向共产主义的“迂回过渡”，既要正确对待过渡时期的经济社会发展的曲折性、多样性和长期性，也要始终坚守共产主义的最高理想和最终目标。列宁“迂回过渡”的思想提出了在小农国家里通过经济核算和个人利益相结合，利用商业、市场、非公经济的积极作用，通过国家资本主义走向社会主义等具体设想。列宁强调：“否则你们就不能到达共产主义，否则你们就不能把千百万人引导到共产主义。现实生活就是这样告诉我们的。革命发展的客观进程就是这样告诉我们的。”② 列宁创新性地探索了经济文化落后国家如何建设社会主义、实现社会主义现代化、追赶世界现代文明的特殊规律，为中国社会主义现代化建设的历史征程和中国特色社会主义伟大事业提供了丰富启示。

（一）共产主义远大理想与中国社会主义现代化的历史征程

马克思主义认为，共产主义必须建立在生产力发展的客观基础之上。马克思指出：“生产力的这种发展（随着这种发展，人们的世界历史性的而不是地域性的存在同时已经是经验的存在了）之所以是绝对必需的实际前提，还因为如果没有这种发展，那就只会有贫穷、极端贫困的普遍化；而在极端贫困的情况下，必须重新开始争取必需品的斗争，全部陈腐污浊的东西又要死灰复燃。”③ 马克思、恩格斯之所以批判斯巴达式的粗陋的共产主义、绝对平均的共产主义，主要是从生产力发展的客观标准出发的。

---

① 《列宁选集》第3卷，人民出版社1995年版，第381页。
② 《列宁选集》第4卷，人民出版社1995年版，第570页。
③ 《马克思恩格斯选集》第1卷，人民出版社2012年版，第166页。

他们在设想共产主义远大理想时，首要的就是强调发达的生产力基础。列宁在领导俄国探索建设社会主义时，也充分认识到生产力基础是社会经济发展的重要前提，他强调，看一下俄罗斯联邦的地图吧，到处是宗法制度、半野蛮状态和十足的野蛮状态，小农经济占优势的五种经济成分的社会经济结构，等等。要想实现社会主义，没有建筑在现代科学最新成就基础上的现代化生产力，是无从设想的。因此，列宁提出，共产主义就是苏维埃政权加全国电气化，“只有当国家实现了电气化，为工业、农业和运输业打下了现代大工业的技术基础的时候，我们才能彻底取得胜利”①。列宁认为，当无产阶级取得政权后，必须把创造高于资本主义社会的社会经济制度的根本任务提高到首要地位；这个根本任务就是提高劳动生产率。为了实现这一任务，列宁提出了学习先进国家和发展现代化的方式：“乐于吸取外国的好东西：苏维埃政权 + 普鲁士的铁路秩序 + 美国的技术和托拉斯组织 + 美国的国民教育等等等等 + + = 总和 = 社会主义”②。显而易见，列宁描绘社会主义的发展目标和具体方面，也是强调了共产主义必须具备的现代化条件。

新中国成立后，中国共产党也深刻认识到生产力发展和经济社会状况的现实基础。毛泽东说，中国人民获得解放，我是很高兴的，但是总觉得中国的问题还没有完全解决，因为中国很落后，很穷，一穷二白。“穷”就是没有多少工业，农业也不发达；“白”就是一张白纸，文化水平、科学水平都不高。在一穷二白的基础上，中国共产党带领人民开始了社会主义现代化建设的探索。1954 年，毛泽东在领导起草国家宪法时明确提出“建设一个伟大的社会主义国家”的总目标和“实现社会主义工业化”“实现农业的社会主义化、机械化”的总任务。1954 年 9 月，周恩来在一届全国人大第一次会议《政府工作报告》中首次提出“四个现代化”：“我国的经济原来是很落后的；如果我们不建设起强大的现代化的工业、

① 《列宁全集》第 31 卷，人民出版社 1958 年版，第 469 页。
② 《列宁全集》第 34 卷，人民出版社 1985 年版，第 520 页。

现代化的农业、现代化的交通运输业和现代化的国防，我们就不能摆脱落后和贫困，我们的革命就不能达到目的。”1956年党的八大通过的党章又把“四个现代化”写进了总纲中：“使中国具有强大的现代化的工业、现代化的农业、现代化的交通运输业和现代化的国防。”1963年1月，周恩来在上海提出：“我们要实现农业现代化、工业现代化、国防现代化、科学技术现代化，把我们祖国建设成为一个社会主义强国，关键在于实现科学技术的现代化。”① 在“四个现代化”目标指引下，中国共产党领导人民逐步建立起一套独立完整的工业体系和国民经济体系，为社会主义现代化奠定了宝贵的物质基础。

改革开放新时期，中国共产党人在走出国门的同时，也看到了与世界现代化水平的巨大差距。1979年，时任日本首相的大平正芳率团访问中国。他问邓小平：中国将来会是什么样？整个现代化的蓝图是如何构思的？邓小平说：“我们要实现的四个现代化，是中国式的四个现代化。我们的四个现代化的概念，不是像你们那样的现代化的概念，而是‘小康之家’。”② 小康社会这一中国式的现代化概念成为中国共产党领导社会主义现代化建设的新目标。20世纪末，“人民生活总体上达到小康水平”的现代化目标如期实现。在此基础上，党的十六大提出，在21世纪头20年，集中力量，全面建设惠及十几亿人口的更高水平的小康社会。

党的十八大以来，以习近平同志为核心的党中央顺应我国经济社会新发展和广大人民群众新期待，提出了全面建成小康社会新的目标要求，从“建设”到“建成”，赋予了“小康”更高的标准、更丰富的内涵。党的十九大上，习近平进一步规划了全面建成小康社会之后社会主义现代化建设的时间表和路线图。回顾改革开放历程，习近平指出：“解决人民温饱问题、人民生活总体上达到小康水平这两个目标已提前实现。在这个基础上，我们党提出，到建党一百年时建成经济更加发展、民主更加健全、科

---

① 《周恩来选集》下卷，人民出版社1984年版，第412页。

② 中共中央文献研究室编：《邓小平年谱（1975—1997）》上册，第582页。

教更加进步、文化更加繁荣、社会更加和谐、人民生活更加殷实的小康社会，然后再奋斗三十年，到新中国成立一百年时，基本实现现代化，把我国建成社会主义现代化国家。”① 展望未来发展，习近平规划了从建党100年到新中国成立100年间社会主义现代化的两个阶段：第一个阶段，从2020年到2035年，在全面建成小康社会的基础上，再奋斗15年，基本实现社会主义现代化。第二个阶段，从2035年到本世纪中叶，在基本实现现代化的基础上，再奋斗15年，把我国建成富强民主文明和谐美丽的社会主义现代化强国。

（二）共产主义远大理想与中国特色社会主义共同理想

共产主义是人类社会发展的最高理想和共同梦想。近代以来，世界各民族、国家的发展是不均衡、不同步的。共产主义在各民族、国家实现的程度、方式和具体路径也必然是各具特点的。尤其是20世纪以来，国际共产主义运动从欧洲走向世界，更加形成和凸显了共产主义的世界性和区域性、文明性和民族性、先进性和群众性、光明前景和曲折进程的辩证关系问题。中国共产党在领导中华民族和中国人民走上社会主义道路、进行社会主义建设和改革的历程中，既坚持共产主义的最终理想和最高目标，也在不同的历史时期形成了不同的共同理想和阶段目标。离开具体实践的理想，再远大也统一沦为空想。共产主义远大理想和中国特色社会主义共同理想凝聚着一代又一代中国共产党人具体实在的英勇奋斗。新民主主义革命时期，为共产主义远大理想而奋斗的主线是实现民族独立和人民解放。这一时期，革命先烈为了真诚信仰和理想信念能够视死如归、大义凛然，谱写了“只要主义真”的热血诗篇。社会主义建设时期，为共产主义远大理想而奋斗的主线是尽快实现新中国从一穷二白到繁荣发展的重大转变。多少共产党人积极投身新中国火热的建设实践，以实实在在的奋斗为远大

① 习近平：《决胜全面建成小康社会 夺取新时代中国特色社会主义伟大胜利——在中国共产党第十九次全国代表大会上的报告》，《人民日报》2017年10月28日。

理想注入具体内涵和实际内容，抒写“敢教日月换新天”的壮志豪情。改革开放新时期，为共产主义远大理想而奋斗的主线是在改革创新中坚持和发展中国特色社会主义。这一时期，我们党带领人民以改革开放为强大动力，推动我国社会主义制度自我完善和发展，开创了中国特色社会主义道路，形成了中国特色社会主义理论体系，健全了中国特色社会主义制度，发展了中国特色社会主义文化。中国特色社会主义进入新时代，党和国家事业的繁荣发展，仍然需要中国特色社会主义共同理想凝聚共识，汇聚力量，坚持和发展中国特色社会主义。

坚持共产主义的远大理想和中国特色社会主义的共同理想，必须正确看待实现共产主义的世界性和区域性。20 世纪曾经是世界社会主义、共产主义大发展的历史世纪，既有共产党执政和领导的社会主义国家形成的世界社会主义阵营，也有在资本主义国家为争取工人阶级权利而斗争的社会主义进步政党，还有在广大第三世界国家“以社会主义为方向”或走社会主义道路的民族社会主义。苏东剧变后，一系列东欧社会主义国家、民族社会主义国家或改旗易帜，或偃旗息鼓，世界社会主义、共产主义运动跌入低谷。中国共产党领导和建设中国特色社会主义，不断深化对共产党执政规律、社会主义建设规律和人类社会发展规律的认识，成功迈入新世纪，不断取得新成就。21 世纪以来，中国特色社会主义逐渐成为世界社会主义发展的中流砥柱，坚持和发展中国特色社会主义成为中国人民和中华民族的共同理想和共同事业。

坚持共产主义的远大理想和中国特色社会主义的共同理想，必须正确看待实现共产主义的文明性和民族性，在党和国家事业发展中积极借鉴现代文明，不断追赶时代、超越时代、引领时代。改革开放以来，党的全部理论和实践的主题是坚持和发展中国特色社会主义。在此过程中，中国共产党解放思想、实事求是，不断深化对社会主义市场经济的科学认识，吸收和借鉴人类历史创造的一切先进经验和文明成果，在人类文明发展的时代浪潮中奋勇前进。从计划经济为主、市场经济为辅，到公有制基础上的有计划的商品经济，再到建立社会主义市场经济体制，从充分发挥市场经济在资源配置中的基础性作用到决定性作用，中国特色社会主义发展了马克思主义关于社会主义、共产主义经济制度的思想，创新了中国特色社会主义政治经济学，在中国特色社会主义新时代形成了以新发展理念为主要内容的习近平新时代中国特色社会主义思想。坚持和发展中国特色社会主义，不断追求和实现国家富强和人民幸福的共同梦想，使中华民族逐渐赶上世界现代化的时代步伐，将以更加昂扬的姿态屹立于世界民族之林。

坚持共产主义的远大理想和中国特色社会主义的共同理想，必须正确看待实现共产主义的先进性和群众性，以人民对美好生活的向往、中华民族伟大复兴的中国梦团结每一个中国人民和每一个中华儿女。习近平强调，中国梦凝聚了几代中国人的夙愿，体现了中华民族和中国人民的整体利益，是每一个中华儿女的共同期盼。中国梦是中华民族的梦，也是每个中国人的梦。我们的方向就是让每个人获得发展自我和奉献社会的机会，共同享有人生出彩的机会，共同享有梦想成真的机会，保证人民平等参与、平等发展的权利，维护社会公平正义，使发展成果更多更公平惠及全体人民，朝着共同富裕方向稳步前进。共产主义是中国共产党的最高理想和最终目标，中国特色社会主义的共同理想是中国共产党团结带领最广泛的人民群众实现共产主义的最大公约数、最大同心圆。

（三）共产主义远大理想与中华民族伟大复兴的光荣梦想

共产主义远大理想，既包括无产阶级解放和人的解放，实现人的自由而全面的发展，同时在阶级消亡、国家消亡的最终指向上也彻底消除了民族与民族、国家与国家之间的压迫和剥削。在《共产党宣言》中，马克思、恩格斯指出：“随着工业生产以及与之相适应的生活条件的趋于一致，各国人民之间的民族分隔和对立日益消失。无产阶级的统治将使它们更快地消失。……人对人的剥削一消灭，民族对民族的剥削就会随之消灭。民族内部的阶级对立一消失，民族之间的敌对关系就会随之消失。”①

因此，马克思、恩格斯不仅热情支持波兰、爱尔兰等欧洲被压迫民族和人民的解放和独立事业，而且对世界东方被压迫民族的历史命运也十分关心。马克思、恩格斯在领导无产阶级运动和工人阶级斗争中，将爱尔兰、波兰等被压迫民族的解放事业作为重要的斗争主题和历史任务。在领导国际工人协会时多次形成决议，声援和支持被压迫民族的解放事业。他们在批判英国资本主义在印度、中国等东方国家的殖民统治同时，也畅想东方被压迫民族的民族独立和人民解放。在关于中国的政治评论和时事通讯中，马克思从经济、政治和文化上分析了近代中国的历史特点，揭露了英、法、俄、美等国对华战争的侵略本质和血腥暴行，强烈谴责西方列强通过不平等的贸易、虚伪狡诈的外交和凶残暴虐的暴力对中华民族进行的掠夺和蹂躏。马克思、恩格斯深切同情中国人民遭受的苦难和屈辱，热情支持中国人民为抵御侵略、捍卫主权、反抗封建压迫，争取民主自由而进行的正义斗争。他们运用黑格尔“两极相连”的辩证法，殷切期望中国革命对欧洲革命的重要影响，深情预言中华民族的重新崛起将在整个亚洲升起历史新纪元的曙光。

20 世纪资本主义殖民体系的发展，使压迫和被压迫民族、帝国主义和被压迫人民的矛盾进一步上升为世界无产阶级运动的重要主题。俄国十月革命的胜利，不仅实现了社会主义从理论到现实的伟大飞跃，而且在被压迫民族独立和人民解放事业上也产生了重要意义，尤其是：（1）它扩大了民族问题的范围，使民族问题从欧洲反对民族压迫的局部问题变为各被压迫民族、各殖民地和半殖民地从帝国主义下解放出来的总问题；（2）它给这一解放开辟了广泛的可能性和现实的道路，这就大大促进了西方和东方的被压迫民族的解放事业，把它们汇集到胜利的反帝国主义斗争的巨流中去；（3）它从而在社会主义的西方和被奴役的东方之间架起了一座桥梁，

① 马克思、恩格斯：《共产党宣言》，人民出版社 2014 年版，第 47—48 页。

建成了一条从西方无产者经过俄国革命到东方被压迫民族的新的反对世界帝国主义的革命战线。十月革命胜利后，列宁继续领导俄国抗击帝国主义的封锁和进攻，也支持东方被压迫民族反抗殖民主义和帝国主义的革命运动，通过共产国际热情资助中国共产党成立和带领中华民族实现民族独立与人民解放的正义斗争。

中国共产党自成立初，就在共产主义远大理想的指引下肩负起拯救中华民族于危亡，为实现民族独立和人民解放而斗争的历史使命。在近代以后中国社会的剧烈运动中，在中国人民反抗封建统治和外来侵略的激烈斗争中，在马克思列宁主义同中国工人运动的结合过程中，1921 年中国共产党应运而生。从此，中国人民谋求民族独立和人民解放、国家富强和人民幸福的斗争就有了主心骨，中国人民就从精神上由被动转为主动。习近平指出，中国共产党一经成立，就把实现共产主义作为党的最高理想和最终目标，义无反顾肩负起实现中华民族伟大复兴的历史使命，团结带领人民进行了艰苦卓绝的斗争，谱写了气吞山河的壮丽史诗。

实现中华民族伟大复兴是近代以来中华民族最伟大的梦想。中国共产党带领中国人民和中华民族，经过革命斗争和现代化建设，逐步实现了从站起来、富起来到强起来的伟大飞跃。党的十九大报告指出，我们党深刻认识到，实现中华民族伟大复兴，必须推翻压在中国人民头上的帝国主义、封建主义、官僚资本主义三座大山，实现民族独立、人民解放、国家统一、社会稳定。我们党团结带领人民找到了一条以农村包围城市、武装夺取政权的正确革命道路，进行了 28 年浴血奋战，完成了新民主主义革命，1949 年建立了中华人民共和国，实现了中国从几千年封建专制政治向人民民主的伟大飞跃。我们党深刻认识到，实现中华民族伟大复兴，必须建立符合我国实际的先进社会制度。我们党团结带领人民完成社会主义革命，确立社会主义基本制度，推进社会主义建设，完成了中华民族有史以来最为广泛而深刻的社会变革，为当代中国一切发展进步奠定了根本政治前提和制度基础，实现了中华民族由近代不断衰落到根本扭转命运、持续走向繁荣富强的伟大飞跃。我们党深刻认识到，实现中华民族伟大复兴，必须合乎时代潮流、顺应人民意愿，勇于改革开放，让党和人民事业始终充满奋勇前进的强大动力。我们党团结带领人民进行改革开放新的伟大革命，破除了阻碍国家和民族发展的一切思想和体制障碍，开辟了中国特色社会主义道路，使中国大踏步赶上新时代。党的十八大以来，在党和国家发展取得历史性成就、历史性变革的基础上，中国特色社会主义进入新时代。今天，我们比历史上任何时期都更接近、更有信心和能力实现中华民族伟大复兴的目标。

第三章

大抱负：把民族复兴的重责扛在肩上

- 寻路：先进中国人谋求民族复兴的努力
- 救国：走上了实现民族复兴的壮阔道路
- 兴国：取得风雨前行、安身立命的资格
- 强国：彻底摆脱被开除“球籍”的危险
- 复兴：站在历史交汇点上毅然逐梦前行

中华民族有5000多年的文明历史，创造了灿烂的中华文明，为人类作出了卓越贡献，成为世界上伟大的民族。鸦片战争后，中国陷入内忧外患的黑暗境地，中国人民经历了战乱频仍、山河破碎、民不聊生的深重苦难。为了民族复兴，无数仁人志士不屈不挠、前仆后继，进行了可歌可泣的斗争，进行了各式各样的尝试，但终究未能改变旧中国的社会性质和中国人民的悲惨命运。十月革命一声炮响，给中国送来了马克思列宁主义。中国先进分子从马克思列宁主义的科学真理中看到了解决中国问题的出路。1921年中国共产党应运而生。在中国共产党的领导下，从血雨腥风的国内革命到同仇敌忾共赴国难的抗日战争，从热火朝天的社会主义建设再到波澜壮阔的改革开放，深藏于中国人民心中的民族复兴梦，再也不是空中楼阁，而犹如地平线上升起的朝阳，喷薄而出。

一、寻路：先进中国人谋求民族复兴的努力

中华民族是一个善于艰苦创业的民族，在漫长的古代社会里，创造出同时代世界最高水平的物质文明和精神文明，为人类文明发展史写下了光辉的篇章。仅以古代世界重要的科技发明为例，可以说有一半以上源于中国。英国自然科学史专家李约瑟指出："在人类了解自然和控制自然方面，中国人是有过贡献的，而且贡献是伟大的。""中国人的发明就多了，这些发明在公元一世纪到十八世纪期间先后传到了欧洲和其他地区，这里包括：（A）龙骨车；（B）石碾和水力在石碾上的应用；（C）水排；（D）风扇车和簸扬机；（E）活塞风箱；（F）平放织机（它可能也是印度的发明）和提花机；（G）缫丝、纺丝和调丝机；（H）独轮车；（I）加帆手推车；（J）磨车；（K）拖重牲口用的两种高效马具，即胸带和套包子；（L）弓弩；（M）风筝；（N）竹蜻蜓和走马灯；（0）深钻技术；（P）铸铁的使

用；（Q）游动常平悬吊器；（R）弧形拱桥；（S）铁索吊桥；（T）河渠闸门；（U）造船和航运方面的无数发明，包括防水隔舱、高效率空气动力帆和前后索具；（V）船尾的方向舵；（W）火药以及和它有关的一些技术；（X）罗盘针，先用于看风水，后来又用于航海；（Y）纸、印刷术和活字印刷术；（Z）瓷器。我写到这里用了句点，因为二十六个字母都已经用完了，可是还有许多例子，甚至还有重要的例子可以列举。”“所有这些例子有一种共同之点，这就是它们在中国应用的时期，确实早于它们在世界其他部分出现的时期。有时甚至要早得多。”①

随着商品生产与交换的发展，在封建社会内部孕育的资本主义萌芽开始增长，丝织、陶瓷、造纸等行业出现了带有资本主义因素的手工工场。但是，由于封建统治的束缚和压抑，这种发展十分缓慢。从18世纪晚期即清乾隆末期封建统治又滑向腐朽没落。当清朝统治日益衰微的时候，西方资本主义国家正在迅速崛起。始于1640年的英国资产阶级革命，至1649年建立了世界上第一个资产阶级国家即英吉利共和国，经过18世纪后期的产业革命，成为当时世界上最强大的资本主义工业国家。1776年美国宣布独立，1789年法国爆发资产阶级革命，先后进入资本主义国家行列。18世纪，俄国资本主义在原有的军事封建主义基础上，成为以陆路侵略为主的扩张大国。在亚洲，日本通过1868年明治维新迅速走上发展资本主义和对外扩张的道路。资本主义列强的崛起，推动了它们争相对海外殖民地的暴力掠夺。到19世纪前期，非洲、美洲的大部分国家已经沦为殖民地、半殖民地。尚未受到世界殖民浪潮全面冲击的东亚大陆，遂成为资本主义列强争夺的主要目标，亚洲面积最大、人口最多的中国更被视为继印度之后的首选之地。1793年，英国借为乾隆皇帝祝寿的名义，派马嘎尔尼率使团来中国，要求开放宁波、舟山等地为商埠，遭到清政府拒绝。以后，法国、美国也通过贸易和派遣传教士为入侵中国探路。

---

① 李约瑟：《中国科学技术史》第1卷第1分册，科学出版社1975年版，第18页；第1卷第2分册，第546—547页。

19 世纪中叶，英国等资本主义国家正处在由自由竞争向垄断过渡的阶段，殖民地日益成为其赖以生存发展的生命线。鸦片战争前夕，英国发生了第二次经济危机。为了转嫁危机，英国政府迫不及待地要通过侵略战争打开中国市场。一些英国商人认为，林则徐在广东销毁鸦片的举动，为发动战争提供了口实。英国曼彻斯特对华贸易 39 家公司联合致函外交大臣巴麦尊，要求政府“能利用这个机会，将对华贸易置于安全的、稳固的、永久的基础之上”①。1840 年，英国侵略者凭借 25 条军舰、1 万余名步兵向中国发动了鸦片战争，轰开了妄自尊大的封建帝国的大门，曾经骁勇善战的八旗兵、绿营兵，在英军进攻面前成了惊弓之鸟。中华帝国的精英们震惊了，湘军的著名领袖胡林翼看到江上急速飞驰的英国战舰，惊恐得差点从马上摔下来。鸦片战争并非如后来殖民主义分子所说，是什么中外贸易或外交的冲突，而是资本主义国家在全世界范围推行殖民战争的一部分。

1842 年 8 月，中英签订《南京条约》，成为近代中国屈辱外交的起点。据研究，中国近代总共订立有 736 个条约，其中不平等条约 343 个，约占条约总数的 47%。近代与中国订立不平等条约国家总共有 23 个，它们是美国、法国、英国、日本、俄国、德国、奥地利、比利时、西班牙、意大利、荷兰、瑞士、尼泊尔、丹麦、葡萄牙、瑞挪共同体、瑞典、秘鲁、墨西哥、刚果、挪威、巴西，卢森堡。另外，还订有 52 个多边不平等条约，几个主要侵华国都赫然其中。② 1901 年 9 月，英国、德国、俄国、法国、美国、日本、意大利、奥匈帝国、西班牙、比利时、荷兰等 11 个国家与清政府签订了《辛丑条约》。中国赔款白银 4.5 亿两，加上利息共 9.82 多亿两，还有各地方赔款 2000 万两，分 39 年还清。相当于清政府当年全国财政收入的 12 倍。条约规定，永远禁止中国人成立和参加反帝组织，违者处死；地方官员对各地人民的反帝事件“必须立时强压惩办”。这表明，清

① 中国史学会主编：《鸦片战争》第 2 册，上海人民出版社 1962 年版，第 634 页。

② 参见侯中军：《近代中国的不平等条约——关于评判标准的讨论》，上海书店出版社 2012 年版，第 611 页。

政府已经完全变成帝国主义的驯服工具，彻底沦为“洋人的朝廷”。正如毛泽东所说：“我国从十九世纪四十年代起，到二十世纪四十年代中期，共计一百零五年时间，全世界几乎一切大中小帝国主义国家都侵略过我国，都打过我们，除了最后一次，即抗日战争，由于国内外各种原因以日本帝国主义投降告终以外，没有一次战争不是以我国失败、签订丧权辱国条约而告终。其原因：一是社会制度腐败，二是经济技术落后。”① 帝国主义列强们绝没有想到，就是这无情的叩击，惊醒了东方的睡狮。

在中国共产党成立以前，已经有过许多献身于民族进步事业的人民英雄。为了改变祖国的境遇和命运，中国人民的反抗斗争几乎没有间断过。可是，历次反对外国侵略的战争也好，太平天国的农民革命也好，鼓吹爱国救亡和变法图强的戊戌维新运动也好，起自社会下层并有着广泛群众规模的义和团运动也好，一次又一次地都失败了，无数仁人志士为此而抱终天之恨。1897 年，梁启超在《过渡时代论》中，将 19 世纪末、20 世纪初的中国总结为“过渡时代”：在政治上民众愤慨专制，却无法组织出更好的政体；学问上学者鄙视考据词章，却不能建立起新学术而代之；风俗上社会普遍厌弃三纲五常，却开不出被普遍认可的新道德。面临政治、思想和文化等方面的多重危机，部分知识分子苦闷、彷徨，自杀或暗杀持续不绝。陈天华“以身投东海，为诸君之纪念”，吴樾携炸弹截击出洋考察的五大臣，秋瑾英勇就义，梁济（梁漱溟之父）在北京积水潭投水自尽。牺牲身体成了介入社会变革最直接的方式，激起民众普遍的爱国心和同情心，对清王朝的灭亡起到了不可忽视的推动作用。

历史总是不停步地前进着，并且不断地呈现新的内容。1903 年日本留学生出版的《江苏》杂志上有一段话写道：“横瞰欧美之光明政局，旁探近代之革新历史，注目于其社会，关心于其国事，每有一种葱葱勃勃伟大昌隆之气象，目击焉而心花开，耳触焉而气概扬，不知不觉间激起吾欢欣

① 中共中央文献研究室编：《毛泽东文集》第 8 卷，人民出版社 1999 年版，第 340 页。

歌舞羡慕恋爱之一片良感情，跳跃于心头而不能自镇。”① 越来越多的人逐渐认定，一定要以西方国家为榜样，才能找到拯救祖国的出路，他们不惜为此抛头颅、洒热血，进行了前赴后继的英勇斗争。随着民族危机的进一步深化，随着中国社会内部新的社会力量（主要是资本主义近代工业）的初步成长，在中国民主革命先行者孙中山的领导下，一场新的革命运动又开始了。

孙中山是一个伟大的爱国主义者，也是一个伟大的民主主义者。1894年他在檀香山成立革命小团体兴中会的时候，第一次响亮地喊出了“振兴中华”的口号。他在1905年发起成立的中国同盟会，完整地提出以建立一个资产阶级民主共和国为目标的政治纲领，并且努力用革命的手段来实现这个纲领。同盟会的誓词写道：“驱除鞑虏，恢复中华，创立民国，平均地权。”1911年10月9日下午3点，革命党人在汉口不慎引爆炸药。同时，“清政府正在捉拿没有辫子的革命党人”的恐惧开始在新军中蔓延。情急之下，革命党决定发动起义。10月10日（干支纪年辛亥年八月十九日），清武昌工程营正兵程正瀛打响了武昌起义“第一枪”，革命党策动了湖北新军起义，次日布告天下——中华民国军政府鄂军都督府成立，九角十八星铁血旗取代黄龙旗，飘扬在武昌城头。随后，各地革命党人纷纷趁势举行起义，湖南、湖北、陕西、江西、山西、云南、上海、江苏、贵州、安徽、浙江、广西、广东、福建、四川相继宣告脱离清政府独立，武昌起义和各地的响应，形成了全国规模轰轰烈烈的辛亥革命，为建立一个资产阶级民主共和国奠定了基础。这场革命的直接目标是推翻清朝政府，而这个政府已经是帝国主义列强用来统治中国的工具，因此这场革命实质上具有反对帝国主义的性质。这场革命号召推翻中国两千年来的封建君主专制制度。在这以前，虽然已有人受欧风美雨的影响而提出怀疑君主政治的思想，但他们不敢设想在中国推翻君主制度和由它代表的社会制度。孙

① 汉驹：《新政府之建设》，《江苏》第5期，1903年8月。

中山鼓吹民主共和国的理想，在人们面前树立起一种新的目标。从这时候起，中国人民开始自觉地为建立一个独立的民主国家而进行斗争。毛泽东曾经这样评论：“中国反帝反封建的资产阶级民主革命，正规地说起来，是从孙中山先生开始的”[①]。

辛亥革命后形成了革命派与立宪派之间短暂的“蜜月期”，出现了民初的共和政治。然而，议会政治梦想在袁世凯的枪口下化为灰烬。自此，照搬西方的议会政党制度使中国进入社会动荡、国家混乱的时期。从1912年唐绍仪组建的第一届内阁开始至1928年止，16年十易国家元首，组阁45届，总理更迭59人次，任期最长者不超过一年，最短者一天，组成了5届国会，颁布了7部宪法。[②] 辛亥革命的失败，宣告了资产阶级共和国方案在中国的破产。“无量金钱无量血，可怜购得假共和。”这个教训实在是太惨痛也太深刻了。它使得一些立志为中国的独立和富强而斗争的先进分子对资产阶级共和国的理想产生了深深的怀疑，正是这种怀疑，推动着他们去探索挽救中国危亡的新途径。很早参加同盟会的林祖涵（林伯渠）回顾道：“辛亥革命前觉得只要把帝制推翻便可以天下太平；革命以后，经过多少新的转折，自己所追求的民主还是那么遥远，于是慢慢从痛苦的经验中发现此路不通，终于走上了共产主义的道路。这不仅是一个人的经验，在革命队伍里是不缺少这样的人的。”[③]

这是中国思想界大转变的重要契机，但新的道路并不是轻易就能踏上的。他们在总结这次革命失败的教训时，最初把注意力集中在文化领域内。1915年9月，陈独秀在上海创办《青年》杂志（后改名《新青年》），新文化运动由此发端。1917年1月，蔡元培就任北京大学校长。他聘请陈独秀为文科学长，延揽许多有新思想的学者来校任教。《新青年》编辑部也迁到北京，李大钊、鲁迅、胡适、钱玄同、刘半农等参加编辑部工作，

① 《毛泽东选集》第2卷，人民出版社1991年版，第563页。

② 参见《祝灵君讲稿》，中共中央党校出版社2019年版，第47页。

③ 林伯渠：《荏苒三十年》，《解放日报》1941年10月10日。

并充当主要撰稿人。北京大学和《新青年》编辑部成了新文化运动的主要阵地。新文化运动的倡导者们把攻击的矛头集中指向了封建主义的正统思想——孔学。他们以《新青年》为主要阵地，以进化论观点和个性解放思想为主要武器，猛烈抨击以孔子为代表的“往圣前贤”，大力提倡新道德、反对旧道德，提倡新文学、反对旧文学，包括提倡白话文、反对文言文。通过批判孔学，他们动摇了封建正统思想的统治地位，打开了遏制新思想涌流的闸门，从而在中国社会上掀起了一股思想解放的潮流。这个潮流是生气勃勃的、前进的、革命的。

但是，文化终究是社会的政治和经济的反映。当时中国社会的现状是那样腐败和黑暗，正如张闻天所说：“中国混乱的原因是由于中国社会组织逐渐崩坏而一时不能产生新的社会组织出来。”① 如果不从根本上对这个社会进行改造，单从政治组织形式或文化思想下手，怎么能真正解决问题呢？李大钊在 1918 年 5 月的《新青年》上写道：“中国人今日的生活，全是矛盾生活；中国今日的现象，全是矛盾现象。举国的人都在矛盾现象中讨生活，当然觉得不安，当然觉得不快。既是觉得不安不快，当然要打破此矛盾生活的阶级，另外创造一种新生活，以寄顿吾人的身心，慰安吾人的灵性。”② 北京大学学生何孟雄 1919 年 10 月在《时事新报》上谈到他们这种新的认识：“社会仍是这样黑暗，现在的青年要彻底明白旧社会的罪恶，立定不屈不挠奋斗的志向，决不反被旧社会战胜。中国的改造，才有望咧！”③ 于是，“改造社会”“建设新社会”的呼声越来越高，逐渐响彻全国。改造社会的问题在思想界被提到如此突出的地位，成为先进青年集中关注的焦点，在中国近代思想史上还是第一次。这是人们对问题向更深层次的挖掘，是当时先进青年中产生的新的觉悟，是中国人在认识上的又一次飞跃。

① 张闻天：《中国底乱源及其解决》，《党的文献》1989 年第 3 期。

② 李大钊：《新的！旧的！》，《新青年》第 4 卷第 5 号，1918 年 5 月 15 日。

③ 《何孟雄文集》，人民出版社 1986 年版，第 2 页。

新文化运动的倡导者批判孔学，是为了在中国发展资本主义。然而就在这时，资本主义制度的弊病在西方社会进一步暴露，尤其是第一次世界大战以极端尖锐的形式暴露了这种制度无法克服的矛盾，先进的中国人学习资本主义的努力又在实践中遭到挫折。于是，一些具有远见卓识的思想家在宣传民主主义的同时，对资产阶级共和国的方案是否适合于中国开始怀疑。比如，陈独秀说，资本主义代替封建主义之后，政治之不平等，一变而为社会之不平等；君主贵族之压制，一变而为资本家之压制。李大钊也说，代议政治虽今犹在试验之中，其良其否，难以确知，其存其易，亦未可测。毛泽东更说，东方思想固不切于实际生活，西方思想亦未必尽是，应与东方思想同时改造。这些认识为推动人们另辟蹊径，探求挽救中国危亡的新方案，尤其是接受马克思列宁主义奠定了思想基础。

历史呼唤真正合格的使命担当者。在历史的反复比较中，在各种主张、各条道路的反复权衡中，在各派政治力量的反复较量中，在中国人民反抗封建统治和外来侵略的激烈斗争中，在马克思列宁主义同中国工人运动相结合的过程中，中国人民最终选择了中国共产党，并在党的领导下最终选择了社会主义。

二、救国：走上了实现民族复兴的壮阔道路

中国共产党成立后，继承以往几代先进中国人的努力，坚定不移地从事民族民主革命。但是，中国共产党的救国之路充满坎坷，一开始是“带着很大的盲目性的”。毛泽东说：“如果有人说，有哪一位同志，比如说中央的任何同志，比如说我自己，对于中国革命的规律，在一开始的时候就完全认识了，那是吹牛，你们切记不要信，没有那回事。过去，特别是开始时期，我们只是一股劲儿要革命，至于怎么革法，革些什么，哪些先革，哪些后革，哪些要到下一阶段才革，在一个相当长的时间内，都没有

弄清楚，或者说没有完全弄清楚。”①

中国共产党成立时，国际国内形势都非常复杂严峻。国内军阀混战，局势极不稳定。在南方，粤军总司令陈炯明发动叛变，将孙中山赶出广州。在北方，第一次直奉战争爆发，奉军战败，北京为直系军阀独占。入主北京后，曹锟、吴佩孚叫喊要武力统一中国。各地军阀为保住或扩大地盘，纷纷抬出“自治”或“联省自治”相对抗。国际形势也对中国极为不利。1921 年 11 月至次年 2 月，美国、英国、日本、法国、意大利、比利时、荷兰、葡萄牙等帝国主义列强召开华盛顿会议，通过《九国公约》，肯定美国提出的“各国在华机会均等”和“中国门户开放”原则，以遏制日本独占中国的势头，确认帝国主义列强共同统治中国的局面。在帝国主义势力的操纵下，中国各派军阀展开更为激烈的争夺，引发多次大规模战争，中国政局陷入极度混乱。

在这样乌烟瘴气的恶浊时局下，若不先推倒祸国殃民的大小军阀，一切美好理想的实现都无从谈起。为了揭露帝国主义国家利用华盛顿会议进行侵略扩张的真面目，共产国际于 1922 年 1 月在莫斯科召开远东各国共产党及民族革命团体第一次代表大会，中国共产党派代表出席。大会阐明了列宁关于民族和殖民地问题的理论，指明中国“当前的第一件事便是把中国从外国的羁轭下解放出来，把督军推倒”，建立一个民主主义共和国。这些思想，对于党制定当时阶段的革命纲领给予了直接帮助。在会议期间，列宁抱病接见了中国共产党代表。在列宁的启发和帮助下，中国共产党深化了对中国革命的认识。1922 年 6 月 15 日，中共中央发表了《中国共产党对于时局的主张》。这是中国共产党成立近一年来首次发表对中国时局的主张。它着重指出，今天的中国，内忧外患的根源是军阀统治：“因为连年军阀互争地盘的缘故，无辜丧了无数的生命；军阀政治是中国内忧外患的源泉，也是人民受痛苦的源泉”。它进一步指出，这种军阀政

① 中共中央文献研究室编：《毛泽东文集》第 8 卷，人民出版社 1999 年版，第 300 页。

治的背后有着国际帝国主义的支持："这种半独立的封建国家，执政的军阀每每与国际帝国主义互相勾结，因为军阀无不欢迎外资以供其军资与浪费，国际帝国主义在相当的限制以内，也都乐以金力借给军阀，一是可以造成他们在中国的特殊势力，一是可以延长中国内乱使中国永远不能发展实业，永远为消费国家，永远为他们的市场。"①

1922 年 7 月召开的党的二大在分析国际国内形势和中国社会性质的基础上发表了《中国共产党第二次全国代表大会宣言》，提出在当时的历史条件下，党的奋斗目标是：消除内乱，打倒军阀，建设国内和平；推翻国际帝国主义的压迫，达到中华民族完全独立；统一中国为真正的民主共和国。这就制定出了党在当时阶段的反帝反封建的民主革命纲领，即党的最低纲领。宣言又指出：党的目的是要组织无产阶级，用阶级斗争的手段，建立劳农专政的政治，铲除私有财产制度，渐次达到一个共产主义的社会。这又指明了党的最高纲领。党的二大宣言初步阐明了现阶段中国革命的性质、对象、动力、策略、任务和目标，指明了中国革命的前途。这就是：革命的性质是民主主义革命；革命的对象是帝国主义和封建军阀；革命的动力是工人、农民和小资产阶级，民族资产阶级也是革命的力量之一；革命的策略是组成各阶级的联合战线；革命的任务和目标是打倒军阀，推翻国际帝国主义的压迫，实现中华民族的独立和中国的统一；革命的前途是走向社会主义、共产主义。

党的二大在全中国人民面前破天荒第一次提出了明确的反帝反封建的民主革命纲领。早在 19 世纪就已经开始进行的中国民主革命，长时间里没有弄清革命的对象和动力，没有正面提出过反对帝国主义和封建势力的主张；中国共产党成立刚刚一年，就把这个问题基本解决了。这说明，只有用马克思主义武装起来的中国共产党才能为中国革命指明方向。这个纲领很快传播开来。"打倒列强，除军阀"成了广大群众的共同呼声。

① 《中国共产党对于时局的主张》，《先驱》第 9 号，1922 年 6 月 20 日。

在中国共产党的领导和推动下，中国工人阶级掀起了第一次罢工高潮。这个高潮以1922年1月香港海员罢工为起点，1923年2月京汉铁路工人大罢工为终点，前后持续13个月之久，共举行大小罢工100余次，参加者在30万人以上。其中最著名的有1922年9月由毛泽东、李立三、刘少奇领导的安源路矿1.7万余工人的罢工，同年10月由邓培、彭礼和等领导的开滦五矿5万余工人的同盟总罢工，1923年2月由张国焘、项英、史文彬等领导的京汉铁路3万余工人的大罢工。京汉铁路工人罢工遭到北洋军阀吴佩孚的血腥镇压，共产党员林祥谦、施洋等遇难。工人运动由此暂时转入低潮。这个时期工人运动的成败得失，使年幼的中国共产党认识到，中国无产阶级“虽然是一个最有觉悟性和最有组织性的阶级，但是如果单凭自己一个阶级的力量，是不能胜利的。而要胜利，他们就必须在各种不同的情形下团结一切可能的革命的阶级和阶层，组织革命的统一战线”①。正是从这种情况出发，中国共产党决定采取积极的步骤去联合孙中山领导的中国国民党，推动国共合作的建立。

1924年1月，中国国民党第一次全国代表大会由孙中山主持在广州举行。出席开幕式的165名代表中，有共产党员20多人，包括李大钊、谭平山、林祖涵（林伯渠）、张国焘、瞿秋白、毛泽东等。李大钊被孙中山指定为大会主席团成员，谭平山代表国民党临时中央执行委员会向大会作了工作报告。大会审议并通过《中国国民党第一次全国代表大会宣言》，对三民主义作出顺应时代潮流的新解释。在民族主义中突出了反对帝国主义的内容；民权主义中强调了民主权利应为“一般平民所共有”；民生主义则以“平均地权”“节制资本”为两大原则。孙中山特别强调：“现在是拿出鲜明反帝国主义的革命纲领，来唤起民众为中国的自由独立而奋斗的时代了！”会后不久，孙中山又提出“耕者有其田”的口号。国民党一大的政治纲领同中国共产党在民主革命阶段的政治纲领的若干基本原则是一

① 《毛泽东选集》第2卷，人民出版社1991年版，第645页。

致的，因而成为第一次国共合作的政治基础。孙中山之所以伟大，不但因为他领导了辛亥革命，而且因为他能够适乎世界之潮流，合乎人群之需要，提出了联俄、联共、扶助农工三大革命政策，对三民主义作了新的解释，树立了三大政策的新三民主义。这是孙中山留给后人的最中心、最本质、最伟大的遗产。国民党一大在事实上确立了联俄、联共、扶助农工的三大革命政策，标志着第一次国共合作的正式形成。

在国共两党的领导下，1924 年至 1927 年，中国大地上爆发了一场席卷全国的革命运动。其声势之浩大，群众发动之广泛，在中国近代历史上是前所未有的，人们通常把它称为“大革命”。大革命的爆发有着深刻的社会历史原因。首先，欧美列强在第一次世界大战结束后逐步渡过战争造成的严重政治经济危机，进入相对稳定时期，在远东卷土重来进而加紧对中国的控制和掠夺。其次，在国内政治生活中，突出的现象是军阀割据和军阀混战愈演愈烈。国家实际上已分崩离析，各省分别由那些专横跋扈、胡作非为的军阀统治着。全国的陆军人数，据美国学者齐锡生估计：“1916 年，略超过 50 万人；1918 年，100 多万人；1924 年 150 多万人；1928 年 200 多万人。”① 北京政府的军费开支，1916 年为 1.5 亿元，1925 年达到 6 亿元。翻开当年的报纸，连篇累牍地刊载着的是军阀之间争夺地盘的混战和破坏。人民的生命财产得不到起码的保障，更谈不上其他了。中国共产党的机关刊物《向导》周报创刊号的《本报宣言》中写道：“我们敢说：为了要和平要统一而推倒为和平统一障碍的军阀，乃是中国最大多数的真正民意。”② 中国共产党提出反帝反封建的政治主张并且同国民党实行合作，吸引住了千百万人的心。国共合作下的广东根据地、建立起来的革命军队和广泛发展起来的工农运动，又使人们看到了希望和力量。于是，这场大革命风暴便不可避免地到来了。

1926 年 7 月 9 日，国民革命军在广州举行北伐誓师大会，开始了以消

---

① 齐锡生：《中国的军阀政治（1916—1928）》，中国人民大学出版社 1991 年版，第 71 页。

② 《本报宣言》，《向导》第 1 期，1922 年 9 月。

灭帝国主义代理人北洋军阀为目标的革命战争。由于中国共产党人和国民党左派人士的英勇斗争，由于工农群众的有力支持，北伐军在南方迅速击溃了北洋军阀吴佩孚、孙传芳的主力部队，攻克了武汉三镇，以及九江、南昌、福州等地。至年底，占领了除江苏、浙江和安徽以外的南方各省。1927 年 3 月 21 日，当北伐军接近上海市郊时，在陈独秀、罗亦农、周恩来等组成的特别委员会的领导下，上海工人举行第三次武装起义，占领了除租界以外地区，并成立上海特别市临时政府。3 月 24 日，北伐军占领南京。

但是，大革命时期，中国共产党人还不懂得直接掌握革命军队的重要性。因此，蒋介石在北伐战争过程中竭尽全力扩充军事实力，并没有引起中共中央的警觉。经过精心准备，蒋介石于 1927 年 4 月 12 日在上海突然发动反革命“清党”运动，查封革命组织，捕杀共产党人和革命群众。三天内，就有 300 多人被杀，500 多人被捕，5000 多人失踪。稍后，四川、广东、广西、江苏、浙江、安徽、福建等地国民党反动派也以“清党”名义，大肆屠杀共产党员和革命群众，仅广东一地被捕杀者就有 2000 多人。奉系军阀张作霖也乘机在北京大规模捕杀共产党人和革命群众。4 月 28 日，李大钊等英勇就义。7 月 15 日，汪精卫等控制的武汉国民党中央不顾宋庆龄和国民党革命派的强烈反对，召开“分共”会议，随后即对共产党员和革命群众实行大逮捕、大屠杀。由于国民党背信弃义地向着中国共产党和中国人民来了一个突然袭击，生气蓬勃的大革命就被葬送了。

从世界历史来看，有不少革命政党曾造成相当大的声势，但在敌人的突然袭击和血腥镇压下，一下就垮了，甚至被消灭了，多少年都翻不过身来。1905 年俄国革命失败后，也经历了十几年的低沉时期。但是，“中国共产党和中国人民并没有被吓倒，被征服，被杀绝。他们从地下爬起来，揩干净身上的血迹，掩埋好同伴的尸首，他们又继续战斗了”①。和那些在

① 《毛泽东选集》第 3 卷，人民出版社 1991 年版，第 1036 页。

危难时刻脱离党的不坚定分子相反，党外一些坚定的革命者恰恰是在这样严峻的时刻参加到共产党的队伍里来，如彭德怀、贺龙、徐特立等。许多工农群众在党的旗帜下重新集合起来战斗。当反动派把郭亮的头颅悬挂在长沙城门口示众时，中国共产党的真正朋友鲁迅说："革命被头挂退的事是很少有的"，"不是正因为黑暗，正因为没有出路，所以要革命的么？"[①]当时放在中国共产党面前的路只有两条：或者是拿起武器，进行武装反抗；或者是退疑犹豫，坐以待毙。除此以外，没有别的路可走。

1927 年 8 月 1 日，周恩来、贺龙、叶挺、朱德、刘伯承等领导的南昌起义，是中国共产党独立领导武装斗争的开始，打响了武装反抗国民党反动统治的第一枪，在全国树起一面鲜明的武装斗争的旗帜。它标志着中国共产党领导下的人民军队的诞生。继南昌起义之后，中国共产党发动了秋收起义、广州起义等大小百多次武装起义。这些起义，一部分很快就失败了，一部分坚持了下来。这些能坚持下来的地区，大多数处在省边界、国民党统治力量薄弱的偏僻山区，为后来各地工农红军和农村革命根据地的大规模发展奠定了基础。

中国革命是沿着一条独特的道路，即农村包围城市、武装夺取政权的道路走向复兴的。1927 年 11 月 28 日，在井冈山根据地的茶陵县，成立了谭震林任主席的工农兵政府。随后，邻近的几个县及县以下区、乡也建立了工农兵政权。接着，又相继成立了湘赣、湘鄂赣、鄂豫皖、湘鄂西等根据地红色政权。在各个革命根据地中，政权建设发展最快的是毛泽东等领导的由赣南、闽西地区组成的中央革命根据地。到 1931 年下半年，粉碎蒋介石三次"围剿"后，中央根据地（中央苏区）已经拥有 21 座县城，250 万人口，约 5 万平方公里土地，达到了全盛时期。1931 年 11 月 7 日，中华苏维埃第一次全国代表大会在江西瑞金叶坪召开并发表了《中华苏维埃共和国临时中央政府对外宣言》，选举产生了中华苏维埃共和国中央执行

① 《鲁迅全集》第 4 卷，人民文学出版社 1981 年版，第 106 页。

委员会，在中央执行委员会之下组建人民委员会，即临时中央政府，下设外交、军事、内务、教育、财政、司法、工农检查等人民委员部和国家政治保卫局、最高法院等办事机构。11 月 27 日，中央执行委员会举行第一次会议，选举毛泽东为中央执行委员会和人民委员会主席。中华苏维埃共和国的成立，标志着一个与国民党大地主大资产阶级政权完全对立的工农民主政权的诞生，给劳苦大众带来了希望。各革命根据地在没有剥削的生产活动和共同的对敌斗争中，形成了人与人之间的新型关系；自力更生的精神、艰苦朴素的作风、共产主义道德风尚，成为推动根据地发展的新因素；相继建起的工厂、机关、学校、医院，使山乡的面貌发生了变化。这是中国历史上第一个全国性的工农民主政权，是共产党在局部地区执政的重要尝试。它在政治、经济、军事、文化、教育诸方面的建设，为抗日战争和解放战争时期的根据地建设和新中国的政权建设积累了宝贵的历史经验，在新民主主义革命发展史上具有重要意义。

中国共产党人经过艰苦卓绝的武装斗争和土地革命，到 1934 年，在全国建立了约 10 万人的革命武装，开辟了十几块农村革命根据地，中国革命正从星星之火向燎原之势发展。革命根据地和红色政权的建立，引起了国民党统治集团的极大恐慌。从 1930 年 10 月到 1934 年 10 月，蒋介石先后发动了五次重点针对红一方面军和中央根据地的“围剿”。前三次反“围剿”创造了“中国很好的革命战争经验”，“当时我们只有 5 万人，3 万支枪，粉碎了几十万敌人的三次‘围剿’。蒋介石、外国人，都不知道我们究竟有多少人，连党中央也不相信我们只有那么多人”①。第四次反“围剿”时，尽管中共临时中央取消了毛泽东对红军的指挥权，但周恩来、朱德等仍从实际出发，继续坚持前几次反“围剿”的正确方针，取得了黄陂和草台冈地区两次伏击战的胜利，歼灭陈诚部精锐主力近 3 个师，打破了国民党军队对中央苏区的第四次“围剿”，并创造了红军战争史上以少胜

---

① 《朱德选集》，人民出版社 1983 年版，第 131 页。

多的大兵团伏击战的范例。但是面对蒋介石来势汹汹的第五次“围剿”，中共临时中央负责人博古继续推行“左”倾错误路线，依靠共产国际派来的军事顾问、德国人李德指挥战争。李德不了解中国实际情况，只是搬用正规的阵地战经验。他们放弃过去几次反“围剿”行之有效的积极防御方针，实行军事冒险主义方针，主张“御敌于国门之外”。结果红军辗转于敌军的主力和堡垒之间，陷于被动。在进攻遭受挫折后，他们又采取消极防御的战略方针和“短促突击”的战术，强令装备很差的红军同装备优良的国民党军队打阵地战、堡垒战，同敌人拼消耗。1934 年 10 月初，国民党军推进到中央苏区腹地，将红军围困在瑞金、兴国、于都间的狭小地区。为保存实力，摆脱“围剿”，中央红军实行战略转移，向西突围，被迫长征。

中国工农红军在中国共产党的领导下，从不同的地方出发，经由不同的路线，冲破国民党数十万大军的围追堵截，克服难以想象的各种艰难险阻，历经两年时间，长驱 6.4 万余里，纵横 14 个省，创造出中国乃至世界革命史上的伟大奇迹。毛泽东高度评价长征的历史意义：“长征是历史纪录上的第一次，长征是宣言书，长征是宣传队，长征是播种机。”“长征是以我们胜利、敌人失败的结果而告结束。”他指出：“谁使长征胜利的呢？是共产党。没有共产党，这样的长征是不可能设想的。”① 长征以铁的事实表明，中国共产党及其领导的人民军队具有无坚不摧的战斗力量。红军原来有 30 多万人，经过万里长征，剩下 3 万人，不足原来的 1/10。但是，由于共产党人总结了以往的经验教训，有了正确的路线，因而它不是变弱了，而是更强了。正因为如此，长征一结束，新局面就开始了。

1937 年 7 月 7 日，日本侵略者为了达到以武力吞并全中国的罪恶野心，悍然炮轰宛平城，制造了震惊中外的卢沟桥事变。卢沟桥畔一时间硝烟弥漫，笼罩在侵略者燃起的熊熊战火之中，中国军民对日本军国主义侵

---

① 《毛泽东选集》第 1 卷，人民出版社 1991 年版，第 149—150 页。

略进行了顽强抵抗。从卢沟桥事变肇始，平津危急，华北危急，中华民族危急，中华民族到了最危险的时候。在此民族危难之际，中国共产党秉持民族大义，担负起民族救亡的历史重任，呼吁建立以国共合作为基础的抗日民族统一战线，以抵抗日寇侵略、驱逐日寇出中国。在抗日战争中，共产党领导的人民军队，主要担负敌后战场作战。八路军、新四军和华南抗日游击队，遵照中共中央的战略决策，坚持持久战，坚决反击日本侵略者的“扫荡”、“蚕食”和“清乡”。自1937年七七事变至1945年8月日本投降，八路军作战近10万次，歼灭日伪军124万余人，在华北建立了63万余平方公里、7000万余人的晋察冀、山东、晋绥、晋冀鲁豫四大抗日根据地，部队由最初3万多人发展到102万余人。新四军对日伪军作战共2.46万余次，毙伤日伪军29.37万余人，俘虏日伪军12.42万余人，收复国土25.37万余平方公里，解放人口3420万余人，在苏、浙、皖、豫、鄂五省建立了苏中、淮南、苏北、淮北、鄂苏边、苏南、皖江、浙东等八块抗日根据地，部队主力由最初1万余人发展到21万余人。华南抗日游击队从1938年10月组建到1945年8月近七年的时间里，由数百人发展到2万余人，建立了东江、珠江、粤中、琼崖等多块抗日根据地。在抗日战争期间，中国共产党领导的抗日武装力量由小到大、由弱到强，成为抗日战争的中流砥柱，为世界反法西斯战争的胜利建立了卓越功勋，为埋葬日本帝国主义作出了决定性的贡献。

在抗日战争期间，中国共产党大力推行民主政治，按照“三三制”原则进行政权建设；实行精兵简政，切实整顿党、政、军各级机构，充实基层，提高工作效率，节约人力物力；大力推动边区经济建设，开展大生产运动，实现了“自己动手，丰衣足食”的目标；加强社会治理，为构建一个“一没有贪官污吏，二没有土豪劣绅，三没有赌博，四没有娼妓，五没有小老婆，六没有叫化子，七没有结党营私之徒，八没有萎靡不振之气，九没有人吃磨擦饭，十没有人发国难财”的新型社会进行了大量努力。

1945 年，当抗日战争临近胜利的时候，中国共产党召开第七次全国代表大会，大会的中心议题是如何放手发动群众，壮大人民力量，废止国民党一党专政，成立包括蒋介石集团在内的各党派联合政府，实现民主团结，打败日本侵略者，解放全国人民，建立新民主主义的新中国。而在同一时期召开的国民党第六次全国代表大会却在诬蔑“中共一贯坚持其武装割据，借以破坏抗战”，“最近更变本加厉，提出联合政府口号，并阴谋制造其所谓解放区代表会议，企图颠覆政府，危害国家”①。国共两党临近抗战胜利召开的两个大会，一个是要把中国引向光明，一个是要把中国引向黑暗。如此严重对立的两种前途和两种命运，预示着消除日本侵略者外患之后，国共两党在立国建政问题上的斗争将是十分尖锐和激烈的。

1945 年 8 月 15 日，日本无条件投降。蒋介石于 8 月 14 日、20 日、23 日向延安连发三封电报，邀请毛泽东到重庆共商“国际国内各种重要问题”。中国战区盟军参谋长魏德迈也两次电邀毛泽东去重庆。美国驻华大使赫尔利还两次表示，愿赴延安与毛泽东面叙。中国共产党考虑到饱受多年战争苦难的中国人民渴望和平、反对内战，便试图通过民主和团结的途径实现中国社会的政治改革，决定派毛泽东、周恩来、王若飞为代表，去重庆同国民党谈判。8 月 26 日，毛泽东在政治局会议上说：“去重庆，要充分估计到蒋介石逼我作城下之盟的可能性，但签字之手在我。”“我准备坐班房。”“如果是软禁，那也不用怕，我正是要在那里办点事。”②

8 月 28 日，毛泽东、周恩来、王若飞在美国驻华大使赫尔利、国民党政府军事委员会政治部部长张治中陪同下，乘“宋美龄”号专机飞抵重庆。蒋介石在毛泽东抵渝后日记中写道：“毛泽东果应召来渝……实上帝所赐也。”诗人柳亚子称颂毛泽东这一行动是“弥天大勇”。陈嘉庚此前很

---

① 荣孟源主编：《中国国民党历次代表大会及中央全会资料》下册，光明日报出版社 1985 年版，第 921 页。

② 中共中央文献研究室编：《毛泽东文集》第 4 卷，人民出版社 1996 年版，第 15—16 页。

不放心，拍电报劝毛泽东不要前往，毛泽东到达重庆后，陈嘉庚给香港《华商报》题词："还政于民，谋皮于虎；蜀道崎岖，忧心如捣。"① 国共双方经过43天艰难的谈判，于10月10日签订了《政府与中共代表会谈纪要》（亦称双十协定），在和平建国的基本方针、政治民主化、人民自由、党派合法等重大问题上取得了一致意见。

然而，双十协定墨迹未干，蒋介石就背信弃义，向国民党军秘密发放1933年"围剿"红军时编印的《剿匪手本》，下达进攻解放区的"剿匪"密令。从1946年1月13日停战令生效到同年6月，国民党先后出动兵力270万人次，进攻解放区4300多次。解放区军民对这些进攻同样针锋相对，进行自卫反击。1946年6月26日，蒋介石进一步撕毁政协协议和停战协议，调集30多万军队大举进攻以湖北宣化店为中心的中原解放区，发动全面内战。

全面内战开始的时候，国共两党的力量对比极其悬殊。国民党统治区的面积约占全国总面积的76%；人口3.39亿人，约占全国总人口的71%；还控制着除哈尔滨以外的全国各大城市和交通要道，拥有大部分近代工业。共产党领导的解放区面积约占全国总面积的24%；人口1.36亿人，约占全国总人口的29%；很少有近代工业。国民党军总兵力为430万人，正规陆军约为200万人，除了接收侵华日军的大部分武器装备外，还得到美国援助的大量先进武器装备。人民解放军总兵力为127万人，正规军约61万人，武器装备基本停留在"小米加步枪"的阶段，而且没有军事外援。双方的实力对比，国民党占有明显优势。但是，决定战争胜负的因素不是武器，而是人心向背，"而在这方面，人民解放军则占着优势。人民解放军的战争所具有的爱国的正义的革命的性质，必然要获得全国人民的拥护。这就是战胜蒋介石的政治基础"。因此，毛泽东提出了"一切反动派都是纸老虎"，"小米加步枪比蒋介石的飞机加坦克还要强些"

---

① 杨国桢：《陈嘉庚》，人民出版社1987年版，第112页。

的著名论断。[①]

果然，国民党来势汹汹的“全面进攻”并没有讨到便宜。在战争的头4个月，即从1946年6月下旬至10月，虽然国民党军队占领了解放区的城市153座，人民军队也收复了城市48座，并歼敌29.8万人，但10月以后，国民党军队进攻的势头开始降落。从1946年11月至1947年2月，人民军队又经过4个月的作战，歼灭国民党军队总共达41万人；国民党军队侵占解放区城市87座，人民军队则收复和解放城市87座。国民党的全面进攻进一步受挫。它企图以速战速决的方式消灭人民革命力量的计划宣告破产。

继而，国民党又对山东和陕北两个解放区实行“重点进攻”。在山东，华东野战军在陈毅、粟裕等指挥下，于1947年5月中旬，在孟良崮战役中全歼美械装备的国民党精锐主力整编第七十四师3.2万余人。至7月，国民党军队对山东解放区的重点进攻基本被粉碎。在陕北，国民党军队投入胡宗南等部25万人的兵力，向中共中央和人民解放军总部所在地延安发动突然袭击。陕北的人民军队为2万多人，兵力只有敌军的1/10，处于绝对劣势。他们在延安以南顽强地进行六昼夜的阻击战，掩护中共中央机关和人民群众安全转移，然后于3月19日主动撤出延安，开始了艰苦的陕北转战。西北野战兵团在彭德怀、习仲勋的指挥下，于撤离延安后45天内，在青化砭、羊马河、蟠龙镇三战三捷，歼敌1.4万余人；而后转战西北方向，并在沙家店战役中全歼胡宗南部整编第三十六师师部和2个旅。至8月间，国民党军队对陕北的重点进攻被粉碎。

1947年下半年，刘（伯承）邓（小平）、陈（赓）谢（富治）、陈（毅）粟（裕）三路大军挺进中原，布成“品”字形阵势，纵横驰骋于黄河以南、长江以北，西起汉水、东迄大海的广大地区。这一行动调动和吸引了蒋军南线全部兵力160多个旅中约90个旅于自己的周围，迫使蒋军处

① 参见《毛泽东选集》第4卷，人民出版社1991年版，第1246、1195页。

于被动地位，起了决定性的战略作用。在其他战场，人民解放军也由守势转为战略反攻和战略进攻，“‘星星之火，可以燎原’，现在已是燎原的时候了”[①]。12 月底，中共中央在陕北米脂县杨家沟召开会议，毛泽东自信地指出：“这是一个历史的转折点。这是蒋介石的二十年反革命统治由发展到消灭的转折点。这是一百多年以来帝国主义在中国的统治由发展到消灭的转折点。这是一个伟大的事变。”“这个事变一经发生，它就将必然地走向全国的胜利。”[②] 反动派的政治生命和军事生命是建立在进攻上面的，进攻一完结，它的生命也就要完结了。

1948 年 3 月，毛泽东东渡黄河来到临县三交镇的双塔村，同驻在这里的中央后方委员会会合。毛泽东对中央后委副书记杨尚昆说了对中国局势的判断：“同蒋介石的这场战争可能要打 60 个月，60 个月者，5 年也。这 60 个月又分成两个 30 个月：前 30 个月是我们‘上坡’，‘到顶’，也就是说战争打到了我们占优势；后 30 个月叫做‘传檄而定’，那时候我们是‘下坡’，有的时候根本不用打仗了，喊一声敌人就投降了。”[③]

事实证明，胜利的步伐比毛泽东预计的快了许多。人民解放军在先后粉碎国民党的全民进攻和重点进攻后，迎来了决定中国之命运的战略决战。辽沈、淮海、平津三大战役，无论是战争的规模或取得的战果，在中国战争史上都是空前的，在世界战争史上也是罕见的。这三大战役从 1948 年 9 月 12 日开始，至 1949 年 1 月 31 日结束，历时 4 个月零 19 天。在这不间断地连续进行的三场主力会战中，双方主力尽出。国民党军的四支最精锐的主力部队（新一军、新六军、第五军、第十八军）和中国共产党领导的五大野战部队中的四支（东北、华东、中原、华北）先后都全力以赴地投入这三次会战。这三场战略决战，对整个解放战争全局具有决定意义。三次战役中，共歼灭国民党正规军 144 个师（旅）、非正规军 29 个

---

① 中共中央文献研究室编：《毛泽东文集》第 4 卷，人民出版社 1996 年版，第 316 页。

② 《毛泽东选集》第 4 卷，人民出版社 1991 年版，第 1244 页。

③ 杨尚昆：《追忆领袖战友同志》，中央文献出版社 2001 年版，第 12 页。

师，共计154万人，包括上面所说的最精锐的主力部队在内，整个战局顿时改观。这以后，尽管国民党当局先是力图守住长江防线，后是力求保住华南和西南地区，但已是兵败如山倒、不堪一击。整个战争的胜负，在三大战略决战结束时也已成定局。

1949年4月21日，毛泽东主席和朱德总司令发布向全国进军的命令。4月20日夜至21日，由以邓小平为书记的总前委统一指挥，第二、第三野战军（原中原野战军和华东野战军）在第四野战军先遣兵团和中原军区部队配合下，得到江北人民的支援和江南游击队的策应，发起渡江战役。在西起湖口、东至江阴的千里战线上，百万雄师分三路强渡长江。国民党苦心经营3个半月的长江防线顷刻瓦解。4月23日，解放军占领国民党的统治中心南京，宣告了延续22年的国民党反动统治的覆灭。随后，解放军于5月27日攻占中国最大的城市——上海，并分路继续向中南、西北、西南各省举行胜利大进军，分别以战斗方式或和平方式，迅速解决残余敌人，解放广大国土。国民党蒋介石集团从大陆逃往台湾。

中国共产党从成立之日起就领导中国人民“重建国家”，至此浴血奋斗了整整28年，也艰辛探索了整整28年，无数先烈用鲜血和生命换来的人民当家作主的新中国，即将变成美好的现实。

1949年9月21日，经过周密筹备，中国人民政治协商会议第一届全体会议在北平隆重开幕。新政协筹备会常务委员会主任、中共中央主席毛泽东在开幕词中说：“诸位代表先生们，我们有一个共同的感觉，这就是我们的工作将写在人类的历史上，它将表明：占人类总数四分之一的中国人从此站立起来了。”“我们的民族将从此列入爱好和平自由的世界各民族的大家庭，以勇敢而勤劳的姿态工作着，创造自己的文明和幸福，同时也促进世界的和平和自由。我们的民族将再也不是一个被人侮辱的民族了，我们已经站起来了。”① 9月30日，中国人民政治协商会议第一届全体会议

① 中共中央文献研究室编：《毛泽东文集》第5卷，人民出版社1996年版，第343—344页。

胜利闭幕。当晚，在天安门广场举行人民英雄纪念碑奠基礼。毛泽东为人民英雄纪念碑起草的碑文是："三年以来，在人民解放战争和人民革命中牺牲的人民英雄们永垂不朽！""三十年以来，在人民解放战争和人民革命中牺牲的人民英雄们永垂不朽！""由此上溯到一千八百四十年，从那时起，为了反对内外敌人，争取民族独立和人民自由幸福，在历次斗争中牺牲的人民英雄们永垂不朽！"

1949 年 10 月 1 日 14 时，中央人民政府主席毛泽东主持召开中央人民政府委员会第一次会议，宣布中央人民政府主席、副主席和委员就职，中华人民共和国中央人民政府宣告成立。会议通过了《中华人民共和国中央人民政府公告》，决议接受《中国人民政治协商会议共同纲领》（以下简称《共同纲领》）为政府的施政方针。15 时整，中央人民政府秘书长林伯渠宣布开国大典开始。中央人民政府主席、副主席、政府委员会委员在天安门城楼上就位，军乐队高奏国歌。在首都30 万群众的欢呼声中，毛泽东主席在天安门城楼上庄严宣告："中华人民共和国中央人民政府今天成立了。"他按动电钮，升起第一面鲜艳的五星红旗。接着举行阅兵式，朱德总司令检阅人民解放军陆海空三军的受阅部队。全国已经解放的各大城市，举行了热烈的庆祝活动。

中华人民共和国的成立，彻底结束了旧中国半殖民地半封建社会的历史，彻底结束了旧中国一盘散沙的局面，彻底废除了列强强加给中国的不平等条约和帝国主义在中国的一切特权。中华民族走上了实现伟大复兴的壮阔道路。

三、兴国：取得风雨前行、安身立命的资格

1949 年 10 月 1 日，中华人民共和国成立，胜利结束了中国近百年来的内部衰败化与半边缘化，第一次实现了国家高度的政治统一与社会稳定，标志着民族复兴进入新的历史时期。新中国成立后的头三年就肃清了

国民党反动派在大陆的残余武装力量和土匪，实现了西藏的和平解放，建立了各地各级的人民政府，没收了官僚资本企业并把它们改造成为社会主义国有企业，统一了全国财政经济工作，稳定了物价，完成了新解放区土地制度的改革，镇压了反革命，开展了反贪污、反浪费、反官僚主义的“三反”运动，开展了打退资产阶级进攻的反行贿、反偷税漏税、反盗骗国家财产、反偷工减料、反盗窃国家经济情报的“五反”运动。对旧中国的教育科学文化事业，进行了很有成效的改造。在胜利完成繁重的社会改革任务和进行伟大的抗美援朝、保家卫国战争的同时，我们迅速恢复了在旧中国遭到严重破坏的国民经济，全国工农业生产1952年底已经达到历史的最高水平。经过这样一番努力，“旧面貌的中国正在迅速地消失，新的人民的中国已经确定地生长起来了”①。中国共产党领导的新政权不但站稳了脚跟，而且在人民面前展现出新的美好前景。

1953年，党提出了过渡时期的总路线：要在一个相当长的时期内，逐步实现国家的社会主义工业化，并逐步实现国家对农业、对手工业和对资本主义工商业的社会主义改造。这个总路线反映了历史的必然性。历史证明，党提出的过渡时期总路线是完全正确的。尽管在“三大改造”后期要求过急，工作过粗，改变过快，形式也过于简单划一，以致在长期间遗留了一些问题，但从整体来说，在一个几亿人口的大国中比较顺利地实现了如此复杂、困难和深刻的社会变革，促进了工农业和整个国民经济的发展，这的确是伟大的历史性胜利。1956年，对生产资料私有制的社会主义改造基本完成，初步建立起社会主义基本制度。新民主主义革命的胜利，社会主义基本制度的建立，为当代中国一切发展进步奠定了根本政治前提和制度基础。

国家的社会主义工业化，是国家独立和富强的当然要求和必要条件。旧中国工业不仅生产落后、产量低下，而且发展畸形，主要是纺织、面粉

① 《周恩来选集》下卷，人民出版社1984年版，第31页。

等轻工业，基本上没有重工业，许多部门空白，完全依赖外国。1954 年，毛泽东在描述当时工业状况时说："现在我们能造什么？能造桌子椅子，能造茶碗茶壶，能种粮食，还能磨成面粉，还能造纸，但是，一辆汽车、一架飞机、一辆坦克、一辆拖拉机都不能造。"① 在进行"三大改造"的同时，从 1953 年开始，中国开始进行有计划的社会主义经济建设。按照第一个五年计划的基本任务和各项主要指标的要求，国家经济建设的重点是：为实现工业化奠定基础，并为社会主义改造、建立独立的比较完整的工业体系和国民经济体系创造前提。

第一个五年计划期间，中国新建了一系列工业部门，填补了许多工业部门的空白。新建的工业部门，机械工业最为突出。到 1957 年底，已经有了载重汽车、高炉和平炉制造设备、汽轮发电设备、拖拉机、精密仪表、石油机械及电讯设备等几十个行业比较齐全的制造系统，并开始试制一批新产品，使机械设备的自给能力从新中国成立前的 20% 左右提高到 60% 多。1956 年，中国制造出第一辆解放牌汽车、第一架喷气式歼击机和第一辆蒸汽机车。在航空工业方面，歼 - 5 飞机的制造成功，标志着中国的飞机性能和新建工厂的工艺、装备、技术水平，都已达到当时世界上的先进水平，中国航空工业已进入用现代化的工艺方法生产先进机种的行列。这些成就的取得，主要是由于党和国家制定的方针、政策符合客观实际，是正确的；实行的计划经济是有效的，有利于集中力量办大事。这期间，全国人民的政治觉悟和生产热情高涨，工人阶级起了主力军作用，农民对工业化给予了有力的支援，知识分子发挥了聪明才智。

1956 年是新中国历史上富有转折性意义的一年，社会主义改造的成绩和速度出人意料，社会主义建设的任务已经客观地摆在了中国共产党人眼前。步入新年，中国的内政外交各项工作都已经逐渐走上正常有序的轨道，"四十八盘才走过，风驰又已到钱塘"。良好的发展趋势让中国上下颇

① 中共中央文献研究室编：《毛泽东文集》第 6 卷，人民出版社 1999 年版，第 329 页。

有突如其来之感，但又信心满满。正是在这样的背景下，毛泽东开始将工作重点有意识地向经济方面尤其是工业建设方面转移。但是，中国是一个贫穷落后、人口众多、生产力发展水平很低的大国。新建立起来的是一个不发达的社会主义社会。在这样的基础上起步，其困难可想而知。中国人以往几乎没有组织和管理现代化大工业生产和整个国民经济的经验，更不用说领导社会主义现代化建设了。对什么是社会主义，马克思主义创始人提出了一些基本原则，但没有也不可能提出更具体的答案。那时在世界范围内只有苏联独立建成了社会主义社会，没有其他现成的榜样。所以在开始建设时，中共中央曾号召“向苏联学习”，是不得不如此的。在社会上，还流行过“苏联的今天就是我们的明天”的说法。可是，苏联社会主义建设中存在的种种弊端已开始清楚地暴露出来。如片面发展重工业，忽视农业和轻工业；片面扩大积累，忽视改善人民生活；经济管理体制集中过多过死；等等。1956 年 2 月召开的苏共二十大尖锐地揭露斯大林在领导苏联社会主义建设中的严重错误以及对他的个人崇拜所造成的严重后果，在社会主义阵营中引起极大震动。即便他们取得的一些成功经验，也未必都适合中国的国情，不能照抄照搬。中国领导人已意识到：必须走自己的路。

从 1956 年 2 月 14 日起，毛泽东开始听取国务院 35 个经济部门工作汇报。恰在此时，苏共二十大的召开揭开了苏联模式的“盖子”，促使毛泽东和中国共产党更进一步独立思考，提出“以苏为鉴”的问题。可以说，在赫鲁晓夫作秘密报告前后，毛泽东听取和思考各部委汇报工作的侧重点发生了重大变化。毛泽东的初衷主要是想了解经济建设的实际情况，更好地实现在几十年内“努力改变我国在经济上和科学文化上的落后状况，迅速达到世界上的先进水平”①。苏共二十大以后，毛泽东在调查研究中开始更多地强调打破苏联迷信、以苏为鉴的问题。正如毛泽东在《论十大关系》中所说：“特别值得注意的是，最近苏联方面暴露了他们在建设社会

① 中共中央文献研究室编：《毛泽东文集》第 7 卷，人民出版社 1999 年版，第 2 页。

主义过程中的一些缺点和错误，他们走过的弯路，你还想走？过去我们就是鉴于他们的经验教训，少走了一些弯路，现在当然更要引以为戒。”① 怎样根据自己的实际情况来建设社会主义，这一全新的问题摆在了中国共产党和中国人民面前。历史不可能等到这些问题都得到解决后再迈开步子。尽管准备还远不充分，尽管许多问题还不清楚，但新的探索必须起步。客观形势驱使着新中国必须大胆地向前闯。留下的许多还不清楚的问题，只能在摸索过程中去寻求解决，通过实践的检验来判明是非。这就像朝着一片没有现成航标的海域起航，面对着许多未知数，对哪里有险滩和暗礁一时无法看清，只能边摸索边前进，中间出现曲折和偏差是完全可能的。

从新中国成立到社会主义改造完成，中国共产党确定的指导方针和基本政策是正确的，取得的胜利是辉煌的，使中国共产党对即将开始的大规模社会主义建设充满了信心。1956 年 8 月底，毛泽东在党的八大预备会上说：“美国建国只有一百八十年，它的钢在六十年前也只有四百万吨，我们比它落后六十年。假如我们再有五十年、六十年，就完全应该赶过它。这是一种责任。你有那么多人，你有那么一块大地方，资源那么丰富，又听说搞了社会主义，据说是有优越性，结果你搞了五六十年还不能超过美国，你像个什么样子呢？那就要从地球上开除你的球籍！所以，超过美国，不仅有可能，而且完全有必要，完全应该。如果不是这样，那我们中华民族就对不起全世界各民族，我们对人类的贡献就不大。”②

从完成社会主义改造到“文化大革命”前的十年，被称为“全面建设社会主义时期”。这一时期，我们虽然遭到过严重挫折，仍然取得了很大的成就。以 1966 年同 1956 年相比，全国工业固定资产按原价计算，增长了 3 倍。棉纱、原煤、发电量、原油、钢和机械设备等主要工业产品的产量，都有巨大增长。从 1965 年起实现了石油全部自给。电子工业、石油化工等一批新兴的工业部门建设了起来。工业布局有了改善。农业的基本建

① 中共中央文献研究室编：《毛泽东文集》第 7 卷，人民出版社 1999 年版，第 23 页。
② 中共中央文献研究室编：《毛泽东文集》第 7 卷，人民出版社 1999 年版，第 89 页。

设和技术改造开始大规模地展开，并逐渐收到成效。全国农业用拖拉机和化肥施用量都增长6倍以上，农村用电量增长70倍。高等学校的毕业生为前七年的4.9倍。经过整顿，教育质量得到显著提高。科学技术工作也有比较突出的成果。

在十年社会主义建设中，党和人民顶住外来的种种压力，坚持独立自主、自力更生、艰苦奋斗，涌现出无数先进典型和英雄模范人物，形成了具有特定内涵的时代精神。以王进喜为代表的大庆石油工人、科技人员和干部，喊出了“宁肯少活20年，拼命也要拿下大油田”的口号，吃大苦、耐大劳，坚持“三老”“四严”“四个一样”[①]，体现了中国工人阶级“爱国、创业、求实、奉献”的精神风貌，铸就了大庆精神（铁人精神）。山西昔阳县大寨大队党支部书记陈永贵等共产党员，带领群众艰苦奋斗，向“七沟八梁一面坡”的贫瘠土地开战，连年战胜严重自然灾害，使生产获得很大发展。全国上下掀起“工业学大庆”“农业学大寨”的热潮。河南兰考县委书记焦裕禄，心中装着全体人民，唯独没有自己，带领全县人民摆脱贫困面貌，鞠躬尽瘁，“生也沙丘，死也沙丘”，展现了一个优秀共产党员和优秀县委书记的光辉形象。河南林县人民在县委领导下，经过几年苦战，开凿太行山，引漳河水入境，修建了“人造天河”红旗渠，彻底告别“水缺贵如油”的历史，创造了人间奇迹。沈阳军区工程兵某部运输连班长雷锋，理想信念坚定，在平凡的工作岗位上“甘当螺丝钉”，勇于奉献，乐于助人，表现出伟大的共产主义精神。以钱学森、李四光、钱三强、华罗庚、邓稼先、茅以升等为代表的一批著名科学家辛勤工作，为祖国的科技事业和经济文化建设事业作出了重大贡献，成为知识分子的杰出代表。那时开始形成的“两弹一星”精神，至今仍给人们提供勇攀科学高峰的强大动力。

---

① “三老”“四严”“四个一样”，即对待事业，要当老实人，说老实话，办老实事；对待工作，要有严格的要求、严密的组织、严肃的态度、严明的纪律；白天和黑天干工作一个样，坏天气和好天气干工作一个样，领导在不在场干工作一个样，有没有人检查干工作一个样。

这一时期，一系列关系国防稳固和国家长远利益的科学技术取得重大突破。为了抵御帝国主义的武力威胁和打破大国的核讹诈、核垄断，党中央在20世纪五六十年代作出研制“两弹一星”、重点突破国防尖端技术的重大决策。钱学森回顾这段历史时说：“我自1955年回到祖国后，就在党的领导下，开创我国火箭导弹和航天事业。回想当年，党中央、毛主席下决心搞‘两弹’，那真是了不起的决策。那个时候，我们的工业基础十分薄弱，连汽车都没造出来，竟决定搞最尖端的技术——导弹和原子弹，没有无产阶级革命家的伟大胸怀和气魄，谁敢做这样的决策？”①

1960年8月，苏联撤走在中国核工业系统工作的全部专家，并带走所有的图纸资料。当时又正在经济极端困难的时候，于是便展开了导弹和核武器“下马”还是“上马”的争论。中国领导人下决心，一定要自力更生地把这些项目坚持下去并取得突破。聂荣臻回忆道：“陈毅同志甚至表示，脱了裤子当当，也要把我国的尖端武器搞上去。他还多次对我风趣地说，我这个外交部长的腰杆现在还不太硬，你们把导弹、原子弹搞出来了，我的腰杆就硬了。”② 1962年11月，中央成立以周恩来为首，包括贺龙、聂荣臻、罗瑞卿等在内的15人专门委员会，负责组织和领导“两弹一星”的研制。许多参加研制和试验的人员长期隐姓埋名，连家里人也只知道他有重要任务，不知道是什么事，也不知道他到了什么地方去。像首先发现荷电反超子的王淦昌这样世界知名的科学家，改名为“王京”，“家里人不知他到哪儿去了，‘我有事，你们也甭问了，我出差，到时候我回来就回来，其他的你就甭管了’”③。他不再在国内外学术领域内抛头露面，更不能去交流学术研究成果，为国隐姓埋名地生活了长达17年之久。

1964年6月29日，中国修改设计的“东风二号”近程导弹飞行试验

① 《“我为什么要走回归祖国这条道路？”——钱学森有关言论摘登》，《党的文献》2010年第1期。

② 《聂荣臻回忆录》下册，解放军出版社1984年版，第812页。

③ 《大型电视文献纪录片〈新中国〉解说词》，中央文献出版社1999年版，第194页。

成功。9 月 10 日，中国最早的地空导弹“红旗一号”定型飞行试验获得成功。10 月 16 日，中国自行研制的第一颗原子弹爆炸成功。同天，中华人民共和国政府发表声明：1964 年 10 月 16 日 15 时，中国爆炸了一颗原子弹，成功地进行了第一次核试验。这是中国人民在加强国防力量、反对美帝国主义核讹诈和核威胁政策的斗争中所取得的重大成就。保护自己，是任何一个主权国家不可剥夺的权利。保卫世界和平，是一切爱好和平的国家的共同职责。面临着日益增长的美国的核威胁，中国不能坐视不动。中国进行核试验，发展核武器，是被迫而为的。中国政府郑重宣布，中国在任何时候、任何情况下，都不会首先使用核武器。①

从 1965 年 11 月起，中国自行研制的中近程导弹的改进型连续进行了多次飞行试验，均获得成功。1966 年 10 月 27 日 9 时，首次用改进型的中近程地对地导弹运载真实的核弹头，成功地进行了“两弹”结合的发射试验，核弹头与弹体分离后，按预定轨道飞向弹着区，在靶心上空爆炸。至此，中国不仅拥有了可用于实战的导弹核武器，而且基本具备了自行研制导弹的能力，为下一步开展人造卫星和运载火箭的研制工作创造了良好条件。1988 年，邓小平在一次讲话中说：“过去也好，今天也好，将来也好，中国必须发展自己的高科技，在世界高科技领域占有一席之地。如果六十年代以来中国没有原子弹、氢弹，没有发射卫星，中国就不能叫有重要影响的大国，就没有现在这样的国际地位。这些东西反映一个民族的能力，也是一个民族、一个国家兴旺发达的标志。”②

全面建设社会主义的十年在中国现代化的道路上跨出了前所未有的一大步，我们在旧中国遗留下来的“一穷二白”的基础上，建立了独立的比较完整的工业体系和国民经济体系。中国改革开放后相当长一段时间内赖以进行现代化建设的物质技术基础，很大一部分是在这个期间建设起来的；全国经济文化建设等方面的骨干力量和他们的工作经验，大部分也是

① 参见《我国第一颗原子弹爆炸成功》，《人民日报》1964 年 10 月 17 日。

② 《邓小平文选》第 3 卷，人民出版社 1993 年版，第 279 页。

在这个期间培养和积累起来的。如果看不到这些，忘记了前人为此作出的可歌可泣的努力，那对中国这十年历史的了解是不全面不完整的。

这十年又是在探索中发展的十年，情况十分复杂，正确和错误交织，取得成绩过程中又有许多曲折的经历，有些曲折是十分令人痛心的。怎样看待这种复杂的现象呢？胡绳作过这样的分析："在这十年探索中间，党的指导思想有两个发展趋向。一个趋向是党在探索中国自己的建设社会主义道路的过程中形成的一些正确的和比较正确的理论观点和方针政策，积累的一些正确的和比较正确的实践经验；而另一个趋向是错误的趋向，这就是党在探索中国自己的建设社会主义道路的过程中形成的一些错误的理论观点、政策思想和实践经验。这两种趋向虽然许多时候是相互渗透和交织的，但确实是存在着两种趋向，后一种趋向直接引导到'文化大革命'这场灾难，而前一种即正确的趋向，也正是'文革'以后十一届三中全会以来正确的路线方针的先导。从60年代的情况来说，错误的趋向暂时压倒了正确的趋向；但从历史全局来看，正确的趋向终于战胜了错误的趋向，在1978年以后得到了广泛的发展。"①

"文化大革命"十年间，我国国民经济虽然遭到巨大损失，但仍然取得了进展。第三个五年计划、第四个五年计划基本完成，全国主要工业品产量增长较快，农业稳步增长，对外经济工作有较大进展，三线建设也取得重大进展。综合起来看，在"文化大革命"这十年中，中国工农业总产值指数（以1952年为100）比1965年增长了133.54%。其中，工业总产值1976年比1965年增长181.7%，平均每年增长9.9%；农业总产值1976年比1965年增长51.2%，平均每年增长3.8%。当然，这一切绝不是"文化大革命"的成果，如果没有"文化大革命"，我们的事业会取得大得多的成就。在"文化大革命"中，党、人民政权、人民军队和整个社会的性质都没有改变。历史再一次证明，中国人民是伟大的人民，中国共产党和

① 《胡绳文集（1979—1994）》，中国社会科学出版社1994年版，第481—482页。

社会主义制度具有强大的生命力。

从新中国成立到改革开放，社会主义建设在曲折中前进，党和人民自强不息，发愤图强，硬是在一张白纸上绘出“最新最美的图画”，“取得了旧中国几百年、几千年所没有取得过的进步”①。美国学者莫里斯·迈斯纳这样评价：其实毛泽东的那个时代远非是现在普遍传闻中所谓的经济停滞时代，而是世界历史上最伟大的现代化时代之一，与德国、日本和俄国等几个现代工业舞台上主要后起之秀的工业化过程中最剧烈时期相比毫不逊色。这些经济成就是中国人民自己通过劳动取得的，在那个时代，毛泽东思想仍能够给人一种使命感和目的感。除了 20 世纪 50 年代苏联极其有限的援助之外，中国没有接受过任何外援。敌对的国际环境（在美国对中国革命的敌意之上又加上苏联对中国的敌意）与毛泽东“自力更生”的思想原则，起到了双重强烈的作用，使中华人民共和国到 20 世纪 70 年代末以前实际上一直处于经济自给自足的状况。毛泽东的自力更生的国家政策造成了经济上额外的不利与艰苦，但是它也使中国可以自豪地说：在毛泽东时代结束之际，中国实际上是以拥有一个既无外债亦无国内通货膨胀的经济，而这在世界发展中国家绝无仅有。

四、强国：彻底摆脱被开除“球籍”的危险

“文化大革命”结束后，人心思变、中国必变，已是沛然莫之能御之历史大势——人们所不能确定的只是这个变化的走向和结果何时最终明朗而已。进入 1978 年，预示中国即将发生决定性积极新变化的因素持续叠加。这年上半年，由大规模出国考察切身感知的中外经济科技之间的巨大差距已然造成了思想上的巨大冲击和震撼，几乎同时展开的真理标准问题大讨论又给长期以来人们精神上的枷锁“松绑”，“改革”的呼声渐起，

① 《邓小平文选》第 2 卷，人民出版社 1994 年版，第 167 页。

“变化”的要求高涨。而到了1978年下半年，变革的节奏更为快速，变革的走向也越发清晰，特别是国务院务虚会、全国计划会议、中央工作会议等重要会议的相继召开，就涉及中国社会主义现代化建设的一系列重大政策和实际问题展开深入讨论，更是在党和国家最高决策层进一步累积和凝聚了变革的共识。这几次会议虽然内容、层级、规模、影响各不相同，但正是经由其接续酝酿和准备，党的十一届三中全会最终作出了实行改革开放的历史性决策，也由此打开了中国发生历史性巨变的战略通道。

党的十一届三中全会后，改革开放大政方针迅速付诸实施。改革首先在农村兴起并取得突破，改革的重点是解决农民的土地经营权问题。面对农村的贫穷落后，广大农村的基层干部群众无不希望尽快恢复和发展农业生产。一些省份开始进行恢复党的农村经济政策的努力，中共安徽省委、四川省委大胆实行“放宽政策”“休养生息”的方针，率先进行农村改革。

安徽凤阳县是“包干到户”的发源地。1978年秋，该县梨园公社小岗生产队暗中搞起了“大包干到户”，成为全国包干到户的典型。小岗生产队，在农业合作化时，全村共有34户人家，170多人，30多头牲畜，1100亩耕地，平均年产粮食18万斤左右。实行人民公社化运动后，粮食产量逐年下降，社员越来越穷，人口越来越少，1960年，全队只剩下10户39人。“文化大革命”又给小岗生产队带来巨大灾难。1968年，全队只收了2万斤粮食，人均口粮105斤，人均分配15元。全队几乎人人要过饭，户户外流过，成了远近闻名的“讨饭队”。1978年10月，时值秋种之际，为了不使劳动力外流，把麦子种下去，保证来年有饭吃，小岗生产队队长严俊昌、副队长严宏昌经商量后，将全队20户人家115人分成两个组，没见效果；又分成4个组，仍然合不拢；接着分成8个组，每组只有两三户，多为父子组、兄弟组，结果还是矛盾重重。在这种情况下，全队18户户主（2户单身汉外流）召开了一个秘密会议，会上决定把田分到户干，即实行包干到户。1979年，小岗生产队获得大丰收，粮食产量达13.2万斤，是

1966 年到 1970 年 5 年的总和；油料达到 3.5 万斤，是过去 20 多年的总和。此前 23 年，小岗生产队从未向国家缴纳过一粒粮食，还年年吃供应；1979 年，全队粮食征购任务为 2800 斤，实际向国家交售 2.5 万斤，超过任务 7 倍多；油料统购任务 300 斤，实际向国家交售花生、芝麻 2.5 万斤，超过任务 80 多倍。小岗生产队由原来的“讨饭队”一跃成为“冒尖队”，大包干的名声迅速传开。与此同时，四川省广汉县金鱼乡也在 1978 年秋实行包产到组。安徽、四川的农村改革，很快得到云南、广东、贵州、河南、山东等省的响应。

当然，包产到组、包干到户在迅猛发展的同时，也招来了一些非议。但是邓小平、陈云等中央领导人都是支持的。1979 年 6 月，五届全国人大第二次会议期间，当万里汇报安徽农村一些地方搞起包产到户但有人反对时，邓小平说：“不要争论，你就这么干下去就行了，就实事求是干下去。”① 1979 年 6 月 18 日，万里征求陈云的意见，陈云答复：“我双手赞成”②。邓小平、陈云的支持，对安徽等地包产到户的继续存在和后来的合法化起到了至关重要的作用。

1980 年 9 月，在深入调研的基础上，中共中央召开各省、市、自治区党委第一书记座谈会，讨论加强和完善农业生产责任制问题。会议经过反复讨论，形成了《关于进一步加强和完善农业生产责任制的几个问题》的座谈会纪要。这个文件，打破了长期以来包产到户等于分田单干、等于资本主义的僵化观念。此后，各种形式的家庭联产承包责任制不断冲破阻力，迅猛向前发展。到 1982 年 6 月，全国实行家庭联产承包责任制的生产队已发展到农村生产队总数的 86.7%。

党的十一届三中全会后，城市经济体制改革也开始试点工作，如逐步

---

① 中共中央文献研究室编：《邓小平年谱（1975—1997）》上册，中央文献出版社 2004 年版，第 531 页。

② 中共中央文献研究室编：《陈云年谱（1905—1995）》下卷，中央文献出版社 2000 年版，第 248 页。

扩大企业自主权，把一部分中央和省、自治区直属企业下放给城市管理，实行政企分开，进行城市经济体制综合改革试点。四川省较早地于 1978 年 10 月进行扩大企业自主权的试点。不久，试点范围进一步扩大，扩权改革的企业迅速增加。过去那种企业只按计划生产，不了解市场需要，不关心产品销路和赢利亏损的状况得到初步扭转。在企业扩权试点和农村生产责任制的影响下，不少企业还围绕国家与企业、企业与职工之间的责、权、利关系，实行经济责任制，试行厂长负责制，克服企业吃国家“大锅饭”和企业内部吃“大锅饭”的现象。经济责任制很快在工业企业中得到推广。这一时期，就业制度的改革也成效显著。在劳动就业问题上，改变计划经济体制下多年形成的对劳动力统包统配、动员城镇待业青年上山下乡的做法，制定了“解放思想，放宽政策，发展生产，广开就业门路”的方针，调整所有制结构和产业结构，扶持集体经济，允许个体经营，创办劳动服务公司，拓宽就业渠道，从而初步解决了多年积累的知识青年就业问题，也为进一步改善所有制结构、形成新的就业制度奠定了良好基础。

随着改革的推进，对外开放开始有重大突破。创办经济特区为实行对外开放提供了一个新的思路。1979 年 4 月中央工作会议期间，广东省委希望中央下放若干权力，让广东在对外经济活动中有必要的自主权；允许在毗邻港澳的深圳、珠海和侨乡汕头市举办出口加工区。会议期间，福建省委也向中央提出了与广东省类似的设想。中央对广东、福建两省的想法表示支持，同意两省实行对外开放，在计划、财政、外贸、金融方面实行新的体制，要求两省进一步组织论证，提出具体实施方案。在如何命名实行特殊政策的地区，是叫“自由贸易区”“出口加工区”还是“投资促进区”问题上，邓小平明确指出，还是叫特区好，陕甘宁开始就叫特区嘛！他还针对特区说：中央没有钱，可以给些政策，你们自己去搞，杀出一条血路来。

经济特区是新时期中国改革开放的探路者，是脱胎于长期闭关自守和极左思潮影响下的中国特定时期的新生事物，因此从建立之日起，就受到国内外、党内外的广泛关注。赞叹者有之，认为这是探索改革、振兴经济的必由之路；非议者、反对者亦有之，指责“特区是国际资产阶级的‘飞地’”，“特区是搞香港化，搞资本主义”，认为“特区变了颜色，成了租界”。经济特区以吸引外资为主，主要实行市场调节，这对长期认同社会主义必须实行计划经济的人来说造成了观念上的冲击，从而提出了“经济特区到底姓‘社’还是姓‘资’?”的质疑。更有人说：“特区除了国旗是红色的外，已经没有社会主义的味道了。”① 在中央实际负责经济特区和对外开放的国务院副总理谷牧也感受到了“秋风萧瑟的味道”，有人称他是“李鸿章”，搞的是“洋务运动”。就在关于要不要办特区以及办特区是对是错的争论纷纭而起，“对外开放艰苦行进之时，小平同志亲自出马了”②。1984 年 1 月 22 日到 2 月 16 日，邓小平先后视察广州、深圳、珠海、厦门和上海，对经济特区给予高度评价和肯定。他欣然给深圳经济特区题词：“深圳的发展和经验证明，我们建立经济特区的政策是正确的。”给珠海经济特区题词：“珠海经济特区好。”给厦门经济特区题词：“把经济特区办得更快更好些。”邓小平的题词拨去了笼罩在经济特区头上的团团迷雾，为有关特区性质和存废的争论作出了权威性结论。

1984 年 3 月底 4 月初，中共中央书记处和国务院在北京召开沿海部分城市座谈会。会后形成了《沿海部分城市座谈会纪要》。5 月 4 日，中共中央、国务院以中发〔1984〕13 号文件批转了《沿海部分城市座谈会纪要》，决定把厦门经济特区的范围扩大到全岛（包括鼓浪屿），面积 131 平方公里，并逐步实行自由港的某些政策；批准进一步开放天津、上海、大连、秦皇岛、烟台、青岛、连云港、南通、宁波、温州、福州、广州、湛江、北海等 14 个沿海港口城市，并同意在扩大地方权限和给予外商投资者优惠待遇等方面，实行一系列特殊政策和措施。

---

① 钟坚：《大试验：中国经济特区创办始末》，商务印书馆 2010 年版，第 217 页。

② 谷牧：《小平同志领导我们抓对外开放》，《回忆邓小平》上册，中央文献出版社 1998 年版，第 160 页。

以 1984 年邓小平视察深圳等地发表的重要谈话和沿海部分城市座谈会为标志，20 世纪 80 年代中国的对外开放进入了加速发展的新阶段。如果说，在这之前，我们对举办经济特区还抱有“试试看”的“犹疑”和“担心”，有人甚至视其为与社会主义格格不入的“洪水猛兽”；在这之后，从中央最高领导层开始，我们则大大坚定了一定能够把经济特区建设好，一定能够通过改革开放来发展、推动和完善中国特色社会主义的决心和信心。试办经济特区的“初衷”达到了。

在胜利完成拨乱反正和启动改革开放进程的基础上，党中央适应国内外形势的发展，不失时机地提出党在新时期的总任务和进行全面改革的纲领，由此开创了中国社会主义现代化建设的新局面。但是中国的改革开放并非风平浪静，而是“天天在风浪中前进”①。

进入 1988 年，中国改革开放迎来了第十个年头。加快和深化改革，加速和扩大开放，成为这一年中国社会的主题词。但是，在从计划经济旧体制向尚未成形的市场化经济新体制转轨的过程中，由十年改革发展长期积累的一系列深层次矛盾和问题也开始集中暴露，并越发趋于尖锐；而急于求成推动的价格改革“闯关”受挫又进一步加重了已有的矛盾和问题。为扭转严峻经济形势，党的十三届三中全会决定在坚持改革开放总方向的前提下，把改革的重点转到治理经济环境和整顿经济秩序上来，为稳定持续健康的发展创造条件。但是，正当治理整顿方针分步实施之时，1989 年春夏之交国内发生了一场严重政治风波，国际上也随即发生了东欧剧变、苏联解体等重大事件。

1989 年中国平息国内政治风波后，以美国为首的西方国家借口所谓维护“人权”“自由”“民主”，纷纷宣布对中国实行制裁，各种国际政治势力也掀起了阵阵反华浪潮。苏东剧变后，西方国家和国际上反共反社会主义势力欢欣鼓舞，弹冠相庆，相继抛出了《大失败——20 世纪共产主义的

---

① 《邓小平文选》第 3 卷，人民出版社 1993 年版，第 263 页。

兴亡》《历史的终结》《1999 年：不战而胜》等著作，断言“21 世纪将是资本主义一统天下”，“共产主义将不可逆转地在历史上衰亡”。国际上各种反共势力也不断叫喊：“马克思主义过时了”，“社会主义失败了”，“共产主义将走向消亡”！他们纷纷预言，中国很快也将重蹈苏联、东欧的覆辙，发生一场没有硝烟的“和平演变”。在严峻考验面前，中国共产党犹如一名出色的舵手，牢牢地驾驭着中国特色社会主义的航船，迎风击浪，逆流而上，取得了一系列重大胜利。“沉舟侧畔千帆过，病树前头万木春。”在经历了种种考验和曲折发展之后，到 1992 年春，伴随着邓小平视察南方的脚步声，中国的改革开放终于洪波涌起，再掀高潮，中国改革开放和社会主义现代化建设进入了一个加速发展的新阶段。

邓小平南方谈话后，在建立社会主义市场经济体制的各项改革推动下，我国经济呈现了加快发展的强劲势头。1992 年国内生产总值达到 26638 亿元，比上年增长 14.2%；1993 年达到 34634 亿元，比上年增长 13.5%。但是，在加快发展过程中，由于一些地方和部门认识上发生偏差，片面追求高速度，同时由于旧的调控机制逐渐失效，新的宏观调控机制尚未完善，经济发展中也出现了一些新的矛盾和问题，某些方面的情况还相当严峻。党中央、国务院及时发现了这些问题，并果断采取了一系列加强宏观调控的重大措施。从 1993 年下半年起，宏观调控各项措施逐步贯彻落实，经济过热的势头得到迅速遏制。此后，又经过 3 年努力，到 1996 年底，以抑制通货膨胀为主要任务的宏观调控基本达到了预期目标，国民经济成功实现了从发展过快到“高增长、低通胀”的“软着陆”。1993 年至 1996 年，国内生产总值年增长速度分别为 13.5%、12.6%、10.5% 和 9.7%，年均增长 11.6%，年度波动幅度只有 1～2 个百分点，使“八五”时期成为我国历次五年计划中经济增长最快、波幅最小的 5 年。

进入 1997 年下半年，一场来势猛烈的亚洲金融危机给我国改革发展带来严峻挑战。1997 年 7 月 2 日，泰国宣布将固定汇率改为浮动汇率，泰铢大幅贬值，引发亚洲金融危机。受其影响，菲律宾比索、印度尼西亚盾、马来西亚林吉特等相继大幅度贬值。危机迅速蔓延，10月，韩元贬值；11月，日元贬值。金融危机像是触发了多米诺骨牌效应，一发而不可收，很快便波及整个亚洲及世界其他地区，造成国际金融市场持续动荡，世界经济受到严重冲击。受此影响，从1997年底开始，我国的外贸进出口总额出现了迅速下降，外资利用减少，经济增长速度放慢，出现通货紧缩趋势，人民币面临着贬值的巨大压力。

1998年初，面对金融危机继续蔓延的势头，中共中央提出了“坚定信心，心中有数，未雨绸缪，沉着应付，埋头苦干，趋利避害”的总方针，作出了扩大内需，发挥国内市场巨大潜力、积极扩大出口，适当增加进口，保持人民币汇率稳定等重大决策。在积极的财政政策支持下，从1998年到2000年，连续3年共发行长期建设国债3650亿元。这部分资金主要用于加快基础设施建设，由此又带动了近7500亿元银行配套贷款，增加了固定资产投入，极大地加快了基础设施建设步伐，干成了一些多年来想干而未干成的大事。3年中，共兴建基础设施项目6620个，包括加固大江大河大湖堤防16369公里，新增公路、铁路通车里程1万多公里，建成国家粮库储备库容530亿公斤。大规模的基础设施建设，带动了一批相关产业的发展和就业岗位的增加，有效拉动了国内需求。到2000年，国民经济出现重要转机，经济发展开始稳步回升。

进入21世纪，中国进入了全面建设小康社会的新阶段。新世纪的改革开放可以说是在战胜困难和风险中砥砺前行的。2003年上半年，一场突如其来的“非典”疫病灾害使我国经济社会发展和人民生命健康受到极大威胁。能否迅速制止“非典”疫情的蔓延，有效救治患病群众，直接关系到广大群众的身体健康和生命安全，关系到改革发展稳定的大局。在党中央、国务院的强有力领导下，经过全党全国人民的艰苦奋战，到2003年6月底，我国取得了防治“非典”工作的阶段性重大胜利：6月8日，北京首次迎来新增“非典”病例零记录；6月24日，世界卫生组织宣布对北京“双解除”，即解除旅行警告和从“非典”疫区名单中除名。

2008年初，南方大部分地区遭遇新中国成立以来罕见的大面积雨雪冰冻灾害，3月14日拉萨市发生“藏独”暴徒打砸抢烧事件，5月12日四川汶川又发生新中国成立以来破坏性最强、波及范围最广、救灾难度最大的特大地震。2009年7月5日，乌鲁木齐市发生新中国成立以来人员伤亡最多、损失最大、影响最恶劣的打砸抢烧严重暴力犯罪事件。2010年4月14日青海玉树发生强烈地震，8月8日甘肃舟曲发生特大山洪泥石流灾害。这些突发事件，既有天灾又有人祸，发生时间集中，前后交替，此起彼伏，使人民生命财产和经济社会发展遭受巨大损失，使国家安全受到严重危害。党中央领导全党全军全国人民团结奋战，有效应对一场场抢险救灾和反分裂斗争。特别是汶川大地震紧急救援，是我国历史上动员范围最广、救援速度最快、投入力量最大的救灾斗争，人民生命财产损失得到最大限度的挽救。“3·14”事件和“7·5”事件也在短时间内得到平息，维护了当地正常社会秩序。

2008年，世界经济形势风云变幻，险象环生，由美国次贷危机引发的金融危机愈演愈烈，终于酿成了一场历史罕见、冲击力极强、波及范围很广的国际金融危机。受其影响，我国经济运行面临严重困难和挑战。2009年是21世纪以来我国经济社会发展较为困难的一年。由于经济不景气和部分企业裁员，全国新增就业难度加大，农民工就业形势尤其严峻。截至2009年3月底，在春节后返城的5600万农民工中，只有4500万人找到了工作，其他1100万人工作仍无着落。面对百年不遇的国际金融危机冲击和新世纪以来最严重的经济困难，党中央总揽全局，运筹帷幄，经过全党全国各族人民的共同努力，到2009年底，我国应对国际金融危机冲击取得阶段性重大成果，在世界各国中率先实现经济回升向好：2009年我国经济增速逐季加快，4个季度的当季同比增幅分别为6.1%、7.9%、9.1%和10.7%，全年国内生产总值33.5万亿元，比上年增长8.7%，超过计划0.7个百分点。我国在全面建设小康社会道路上又迈出坚实的一步。在此基础上，我国经济总体上继续平稳运行，质量效益进一步改善，2010年和

2011 年，国内生产总值分别达到 39.8 万亿元和 47.2 万亿元，同比增长 10.3% 和 9.2%。上述成就的取得，极大地激发了全国人民的自信心和自豪感，极大地增强了中华民族的向心力和凝聚力，极大地提升了我国的国际地位和影响力。

进入 20 世纪 90 年代，世界科技革命出现新的高潮，科学技术对经济社会发展的推动作用日益明显，成为决定国家综合国力和国际地位的重要因素。党中央根据当代世界经济、科技的发展潮流和我国现代化建设的需要，及时提出并实施了科教兴国、可持续发展、西部大开发、对外开放“走出去”等多项战略，对中国特色社会主义事业的跨世纪发展起到了强有力的推动作用。从 1998 年起，国家逐年加大了对科技事业的投入，中央财政 5 年内投入 25 亿元用于国家重点基础研究。国务院先后对 10 个国家局所属 242 个应用型科研机构实行了企业化转制。科研机构、高校和企业之间开展了共建实验室、研究中心、科研人员兼职、联合培养研究生，科研机构进入企业加强面向市场的产品开发等多种形式的合作。这些举措有力地推动了科技成果的产业化，促进了科技与经济的紧密结合。为鼓励广大科技人员建功立业，建立健全了表彰激励机制。1999 年 9 月，党中央、国务院、中央军委作出决定，表彰为研制“两弹一星”作出突出贡献的 23 位科技专家，授予于敏、王大珩、王希季、朱光亚、孙家栋、任新民、吴自良、陈芳允、陈能宽、杨嘉墀、周光召、钱学森、屠守锷、黄纬禄、程开甲、彭桓武“两弹一星功勋奖章”；追授王淦昌、邓稼先、赵九章、姚桐斌、钱骥、钱三强、郭永怀“两弹一星功勋奖章”。从 2000 年起设立国家最高科学技术奖，是党中央、国务院作出的一项重大决定。2001 年 2 月 19 日，党中央、国务院在北京举行国家科学技术奖励大会，颁布 2000 年度国家科学技术奖励获奖项目和人选，数学大师吴文俊、“杂交水稻之父”袁隆平荣膺该年度国家最高科学技术奖。此后，国家最高科学技术奖每年颁发一次。2001 年度至 2012 年度共有 20 人获奖。

改革开放推动中国经济发展实现历史性跨越，经济总量连上新台阶，成功实现从低收入国家向上中等收入国家跨越。1979 年至 2012 年，我国国内生产总值年均增长 9.8%，同期世界经济年均增速只有 2.8%。国内生产总值由 1978 年的 3645 亿元跃升至 2012 年的 518942 亿元。其中，从 1978 年的 3645 亿元上升到 1986 年的 1 万亿元用了 8 年时间，上升到 1991 年的 2 万亿元用了 5 年时间，此后 10 年平均每年上升近 1 万亿元，2001 年超过 10 万亿元大关；2002—2006 年平均每年上升 2 万亿元，2006 年超过 20 万亿元，之后每两年上升 10 万亿元，2012 年达到近 52 万亿元。国家财政收入 1978 年仅 1132 亿元，1985 年翻了近一番，达到 2005 亿元，1993 年再翻一番，达到 4349 亿元，1999 年跨上 1 万亿元台阶，2007 年超过 5 万亿元，2011 年超过 10 万亿元；2012 年达到 11.7 万亿元，比 1978 年增长 103 倍，年均增长 14.6%。人均国内生产总值不断提高，1978 年人均国内生产总值仅有 381 元，2012 年达到 38420 元，扣除价格因素，比 1978 年增长 16.2 倍，年均增长 8.7%。按照世界银行的数据和标准，2012 年我国人均国民总收入达到 5680 美元，已跃升至上中等收入国家行列。无论高速增长期持续的时间还是增长速度，我国都超过了经济腾飞时期的日本和“亚洲四小龙”，创造了人类经济发展史上的新奇迹。

更重要的是，中国在改革开放中走出了一条发展中国家实现现代化的新路。从历史上看，发展中国家的现代化方案大多是依据西方发达国家的经验设计出来的。特别是第二次世界大战结束后，日本、韩国等国家和地区模仿西方的模式实现了现代化，而 20 世纪 80 年代末 90 年代初东欧剧变、苏联解体，使得西方国家的现代化模式似乎成为发展中国家的不二选择。但第二次世界大战结束以来 70 多年的现实表明，发达国家的现代化模式并没有达到预期效果。根据世界银行的统计，在 1960—2008 年间，世界上先后有 101 个经济体进入中等收入阶段，但最终只有 13 个实现了向高收入经济体的跨越。绝大多数国家和人口并没有通过西方现代化模式摆脱贫困。中国在改革开放中探索出的适合中国国情的现代化道路，拓展了发展中国家走向现代化的途径。

五、复兴：站在历史交汇点上毅然逐梦前行

改革开放之后，我们党对我国社会主义现代化建设作出战略安排，提出“三步走”战略目标。解决人民温饱问题、人民生活总体上达到小康水平这两个目标已提前实现。在这个基础上，我们党提出，到建党100年时建成经济更加发展、民主更加健全、科教更加进步、文化更加繁荣、社会更加和谐、人民生活更加殷实的小康社会，然后再奋斗30年，到新中国成立100年时，基本实现现代化，把我国建成社会主义现代化国家。

从2012年11月党的十八大召开开始，我国进入中国特色社会主义新时代。如果计算到本世纪中叶全面建成社会主义现代化强国，时间长度应该是38年左右，用关键词概括叫“复兴”。党的十八大以来，以习近平同志为核心的党中央以巨大的政治勇气和强烈的责任担当，提出一系列新理念新思想新战略，出台一系列重大方针政策，推出一系列重大举措，推进一系列重大工作，解决了许多长期想解决而没有解决的难题，办成了许多过去想办而没有办成的大事，推动党和国家事业取得历史性成就、发生历史性变革。在此基础上我们继续奋斗，决胜全面建成小康社会，开启全面建设社会主义现代化的新征程，这意味着中华民族迎来了实现伟大复兴的光明前景。①

2012年12月7日至11日，习近平当选总书记后不到一个月，首次离京考察就来到在我国改革开放中得风气之先的深圳、珠海、佛山、广州等地，深入农村、企业、社区、部队和科研院所进行调研，宣示“改革不停顿，开放不止步”，“改革开放是当代中国发展进步的活力之源，是我们党和人民大踏步赶上时代前进步伐的重要法宝，是坚持和发展中国特色社会

① 参见曲青山：《新时代在党史、新中国史上的重要地位和意义》，《求是》2019年第19期。

主义的必由之路”，表明了新一届中央领导集体承前启后坚定不移推进改革开放的坚强决心和坚定意志。从广东返京不久，同年12月31日，习近平主持十八届中央政治局第二次集体学习，主题是回顾和学习我国改革开放的历史，坚定不移推进改革开放。习近平在主持学习时指出，历史是过去的现实，现实是未来的历史。要把党的十八大确立的改革开放重大部署落实好，就要认真回顾和深入总结改革开放的历程，更加深刻地认识改革开放的历史必然性，更加自觉地把握改革开放的规律性，更加坚定地肩负起深化改革开放的重大责任。这以后，党中央开始认真研究和筹划新一轮改革开放。2013年4月8日，习近平在同出席博鳌亚洲论坛2013年年会的中外企业家代表座谈时强调：“中国开放的大门不会关上……中国将在更大范围、更宽领域、更深层次上提高开放型经济水平”，“坚决反对任何形式的保护主义”。7月21日至23日，习近平在湖北调研全面深化改革问题和经济运行情况时，强调一定要始终把改革创新精神贯彻到治国理政各环节，推动经济持续健康发展，更好实现党的十八大确定的奋斗目标和工作部署。

在上述一系列活动和讲话中，习近平反复阐述的问题是：改革开放是我们党的历史上一次伟大觉醒，正是这个伟大觉醒孕育了新时期从理论到实践的伟大创造；改革开放是决定当代中国命运的关键一招，也是决定实现“两个一百年”奋斗目标、实现中华民族伟大复兴的关键一招；改革开放只有进行时没有完成时，没有改革开放，就没有中国的今天，也就没有中国的明天；现在我国改革已经进入攻坚期和深水区，我们必须以更大的政治勇气和智慧，不失时机深化重要领域改革。同时，习近平也清醒地指出，改革是一场深刻的革命，涉及重大利益关系调整，涉及各方面体制机制完善。“当前改革需要解决的问题格外艰巨，都是难啃的硬骨头，这个时候就要一鼓作气，瞻前顾后、畏葸不前不仅不能前进而且可能前功尽弃。……我们要坚持改革开放正确方向，敢于啃硬骨头，敢于涉险滩，敢于向积存多年的顽瘴痼疾开刀”，“努力破解发展过程中出现的难题，消除经济持续健康发展的体制机制障碍，通过改革为经济发展增添新动力”①。

从党的十八大到党的十九大的5年间，党中央蹄疾步稳推进全面深化改革，坚决破除各方面体制机制弊端。改革全面发力、多点突破、纵深推进，着力增强改革系统性、整体性、协同性，压茬拓展改革广度和深度，推出1500多项改革举措，重要领域和关键环节改革取得突破性进展，主要领域改革主体框架基本确立。中国特色社会主义制度更加完善，国家治理体系和治理能力现代化水平明显提高，全社会发展活力和创新活力明显增强。坚定不移贯彻新发展理念，坚决端正发展观念、转变发展方式，发展质量和效益不断提升。经济保持中高速增长，在世界主要国家中名列前茅，国内生产总值从54万亿元增长到80万亿元，稳居世界第二，对世界经济增长贡献率超过30%。供给侧结构性改革深入推进，经济结构不断优化，数字经济等新兴产业蓬勃发展，高铁、公路、桥梁、港口、机场等基础设施建设快速推进。农业现代化稳步推进，粮食生产能力达到1.2万亿斤。城镇化率年均提高1.2个百分点，8000多万农业转移人口成为城镇居民。区域发展协调性增强，“一带一路”建设、京津冀协同发展、长江经济带发展成效显著。创新驱动发展战略大力实施，创新型国家建设成果丰硕，天宫、蛟龙、天眼、悟空、墨子、大飞机等重大科技成果相继问世。南海岛礁建设积极推进。开放型经济新体制逐步健全，对外贸易、对外投资、外汇储备稳居世界前列。我国着力深化改革扩大开放，持续打好三大攻坚战，统筹稳增长、促改革、调结构、惠民生、防风险、保稳定，扎实做好稳就业、稳金融、稳外贸、稳外资、稳投资、稳预期工作，经济运行总体平稳，发展水平迈上新台阶，发展质量稳步提升。

2017年10月25日，习近平在十九届中央政治局常委同中外记者见面时说：“二〇二〇年，我们将全面建成小康社会。全面建成小康社会，一个也不能少；共同富裕路上，一个也不能掉队。我们将举全党全国之力，

① 习近平：《深化改革开放 共创美好亚太——在亚太经合组织工商领导人峰会上的演讲》，《人民日报》2013年10月8日。

坚决完成脱贫攻坚任务，确保兑现我们的承诺。”① 新中国成立以来，特别是改革开放40多年来，中国政府持续开展以农村扶贫开发为中心的减贫行动，先后实施《国家八七扶贫攻坚计划（1994—2000年）》《中国农村扶贫开发纲要（2001—2010年）》《中国农村扶贫开发纲要（2011—2020年）》等中长期扶贫规划。党的十八大以来，党中央把贫困人口脱贫作为全面建成小康社会的底线任务和标志性指标，作出一系列重大部署。“精准扶贫”是习近平历来高度关注的重要工作，是全面建成小康社会决胜阶段指导中国扶贫工作的重要方针。2012年12月29日至30日，党的十八大刚刚闭幕，习近平就深入河北省阜平县，通过进村入户看真贫，提出了科学扶贫、内源扶贫等重要思想，并专门强调指出，“消除贫困、改善民生、实现共同富裕，是社会主义的本质要求”②。2013年11月，习近平到湖南省湘西州考察扶贫开发工作时，进一步强调指出，“扶贫要实事求是，因地制宜。要精准扶贫，切忌喊口号，也不要定好高骛远的目标”③。自此之后，习近平每到地方调研时，都把扶贫开发作为重要内容，不断丰富和发展精准扶贫的内涵，先后提出了“精细化管理、精确化配置、精确化扶持”、“扶贫对象精准、项目安排精准、资金使用精准、措施到户精准、因村派人精准、脱贫成效精准”和“通过扶持生产和就业发展一批，通过异地搬迁安置一批，通过生态保护脱贫一批，通过教育扶贫脱贫一批，通过低保政策兜底一批”等重要思想。

在中共中央、国务院的坚强领导下，国务院扶贫开发领导小组统筹协调、督促落实，各地区各部门齐抓共管、密切配合，社会各界积极参与、合力攻坚，脱贫攻坚成绩显著。农村贫困人口持续大规模减少。2013—2016年农村贫困人口年均减少1391万人，累计脱贫5564万人；贫困发生

① 中共中央党史和文献研究院、中央“不忘初心、牢记使命”主题教育领导小组办公室编：《习近平关于“不忘初心、牢记使命”论述摘编》，中央文献出版社2019年版，第237—238页。

② 《习近平谈治国理政》，外文出版社2014年版，第189页。

③ 何毅亭主编：《以习近平同志为核心的党中央治国理政新理念新思想新战略》，人民出版社2017年版，第103页。

率从2012年底的10.2%下降至2016年底的4.5%，下降5.7个百分点。“十三五”时期，又有5575万贫困人口实现脱贫。农村贫困人口的大规模减少，为如期全面建成小康社会打下了坚实的基础。2020年是脱贫攻坚收官之年。2020年11月23日下午，贵州省政府新闻办召开发布会，宣布9县退出贫困县序列，这标志着国务院扶贫办确定的全国832个贫困县全部脱贫摘帽。2021年2月25日，习近平在全国脱贫攻坚总结表彰大会上庄严宣告，现行标准下9899万农村贫困人口全部脱贫，12.8万个贫困村全部出列，我国脱贫攻坚战取得了全面胜利。这意味着中国绝对贫困问题得到历史性解决，忍饥挨饿、缺吃少穿、生活困顿这些几千年来困扰我国人民的问题总体上一去不复返了。中国提前10年实现联合国2030年可持续发展议程确定的减贫目标，继续走在全球减贫事业的前列。

2020年受席卷全球的新冠疫情影响，全球经济受到沉重打击。面对这场新中国成立以来传播速度最快、感染范围最广、防控难度最大的重大突发公共卫生事件，中国共产党坚持人民至上、生命至上，以坚定果敢的勇气和坚忍不拔的决心，同时间赛跑、与病魔较量，迅速打响疫情防控的人民战争、总体战、阻击战，用1个多月的时间初步遏制疫情蔓延势头，用2个月左右的时间将本土每日新增病例控制在个位数以内，用3个月左右的时间取得武汉保卫战、湖北保卫战的决定性成果，进而又接连打了几场局部地区聚集性疫情歼灭战，夺取了全国抗疫斗争重大战略成果。

面对突如其来的严重疫情，我们统筹兼顾、协调推进，经济发展稳定转好，生产生活秩序稳步恢复。我们准确把握疫情形势变化，立足全局、着眼大局，及时作出统筹疫情防控和经济社会发展的重大决策，坚持依法防控、科学防控，推动落实分区分级精准复工复产，最大限度保障人民生产生活。我们加大宏观政策应对力度，扎实做好“六稳”工作，全面落实“六保”任务，制定一系列纾困惠企政策，出台多项强化就业优先、促进投资消费、稳定外贸外资、稳定产业链和供应链等措施，促进新业态发展，推动交通运输、餐饮商超、文化旅游等各行各业有序恢复，实施支持湖北发展一揽子政策，分批分次复学复课。我们以更大的决心、更强的力度推进脱贫攻坚，支持扶贫产业恢复生产，优先支持贫困劳动力务工就业，防止因疫致贫或返贫。我国成为疫情发生以来第一个恢复增长的主要经济体，在疫情防控和经济恢复上都走在世界前列，显示了中国的强大修复能力和旺盛生机活力！

1956 年 11 月，毛泽东在为纪念孙中山诞辰 90 周年而写的文章中说："事物总是发展的。1911 年的革命，即辛亥革命，到今年，不过 45 年，中国的面目完全变了。再过 45 年，就是 2001 年，也就是进到 21 世纪的时候，中国的面目更要大变。中国将变为一个强大的社会主义工业国。中国应当这样。因为中国是一个具有 960 万平方公里土地和六万万人口的国家，中国应当对人类有较大的贡献。"① 这是一个充满民族自豪感、自信心、气势磅礴的战略家的预言，这个预言的绝大部分已经得到验证了。如今，在中国大地上，信息畅通，公路成网，铁路密布，高坝矗立，西气东输，南水北调，高铁飞驰，巨轮远航，飞机翱翔，天堑变通途。现在，我国是世界第二大经济体、制造业第一大国、货物贸易第一大国、商品消费第二大国、外资流入第二大国，我国外汇储备连续多年位居世界第一，中国人民在富起来、强起来的征程上迈出了决定性的步伐！今天的中国，正前所未有地靠近世界舞台中心，前所未有地接近实现中华民族伟大复兴的目标，前所未有地具有实现这个目标的能力和信心！

从党的十九大到二十大的 5 年，是"两个一百年"奋斗目标的历史交汇期。综合分析国际国内形势和我国发展条件，在深入研究、反复论证的基础上，党的十九大明确，从 2020 年到本世纪中叶的 30 年，全面建设社会主义现代化国家分两个阶段来安排，每个阶段 15 年。第一个阶段，从 2020 年到 2035 年，在全面建成小康社会的基础上，再奋斗 15 年，基本实现社会主义现代化。这意味着，我们党原来提出的"三步走"战略的第三

---

① 毛泽东：《纪念孙中山先生》，《人民日报》1956 年 11 月 12 日。

步即基本实现现代化，将提前 15 年实现。这是考虑到，改革开放近 40 年来，我国经济持续较快发展，工业化、城镇化快速推进，各项事业全面进步，国家面貌发生了前所未有的巨大变化。以目前的良好基础和发展势头，到 2035 年基本实现社会主义现代化是有把握的。第二个阶段，从 2035 年到本世纪中叶，在基本实现现代化的基础上，再奋斗 15 年，把我国建成富强民主文明和谐美丽的社会主义现代化强国。展望那时的中国，通过坚持不懈推进“五位一体”建设，将全面提升我国社会主义物质文明、政治文明、精神文明、社会文明、生态文明。一是我国将拥有高度的物质文明，社会生产力水平大幅提高，核心竞争力名列世界前茅，经济总量和市场规模超越其他国家，建成富强的社会主义现代化强国。二是我国将拥有高度的政治文明，形成又有集中又有民主、又有纪律又有自由、又有统一意志又有个人心情舒畅生动活泼的政治局面，依法治国和以德治国有机结合，建成民主的社会主义现代化强国。三是我国将拥有高度的精神文明，践行社会主义核心价值观成为全社会自觉行动，国民素质显著提高，中国精神、中国价值、中国力量成为中国发展的重要影响力和推动力，建成文明的社会主义现代化强国。四是我国将拥有高度的社会文明，城乡居民将普遍拥有较高的收入、富裕的生活、健全的基本公共服务，享有更加幸福安康的生活，全体人民共同富裕基本实现，公平正义普遍彰显，社会充满活力而又规范有序，建成和谐的社会主义现代化强国。五是我国将拥有高度的生态文明，天蓝、地绿、水清的优美生态环境成为普遍常态，开创人与自然和谐共生新境界，建成美丽的社会主义现代化强国。到那时，我国作为具有 5000 多年文明历史的古国，将焕发出前所未有的生机活力，实现国家治理体系和治理能力现代化，成为综合国力和国际影响力领先的国家，对构建人类命运共同体、推动世界和平与发展将作出更大贡献，中华民族将以更加昂扬的姿态屹立于世界民族之林，实现中华民族伟大复兴的中国梦。

一部中国共产党的历史，就是中国共产党人为实现中华民族伟大复兴而不懈奋斗的历史。中国共产党是中华民族伟大复兴事业的推动者、引领者、实践者。正是靠着一代又一代中国共产党人的接力奋斗，中国沿着社会主义道路大踏步赶上了时代，中华民族迎来了从站起来、富起来到强起来的伟大飞跃，迎来了伟大复兴前所未有的光明前景。中国共产党的领导同中国特色社会主义的开创、发展和完善就是这样息息相关、紧密相连的，中国共产党的领导决定着中国特色社会主义的命运和未来。彩虹和风雨共生，机遇和挑战并存，这是亘古不变的辩证法则。我们党建党百年、新中国成立70多年、改革开放40多年的历史，从来都不是一帆风顺的。志不求易者成，事不避难者进。当今世界正经历百年未有之大变局，但时与势在我们一边，这是我们定力和底气所在，也是我们的决心和信心所在。从5000多年文明发展的苦难辉煌中走来的中国人民和中华民族，必将在新时代的伟大征程上一路向前，任何人、任何势力都不能阻挡中国人民实现更加美好生活的前进步伐!

第四章

大定力：坚定不移“走自己的道路”

- 新民主主义革命道路的确立与发展
- 探索符合中国国情的社会主义建设道路
- 中国特色社会主义道路的开辟和发展
- 新时代中国特色社会主义的道路自信

方向决定前途，道路决定命运。中国共产党作为当今世界上最大的执政党，之所以能够在中国这样一个复杂的超大型国家实现长期执政，其中最为关键的因素在于中国共产党始终坚持“走自己的道路”的政治自觉和道路自信，坚持把马克思主义普遍原理与我国具体实际相结合，坚持在探索、开创和发展中国特色社会主义道路过程中推进民族复兴历史进程。一个国家实行什么样的主义、走什么样的路，关键要看这个主义、这条道路能否解决这个国家面临的历史性课题。回顾历史，总结经验，我们就会发现中国共产党在领导社会主义革命、建设和改革事业中，一以贯之地坚持“走自己的道路”的政治大定力，用强大的事实证明了三个历史结论：只有社会主义才能救中国；只有中国特色社会主义才能发展中国；只有坚持和发展中国特色社会主义才能实现中华民族伟大复兴。

一、新民主主义革命道路的确立与发展

近代以来，中华民族内忧外患、积贫积弱，亡国灭种的民族灾难空前深重。如何实现国家独立、民族解放，解救广大民众于危难之境？为了完成这一历史使命，优秀的中国人民持续探索，从“开眼看世界”到学习西方国家的道路，以洋务运动、戊戌变法和辛亥革命为代表，这些改良主义的探索和不彻底的革命道路都没有真正解答近代中国的“救亡之问”。十月革命一声炮响，给中国送来了马克思列宁主义。五四运动之后，马克思列宁主义传入中国，十月革命深刻影响了中国知识分子思考民族前途命运的方向。中国共产党成立以后，我们党明确提出了“走俄国人的路”。这条道路的实质就是走十月革命的道路，通过社会主义来救中国，从此中国革命迎来了新纪元，揭开了新民主主义革命的序幕。然而，“走俄国人的路”也不是一帆风顺的。在新民主主义革命的初期，中国共产党长期受右

的、“左”的错误影响，一直没有形成成熟的革命路线，导致中国革命遭受了重大损失。以毛泽东为代表的中国共产党人在长期的革命实践中，不断总结经验教训，逐步形成了将马克思主义基本原理与中国革命实际相结合的思想，集中论述了中国新民主主义革命的领导力量、阶级基础、联盟力量、革命对象以及发展方向等问题，形成了系统的、成熟的新民主主义理论，团结和带领中国人民取得了新民主主义革命的胜利，用无可争议的历史事实充分证明了：只有社会主义才能救中国。

（一）向西方发达国家学习：从洋务运动到辛亥革命

传统中国是一个超稳定社会，经历了漫长的封建时期：经济上实行地主土地所有制，政治上实行封建君主专制，文化上以儒家思想为正统。1939 年冬，毛泽东在《中国革命和中国共产党》中讲道：“中国封建社会内的商品经济的发展，已经孕育着资本主义的萌芽，如果没有外国资本主义的影响，中国也将缓慢地发展到资本主义社会。”① 然而，历史的车轮滚滚向前，世界开始进入资本主义时代。资本扩张的逻辑不允许中国以天朝上国的姿态独立于全球化之外，西方列强用坚船利炮撬开了古老中国的大门。中国就此脱离了原有的发展轨道，一步一步陷入半殖民地半封建社会的深渊。

中国该往何处去？处于“三千年未有之大变局”中的中国人民开始在黑暗中前行摸索。一代又一代仁人志士为此前赴后继，各种主义学说粉墨登场，中华民族进入以救亡图存为主题的历史时期。毛泽东回顾中国共产党诞生前的民族救亡史，不无感慨地说道：“先进的中国人，经过千辛万苦，向西方国家寻找真理。洪秀全、康有为、严复和孙中山，代表了在中国共产党出世以前向西方寻找真理的一派人物。那时，求进步的中国人只要是西方的新道理，什么书也看。……要救国，只有维新，要维新，只有

① 《毛泽东选集》第 2 卷，人民出版社 1991 年版，第 626 页。

学外国。那时的外国只有西方资本主义国家是进步的，它们成功地建设了资产阶级的现代国家。日本人向西方学习有成效，中国人也想向日本人学。”① 这些救国方案虽然理念不同，但是无一例外都是主张向西方及发达国家学习，以富国强兵、抵御外侮。

最早的改良主义者如魏源、严复、王韬、郑观应等人主张向率先启动工业革命的英国学习，疾呼广大国民睁眼看世界，寻求近代落后封闭中国的新出路。如魏源就提出了“师夷、制夷、款夷”、“师夷长技以制夷”和“师其长，塞其害”等变革主张，但其理念仍然建立在传统的华夷秩序之上，并无从根本上否定传统制度与文化的追求。尽管如此，魏源等人倡导“西学东渐”的观点对掌权的封建统治阶层的开明派形成了深远影响，李鸿章、张之洞、刘坤一等人领导的“洋务运动”揭开了清朝政府改革的序幕。在镇压太平天国农民起义的过程中，中国封建地主阶级的内部发生分化，产生了洋务派。以恭亲王奕䜣、李鸿章、曾国藩、左宗棠、张之洞等人为代表的封建地主阶级洋务派认为“中国文武制度，事事远出西人之上，独火器万不能及”，即西方胜在坚船利炮，中国败在军事技术不如人。曾国藩在1862年说：“欲求自强之道，总以修政事、求贤才为急务，以学作炸炮、学造轮舟为下手功夫。但使彼之所长，我皆有之。”②

于是，洋务派以“中学为体，西学为用”为指导思想，试图在不变革封建君主专制制度的前提下通过学习西方的军事和科技“师夷长技以制夷”，达到富国强兵的目的。张之洞在《劝学篇》中指出：“今日学者必先通经，以明我中国先圣先师立教之旨，考史，以识我中国历代之治乱，九州之风土，涉猎子、集，以通我中国学术之文章；然后择西学之可以补吾阙者用之，西政之可以启吾疾者取之，斯有其益而无其害。”洋务运动从器物层面上学西方、“办洋务”，以官办和官督商办两种方式兴办近代企业，购买仿造洋枪洋炮，建立新式海军、陆军，其中备受瞩目的是由李鸿

① 《毛泽东选集》第4卷，人民出版社1991年版，第1469—1470页。
② 《曾国藩全集·日记》第2卷，河北人民出版社2016年版，第748页。

章编练的北洋海军。中国自古以来仅重视陆上防御的建设，对鸦片战争以来由海上发动的历次侵华战争几乎毫无抵抗之力。在洋务运动的浪潮之下，中国通过短短二三十年间，在农业社会的条件下建立起亚洲第一的海上军事力量，实现了防御体系的突破性变化，开启了中国早期工业化进程，具有相当的进步意义。然而，在洋务运动后期，封建统治者开始懈怠堕落，清政府在海军方面动用的大笔经费成了从皇室到各级官员贪污中饱的对象。为西太后游乐而建的颐和园，自开工以来，每年由海军经费内挪用 30 万两①，用于海防的经费实际上是有限的。中日甲午海战一役，清王朝的海军主力北洋水师灰飞烟灭，中华民族的第一次工业化运动被拦腰截断。战后，清政府与日本签订了丧权辱国的《马关条约》，中国赔偿日本军费 2 亿两白银，并且割让了台湾岛和澎湖列岛。

习近平曾用“剜心之痛”形容甲午战败这段历史：“120 年前的甲午，中华民族国力孱弱，导致台湾被外族侵占。这是中华民族历史上极为惨痛的一页，给两岸同胞留下了剜心之痛。”② 甲午战败真正惊醒了中国人——原来中国已经全方位落后。正如梁启超所言，“吾国四千余年大梦之唤醒，实自甲午战败、割台湾、偿二百兆以后始也”。晚清政府幡然向日本学习，向日本派遣大量留学生，通过日本了解世界大势，反省得出的结论是日本胜在君主立宪，中国败在政治制度不如人。

甲午海战一败涂地，标志着持续了 30 余年之久的洋务运动的失败。洋务运动没有实现自强求富的目的，封建地主阶级没有为中国找到出路，意味着仅仅从器物层面上学西方是远远不够的。要想挽救民族于水火，必须变革封建君主专制制度，而要变革封建君主专制制度，摆在中国人民面前可供选择的道路有两条：和平改良和暴力革命。中国人民首先接受了和平改良的方式。于是，以康有为、梁启超为代表的资产阶级维新派登上了历史舞台。面对日益衰落的时局，谭嗣同有诗云：“世间无物抵春愁，合向

① 参见胡绳：《从鸦片战争到五四运动》上册，人民出版社 2010 年版，第 299 页。

② 《习近平谈治国理政》第 1 卷，外文出版社 2018 年版，第 238 页。

苍冥一哭休。四万万人齐下泪，天涯何处是神州。”在政制改革层面，康有为直陈学习日本道路的好处：“大抵欧美以三百年而造成治体，日本效欧美，以三十年而摹成治体。若以中国之广土众民，近采日本，三年而宏规成，五年而条理备，八年而成效举，十年而霸图定矣。”① 1898 年 6 月 11 日，光绪皇帝颁布“明定国是”诏，变法正式开始，此后接连发布了上百道政令，涉及政治、经济、军事、文化、教育。

戊戌变法中最要紧的有两件事：第一，废除八股，改试策论；第二，调整行政机构，裁撤无用的衙门和官职。② 这两项新政由于触及了封建社会知识分子和官僚阶级的利益而被激烈反对，封建统治者不愿意把自己的权力交割出来，因此戊戌变法遭到了以慈禧太后为首的封建顽固势力的反扑和镇压。1898 年 9 月 21 日，慈禧太后以“训政”名义发动政变，将光绪皇帝软禁于中南海瀛台，扼杀了这场改革。随着“戊戌六君子”谭嗣同等人血溅菜市口，戊戌变法在持续了短短 103 天之后便告夭折，除京师大学堂被保留下来，其余所有政令和改革措施大多被废除。戊戌维新运动是一场资产阶级性质的政治改良运动，失败的原因在于并未触及封建制度的根本。资产阶级维新派试图通过自上而下的改良，使中国走上独立的君主立宪制的资本主义发展道路，但是，指望封建统治者自行推动这场改革，就如同指望封建统治者自己革自己的命，这种自上而下的改良的道路在中国是行不通的。尽管如此，戊戌维新运动依然是一场爱国救亡运动和思想启蒙运动，推动了中国近代的思想解放。

在维新派落败、顽固派获胜后，慈禧太后借助专门针对洋人的义和团势力打压帝国主义，矛盾激化下慈禧太后公开向八国宣战。1900 年 8 月，八国联军攻入北京，慈禧太后仓皇西逃。当时的八国联军统帅瓦德西曾公开承认：“所有中国此次所受损毁及所抢劫之损失，其详数将永远不能查

① 《康有为政论集》上册，中华书局 1981 年版，第 224 页。

② 参见蒋廷黻：《中国近代史》，民主与建设出版社 2017 年版，第 100 页。

出，但为数必极重大无疑。”[①] 回到北京重新执掌权力后，慈禧太后发动了一场清末新政，采取了相对戊戌维新更为激进的变法主张，正式废除科举考试，颁布《钦定宪法大纲》，宣布“预备仿行立宪”，规定用十几年时间逐渐实现君主立宪，制定中国实现宪政的时间表。但是事实上，清朝政府宣布仿行立宪不过是个空洞的诺言，以后几年中没有采取什么引人注意的步骤，直到光绪三十四年（1908 年）又宣布了要用 9 年时间来完成筹备工作。[②] 预备立宪很快成为一场闹剧，加速了清政府的衰朽和中国社会的沉沦。陈天华在《警世钟》中说道，清政府“及到庚子年闹出了弥天的大祸，才晓得一味守旧万万不可，稍稍行了些皮毛新政。其实何曾行过，不过借此掩饰掩饰国民的耳目，讨讨洋人的喜欢罢了。不但没有放了一线的光明，那黑暗反倒加了几倍”[③]。以孙中山先生为首的资产阶级革命派登上了历史舞台，清王朝的最后挣扎也落空了。

1905 年 8 月，民主革命先行者孙中山先生和黄兴、宋教仁等人成立了中国同盟会，这是中国历史上第一个领导资产阶级革命的全国性政党，同盟会的革命纲领是“驱除鞑虏，恢复中华，创立民国，平均地权”。1905 年 11 月，孙中山先生在《民报》发刊词中把这一革命纲领概括为“民族主义、民权主义、民生主义”，后被称为三民主义。1911 年 10 月，辛亥革命爆发，推翻了在中国延续了两千多年的封建君主专制制度。中华民国在南方成立了，但北方的清王朝依然存在着。当时的革命党人并没有足够的实力一举北伐覆灭清王朝，因为清王朝手中还掌握着一支中国最强大的武装力量——北洋军，这支武装力量掌握在袁世凯手中，所以革命党人要想统一全国，必须争取袁世凯。孙中山向参议院提出辞职咨文，附以南京为首都、总统在南京就职、遵守约法三个条件，只要袁世凯同意劝清帝退位，孙中山愿意把新成立的中华民国大总统的职位让给袁世凯。然而，袁

---

① 瓦德西：《拳乱笔记》，《中国近代史资料丛刊·义和团》第 3 册，第 34 页。

② 参见胡绳：《从鸦片战争到五四运动》上册，人民出版社 2010 年版，第 299 页。

③ 《陈天华集》，湖南人民出版社 1982 年版，第 61 页。

世凯成为中华民国大总统后，一个承诺都没有遵守。他以北京为首都，在北京就职，还废除了《中华民国临时约法》。袁世凯窃取辛亥革命的果实之后，建立了代表封建主义势力、帝国主义势力和买办阶级利益的北洋军阀反动政权，使中国又倒回封建专制的社会环境。袁世凯死后，中国难以维持中央政府层面上的统治力，陷入了军阀割据混战的局面，袁世凯手下的北洋军阀首领轮流坐庄，皖系段祺瑞，直系曹锟、吴佩孚，奉系张作霖等人依次走进权力中央。从 1912 到 1928 年长达 16 年的北洋军阀统治时期，尽管名义上已经建成了民主共和制的中华民国，但是中国半殖民地半封建的社会性质依然没有改变，中国封建土地所有制依然没有动摇，外国帝国主义在华统治基础依然没有动摇，中国反帝反封建的两大革命任务一个都没有完成。

（二）“走俄国人的路”：中国革命道路的觉醒

新文化运动是中国革命的转机。中华民国建立后，把西方所有的主要资本主义国家的所有政治体制在中央政府层面上走马灯似的试验了一遍，总统制、议会制、多党制、内阁制不一而足，但是依然没有使中华民族走向繁荣富强。相反，列强加紧了对中国的掠夺，国内军阀混战愈演愈烈。内忧外患迫使中国人进一步向深层次思考，既不是科学技术，也不是政治体制，到底是什么阻碍了中国的发展和进步呢？当时的中国人不得不从思想文化的层面上给出判断，最后觉悟，中国是思想文化不如人。

新文化运动的基本口号是德先生和赛先生，即民主和科学，反对封建专制和迷信盲从，提倡白话文，反对文言文，实行文学革命。新文化运动把攻击的矛头集中指向封建主义思想文化，对中国的传统文化发起猛烈攻击。对旧思想、旧道德的批判为思想观念的变革提供了契机。新文化运动期间，产生于西方的改良主义、自由主义、社会达尔文主义、无政府主义、工团主义、社会主义等思潮纷纷被引入中国，人们开始认识西方之学。早先，改良主义、自由主义、无政府主义的影响比较大。在所谓“社会主义”的思潮中，信奉和拥护无政府主义的人比较多，而马克思主义只是众多流派中很小的一个派别。[①]

新文化运动爆发之后，一种文化思潮甚嚣尘上——“全盘西化论”，最典型人物是胡适。毛泽东对此评价十分透彻：“那时的许多领导人物，还没有马克思主义的批判精神，他们使用的方法，一般地还是资产阶级的方法”[②]。资产阶级的方法是形而上的方法，孤立、片面的方法，“所谓坏就是绝对的坏，一切皆坏；所谓好就是绝对的好，一切皆好”[③]。以胡适为代表的资产阶级知识分子对西方文化全盘吸收，对中国传统文化全盘否定，没有按照历史唯物主义的批判精神辩证看待。

列宁领导的俄国十月社会主义革命取得胜利，建立了世界上第一个社会主义国家，把社会主义从理论变成了现实，使中国的先进知识分子看到了新的曙光。李大钊是我国信仰和宣传马克思主义的第一人，十月革命胜利后，他相继发表了《法俄革命之比较观》《庶民的胜利》《布尔什维主义的胜利》《我的马克思主义观》等宣传十月革命和马克思列宁主义的文章。他认为，“一九一七年的俄国革命，是二十世纪中世界革命的先声”[④]。他确信，“试看将来的环球，必是赤旗的世界！”[⑤]

1919 年，由于巴黎和会上中国外交的失败和北洋政府的卖国行为，反帝反封建的五四爱国运动爆发了。五四运动拉开了新民主主义革命的序幕，是中国近代史上一个划时代的历史事件。通过五四运动，中国的无产阶级开始作为一个独立的阶级登上了历史舞台，无产阶级代替资产阶级而成为中国民族民主革命的领导者。通过五四运动，中国思想界经历了一次巨大的激荡，介绍、研究、宣传马克思主义成为不可抗拒的潮流。在对苏俄的社会主义与资本主义的对比中，先进的中国知识分子先后抛弃了对资

① 参见曲青山：《坚持和加强党的领导的三重逻辑》，《中国社会科学报》2020 年 8 月 6 日。
② 《毛泽东选集》第 3 卷，人民出版社 1991 年版，第 831—832 页。
③ 《毛泽东选集》第 3 卷，人民出版社 1991 年版，第 832 页。
④ 《李大钊全集》第 2 卷，人民出版社 2013 年版，第 359 页。
⑤ 《李大钊全集》第 2 卷，人民出版社 2013 年版，第 367 页。

产阶级民主主义的信念，选择了社会主义与共产主义，并从激进的民主主义者转变为马克思主义者。毛泽东在1920年12月1日写给蔡和森、萧子升的长信中表明自己接受并赞同走俄国十月革命的道路。他得出的结论是：“我看俄国式的革命，是无可如何的山穷水尽诸路皆走不通了的一个变计，并不是有更好的方法弃而不采，单要采这个恐怖的方法。”① 后来，毛泽东总结道：“十月革命一声炮响，给我们送来了马克思列宁主义。十月革命帮助了全世界的也帮助了中国的先进分子，用无产阶级的宇宙观作为观察国家命运的工具，重新考虑自己的问题。走俄国人的路——这就是结论。”②

在十月革命的国际影响和五四运动的直接触动下，在马克思主义的广泛传播及其与工人运动相结合的过程中，中国共产党应运而生。大会讨论通过了《中国共产党的第一个纲领》和《中国共产党的第一个决议》，确定了党的名称为“中国共产党”，确定了党的纲领是废除资本私有制以及联合第三国际，选举产生了党的领导机构中央局，由陈独秀任中央局书记，张国焘分管组织工作，李达分管宣传工作，确定了当时的实际工作计划是集中精力发动工人运动。中国共产党在踏上革命道路之时，就把实现社会主义和共产主义作为奋斗目标写在了自己的旗帜上。

党的一大以后，中国共产党人在从事工人运动的同时，开始着手学习运用马克思列宁主义的普遍真理来分析考察中国的实际情况。1922年7月16日至23日，中国共产党第二次代表大会在上海召开，大会制定了适合中国国情的革命纲领，即反帝反封建的民主革命纲领。1922年1月起，在中国共产党领导和推动下，全国范围内发生工人罢工100余次，充分显示了中国工人阶级坚定的革命精神。1923年2月7日，京汉铁路工人大罢工遭到军阀吴佩孚的残酷镇压，工人运动遭遇挫折、转入低潮。二七惨案令

---

① 中共中央文献研究室编：《毛泽东年谱（1893—1949）》（修订本）上卷，中央文献出版社2013年版，第73页。

② 《毛泽东选集》第4卷，人民出版社1991年版，第1471页。

中国共产党认识到，尽管中国工人阶级有着最坚决彻底的革命意志，但毕竟数量有限，力量还相当薄弱，因此必须团结一切可以团结的阶级和力量，才有可能推翻统治着中国的强大帝国主义和封建主义势力。从敌强我弱的现实出发，中国共产党决定积极联合孙中山领导的国民党共同革命。

1923 年 6 月 12 日至 20 日，中国共产党在广州召开了第三次全国代表大会。大会通过了同孙中山领导的国民党建立革命统一战线的提议，决定共产党员以个人名义加入国民党，实行“党内合作”。党的三大以后，两党合作步伐加快。1924 年初，国民党一大召开，确立了联俄、联共、扶助农工三大革命政策，孙中山对三民主义作出了顺应时代潮流的新解释。由于“新三民主义”和中国共产党反帝反封建的革命纲领基本一致，因而成为国共合作的重要基础。由此，第一次国共合作正式形成，国民革命形势迅速向前发展，工人运动迎来了新的高潮，农民运动、学生运动、妇女运动蓬勃兴起。为了锻造一支革命的武装骨干力量，1924 年 5 月，国共合作创办的黄埔军校成立，全国大批有志于革命的热血青年奔赴广州追寻革命的火种，投身于大革命的洪流中。

在北伐战争取得胜利、大革命即将成功的最后关头，蒋介石调转枪口对准了曾经的盟友共产党人，以“清党”之名在上海发动了震惊全国的四一二反革命政变，并相继在江苏、浙江、安徽、福建、广东、广西等地制造了多场针对共产党人和革命群众的血腥屠杀。3 个月后，汪精卫在武汉召开“分共”会议，正式决定同共产党决裂，随后发动了七一五反革命政变。至此，第一次国共合作全面破裂，轰轰烈烈的大革命宣告失败。白色恐怖之下，共产党人在各大城市的活动都受到国民党反革命势力的镇压，无数革命志士倒在血泊之中。据党的六大的不完全统计，从 1927 年 3 月到 1928 年上半年，共产党员和进步群众被杀害的达 31 万多人，其中共产党员 26000 多人。①

① 参见金冲及：《二十世纪中国史纲》第 1 卷，社会科学文献出版社 2009 年版，第 304 页。

面临生死考验的中国共产党人没有坐以待毙，他们迎着血雨腥风，拿起手中的武器。1927 年 8 月 1 日，在以周恩来为首的前委领导下，贺龙、叶挺、朱德、刘伯承等率领在党直接掌握和影响下的军队两万多人在南昌发动起义，打响了武装反抗国民党反动派的第一枪。从此，中国共产党开始独立领导革命战争、创建人民军队，探索中国革命的新道路。

为了进一步总结革命经验，南昌起义后的第六天，中共中央在汉口召开了紧急会议，史称八七会议。会议着重批评了以陈独秀为代表的中央所犯的右倾机会主义的错误，确定了土地革命和武装反抗国民党反动派的总方针。毛泽东在发言中对军事问题谈得最为透彻：“从前我们骂中山专做军事运动，我们则恰恰相反，不做军事运动专做民众运动……以后要非常注意军事，须知政权是由枪杆子中取得的。”① 八七会议以来，中国共产党吸取大革命失败的教训，以夺取中心城市为目的在全国各地发起大规模武装起义，但均以失败告终。事实说明，生搬俄国十月革命的模式，在中心城市发起暴动是不符合中国国情的。

（三）在总结经验教训中走中国式夺取政权的道路

陈独秀的“二次革命”论与王明等人的“一次革命”论，均是导源于俄国式的夺取政权道路，为此导致了中国革命的两次失败，付出了惨重的代价之后，才解决中国革命走自己的道路问题。毛泽东明确指出：和资本主义国家不同，在半殖民地半封建的中国，“共产党的任务，基本地不是经过长期合法斗争以进入起义和战争，也不是先占城市后取乡村，而是走相反的道路”②。这条道路包括：中国革命必须分两步走，不能直接发动社会主义革命而要先经过反帝反封建的民族民主革命才能走向社会主义，而

---

① 中共中央文献研究室编，逄先知、金冲及主编：《毛泽东传》第 1 册，中央文献出版社 2011 年版，第 141 页。

② 《毛泽东选集》第 2 卷，人民出版社 1991 年版，第 542 页。

两者之间既有区别又互为衔接；不是经过长期合法斗争以进入起义和战争，而是长期的武装斗争；不能像俄国十月革命那样靠城市起义，而要在农村建立革命根据地，进行土地革命、武装斗争和根据地建设，走农村包围城市，最后夺取城市的道路。“走俄国人的路”本质上是走社会主义道路，否定了此前各种资本主义的改良道路。社会主义方向选定了，如何走向社会主义，还有一个具体道路问题。[①] 中国要走向社会主义，必须从中国国情出发，寻找自己的道路，而不能照抄照搬外国经验。

然而，毛泽东、朱德建立农村革命根据地的做法受到了固守“城市中心论”的党中央的批评和质疑，革命低潮时队伍内部也弥漫着怀疑气氛：我们还有没有生存的空间？红旗到底能够打多久？为了回应中央和队伍内部的疑问，1928 年，毛泽东撰写了《中国的红色政权为什么能够存在》和《井冈山的斗争》两篇文章，论证了“一国之内，在四围白色政权的包围中，有一小块或若干小块红色政权的区域长期地存在”[②] 的原因和条件。1930 年，毛泽东收到了林彪的一封元旦贺信，信中流露出对红军前途的悲观情绪，毛泽东在回信中批评了林彪和党内一些同志对时局的悲观思想，肯定了工农武装割据的正确性，“必须这样，才能树立全国革命群众的信仰，如苏联之于全世界然。必须这样，才能给反动统治阶级以甚大的困难，动摇其基础而促进其内部的分解。也必须这样，才能真正地创造红军，成为将来大革命的主要工具。总而言之，必须这样，才能促进革命的高潮”[③]。这封信后来改题为《星星之火，可以燎原》。至此，农村包围城市、武装夺取政权的革命道路理论初步形成。

农村包围城市、武装夺取政权是中国共产党人把马克思主义基本原理与中国革命实践相结合走出来的一条独特的革命道路，是一条崭新的具有中国特色的革命道路。1986 年，邓小平指出：“我们一直把马列主义当作

① 参见《龚育之党史论集》上卷，湖南人民出版社 2009 年版，第 302 页。

② 《毛泽东选集》第 1 卷，人民出版社 1991 年版，第 48 页。

③ 《毛泽东选集》第 1 卷，人民出版社 1991 年版，第 98—99 页。

指导思想，但是农村包围城市，马克思没讲过，列宁也没讲过。”① 中国新民主主义革命道路突破了俄国“城市中心论”的模式，是对马克思列宁主义的独创性贡献。

抗日战争期间，毛泽东结合中国革命形势的变化，丰富和发展了新民主主义理论。毛泽东撰写了《〈共产党人〉发刊词》《中国革命和中国共产党》《新民主主义论》等一批理论著作，逐一阐述了中国革命的总路线、革命的纲领、革命的道路、革命的经验，从而形成了新民主主义革命的系统理论，标志着毛泽东思想达到成熟。在毛泽东思想的正确指导下，中国共产党在实践中对如何对日作战，如何发展自身，如何处理与国民党的关系，如何处理与进步势力、中间势力、顽固势力的关系，如何对顽固派又联合又斗争等一系列关键性问题作出了正确回答，提出了持久战的战略方针，将游击战上升到战略地位；提出了全面抗战的路线，放手发动和武装民众；坚持独立自主的原则，保持党在思想上、政治上、组织上的独立性；建立了广阔的抗日民主根据地；坚持抗战、团结、进步的方针，提出、发展和巩固了抗日民族统一战线，取得了对抗日民族统一战线的领导权。在中国全民族共同努力和世界反法西斯力量的援助之下，1945 年 8 月 10 日，日本政府接受《波茨坦公告》，将台湾及澎湖列岛归还中国；8 月 15 日，日本天皇裕仁以广播形式正式宣布无条件投降。中国的抗日战争胜利结束，世界反法西斯战争胜利结束。中国人民抗日战争胜利，是近代以来中国抗击外敌入侵的第一次完全胜利，充分证明了中国共产党领导的革命道路的正确性。

赶跑日本侵略者后，和平民主建国成为时代潮流、民心所向。中国经历了百年的战争，千疮百孔、民生凋敝，举国上下期盼在和平的环境中休养生息、重建家园。当时的国内政界不乏两党合作、和平建国的声音，不少民主人士相信中国将迎来西方式的两党交替执政的局面。尽管人心思

① 中共中央文献研究室编：《邓小平年谱（1975—1997）》下册，中央文献出版社 2004 年版，第 1121 页。

和，但是内战的阴云始终笼罩着中华大地，和平面临着挑战。早在抗日战争相持阶段，于1939年1月召开的国民党五届五中全会就确定了“防共、限共、溶共、反共”的方针。1945年5月，蒋介石在国民党六大上的讲话中更是公然宣称：“今天的中心工作，在于消灭共产党！”

重庆谈判是战后国共博弈的第一局，蒋介石本打算把破坏国内和平的罪责推给中共，对谈判毫无准备，但中国共产党在不利的情况下比较成功地化解了危局，争得了政治上的主动权。毛泽东这样评价重庆谈判：“谈判的结果，国民党承认了和平团结的方针。这样很好。国民党再发动内战，他们就在全国和全世界面前输了理，我们就更有理由采取自卫战争，粉碎他们的进攻。”① 《双十协定》签署不满一年，国民党即失信于天下。1946年6月26日，国民党重兵围攻中原解放区，挑起了全国性的内战，和平建国的希望破灭，解放战争由此开始。

解放战争是一场人心向背的较量。在解放区，中国共产党开展土地制度改革运动，发布《关于土地问题的指示》（即“五四指示”）和《中国土地法大纲》，变革封建土地关系，废除封建土地制度，实行“耕者有其田”的土地政策，从根本上摧毁中国封建制度的根基。随着各解放区的土改运动的深入开展，亿万祖祖辈辈受地主剥削和压迫的农民从封建土地关系中获得解放，人们用“翻身”一词表示土地改革前后农民阶级政治地位和经济地位的变化。土地改革调动了广大农民的积极性，使农民踊跃参军、支援前线，为解放战争提供了取之不尽的人力资源和物质基础。“我们的解放战争，主要就是靠这一亿六千万人民打胜的”②，人民群众的支持对中国共产党取得解放战争的胜利起到关键作用。而在国统区，国民党面临严重政治、经济危机。国民党顽固坚持反人民的内战政策，政府专制独裁、官员贪污腐败，滥发货币导致恶性通货膨胀，物价飞涨、经济衰退、民不聊生。1947年5月20日，五千余名青年学生在南京举行“反饥饿、

① 《毛泽东选集》第4卷，人民出版社1991年版，第1159页。

② 中共中央文献研究室编：《毛泽东文集》第6卷，人民出版社1999年版，第73页。

反内战”大游行。以学生运动为先导，各阶层人民自发组织起来反对国民党的统治，工人罢工，教员罢课，商人罢市。人民运动的广泛发展，形成了配合人民解放军前线作战的“第二条战线”。与全民为敌的国民党在短短一两年内把民心丢得一干二净，正如毛泽东在一篇评论中指出的，蒋介石政府已经处在全民的包围中，“无论是在军事战线上，或者是在政治战线上，蒋介石政府都打了败仗”①。

在中国新民主主义革命即将取得全国胜利的前夕，1949 年 3 月，中共中央在河北西柏坡召开了党的七届二中全会。会议指出了中国由农业国转变为工业国、由新民主主义社会转变为社会主义社会的发展方向，讨论了党的工作重心由乡村转移到城市的问题。毛泽东提出了“两个务必”的思想，即“务必使同志们继续地保持谦虚、谨慎、不骄、不躁的作风，务必使同志们继续地保持艰苦奋斗的作风”，并告诫全党，“夺取全国胜利，这只是万里长征走完了第一步”②。

党的七届二中全会闭幕后，中共中央离开西柏坡向北平进发，于 1949 年 3 月 25 日到达香山，毛泽东将其形象地比喻为“进京赶考”。中央机关进驻北平后，革命取得全国性胜利的步伐进一步加快。6 月 30 日，毛泽东发表了《论人民民主专政》一文，向全国人民公开阐明即将成立的新中国的国家性质。9 月 21 日，为筹备新中国成立，中国人民政治协商会议第一届全体会议在北平中南海怀仁堂开幕，毛泽东开幕词中庄严宣告：“占人类总数四分之一的中国人从此站立起来了。”1949 年 10 月 1 日，中华人民共和国成立，中国历史开始了新的纪元。

中国共产党诞生后，经过 28 年浴血奋斗，终于带领人民取得了新民主主义革命的胜利，完成了近代以来中华民族面临的第一大历史任务——民族独立和人民解放，彻底改变了近代以后 100 多年中国积贫积弱、受人欺

---

① 《毛泽东选集》第 4 卷，人民出版社 1991 年版，第 1224 页。

② 中共中央党史研究室：《中国共产党的九十年》（新民主主义革命时期），中共党史出版社、党建读物出版社 2016 年版，第 338 页。

凌的悲惨命运，中华民族走上了实现伟大复兴的壮阔道路。中国人民革命的胜利是在马克思列宁主义、毛泽东思想的指导下取得的。中国人民革命的胜利是马克思列宁主义在中国的胜利，是马克思列宁主义基本原理与中国革命具体实践相结合的理论成果——毛泽东思想的胜利。历史证明，只有社会主义才能救中国。

二、探索符合中国国情的社会主义建设道路

新中国成立之后，如何在经济文化落后的国家建设社会主义，成为摆在中国共产党和中国人民面前的一道难题。由于缺乏治国理政的经验，世界上也只有苏联这个社会主义建设的成功先例，我们对于社会主义建设的规律把握还不成熟，再加上当时苏联模式正处在如日中天的时候，经济建设也迫切需要来自苏联的援助，这些因素都导致我们党在新中国成立初期提出了“学习苏联先进经验”的口号。事实也证明，苏联模式对于我国迅速从战争废墟中恢复，建立较为完整的国家经济体系，推动以工业化为基础的现代化建设，实现生产资料的社会主义改造都起到了重要推动作用。但是，随着实践的发展，中国共产党逐渐意识到了苏联模式的内在弊端和局限性，毛泽东提出了探索中国自己的建设社会主义道路的思想，以苏为鉴。但是，令人遗憾的是，党的八大制定的正确路线方针政策由于受到“左”倾错误思想的影响而没有坚持下来，最后逐渐演化为“文化大革命”，社会主义现代化建设遭受重大挫折。尽管如此，社会主义建设时期中国共产党的道路探索还是为党的十一届三中全会以后中国特色社会主义的开辟提供了宝贵经验、物质基础和理论准备。

（一）“学习苏联先进经验”

新中国成立初期，“学习苏联先进经验”建设社会主义是由当时的历史条件决定的。早在 1949 年初，毛泽东就注意到我们党的执政“本领恐

慌”问题。在米高扬访问西柏坡期间，毛泽东多次表示，希望得到苏联方面更多的援助，以及向苏联请教治国理政经验。毛泽东反复强调，中共十分缺乏懂得城市工作和经济工作的干部，为此，甚至不得不推迟对上海、南京、西安等大城市的进攻和占领。这给米高扬留下了深刻印象，他在给斯大林的报告中写道：中共领导人对一般政治问题、党务问题、国际问题、农民问题和经济问题，都“非常内行，很有自信”，但是对经营管理问题却“知之不多”，“对工业、运输业和银行的概念模糊”，对中国的企业和经济状况不了解，也不知道应该如何去做。刘少奇说：“如果没有苏联和其他人民民主国家的帮助，在解放后的中国建立工业基础是不可想象的。这种帮助对我们将起决定性作用。”①

1949 年 12 月到 1950 年 1 月，毛泽东访问莫斯科，推动中苏签订《中苏友好同盟互助条约》和有关协定，为新中国的现代化建设打下了良好的政治基础。在批准这一条约时，毛泽东强调指出：“这次缔结的中苏条约和协定，使中苏两大国家的友谊用法律形式固定下来，使得我们有了一个可靠的同盟国，这样就便利我们放手进行国内的建设工作和共同对付可能的帝国主义侵略，争取世界的和平。”②

苏联援助为新中国的经济建设提供了重要条件。国民经济的恢复为大规模经济建设和生产关系变动打下良好基础。1953 年 6 月，毛泽东在中央政治局会议上提出了党在过渡时期的总路线：“要在一个相当长的时期内，逐步实现国家的社会主义工业化，并逐步实现国家对农业、对手工业和对资本主义工商业的社会主义改造。”人们通常将其简称为“一化三改”或“一体两翼”。脱胎于半殖民地半封建社会的新中国没有经过资本主义的独立发展阶段，基础先天不足，把中国从落后的农业国建设成为先进的工业

① 王聚英：《最后一个农村指挥所：中共中央移驻西柏坡史》，中央文献出版社 2001 年版，第 428 页。

② 中共中央文献研究室编：《毛泽东年谱（1949—1976）》第 1 卷，中央文献出版社 2013 年版，第 113 页。

国是一代中国人心中的梦想。总路线提出后，我国根据“一五”计划的安排，以苏联援建的156项工程为中心，掀起了社会主义工业化建设的高潮，人民以前所未有的生产热情投入大规模经济建设中，全国上下一派繁忙兴旺的景象。在全国人民的共同努力和苏联方面的指导帮助下，“一五”计划的主要指标提前且大幅度超额完成。5年间，实际完成基本建设投资总额588亿元，新增固定资产492亿元，工业总产值783.9亿元，超过原定计划21%，年均增长18%。[①]

对农业和手工业的社会主义改造的过程、步骤和方法大体相同，同样是坚持积极引导、稳步前进的方针，采取由小到大、由低级到高级的循序渐进的改造步骤。农业社会主义改造从社会主义萌芽性质的互助组入手，经由半社会主义性质的初级社，逐步发展到完全社会主义性质的高级社；手工业的社会主义改造从萌芽性质的手工业供销小组入手，经由半社会主义性质的手工业供销合作社，逐步发展到完全社会主义性质的手工业生产合作社。农业合作化与手工业合作化齐头并进，到1956年底，加入农业合作社的农户达1.17亿户，占全国农户总数的96.3%，其中87.8%的农户加入了高级社；全国手工业生产合作社（组）发展到10万多个，入社的手工业者占全体手工业人员的91.7%。中国共产党通过国家资本主义的过渡途径实现了对资本主义工商业的改造，创造性地采取了具有社会主义萌芽性质的委托加工、计划订货、统购包销、经销代销，半社会主义性质的个别企业公私合营、完全社会主义性质的全行业公私合营等一系列由初级到高级的国家资本主义的过渡形式，把资本主义工商业改造成为国有企业，把资本家改造成为自食其力的社会主义劳动者。到1956年底，全国8.8万多私营工业户的99%，240万私营商业户的82%，都实现了公私合营，这标志着资本主义工商业的社会主义改造已基本完成。作为一场涉及5亿多人民的复杂的社会制度大变革，中国共产党领导中国人民以和平的

① 参见《中华人民共和国史》编写组：《中华人民共和国史》，高等教育出版社、人民出版社2013年版，第53页。

方式有步骤地进行社会主义革命，在没有引发剧烈社会动荡的前提下消灭了资产阶级，成功实现了对农业、手工业、资本主义工商业的社会主义改造，将生产资料私有制变为公有制，开辟出一条适合中国国情的社会主义改造道路，并在世界社会主义运动史上写下光辉的一页。

1956 年底，随着三大改造基本完成，中国实现了从新民主主义到社会主义的过渡，在 960 万平方公里的土地上正式确立了社会主义的基本制度。社会主义制度的确立结束了中国几千年来的阶级剥削制度，实现了中华民族历史上最伟大、最广泛、最深刻的社会变革，为当代中国的一切发展进步奠定了根本政治前提和制度基础。

新中国成立初期，在缺乏建设经验和理论准备的情况下，中国共产党曾号召“学习苏联”，这在当时是自然的、必要的，向现成的苏联模式取经也确实收到了积极效果，得到了人们的广泛认同。然而，经过“一五”计划的实践，中国共产党逐渐察觉到苏联模式的局限。这一时期，发生在社会主义阵营的一些事件，进一步促使了党的领导人思想上的转变，模仿终究不能代替对自身发展道路的探寻。

（二）“探索自己的社会主义建设道路”

对适合国情的社会主义建设道路的探索，是从毛泽东、刘少奇等中央领导人为筹备党的八大而进行的大量系统周密的调查研究开始的。1955 年 12 月起，刘少奇先后与中央和国务院 37 个部门的负责人座谈了解情况，为主持起草八大的政治报告作准备。接着，自 1956 年 2 月起，毛泽东连续听取了国务院 35 个部委的汇报，深入了解和分析了工业生产和经济工作中存在的问题。在毛泽东研究国内社会主义建设问题期间，正值苏共召开二十大。赫鲁晓夫在苏共二十大上作了题为《关于个人崇拜及其后果》的秘密报告，尖锐地揭露了斯大林搞个人崇拜的错误和苏联社会主义建设的问题，破除了斯大林神话以及人们长期以来对苏联模式的迷信。

1956 年 4 月 4 日，毛泽东在中央书记处会议上明确提出马克思主义与中国实际的“第二次结合”，并以此为指导思想，在对社会主义建设问题的细致调查和深入研究的基础上，形成了《论十大关系》的报告。4 月 25 日，毛泽东在中央政治局扩大会议上作了《论十大关系》的讲话，得到了中央政治局的赞同，明确了以苏为鉴、独立自主地探索适合中国情况的社会主义建设道路的原则。《论十大关系》的基本方针是“把国内外一切积极因素调动起来为社会主义事业服务”，报告中提出的有关社会主义建设的十大问题，也就是十大关系，都围绕着这个基本方针展开。前五大关系主要讲经济问题，讨论如何开辟一条不同于苏联的中国工业化的道路并且开始涉及经济体制改革，后五大关系主要讲政治和思想文化问题。

《论十大关系》是以毛泽东同志为核心的党的第一代中央领导集体独立自主探索适合中国国情的社会主义建设道路的良好开端，标志着马克思主义基本原理与中国实际第二次结合的开始，随后为党的八大的召开作了重要思想理论准备。邓小平曾给予高度评价：“这篇东西太重要了，对当前和以后，都有很大的针对性和理论指导意义。”①

1956 年 9 月 15 日至 27 日，党的八大在北京召开。党的八大的最大贡献是对社会主义改造基本完成之后国内的主要矛盾作了卓有成效的正确探索，大会指出，我们国内的主要矛盾已经是人民对于建立先进的工业国的要求同落后的农业国的现实之间的矛盾，已经是人民对于经济文化迅速发展的需要同当前经济文化不能满足人民需要的状况之间的矛盾。党的八大对主要矛盾的基本分析和判断实际上已经提出了工作重心转移的问题：党和全国人民当前的主要任务，就是要集中力量来解决这个主要矛盾，把我国尽快地从落后的农业国变为先进的工业国。除了对社会主要矛盾的正确分析和判断外，党的八大还肯定了党中央在反冒进过程中提出的既反保守又反冒进，即在综合平衡中稳步前进的经济建设方针；在改革旧的经济体制的问题上提出了“三个主体，三个补充”的思想；提出了进一步

① 中共中央文献研究室编：《邓小平年谱（1975—1997）》上册，中央文献出版社 2004 年版，第 68 页。

巩固人民民主专政，加强民主法制建设的要求；论述了加强执政党建设的任务，借鉴苏联经验教训提出了反对个人崇拜的问题。

党的八大在社会主义建设全面展开之际，迈出了探索适合中国国情的社会主义道路上的重要一步。但是，由于党对全面建设社会主义的经验积累和思想理论准备都不足，一些全新的富有创造性的正确设想和方针政策未能变成全党牢固的共识。因此，党的八大形成的正确路线在后来面临复杂局面时未能在实践中坚持下去，有些甚至走向了反面。苏共二十大后，一些西方国家借机掀起反共、反社会主义的舆论攻势。1956 年下半年，波兰和匈牙利先后发生严重动乱。此时，由于未能完全克服经济建设方面的急躁冒进错误，加上社会主义阵营内部一系列事件的影响，国内出现了一些不稳定情况。党内很多干部将这些新问题一概视为阶级斗争，采取革命时期简单粗暴的办法处理工人罢工、农民退社事件，反而激化了矛盾。值此多事之秋，如何吸取波匈事件的教训，正确认识和处理我国社会主义建设中日渐突出的新矛盾，成为全党面临的一个紧迫问题。

经过一段时间的酝酿，1957 年 2 月 27 日，毛泽东在最高国务会议（扩大）会议上作了《关于正确处理人民内部矛盾的问题》的讲话，系统阐述了社会主义社会的基本矛盾和两类矛盾的学说。他指出，社会主义社会存在着敌我矛盾和人民内部矛盾两类不同性质的矛盾。敌我矛盾是根本利益对立基础上的矛盾，是对抗性矛盾；人民内部矛盾是根本利益一致基础上的矛盾，是非对抗性矛盾。《关于正确处理人民内部矛盾的问题》为正确认识和处理社会主义社会中的各种矛盾提供了基本理论依据，是毛泽东在社会主义建设时期的一篇重要理论著作，同时也为 20 多年后的改革开放奠定了理论基础，对我国社会主义建设事业的发展具有长远指导意义。在世界社会主义发展史上，毛泽东首次提出并创造性地阐述了社会主义矛盾的学说，科学地揭示了社会主义社会发展的动力，是对马克思主义理论的卓越贡献。

为了完成我国社会主义建设的历史任务，毛泽东还进行了很多积极探索，作出了不可磨灭的重大贡献：提出把中国建设成一个具有现代农业、现代工业、现代国防和现代科学技术的社会主义强国的目标；提出社会主义可分为两个阶段的思想，“第一个阶段是不发达的社会主义，第二个阶段是比较发达的社会主义”①；为开创新中国外交提出“另起炉灶”和“打扫干净屋子再请客”的方针，和平共处五项原则以及新的国际关系理论即“三个世界”理论；进行抗美援朝、抗法援越、抗美援越、反苏修斗争，坚决维护我国主权和独立自主；在思想文化建设上，向哲学和社会科学界提出“百花齐放、百家争鸣”的方针等。习近平在纪念毛泽东同志诞辰 120 周年座谈会上这样评价这段历史：“在不长的时间里，我国社会就发生了翻天覆地的变化，建立起独立的比较完整的工业体系和国民经济体系，独立研制出‘两弹一星’，成为在世界上有重要影响的大国，积累起在中国这样一个社会生产力水平十分落后的东方大国进行社会主义建设的重要经验。”②

在探索过程中有成绩，也有挫折。由于那时的党对社会主义建设的长期性和艰巨性认识不足，加上复杂多变的国际环境以及固有的阶级斗争思维的影响，后来发生了反右运动扩大化、“大跃进”运动，直至 10 年“文化大革命”这样全局性的“左”倾错误，对中国经济社会发展产生严重影响。

三、中国特色社会主义道路的开辟和发展

“走自己的道路，建设有中国特色的社会主义”，这种重大论断，是在“文化大革命”结束后，中国共产党在回答中国向何处去的过程中，总结长期历史经验得出的基本结论。邓小平在党的十二大开幕词中的这段讲

① 中共中央文献研究室编：《毛泽东文集》第 8 卷，人民出版社 1999 年版，第 116 页。

② 习近平：《在纪念毛泽东同志诞辰 120 周年座谈会上的讲话》，人民出版社 2013 年版，第 8 页。

话，概括了党的十一届三中全会以来党的路线、方针、政策的基本精神。在成功开辟中国特色社会主义道路基础上，我们党逐渐形成中国特色社会主义的基本理论、基本路线和基本方略，“走自己的道路”经受住了国际形势风云变幻的考验，中国特色社会主义伟大旗帜始终高高飘扬。

（一）“建设有中国特色的社会主义”

“文化大革命”结束时，中国经济已经“濒临崩溃边缘”，对外封闭、体制僵化。中国社会从1958年到1978年20年时间，实际上处于停滞和徘徊的状态，国家的经济和人民的生活没有得到多大的发展和提高。[①] 中国搞了20多年社会主义，还是没能摆脱贫穷落后的状态，我们过去是否把社会主义的路走错了？这引起了邓小平对“什么是社会主义”的深刻反思。党对社会主义建设道路的曲折探索所留下的教训，追根溯源就是没有弄清“什么是社会主义、怎样建设社会主义”这一重大理论与实践命题，没有理解透彻什么是社会主义，以至于在实践中走了弯路，没能发挥出社会主义应有的优越性。

既然不能再走封闭僵化的老路，应该开创一条什么样的新路，才能使党和国家从危难中走出来呢？社会主义建设的成就与挫折、经验与教训使中国共产党人悟出了一个道理：社会主义的生产关系并没有一套固定不变的模式，还有更宽广的大道等待人们去探索和开拓。邓小平主张从行动上开阔眼界。1977下半年开始，中国派多批考察团赴欧美日学习先进技术和管理经验，1978年，中国有13位副总理和副委员长以上的领导人21次率团出访了51个国家，[②] 绝大多数领导干部第一次亲身感受到中外差距，打破思想僵化。邓小平出国4次，密集访问了8个国家。他在访日时对东道主说，此行的其中一个目的是像徐福一样来寻找使人长生不老的“仙草”，

① 参见《邓小平文选》第3卷，人民出版社1993年版，第237页。

② 参见《中华人民共和国史》编写组：《中华人民共和国史》，高等教育出版社、人民出版社2013年版，第310页。

“仙草”其实指的是实现现代化的秘密。在访日期间，邓小平在应记者之问谈乘坐新干线列车的感受时，感慨道：“就感觉到快，有催人跑的意思，我们现在正合适坐这样的车。”①

眼界开阔了，可开创新路还是很难，因为思想上存在障碍，即“两个凡是”的方针——“凡是毛主席作出的决策，我们都坚决维护；凡是毛主席的指示，我们都始终不渝地遵循”。毛泽东晚年最大的决策和指示是“文化大革命”，按照“两个凡是”，改革根本无从谈起。怎样正确看待毛泽东个人的思想和毛泽东晚年的错误，成为粉碎“四人帮”以后中国社会转型面临的关键性问题。

关于这一问题，邓小平在1980年10月，为起草《关于建国以来党的若干历史问题的决议》与中央负责同志谈话时说：“从许多方面来说，现在我们还是把毛泽东同志已经提出、但是没有做的事情做起来，把他反对错了的改正过来，把他没有做好的事情做好。”② 也就是说正是在对毛泽东探索“走自己的路”理论的继承、纠正、发展基础上，我们才实现了理论上的重大突破，既不是把毛泽东的所有言论奉为真理，也不是把改革开放前毛泽东的所有探索全部推翻。中国特色社会主义道路的成功开辟，是对以毛泽东同志为核心的党的第一代中央领导集体探索成果的批判继承和发展。

然而，这一问题困扰着当时的理论界。要想打破“两个凡是”的束缚，从理论上解放思想，需要回到马克思主义的基本原理。1978年5月11日，《光明日报》刊登了一篇题为《实践是检验真理的唯一标准》的特约评论员文章，在思想理论界引起轩然大波，在全国范围内掀起了一场关于真理标准问题讨论的热潮。尽管文章只是阐述了马克思主义的基本原理，但是在特殊的时代背景下，实际上却是批判了“两个凡是”，因为如果存

① 中共中央文献研究室编：《邓小平年谱（1975—1997）》上册，中央文献出版社2004年版，第413页。

② 《邓小平文选》第2卷，人民出版社1994年版，第300页。

在两个检验真理的标准，就是混淆了马克思主义的基本常识。实践才是检验真理的唯一标准，而不是某个人的言论，至于某个人的言论是不是真理也要经由实践检验，所以归根结底还是以实践为唯一标准。《实践是检验真理的唯一标准》一文冲破了长期以来“左”倾错误思想的牢笼，为接下来开辟一条新道路打开了思想空间。

1978 年 7 月至 9 月，国务院务虚会召开，开始酝酿改革开放。务虚会结束两个月后，1978 年 11 月 10 日至 12 月 15 日，中央工作会议召开。36 天的中央工作会议详细讨论了中国面临的若干重大问题，为党的十一届三中全会作了充分准备，为全会的顺利召开奠定了基础。12 月 13 日，在会议闭幕会上，邓小平作了题为《解放思想，实事求是，团结一致向前看》的总结讲话。这篇讲话是对建国以来乃至建党以来历史经验教训的总结，成为随后召开的党的十一届三中全会的主题报告。1978 年 12 月 18 日至 22 日，党的十一届三中全会在北京召开。全会的历史贡献是：第一，重新确立了正确的思想路线、政治路线和组织路线。全会批判了“两个凡是”的错误方针，确立了实事求是的思想路线；抛弃了“以阶级斗争为纲”的错误政治路线，作出了把党和国家的工作重心转移到社会主义现代化建设上来的战略决策；强调健全党的民主集中制，实行集体领导制度，对中央组织机构作了重新调整。第二，提出了改革开放的基本方针，改革不合理的经济体制，积极发展与世界各国的经济合作。第三，形成了以邓小平为核心的新的中央领导集体。

党的十一届三中全会是在党和国家面临何去何从的重大历史关头召开的，结束了“文化大革命”后的两年间在徘徊中前进的局面，开启了改革开放和社会主义现代化建设的新时期，是新中国成立以来党的历史上具有深远意义的伟大转折。党的十一届三中全会是开创中国特色社会主义道路的历史起点，从这时起，中国共产党人和中国人民一往无前地踏上了建设中国特色社会主义的壮阔征程。

经过改革开放的初步探索，中国各项事业全面复苏。如何进一步推动改革开放？如何改革经济体制以适应国民经济发展？我们已经在自己的发展道路上走了多远？在对理论的不断追问中，在实践的纵深发展中，中国特色社会主义道路的轮廓逐渐清晰起来。

1982 年 9 月 1 日至 11 日，党的十二大召开。邓小平在开幕词中提出了“走自己的道路，建设有中国特色的社会主义”的重大命题。我们走的路不是本本的教条主义的，不是传统的苏联模式的，也不是“以阶级斗争为纲”的，而是马克思主义的普遍真理同我国的具体实际结合起来，有中国特色的。这一事关道路的命题不仅科学总结了过去一路走来探索社会主义建设道路的历史经验，而且明确了未来的前进方向。党的十二大还为开创社会主义现代化建设新局面作出了全面部署，确定到20 世纪末使人民生活达到小康水平的奋斗目标。

（二）坚持“四项基本原则”

党的十一届三中全会后，全国上下继续进行指导思想的拨乱反正，清理“左”的错误思想，解决历史遗留问题。在拨乱反正过程中，党内外广大干部群众的思想获得了空前解放，出现了开阔新视野、发展新观念、研究新问题的可喜局面，这构成了当时政治生活的主流。但值得警惕的是，处于历史转折时期的中国出现了一定程度的思想混乱，集中表现为两种倾向：一种是受长期以来盛行的“左”的思想的严重束缚，抵触党的十一届三中全会制定的路线方针政策；另一种是打着“解放思想”的幌子，极端夸大和渲染新中国成立以来党所犯的错误，实则企图从根本上否定社会主义制度，否定中国共产党的领导，否定毛泽东和毛泽东思想。后一种资产阶级自由化思潮反映在“西单民主墙”的街头大字报中被广泛议论，极少数党员甚至对这股思潮给予某种程度的支持。如果任其发展，势必会破坏来之不易的安定团结的政治局面，干扰社会主义民主建设，乃至迷失政治方向。

为此，1979 年 3 月 30 日，邓小平在党的理论工作务虚会上发表了题为《坚持四项基本原则》的重要讲话。针对当时党内和社会上正在蔓延的错误思潮，邓小平代表党中央郑重提出：“我们要在中国实现四个现代化，必须在思想政治上坚持四项基本原则。这是实现四个现代化的根本前提。这四项是：第一，必须坚持社会主义道路；第二，必须坚持无产阶级专政；第三，必须坚持共产党的领导；第四，必须坚持马列主义、毛泽东思想。”① 他强调坚持四项基本原则的极端重要性，“今天必须反复强调坚持这四项基本原则，因为某些人（哪怕只是极少数人）企图动摇这些基本原则。这是决不许可的”，“如果动摇了这四项基本原则中的任何一项，那就动摇了整个社会主义事业，整个现代化建设事业”②。这篇讲话有力抵制了资产阶级自由主义思潮，改变了思想战线党的领导软弱涣散的状况，维护了改革开放初期政治局面的基本稳定。此外，正是在这篇讲话中，邓小平第一次提出了“中国式的现代化”的概念，用这一概念解释了中国为什么要走自己的现代化道路。无论是过去搞革命还是现在搞建设，都必须立足国情，“中国式的现代化，必须从中国的特点出发”③。

四项基本原则中的每一项都是中国共产党长期以来一贯坚持的。尽管如此，在进入改革开放新的历史时期时，党对四项基本原则加以概括和重申，是为了明确改革开放的方向、原则和立场：改革不是改道和改向，不是改走资本主义道路，不是改掉共产党的领导。中国共产党领导的改革开放和现代化建设事业，从一开始就坚定沿着社会主义方向前行，在根本政治立场上决不能有丝毫动摇。四项基本原则是立国之本，它回答了今后的中国将举什么旗，走什么路，建设一个什么样的社会的问题。

1984 年 10 月，党的十二届三中全会通过了《中共中央关于经济体制改革的决定》，提出社会主义经济是“公有制基础上的有计划的商品经济”

① 《邓小平文选》第 2 卷，人民出版社 1994 年版，第 164—165 页。
② 《邓小平文选》第 2 卷，人民出版社 1994 年版，第 173 页。
③ 《邓小平文选》第 2 卷，人民出版社 1994 年版，第 164 页。

这一新论断，实现了从计划经济到商品经济的重大理论突破。邓小平给予高度评价："有些是我们老祖宗没有说过的话，有些新话。""不是说四个坚持吗？这是真正坚持社会主义。"① 1987 年 10 月 25 日至 11 月 1 日，党的十三大召开。大会系统论述了社会主义初级阶段理论，提出了党在社会主义初级阶段的基本路线：领导和团结全国各族人民，以经济建设为中心，坚持四项基本原则，坚持改革开放，自力更生，艰苦创业，为把我国建设成为富强、民主、文明的社会主义现代化国家而奋斗。党在社会主义初级阶段的基本路线精练阐明了走中国特色社会主义道路的领导力量、依靠力量、基本途径、根本立足点和奋斗目标，构成了中国特色社会主义道路的核心内容。

（三）"冷静观察""稳住阵脚""沉着应对"

历史的发展向来是波浪式前进的，改革开放也是如此。20 世纪 80 年代末 90 年代初，国际国内政局复杂多变，党和人民面临新的严峻考验。

由于过去一段时间以来忽视价值规律的作用，20 世纪 80 年代中期以来，以物价上涨为特点的经济过热成为中国经济体制改革中的一个突出问题。为抑制通货膨胀，同年 9 月，党的十三届三中全会作出治理整顿的决定。然而，紧缩政策不可避免地带来经济下行的负面效应，1989 年，我国 GDP 增速由两位数直接下降至 4.1%，加上当时资产阶级自由化思潮滋长、"官倒"等腐败现象导致群众不满情绪加大，经济问题很快演变为社会问题、政治问题。1989 年 4 月 15 日，胡耀邦因病逝世成为学生运动的导火索，在极少数别有用心的人煽动下，学生的悼念活动发展为一场有组织、有计划的反党、反社会主义的政治动乱。

这场政治风波迫使党冷静地考虑过去和未来：党的十一届三中全会制定的路线方针政策包括我们发展战略的"三部曲"，正确不正确？党的十

① 《邓小平文选》第 3 卷，人民出版社 1993 年版，第 91 页。

三大概括的“一个中心、两个基本点”对不对？以后我们怎么办？这些都是事关中国未来走哪条道路的全局性、根本性问题。1989 年 6 月 9 日，邓小平发表讲话，总结过去，“我们的一些基本提法，从发展战略到方针政策，包括改革开放，都是对的。要说不够，就是改革开放得还不够”；看向未来，“我们原来制定的基本路线、方针、政策，照样干下去，坚定不移地干下去”①。在决定中国发展方向的关键时刻，邓小平以坚定表态统一了全党思想，指明了前进方向，再次起到掌舵引航的作用。随后召开的党的十三届四中全会分析了政治风波的性质和原因，总结了经验教训，重申党的基本路线，对中央领导机构成员作出调整，撤销赵紫阳在党内的一切职务，形成了以江泽民同志为核心的党的第三代中央领导集体。江泽民在讲话中庄严宣示：“党的十一届三中全会以来的路线和基本政策没有变，必须继续贯彻执行。在这个最基本的问题上，我要十分明确地讲两句话：一句是坚定不移，毫不动摇；一句是全面执行，一以贯之。”②

1989 年 6 月、7 月，以美国为首的西方国家向中国施加政治压力和经济制裁，横加干涉中国内政。在威压之下，邓小平敏锐地察觉出西方国家企图扭转中国社会主义方向的阴谋：“整个帝国主义西方世界企图使社会主义各国都放弃社会主义道路”，并告诫全党要旗帜鲜明地顶住这股逆流。对于如何应对复杂局面，邓小平头脑清醒地指出：“现在国际舆论压我们，我们泰然处之，不受他们挑动。但是，我们要好好地把自己的事情搞好。”③ 那就是聚精会神地做使人民满意的事情，经济不能滑坡，抓紧惩治腐败，把改革开放大胆搞下去，沿着自己的道路坚定走下去。9 月 29 日，江泽民在庆祝中华人民共和国成立 40 周年大会上郑重宣告：“任何经济制裁，都丝毫不能动摇我们振兴中华、坚持社会主义道路的决心。”④

---

① 《邓小平文选》第 3 卷，人民出版社 1993 年版，第 307 页。

② 《江泽民文选》第 1 卷，人民出版社 2006 年版，第 57 页。

③ 《邓小平文选》第 3 卷，人民出版社 1993 年版，第 311—312 页。

④ 中共中央文献研究室编：《十三大以来重要文献选编》中卷，人民出版社 1991 年版，第 633 页。

1989年下半年起，东欧剧变引发多米诺骨牌效应。东欧各国长期执政的共产党纷纷丧失执政地位，放弃社会主义制度，苏联的卫星国一个接一个地倒下。尽管东欧社会主义国家的动乱愈演愈烈，邓小平依然对中国社会主义的前途充满信心，他用“冷静观察”“稳住阵脚”“沉着应付”三句话稳住中国的局面。“别人的事情我们管不了，只讲一个道理：中国的社会主义是变不了的。中国肯定要沿着自己选择的社会主义道路走到底。谁也压不垮我们。”① “不管国际风云怎么变幻，中国都是站得住的。”② 90年代初，邓小平又陆续提出“善于守拙、决不当头、韬光养晦、有所作为”的战略思想。以此为指导方针，中国共产党紧紧抓住经济建设这个中心，重启治理整顿工作，针对暴露出来的问题加大改革力度，调整产业结构。到1991年，GDP增速恢复到9.2%，经济建设回到正常发展轨道。同时，加强同第三世界国家和周边国家的团结合作关系，逐步恢复和改善同西方发达国家的关系，为改变不利局面争取了主动。1990年下半年起，一些西方国家开始取消对华制裁。到1991年底，中国同除美国以外的大多数西方国家的关系也基本回到正常轨道。面对纷繁复杂的国际形势，中国共产党沉着应对，对内维护政局稳定，稳住了改革发展的大局，对外打破西方制裁，挫败了帝国主义西方世界孤立中国、和平演变的图谋。

（四）“社会主义初级阶段基本路线一百年不动摇”

东欧剧变、苏联解体、冷战结束，世界格局的急剧变化致使国际国内意识形态的争论层出不穷。社会主义运动遭遇十月革命以来的最严重挫折，世界上最大的社会主义国家一夜之间改旗易帜，对中国共产党的冲击和影响都是空前的。一方面，部分人动摇了对中国社会主义事业的信心，“社会主义失败论”“马克思主义过时论”喧嚣一时，“历史终结论”“中

---

① 《邓小平文选》第3卷，人民出版社1993年版，第320—321页。

② 《邓小平文选》第3卷，人民出版社1993年版，第329页。

国崩溃论”不绝于耳，虽已踏上独立发展道路，却受苏联模式影响深远的社会主义中国，能否顶住巨大的压力和挑战？另一方面，部分人开始质疑改革开放，自1989年国内政治风波刚刚平息就开始酝酿的“左”的思潮趁势兴起，将矛头直指改革开放以来的经济体制改革，允许私营经济的存在和发展是在搞社会主义还是在搞资本主义？中国是姓“社”还是姓“资”？改革开放究竟改得对不对？

在改革开放的紧要关头，邓小平于1992年初先后视察武昌、深圳、珠海、上海等地并发表重要谈话。邓小平南方谈话的内容十分丰富，他着重阐述了以下观点：坚持党的十一届三中全会以来的路线、方针、政策，关键是坚持“一个中心、两个基本点”。改革开放胆子要大一些，要害是姓“资”还是姓“社”的问题。判断的标准，应该主要看是否有利于发展社会主义社会的生产力，是否有利于增强社会主义国家的综合国力，是否有利于提高人民的生活水平。这就提出了判断改革成败得失的“三个有利于”的标准。关于长期困扰我们的计划与市场的关系问题，邓小平反复强调计划和市场都是经济手段，是资源配置的不同方式，而不是划分社会制度的标志，市场也能为社会主义所用。社会主义的本质，是解放生产力，发展生产力，消灭剥削，消除两极分化，最终达到共同富裕。这就提出了社会主义市场经济理论和社会主义本质论，驱散了人们心头的疑云，破除了中国非公有制经济发展的思想束缚，为社会主义经济建设实践指明了方向。在谈话中，邓小平还阐述了其他一些具有重大战略意义的指导思想：提出了“发展才是硬道理”的重要论断；吸取苏共垮台的教训，强调加强党的建设，“中国要出问题，还是出在共产党内部”；他告诫全党，“中国要警惕右，但主要是防止‘左’”。针对世界社会主义进入低潮的现状，邓小平放眼长远，“世界上赞成马克思主义的人会多起来的，因为马克思主义是科学”；他用历史唯物主义的观点认识社会主义的前途，“一些国家出现严重曲折，社会主义好像被削弱了，但人民经受锻炼，从中吸收教训，将促使社会主义向着更加健康的方向发展。因此，不要惊慌失措，不要认为马克思主义就消失了，没用了，失败了。哪有这回事！”[①] 邓小平南方谈话深刻回答长期束缚人们思想的许多重大认识问题，是把改革开放和现代化建设推进到新阶段的又一个解放思想、实事求是的宣言书，坚定了中国人民对改革开放的信心，走中国特色社会主义道路的信心。在南方谈话精神的鼓舞下，新一轮改革开放的火热浪潮席卷整个中华大地。南方谈话标志着邓小平理论达到成熟，谈话内容展示的关于社会主义的新观点和新理论是邓小平对中国改革开放的集中思考和集中表述，是改革开放的总设计师留给后继者的宝贵政治智慧。

邓小平南方谈话发表后，1992 年 2 月 28 日，新一届中央领导集体将南方谈话的要点作为中央会议文件下发，要求在全党范围内讨论，并决定在即将召开的党的十四大上对计划与市场的关系问题作出新的论述。6 月 9 日，江泽民在中央党校省部级干部进修班上作了重要讲话，针对即将建立的新经济体制在提法上的争论，他列举了理论界出现的三种主要观点，分别是计划与市场相结合的社会主义商品经济体制、社会主义有计划的市场经济体制、社会主义的市场经济体制，并表示“我个人的看法，比较倾向于使用‘社会主义市场经济体制’这个提法”[②]，得到了邓小平、陈云等老同志的一致同意和支持。江泽民的这篇讲话进一步统一了全体党员干部的思想，为党的十四大的召开作了充分理论准备。

（五）把中国特色社会主义全面推向 21 世纪

1992 年 10 月 12 日至 18 日，党的十四大召开。大会作出了三项重大决策：一是抓住机遇，加快发展，集中精力把经济建设搞上去；二是明确我国经济体制改革的目标是建立社会主义市场经济体制；三是确立邓小平建设有中国特色社会主义理论在全党的指导地位。江泽民在十四大报告中从发展道路方面对建设有中国特色社会主义理论作了概括：强调走自己的

---

① 《邓小平文选》第 3 卷，人民出版社 1993 年版，第 370—383 页。

② 《江泽民文选》第 1 卷，人民出版社 2006 年版，第 202 页。

路，不把书本当教条，不照搬外国模式，以马克思主义为指导，以实践作为检验真理的唯一标准，解放思想，实事求是，尊重群众的首创精神，建设有中国特色的社会主义。①

在此之前，江泽民已多次强调“走自己的路”的重要性。1989 年 9 月 29 日，江泽民担任党的总书记不久就在庆祝中华人民共和国成立 40 周年大会上指出：“我们要更加坚定不移地把马克思主义普遍真理同我国具体实际结合起来，走自己的路，建设有中国特色的社会主义。”② 而后，江泽民把“走自己的路”总结提升为我们党革命、建设和改革历程中的一条基本经验，在不同场合进行了多次明确阐述。江泽民在庆祝中国共产党成立 80 周年大会上的讲话中指出：“八十年的实践启示我们，必须始终坚持马克思主义基本原理同中国具体实际相结合，坚持科学理论的指导，坚定不移地走自己的路。这是总结我们党的历史得出的最基本的经验。”③ 1996 年 10 月 12 日，在纪念红军长征胜利 60 周年大会上的讲话中，他从党的各个历史时期分别论述：“中国新民主主义革命的实践，社会主义革命和建设的实践，改革开放和社会主义现代化建设的实践，都反复和充分证明了一个历史真理：坚持马克思主义基本原理同中国具体实际相结合，始终是制定正确的路线方针政策，创造性地走自己的路，使党和人民的事业不断取得胜利的最根本的思想基础。”④ 1998 年 12 月 18 日，在党的十一届三中全会 20 周年纪念大会上，江泽民聚焦改革时期，重点说明“走自己的路”对把改革开放和社会主义现代化建设事业继续推向前进的重大意义：“二十年的历史经验归结到一点，就是把马克思主义的基本原理同中国的具体实际相结合，走自己的路，建设有中国特色社会主义。二十年的历史经验，是极为宝贵的财富，全党同志一定要十分珍惜。”⑤ 江泽民不仅根据历

① 参见《江泽民文选》第 1 卷，人民出版社 2006 年版，第 219 页。
② 《江泽民文选》第 1 卷，人民出版社 2006 年版，第 69 页。
③ 《江泽民文选》第 3 卷，人民出版社 2006 年版，第 270 页。
④ 《江泽民文选》第 1 卷，人民出版社 2006 年版，第 589 页。
⑤ 《江泽民文选》第 2 卷，人民出版社 2006 年版，第 263—264 页。

史发展线索纵向梳理，而且横向展开论述“走自己的路”对社会主义各领域建设的必要性。如政治领域，他特别指出“走自己的路”是社会主义民主政治建设和政治体制改革过程中必须掌握的重要原则：“我们在建设社会主义民主政治的过程中，必须始终坚定不移地走自己的路。不能搬用西方的那一套政治模式，如果搬用那一套，非乱不可。”①

在此基础上，胡锦涛进一步把“走自己的路”作为改革开放以来我们取得一切成绩和进步的根本原因：“三十年的历史经验归结到一点，就是把马克思主义基本原理同中国具体实际相结合，走自己的路，建设中国特色社会主义。三十年的经验是极为宝贵的财富，全党同志要倍加珍惜和自觉运用这些宝贵经验。”② 在庆祝中国共产党成立 90 周年大会上，胡锦涛创新性地提出“走自己的路”是永葆党的先进性的根本点之一：“总结九十年的发展历程，我们党保持和发展马克思主义政党先进性的根本点是：坚持解放思想、实事求是、与时俱进，以科学态度对待马克思主义，用发展着的马克思主义指导新的实践，坚持真理、修正错误，坚定不移走自己的路，始终保持党开拓前进的精神动力。”③ 胡锦涛在党的十八大报告中指出，“走自己的路”既是我们党在历史上取得伟大成就的根本原因，也是我们党在未来继续向更高目标迈进的根本遵循。“九十多年来，我们党紧紧依靠人民，把马克思主义基本原理同中国实际和时代特征结合起来，独立自主走自己的路，历经千辛万苦，付出各种代价，取得革命建设改革伟大胜利，开创和发展了中国特色社会主义，从根本上改变了中国人民和中华民族的前途命运。”④ “我们得出一个坚定的结论：全面建成小康社会，加快推进社会主义现代化，实现中华民族伟大复兴，必须坚定不移走中国特色社会主义道路。”⑤ 2007 年，党的十七大首次提炼出中国特色社会主

---

① 《江泽民文选》第 1 卷，人民出版社 2006 年版，第 357 页。
② 《胡锦涛文选》第 3 卷，人民出版社 2016 年版，第 170 页。
③ 《胡锦涛文选》第 3 卷，人民出版社 2016 年版，第 528 页。
④ 《胡锦涛文选》第 3 卷，人民出版社 2016 年版，第 620 页。
⑤ 《胡锦涛文选》第 3 卷，人民出版社 2016 年版，第 619 页。

义道路：中国特色社会主义道路，就是在中国共产党领导下，立足基本国情，以经济建设为中心，坚持四项基本原则，坚持改革开放，解放和发展社会生产力，建设社会主义市场经济、社会主义民主政治、社会主义先进文化、社会主义和谐社会、社会主义生态文明，促进人的全面发展，逐步实现全体人民共同富裕，建设富强民主文明和谐的社会主义现代化国家。党的十七大把“和谐”与“富强、民主、文明”一起写入了基本路线，使中国特色社会主义事业的总体布局由“三位一体”发展为“四位一体”。

在“走自己的路”这条基本经验的指导下，以江泽民为主要代表的中国共产党人带领全国人民从容应对国内外复杂形势，妥善处理改革开放和社会主义现代化建设出现的一系列新情况和新问题，在世界社会主义出现重大挫折的严峻考验面前捍卫和发展了中国特色社会主义，创立“三个代表”重要思想，成功把中国特色社会主义全面推向21世纪。从党的十三届四中全会到党的十六大，改革开放全面推进，中国特色社会主义事业成果丰硕，提出党在社会主义初级阶段的基本纲领，确立社会主义市场经济体制的改革目标和基本框架，确立社会主义初级阶段的基本经济制度和分配制度，提出新的“三步走”战略，实施科教兴国战略、可持续发展战略和西部大开发战略，社会主义民主政治建设和政治体制改革持续推进，社会主义精神文明和先进文化建设稳步发展，人民生活实现由温饱到总体小康的历史性跨域，香港、澳门回归祖国怀抱，确立新时期军事战略方针，形成全方位对外开放格局，全面推进党的建设新的伟大工程。

站上新的历史起点，以胡锦涛为主要代表的中国共产党人作出全面建设小康社会的战略部署，把中国特色社会主义不断推向前进。党的十六大以后，党中央立足我国发展新的阶段性特征，提出科学发展观，加快转变经济发展方式，推动经济社会科学发展，发展社会主义民主政治，建设社会主义政治文明，开展文化体制改革，推动社会主义文化大发展大繁荣，促进社会公平正义，提出构建社会主义和谐社会的战略目标，加快推进以改善民生为重点的社会建设，促进区域、城乡协调发展，大力推进生态文明建设，建设资源节约型和环境友好型社会，积极推动中国特色军事变革，推进“一国两制”实践，推动两岸关系和平发展，坚持和平发展合作，推动建设和谐世界，以执政能力建设和先进性建设为主线推进党的建设。从党的十六大到十八大的10年间，中国经济快速发展，综合国力大幅跃升，人民生活显著改善，国际影响力与日俱增，中国特色社会主义道路越走越宽广。

四、新时代中国特色社会主义道路越走越宽广

“无论搞革命、搞建设、搞改革，道路问题都是最根本的问题。”[①] 中国特色社会主义道路既是共产党领导人民走向成功的发展之路，也是我们实现社会主义现代化强国目标的必由之路。党的十八大以来，以习近平同志为核心的党中央围绕坚持和发展中国特色社会主义治国理政，不断推动国家体系和治理能力现代化，不断夯实中国特色社会主义道路基础，旗帜鲜明地提出了“既不走封闭僵化的老路，也不走改旗易帜的邪路”，“走自己的道路”的大党自觉和自信进一步彰显。中国特色社会主义道路自信有着深厚的历史逻辑、理论逻辑和实践逻辑，我们必须坚定道路自信，以自信的姿态昂扬前行，站在新时代起点上续写中国特色社会主义道路新华章。

（一）“既不走封闭僵化的老路，也不走改旗易帜的邪路”

道路决定命运，道路引领未来。举什么旗、走什么路，历来关系党和国家事业的兴衰成败。中国特色社会主义道路是中国共产党领导全国各族人民经过革命、建设和改革的一系列艰难探索最终选择的科学道路。坚定的道路自信，是新时代中国特色社会主义道路的鲜明特征。道路自觉是建立在自信基础上的，它是共性与个性的统一，体现了中国特色社会主义的

① 中共中央文献研究室编：《习近平关于实现中华民族伟大复兴的中国梦论述摘编》，中央文献出版社2013年版，第28页。

道路自信、理论自信、制度自信、文化自信。中国特色社会主义道路，能够把全体中国人民的信仰、信念力量凝聚起来，形成共识，展示了道路自觉的强大决定力量。习近平指出：“改革开放以来，我们总结历史经验，不断艰辛探索，终于找到了实现中华民族伟大复兴的正确道路，取得了举世瞩目的成果。这条道路就是中国特色社会主义。”①

揭秘中国道路，关键在于历史地理解中国道路是如何形成的。习近平指出，只有回看走过的路、比较别人的路、远眺前行的路，弄清楚我们从哪儿来、往哪儿去，很多问题才能看得深、把得准。② 近代以来，中国陷入半殖民地半封建社会，许多仁人志士和进步力量为寻求民族独立和国家富强进行了诸多道路尝试。不管是秉承中体西用理念的洋务运动，还是主张制度革新的戊戌变法，抑或是资本主义方案的民主共和制，都没有从根本上解决近代中国的问题。中国共产党以马克思主义为指导，并自觉结合中国现实国情，成功地实现了民族独立，建立了社会主义国家。但是，在社会主义建设中，由于盲目地照搬照抄苏联经验，付出了沉重的历史代价。党的十一届三中全会之后，中国共产党总结正反两方面经验教训，深刻认识到“走自己的道路”的重要性，成功开创了中国特色社会主义道路。正因为强调独立自主探索适合本国国情的发展道路，中国特色社会主义才具有了深厚的历史积淀，才能够行稳致远、不断前进。

习近平讲：“中国共产党是世界上最大的政党。大就要有大的样子。”③ 这“大的样子”，不仅仅指中国共产党的党员人数超大规模、组织体系超大规模，更重要更本质的是中国共产党政治品格、组织塑造、领导智慧、精神境界等方面的集中体现。“大的样子”集中表现在道路和制度模式选

① 中共中央文献研究室编：《习近平关于实现中华民族伟大复兴的中国梦论述摘编》，中央文献出版社 2013 年版，第 23 页。

② 参见《以时不我待只争朝夕的精神投入工作 开创新时代中国特色社会主义事业新局面》，《人民日报》2018 年 1 月 6 日。

③ 中共中央宣传部编：《习近平新时代中国特色社会主义思想三十讲》，学习出版社 2018 年版，第 324 页。

择问题上的高度清醒和彻底的坚定。中国道路的自主性确保我们在面临制度模式的选择时具有充足的政治底气。习近平强调："坚持独立自主，就要坚定不移走中国特色社会主义道路，既不走封闭僵化的老路，也不走改旗易帜的邪路。"① 不管是"老路"，还是"邪路"，都是丧失了自主性的道路，前者从教条主义出发漠视国情实际，后者盲目崇信西方政治制度，实质上都是一条不归路。中国特色社会主义道路从历史中走来，与中国文化传统相契合，适应了经济社会发展的需求，本质上是一条从中国历史和现实中内在地生长出来的道路，凝结着中国共产党追求自主价值的精神品质和实践气魄。正是以这种政治底气为基础，中国道路越来越焕发出勃勃生机。这是中国道路之所以成功的根本原因。如习近平所强调："正因为没有拄着别人的拐棍，坚持独立自主选择自己的道路，我们才能始终站稳脚跟，走出一条不同于西方国家的成功发展道路，形成了一套不同于西方国家的成功制度体系。"② 在这种强烈的主体意识驱动下，中国特色社会主义道路坚持以中国问题为中心，而不是照搬照抄西方的政治模式，始终把握发展战略的方向性、全局性问题，形成一套能够有效处理发展改革稳定难题、迈向国家治理现代化的一整套制度体系。坚持道路的独立性，这是中国特色社会主义政治发展道路得以成功开辟的最大秘诀。

中国道路的自主性在国际比较中愈显珍贵。与中国一样，许多处于后发阶段的发展中国家同样面临着道路选择的问题。有的国家或盲目相信西方经验的普世性，或迫于西方发达国家的压力，不顾国情差异和发展阶段，在确定本国发展道路时失去了"主心骨"，陷入了照搬照抄他国道路的危险境地。比如，巴西、阿根廷等拉丁美洲国家，几乎是全盘移植了美国的三权分立制度和联邦制，政府更迭频繁、政党争斗失序、经济长期低迷，深陷"中等收入陷阱"而不能自拔。曾被美国誉为亚洲

---

① 《习近平谈治国理政》，人民出版社2014年版，第30页。

② 中共中央宣传部编：《习近平总书记系列重要讲话读本》，学习出版社、人民出版社2014年版，第48—49页。

“民主橱窗”的菲律宾现在仍然难以实现发展突破，家族势力、地方势力角逐政坛，政治骚乱频仍，社会问题丛生，国家发展受到制约。发展道路的选择具有长期惯性，一旦形成就难以转型，这就更加凸显了自主选择发展道路的重要性。在这一方面，中国道路的成功为世界各国提供了示范样本。

（二）坚持和发展中国特色社会主义

坚持和发展中国特色社会主义，是习近平新时代中国特色社会主义思想的根本主题和核心要义，是贯穿习近平新时代中国特色社会主义思想的灵魂和主线。习近平总书记关于这一问题的论述主要包括以下几个方面。

第一，中国特色社会主义是改革开放以来党的全部理论和实践的主题，是党和人民历尽千辛万苦、付出巨大代价取得的根本成就。2017 年 1 月 5 日，习近平在新进中央委员会的委员、候补委员和省部级主要领导干部学习贯彻习近平新时代中国特色社会主义思想和党的十九大精神研讨班开班式上强调，中国特色社会主义不是从天上掉下来的，而是在改革开放 40 年的伟大实践中得来的，是在中华人民共和国成立近 70 年的持续探索中得来的，是在我们党领导人民进行伟大社会革命 97 年的实践中得来的，是在近代以来中华民族由衰到盛 170 多年的历史进程中得来的，是对中华文明 5000 多年的传承发展中得来的。① 他指出：“要坚持从国情出发、从实际出发，既要把握长期形成的历史传承，又要把握走过的发展道路、积累的政治经验、形成的政治原则，还要把握现实要求、着眼解决现实问题，不能割断历史，不能想象突然就搬来一座政治制度上的‘飞来峰’。”② 这些重要论述深刻阐明了中国特色社会主义的深厚历史渊源和广

---

① 参见人民日报社评论部：《论学习贯彻习近平总书记“1·5”重要讲话》，人民出版社 2018 年版，第 2 页。

② 中共中央宣传部编：《习近平新时代中国特色社会主义思想三十讲》，学习出版社 2018 年版，第 183—184 页。

泛的现实基础。

第二，中国特色社会主义是一篇大文章，新时代坚持和发展中国特色社会主义要一以贯之。习近平强调："坚持和发展中国特色社会主义是一篇大文章，邓小平同志为它确定了基本思路和基本原则，以江泽民同志为核心的党的第三代中央领导集体、以胡锦涛同志为总书记的党中央在这篇大文章上都写下了精彩的篇章。现在，我们这一代共产党人的任务，就是继续把这篇大文章写下去。"① 这一重要论述深刻阐明了中国共产党对中国特色社会主义的接力探索和创新发展。

第三，坚定中国特色社会主义道路自信、理论自信、制度自信、文化自信。党的十九届四中全会指出："实践证明，中国特色社会主义制度和国家治理体系是以马克思主义为指导、植根中国大地、具有深厚中华文化根基、深得人民拥护的制度和治理体系，是具有强大生命力和巨大优越性的制度和治理体系，是能够持续推动拥有近十四亿人口大国进步和发展、确保拥有五千多年文明史的中华民族实现'两个一百年'奋斗目标进而实现伟大复兴的制度和治理体系。"② 党的十九届四中全会把我国国家制度和国家治理体系的多方面显著优势概括为"十三个坚持"。这些显著优势，是我们坚定中国特色社会主义道路自信、理论自信、制度自信、文化自信的基本依据。

第四，中国特色社会主义是社会主义而不是其他什么主义。中国特色社会主义，既坚持了科学社会主义基本原则，又根据时代条件赋予了其鲜明的中国特色，是当代中国的科学社会主义。要始终保持政治定力，既不走封闭僵化的老路，也不走改旗易帜的邪路。这些重要论述深刻阐明了中国特色社会主义道路的性质和旗帜方向。

---

① 中共中央文献研究室编：《十八大以来重要文献选编》上册，中央文献出版社 2014 年版，第 114 页。

② 《中国共产党第十九届中央委员会第四次全体会议公报》，人民出版社 2019 年版，第 4—5 页。

（三）中国特色社会主义道路具有显著制度优势

当今世界各国的竞争，归根结底是发展道路与制度模式的竞争。发展道路与制度模式密不可分，发展道路决定着制度模式的性质与特征，制度模式制约着发展道路的动力与活力。中国的发展源于中国特色社会主义道路的正确性，源于中国特色社会主义制度的优越性。习近平曾指出：“中国特色社会主义制度是当代中国发展进步的根本制度保障，是具有鲜明中国特色、明显制度优势、强大自我完善能力的先进制度。”① 中国特色社会主义道路与制度相互促进、彼此契合，共同统一于中国特色社会主义伟大实践。当代中国的发展已经充分证明，中国特色社会主义道路是一条康庄大道，中国特色社会主义制度具有鲜明特征和显著优势。

习近平指出，中国特色社会主义道路自信来源于实践、来源于人民、来源于真理，这条道路来之不易，“具有深厚的历史渊源和广泛的现实基础”②。中国特色社会主义制度并不是一成不变的，而是不断发展、逐步完善的。在发展完善过程中，中国特色社会主义制度展现出强大的适应性和调适能力，这也是中国特色社会主义制度保持旺盛活力的渊源。任何制度都不是孤立存在的，它必须与其依赖的社会经济条件相适应，根据变化了的情况作出积极反应，改进制度运作的能力。在这一方面，中国特色社会主义制度表现出远胜于西方制度模式的优越性。中国特色社会主义制度适应性与调适能力的获得主要源于以下几个方面的原因：一是从思想认识上看，中国共产党坚持解放思想、实事求是、与时俱进的思想路线，反对墨守成规，鼓励探索创新，这使得中国特色社会主义制度始终处于发展完善状态中；二是从政党品质上看，中国共产党始终强调学习的重要性，善于总结历史经验，善于吸收外来先进经验，时刻保持学习进取无止境的心

① 习近平：《在庆祝中国共产党成立95周年大会上的讲话》，《人民日报》2016年7月2日。
② 习近平：《在第十二届全国人民代表大会第一次会议上的讲话》，人民出版社2013年版，第4页。

态，这就为中国特色社会主义制度不断注入新鲜元素和活力因子；三是从执政风格上看，中国共产党始终坚持问题导向，从不回避问题，敢于正视问题，甚至是自我否定、自我净化，又坚持以正在做的事情为中心，聚精会神寻求制度解决方案，这就为中国特色社会主义制度的发展提供了广阔空间；四是从保障力量上看，中国共产党有一套选贤任能的优良体制，能够将本领强、素质高、道德好的优秀干部选拔到更高的岗位，使得人尽其才、各取所长，这就为中国特色社会主义制度的发展提供了一支稳定的干部队伍。正是在适应性和调适能力的基础上，中国特色社会主义制度始终保持开放性特征。通过不断发展完善中国特色社会主义制度，中国共产党得以成功地应对改革发展稳定诸多问题，成功地驾驭复杂局面，成功地引领了社会转型变迁与国家发展。

检验发展道路是否正确，制度模式是否有效，关键在于看这条道路及其制度能否解决问题，促进发展。中国特色社会主义制度的优势在于易于形成社会共识，确保决策科学化与民主化，并依靠强大的动员贯彻能力实现决策实施。这种“共识型决策制度”的基础在于执政党利益与人民利益的高度一致性。在利益主体上，中国共产党代表最广大人民的根本利益，重大路线方针政策的制定与实施都是以人民利益为归宿，致力于实现好、维护好、发展好人民利益。这就取消了国家和社会制度与人民利益的差异性，为形成体现人民利益的社会共识提供了根本条件。“共识型决策制度”的制度保障在于民主集中制。民主集中制是我国社会主义制度的一大优势，它既能够充分汲取社情民意，又能够保障政策的贯彻实施，实现民主与集中相互融合、扬长避短。民主集中制的有效运行，增强了党制定各项制度政策的科学性和民主性，既群策群力、汇集各方智慧，又降低了决策风险和实施成本，增强了群众对党的认同与拥护。“共识型决策制度”的具体实现路径包括调查研究、协商民主等机制。调查研究是中国共产党的一项光荣传统，是党和政府形成决策的必需环节，是确保决策不脱离群众、不偏离实际的重要制度安排。协商民主包括政党协商、人大协商、政府协商、政协协商、人民团体协商、基层协商、社会组织协商等内容，具有全方位、多层次特征，体现了广泛参与的价值，能够最大限度地集思广益、找到“最大公约数”，获得最大限度的政策支持。

“共识型决策制度”的优势在于“集中力量办大事”，既提高了制度体系的运转效率，又保障了社会公平正义的实现。中国的发展正是在“共识型决策制度”基础上才得以实现“弯道超车”。与此相比，西方发达国家近年来呈现出来的政治困境反映了其制度模式固有的缺陷。首先，西方政治制度是建立在私有利益基础上的，政党围绕党派利益进行竞争被认为是正当的、合理的。这种制度模式就决定了执政党利益与人民利益的本质差异，西方执政党根据本党利益、选民利益、利益团体利益制定公共政策，自然无法形成具有广泛社会共识的政策。其次，西方政治制度中的权力分立制衡原则，使得各权力主体以狭隘利益为基础进行政治缠斗，阻挠公共利益的实现。美国学者福山据此指出，美国已经陷入了“否决政治”的泥淖，这导致了美国的政治衰败。在西方各国，对大多数群体来说，决策不再以协商一致为基础，而是以群体中的部分成员的同意为基础。当代著名丹麦学者莫恩斯·赫尔曼·汉森甚至认为，三权分立是一种过时的理论，因为“职能分立和人事分立原则已经因为种种例外而千疮百孔，必须被抛弃。而且，职能细分成立法、行政与司法，这在理论上是清晰的，但在实践中却不起作用”①。

在政治发展领域，中国道路的优越性同样显著。概括起来，这种独特优势主要表现为：一是中国的政治发展强调现代化的多样性、多元化，而不是坚持西方的一元化、直线性思维，避免了政治发展陷入教条化困境，更能适应纷繁复杂的现代化进程，更能保持政治发展的旺盛生机；二是中国的政治制度以形成共识为取向，能够实现最广泛的利益代表，汇聚各方

---

① 莫恩斯·赫尔曼·汉森：《混合宪制与三权分立：现代民主的君主制与贵族制特征》，欧树军译，《经济社会体制比较》2012 年第 2 期。

智慧，及时有效地把共识转化为决策、政策，避免了社会撕裂、“否决政治”、资本政治的出现；三是中国的政治制度具有强大的调适能力，坚持问题导向，能够选贤任能、与时俱进，与西方政治发展道路墨守成规、疲态尽显的状态形成了对比。这些独特优势是保障中国道路能够实现“弯道超车”的重要原因。

第五章

大情怀：永远同人民站在一起

- 新民主主义革命时期：解放一切被压迫阶级
- 社会主义建设探索时期：为人民谋幸福
- 改革开放以来：以人民利益为重
- 新时代：以人民为中心，创造美好生活

每次佩戴党徽，看到上面刻着毛泽东题写的“为人民服务”，内心热情便不禁涌动。“为人民服务”五个金色大字，展现着中国共产党人与生俱来、一以贯之的“人民情怀”。中国人自古以来便有“治理之道，莫要于安民；安民之道，在于察其疾苦”的传承，有“圣人无常心，以百姓心为心”的教诲。中国共产党继承这传统，从诞生之日起，就与人民同呼吸、共命运、心连心，永远把人民对美好生活的向往作为奋斗目标。全心全意为人民服务是中国共产党的根本宗旨，中国共产党始终不渝地践行这个根本宗旨。《中国共产党党章》规定，中国共产党既是“中国工人阶级的先锋队”，也是“中国人民和中华民族的先锋队”，是为中国“绝大多数人”的利益而奋斗的党，党的初心和使命，就是为中国人民谋幸福，为中华民族谋复兴。“党除了工人阶级和最广大人民群众的利益，没有自己特殊的利益。党在任何时候都把群众利益放在第一位”；“中国共产党人随时准备为党和人民牺牲一切”。全心全意为人民服务是中国共产党人的郑重承诺。

2019 年 4 月，习近平在重庆调研时强调：“我们是全心全意为人民服务的党，追求老百姓的幸福。路很长，我们肩负的责任很重，这方面不能有一劳永逸、可以歇歇脚的思想。唯有坚定不移、坚忍不拔、坚持不懈，才能无愧于时代、不负人民。”① 中国革命之所以取得胜利，中国的社会主义制度之所以能建立并巩固，中国的改革开放之所以取得成功，中国特色社会主义之所以具有强大生命力，关键就在于中国共产党能够永远同人民站在一起。始终同人民在一起，全心全意为人民服务，是马克思主义政党同其他政党的根本区别，也是中国共产党人矢志不渝的初心。中国共产党百年的奋斗历史，就是一部永远同人民站在一起的历史，就是一部全心全

① 《“这件事我要以钉钉子精神反反复复地去抓”——记习近平总书记在重庆专题调研脱贫攻坚》，《人民日报》2019 年 4 月 19 日。

意为人民服务的历史。

一、新民主主义革命时期：解放一切被压迫阶级

中国共产党从诞生之日起，就始终把人民利益放在心中最高位置，以拯救中华民族、解放劳苦大众为己任，忠实地为人民的利益而英勇奋斗。这首先是由中国共产党的性质宗旨和根本政治属性决定的。马克思、恩格斯在《共产党宣言》中指出："过去的一切运动都是少数人的，或者为少数人谋利益的运动。无产阶级的运动是绝大多数人的，为绝大多数人谋利益的独立的运动。"① 中国共产党以马克思列宁主义为指导思想和行动指南，在最初建立之时，就在党纲中体现了为人民服务的思想。1921 年 7 月，中国共产党刚刚诞生，便在党的纲领中庄严申明自己的奋斗目标：承认无产阶级专政，直到阶级斗争结束，即直到消灭社会的阶级区分；消灭资本家私有制。② 这个宗旨表明，中国共产党代表广大劳动人民的根本利益，要为中国人民的解放和幸福进行斗争。中国共产党缔造和领导的人民军队，从 1927 年 8 月 1 日南昌起义起，就宣布为中国工农大众而战。起义军攻克汕头后出示的安民布告中明确写道："此次南昌起义，原为救国救民。" 1927 年，"工农革命军"的旗帜第一次由秋收起义部队打出来，这支部队登上井冈山后解决的第一个问题，就是使自己成为服务于无产阶级思想的、服务于人民斗争和根据地建设的工具。1929 年 6 月，红四军颁发布告，公开宣示红军以帮助工人、农民及一切被压迫阶级得到解放为宗旨。但是，当时我党还处在幼年时期，还没有能够总结经验，提炼概括党的根本宗旨。

---

① 《马克思恩格斯选集》第 1 卷，人民出版社 2012 年版，第 411 页。

② 参见中共中央党史研究室：《中国共产党历史 · 第 1 卷（1921—1949）》上册，中共党史出版社 2002 年版，第 86 页。

（一）“全心全意为人民服务”的明确提出

1935 年 10 月，党中央和中央红军长征到达陕北。在延安时期，党的理论逐步完善起来，全心全意为人民服务作为党的根本宗旨被明确地提了出来。

1938 年 10 月，毛泽东在《中国共产党在民族战争中的地位》一文中指出：“共产党员在民众运动中，应该是民众的朋友，而不是民众的上司，是诲人不倦的教师，而不是官僚主义的政客。共产党员无论何时何地都不应以个人利益放在第一位，而应以个人利益服从于民族的和人民群众的利益。”① 这里明确提出了党与群众的关系这一重大问题。

1939 年 2 月，毛泽东在给张闻天的信中第一次提出了“为人民服务”的概念：“孔子的知（理论）既是不根于客观事实的，是独断的，观念论的，则其见之仁勇（实践），也必是仁于统治者一阶级而不仁于大众的：勇于压迫人民，勇于守卫封建制度，而不勇于为人民服务的。”② 随后，毛泽东陆续在一些公开场合和刊物中阐释了“为人民服务”的意蕴。1939 年 12 月，毛泽东在《大量吸收知识分子》的决定中提出知识分子应该“为工农服务”“为群众服务”，并以能否为群众服务作为区分不同知识分子的标准，也作为吸收知识分子加入中国共产党的考量标准。1942 年 5 月，毛泽东在延安举行的文艺座谈会上发表讲话，提出作家是“为千千万万劳动人民服务”，并指出：“对于过去时代的文艺形式，我们也并不拒绝利用，但这些旧形式到了我们手里，给了改造，加进了新内容，也就变成革命的为人民服务的东西了。”③ 1942 年 12 月，在论及经济和财政问题时，他强调：“一切空话都是无用的，必须给人民以看得见的物质福利。”“我们的

① 《毛泽东选集》第 2 卷，人民出版社 1991 年版，第 522 页。

② 《毛泽东书信选集》，人民出版社 2003 年版，第 147 页。

③ 《毛泽东著作选读》下册，人民出版社 1986 年版，第 532 页。

第一个方面的工作并不是向人民要东西，而是给人民以东西。”[①] 毛泽东1943年11月给中直军直生产展览会的题词就是：“群众生产，群众利益，群众经验，群众情绪，这些都是领导干部们应时刻注意的。”[②] 1943年10月，毛泽东在《论合作社》中指出，为群众利益着想是“我们与国民党的根本区别，也是共产党员革命的出发点和归宿”。1944年7月，毛泽东在接见英国记者斯坦因时说：“我们的党员在中国人口中当然只占很小的一部分，只有当这一小部分人反映大多数人的意见，并为他们的利益而工作时，党和人民之间的关系才是健康的。”[③]

1944年9月8日，毛泽东在追悼中央警备团战士张思德的会议上发表了《为人民服务》的著名演讲，提出了“完全”“彻底”为人民服务的观点，把为人民服务明确为对我党、我军和一切革命同志的普遍要求。他语重心长地说：“我们的共产党和共产党所领导的八路军、新四军，是革命的队伍。我们这个队伍完全是为着解放人民的，是彻底地为人民的利益工作的。”“因为我们是为人民服务的，所以，我们如果有缺点，就不怕别人批评指出。”[④]

随着中国革命进程发展，毛泽东进一步提出了“全心全意为人民服务”这一概念。1944年10月4日，他在中央印刷厂礼堂向《解放日报》和新华社工作人员发表讲话，指出：“为人民服务，不能是半心半意，不能是三心二意，一定要全心全意。”此后，毛泽东在不同场合多次题写“为人民服务”，不断展现其蕴含的精神力量。1944年冬，他为党内刊物《书报简讯》题词：“书报简讯办得很好，希望继续努力，为党即是为人民服务。”

经过理论和实践的充分准备，1945年4月24日，毛泽东在党的七大

---

① 中共中央文献研究室编：《毛泽东文集》第2卷，人民出版社1993年版，第467页。

② 中共中央文献研究室编：《毛泽东年谱（1893—1949）》（修订本）中卷，中央文献出版社2013年版，第481页。

③ 中共中央文献研究室编：《毛泽东文集》第3卷，人民出版社1996年版，第186—187页。

④ 《毛泽东选集》第3卷，人民出版社1991年版，第1004页。

报告上正式提出“全心全意为人民服务”，并将其作为党的宗旨。毛泽东在党的七大题为《两个中国之命运》的开幕词中说：“我们应该谦虚、谨慎、戒骄、戒躁，全心全意地为中国人民服务。”毛泽东在党的七大上所作的《论联合政府》报告中指出：“共产党人的一切言论行动，必须以合乎最广大人民群众的最大利益，为最广大人民群众所拥护为最高标准。”①他集中阐述了“全心全意为人民服务”的具体含义：“全心全意地为人民服务，一刻也不脱离群众；一切从人民的利益出发，而不是从个人或小集团的利益出发；向人民负责和向党的领导机关负责的一致性；这些就是我们的出发点。”② 刘少奇在党的七大上指出：“我们党从最初起，就是为了服务于人民而建立的，我们一切党员的一切牺牲、努力和斗争，都是为了人民群众的福利和解放，而不是为了别的。”一切依靠群众，就是把人民群众当作自身的根基，作为安身立命之本；同时依靠群众自己解放自己，自己发展自己，“而不是任何群众之外的人所能恩赐、所能给予的，也不是任何群众之外的人能够代替群众去争取的”，“所以我们的一切，都依靠于、决定于人民群众的自觉与自动”，否则，“我们将一事无成，费力不讨好”。共产党人“应该到处是，也只能是人民群众的引导者和向导，而不应该是、也不可能是代替人民群众包打天下的‘英雄好汉’”③。

党的七大第一次将“全心全意为人民服务”的宗旨写入了党章，并将其作为党员必须履行的义务之一确定下来。党章总纲中明确规定：“中国共产党人必须具有全心全意为中国人民服务的精神，必须与工人群众、农民群众及其他革命人民建立广泛的联系。并经常注意巩固与扩大这种联系。每一个党员都必须理解党的利益与人民利益的一致性，对党负责与对人民负责的一致性。”④ 党的八大更加明确地强调了“必须全心全意地为人

① 《毛泽东选集》第3卷，人民出版社1991年版，第1096页。
② 《毛泽东选集》第3卷，人民出版社1991年版，第1094—1095页。
③ 《刘少奇选集》上卷，人民出版社1981年版，第348、351页。
④ 《中国共产党党章汇编》，人民出版社1979年版，第48页。

民群众服务”。以后的历次党代会也坚持把全心全意为人民服务的宗旨写入党章。

1945 年 8 月，毛泽东赴重庆与蒋介石进行和平谈判，其间与《大公报》总编王芸生多次会面。《大公报》在抗战期间坚持团结抗战，仗义执言，敢于揭露国民党暗中反共、制造摩擦的种种背信弃义的可耻行径，日本投降后又揭露和抨击国民党抢夺胜利果实，大肆“劫收”、搜刮民财的丑恶行为，反映了人民的呼声。通过几次交谈，王芸生对中国共产党有了不少新的了解，但对蒋介石仍心存幻想，劝毛泽东“不要另起炉灶”。毛泽东耐心地解释说：“不是我们要另起炉灶，而是国民党的炉灶里不许我们造饭。”他说，希望《大公报》能够成为人民大众说话的报纸。晚宴结束时，王芸生请毛泽东为《大公报》题词，毛泽东欣然应允，提笔写下“为人民服务”。这就是我们最为熟悉的“为人民服务”五个大字的来源。

（二）深入实际，同最广大的群众站在一起

同人民站在一起，为人民服务，首要的是深入人民群众之中，端正对待人民群众的态度，增强同人民群众的感情，制定出真正代表人民群众利益的方针政策。毛泽东说过：“共产党领导机关的基本任务，就在于了解情况和掌握政策两件大事。”① 遵义会议之后，毛泽东之所以成为全党公认的领袖，根本上在于他成功探索出了一条适合中国国情的革命道路。这条道路的形成，又与他作了大量的社会调查特别是农村调查，对中国国情有着深入与透彻的了解密不可分，是“为人民服务”思想产生的先导。

大革命失败后，毛泽东率先在农村开辟革命根据地，开始农村包围城市道路的艰辛探索。在建立农村革命根据地的过程中，毛泽东抓紧时间了解农村和农民情况，深入开展社会调查，亲自撰写了大量的调查报告，如 1927 年 11 月的《永新调查》《宁冈调查》，1930 年 5 月的《寻乌调查》，

① 《毛泽东选集》第 3 卷，人民出版社 1991 年版，第 802 页。

1930 年 10 月的《兴国调查》《分田后的富农问题》，1930 年 11 月的《东塘等处调查》《赣西南土地分配情形》《江西土地斗争中的错误》《分青和出租问题》《水口村调查》，1933 年 11 月的《长冈乡调查》《才溪乡调查》等。

毛泽东深入细致的调查研究，对中国共产党形成正确的土地革命路线，起到了重要的作用。后来，毛泽东曾这样说："我作了寻乌调查，才弄清了富农与地主的问题，提出解决富农问题的办法，不仅要抽多补少，而且要抽肥补瘦，这样才能使富农、中农、贫农、雇农都过活下去。假若对地主一点土地也不分，叫他们去喝西北风，对富农也只给一些坏田，使他们半饥半饱，逼得富农造反，贫农、雇农一定陷于孤立。当时有人骂我是富农路线，我看在当时只有我这办法是正确的。"① 习近平在《谈谈调查研究》一文中指出："毛泽东同志 1930 年在寻乌县调查时，直接与各界群众开调查会，掌握了大量第一手材料，诸如该县各类物产的产量、价格，县城各业人员数量、比例，各商铺经营品种、收入，各地农民分了多少土地、收入怎样，各类人群的政治态度，等等，都弄得一清二楚。这种深入、唯实的作风值得我们学习。"

尤其重要的是，1930 年 5 月，毛泽东在寻乌调查的基础上写了《调查工作》（即《反对本本主义》）一文，对他多年从事调查研究工作的经验作了生动概括，在思想理论上阐明了调查工作的重要意义和科学方法，从认识论高度第一次鲜明地提出"没有调查，没有发言权"。他指出："你对于那个问题不能解决吗？那末，你就去调查那个问题的现状和它的历史吧！你完完全全调查明白了，你对那个问题就有解决的办法了。一切结论产生于调查情况的末尾，而不是在它的先头。"② 只有深入实际，深入群众，调查研究，掌握各种必要材料，弄清问题的来龙去脉，才能取得正确的认识，从而找到解决问题的正确措施和办法。

---

① 《毛泽东农村调查文集》，人民出版社 1982 年版，第 22 页。
② 《毛泽东选集》第 1 卷，人民出版社 1991 年版，第 110 页。

在这篇文章中，毛泽东还提出了一个重要的论断："中国革命斗争的胜利要靠中国同志了解中国情况。"其针对性是不言而喻的。当时，党内有不少人对十月革命的经验盲目崇拜，对经典作家关于无产阶级革命的论述教条式地理解，机械执行共产国际指示或盲目照搬俄国革命做法，缺乏独立自主意识和独创精神。为此，毛泽东尖锐地指出："共产党的正确而不动摇的斗争策略，决不是少数人坐在房子里能够产生的，它是要在群众的斗争过程中才能产生的，这就是说要在实际经验中才能产生。因此，我们需要时时了解社会情况，时时进行实际调查。"① 从这篇文章可以看出，毛泽东思想活的灵魂的三个方面——实事求是、群众路线、独立自主已经蕴含其中了。毛泽东为什么能成功探索出一条适合中国国情的革命道路，从他当时深入细致的调查研究中不难找到答案。

1930 年 10 月，毛泽东又作了著名的兴国调查，详细了解了八户农民家庭的土地、财产、收入、支出、人口、劳动力、婚姻、文化、政治地位、对革命的态度等。这八户农民，在土地斗争中分到了土地，欠的债也不要还了，而且百物都便宜了，因此他们总是"叨红军的恩典"。中农和贫农占了农村人口的 80% 左右，是党在农村进行革命的主要依靠力量。在土地革命中，中农参加革命很勇敢，他们"和贫农一样'出发'（谓编在自卫军中，有时要出发作战），一样放哨，一样开会"②。之所以如此，因为中农在土地革命中是"得利"的，主要表现为：平分土地后他们的土地不但不受损失，而且多数还分进了部分土地；过去娶亲要花很多钱，几乎等于中农的全部财产，土地斗争后婚姻自由，娶亲不要钱；过去办丧事要花很多钱，有些中农由此负债破产，土地斗争后破除了迷信，这个钱也不用花了；土地革命后牛价便宜；地主和富农的权利被打倒，中农不再向他们送情送礼了，也可节省一项费用。更重要的是，过去中农在地主富农的统治之下，没有"说话权"，事事听人处置；土地斗争后，他们与贫雇农

---

① 《毛泽东选集》第 1 卷，人民出版社 1991 年版，第 115 页。

② 《毛泽东农村调查文集》，人民出版社 1982 年版，第 217 页。

一起有了“说话权”。毫无疑问，贫农在土地革命中表现更勇敢，因为他们在土地革命中是“得利最大”的阶层，他们分了田（这是根本利益），分了山，革命初起时，分了地主及反革命富农的谷子，物价便宜了能吃便宜米，废除了买卖婚姻可以娶到老婆，等等。最根本的是取得了政权，他们成为农村政权的主干和指导阶级。

在日本帝国主义进攻中国，中华民族面临生死存亡的关键时刻，中国共产党主动提出停止内战、共同抵御外侮的主张，使人民群众看到中国共产党是为整个国家民族利益着想的党。遵义会议后，中国共产党在总结经验教训的基础上，大幅度地调整十年内战时期执行的土地政策，制定了一系列符合实际的方针政策，赢得了最广大群众的认同与支持，取得了抗日战争和人民解放战争的胜利。1935 年 12 月 6 日，为了适应国内政治形势的变化，中共中央作出《关于改变对富农策略的决定》，指出对于富农只取消其封建性剥削的部分，其经营的土地、商业的财产不予没收；苏维埃政府应保障富农扩大生产与发展工商业等自由。[①] 随后在瓦窑堡会议上通过了《中央关于目前政治形势与党的任务决议》，顺应全国人民“停止内战，一致对外”的要求，提出要建立最广泛的抗日民族统一战线，并且作出重大的政策调整，将“工农共和国”改称“人民共和国”，用比过去宽大的政策对待民族工商业资本家。1936 年 12 月西安事变发生后，鉴于抗日民族统一战线初步形成，又明确提出不再执行没收地主土地的政策。在 1937 年 8 月召开的洛川会议上，正式提出以减租减息作为抗日战争时期党基本的土地政策。这个政策的转变，对于团结争取广大地主、富农参加抗日民族统一战线创造了条件。

1940 年 12 月 25 日，毛泽东写作了《论政策》一文，详细论述了党在抗日战争时期的政策与土地革命时期政策的重大区别。在认识到中国革命是半殖民地的资产阶级民主革命和革命的长期性这两个基本特点的基础

---

① 参见中国社会科学院经济研究所中国现代经济史组：《第一、二次国内革命战争时期土地斗争史料选编》，人民出版社 1981 年版，第 834 页。

上，毛泽东指出，在整个抗日战争时期，无论在何种情况下，我党的抗日民族统一战线的政策是决不会变更的。这一政策是综合联合和斗争两方面的政策。关于政权组织，强调必须坚决地执行“三三制”，共产党员在政权机关中只占三分之一，吸引广大的非党人员参加政权。不论政府机关和民意机关，均要吸引那些不积极反共的小资产阶级、民族资产阶级和开明绅士的代表参加；必须容许不反共的国民党员参加。关于劳动政策，强调必须改良工人的生活，才能发动工人的抗日积极性。但是切忌过左，加薪减时，均不应过多。在中国目前的情况下，八小时工作制还难以普遍推行，在某些生产部门内还须允许实行十小时工作制。其他生产部门，则应随情形规定时间。劳资间在订立契约后，工人必须遵守劳动纪律，必须使资本家有利可图。否则，工厂关门，对于抗日不利，也害了工人自己。关于土地政策，一方面强调应该规定地主实行减租减息，方能发动基本农民群众的抗日积极性，但也不要减得太多。地租，一般以实行二五减租为原则；到群众要求增高时，可以实行倒四六分，或倒三七分，但不要超过此限度。利息，不要减到超过社会经济借贷关系所许可的程度。另一方面要规定农民交租交息，土地所有权和财产所有权仍属于地主。不要因减息而使农民借不到债，不要因清算老账而无偿收回典借的土地。也正因为有了这样的政策，既照顾了广大工人农民的利益，又兼顾到了地主和民族资产阶级的利益。这样做的目的，就在于团结争取一切力量去反对日本帝国主义。没有这样的政策，就不会有广泛的抗日民族统一战线，也就不会有抗日战争的胜利，同样不会有中共自身在抗战中的发展壮大。关于人民权利，强调一切不反对抗日的地主资本家和工人农民有同等权利。关于经济政策，强调吸引愿意来的外地资本家到抗日根据地开办实业，奖励民营企业，避免对任何有益企业的破坏。

1947 年土地改革在复查和平分土地的过程中，一些地方曾一度发生侵犯中农和民族工商业者利益、乱打乱杀的偏向，中央和毛泽东了解到这个情况后，及时开展纠“左”，强调中农的利益不得侵犯，必须保护民族工商业，在新解放区停止“急性土改”，在老区迅速确定地权，结束土改，从而稳定了农民的情绪和解放区的社会秩序，为保证解放战争的胜利起了十分重要的作用。在解放战争时期，毛泽东曾强调：“蒋介石孤立，是因为他代表地主阶级和官僚资产阶级的利益，是压迫人民的。”“如果我们的政策不正确，比如侵犯了中农、中等资产阶级、小资产阶级、民主人士、开明绅士、知识分子，对俘虏处置不当，对地主、富农处置不当，在统一战线问题上犯了错误，那就还是不能胜利，共产党会由越来越多变成越来越少，蒋介石的孤立会变成国共两方面都孤立，人民不喜欢蒋介石，也不喜欢共产党。这个可能性是有的，在理论上不是不存在的。”①

（三）发展民主，建立人民军队和人民政权

大革命失败后，在全党寻找中国革命新道路而进行的艰苦探索中，毛泽东率领秋收起义部队上井冈山，进行创建革命根据地、开展工农武装割据的斗争，代表了中国革命发展的正确方向。

井冈山根据地的斗争是同土地革命分不开的。在根据地建立之初，分田地只在个别地区试行。随着根据地的逐步巩固，1928 年 5 月至 7 月，边界各县掀起了分田高潮，年底颁布了井冈山《土地法》。广大贫苦农民因为分得了土地，看到了实实在在的东西，便知道红军是真正为他们的利益而奋斗的，从各方面全力支持红军和根据地发展。这便为井冈山革命根据地的存在和发展奠定了社会基础。

1929 年，蒋桂战争爆发，红四军利用有利时机，在赣南发动群众打土豪、分田地，发展地方武装，在雩都（今于都）、兴国、宁都三县建立起县级革命政权，赣南的工农武装割据局面初步形成。1930 年春，赣南根据地和闽西根据地形成，先后成立以曾山为主席的赣西南苏维埃政府和以邓子恢为主席的闽西苏维埃政府，为后来中央革命根据地的建立奠定基础。

---

① 中共中央文献研究室编：《毛泽东文集》第 5 卷，人民出版社 1996 年版，第 22—23 页。

1929年9月28日，中共中央发出给红四军前委指示信（即“九月来信”）。这封信是陈毅按照周恩来多次谈话和中共中央会议的精神代中共中央起草并经周恩来审定的。“九月来信”指出：“先有农村红军，后有城市政权，这是中国革命的特征，这是中国经济基础的产物”；明确规定红军的基本任务是：“一，发动群众斗争，实行土地革命，建立苏维埃政权；二，实行游击战争，武装农民，并扩大本身组织；三，扩大游击区域及政治影响于全国。”

1929年12月下旬，中国共产党红军第四军第九次代表大会在福建省上杭县古田召开。这就是古田会议。古田会议内容十分丰富，中心内容就是要用无产阶级思想建设无产阶级的政党和人民军队。古田会议结合中国共产党和中国革命的具体情况，灵活地运用马克思列宁主义，创造性地提出了思想建党的原则，初步回答了在党员以农民为主要成分的情况下，如何同群众站在一起，又能保持党的无产阶级先锋队性质的问题。古田会议决议还提出了加强党的组织建设的任务，要求“厉行集中指导下的民主生活”；同时，古田会议还规定了人民军队为人民服务的宗旨，从此便有了中国共产党绝对领导下的人民军队。古田会议批评了那种认为军事和政治是对立的单纯军事观点，批评了只是走州过府、流动游击、不愿做建设政权的艰苦工作等思想倾向。明确指出，红军“除了打仗消灭敌人军事力量之外，还要负担宣传群众、组织群众、武装群众、帮助群众建立革命政权以至于建立共产党的组织等项重大的任务”。这就划清了党领导下的新型人民军队同国民党军队和一切旧式军队的根本界限，指引红军指战员始终为着人民的利益而战斗。

1931年11月，中国共产党在江西瑞金引进苏联的议行合一制度，召开苏维埃代表大会，选举产生中华苏维埃共和国。1937年上半年把苏维埃代表大会改制为议会。1939年，陕甘宁边区按照国民党的命令，把议会改称为“参议会”。

抗日战争时期，中国共产党在各个根据地实行参议会制度。第一，实行普遍选举、平等选举。凡居住边区境内的人民，年满十八岁，不分阶级、党派、职业、男女、宗教、民族、财产和文化程度的差别，都有选举权和被选举权。被剥夺政治权利的，只有卖国的汉奸、被法院判决剥夺公民权的以及精神病人等。第二，按照国民党的规定，立法、行政两权“并立”。按照国民党的规定，根据地要模仿国民党行政、立法、司法、考试、监察五权并立的做法。参议会掌握立法权，由边区民众直接选举产生，它再选举产生边区政府委员会、边区政府主席、副主席和边区高等法院院长；边区政府综理全边区政务，掌握行政权；司法权在边区高等法院。其中，高等法院是边区政府的一个内设部门，司法权是从属于行政权的。

中共中央在1940年后开始批评立法、行政两权“并立”的做法，要求实行民主集中制。党内讨论的结果是，规定参议会在开会期间是边区最高权力机关，参议会闭幕后，边区政府是边区最高权力机关或行政最高权力机关。同时，同级政府必须遵守和执行参议会的决议，对参议会负责。毛泽东在1945年4月党的七大上第一次正式宣布，这种制度就叫做“人民代表大会”。当时，毛泽东指出，新民主主义国家“应该采取民主集中制，由各级人民代表大会决定大政方针，选举政府”①。这是一个民主集中制的各级人民代表会议制度。

人民政权中如何认识党的领导和群众的关系？1940年3月，关于根据地政权的建设，毛泽东明确指出：“所谓领导权，不是要一天到晚当作口号去高喊，也不是盛气凌人地要人家服从我们，而是以党的正确政策和自己的模范工作，说服和教育党外人士，使他们愿意接受我们的建议。”②“在这里，我们要讲清领导的性质。什么叫做领导？它体现于政策、工作、行动，要在实际上实行领导，不要常常叫喊领导。常常叫喊领导，人家不愿听，就少说些。对领导权要弄清其性质，而不要天天像背经似

① 《毛泽东选集》第3卷，人民出版社1991年版，第1057页。

② 《毛泽东选集》第2卷，人民出版社1991年版，第742页。

的去念。”[①] 1940 年 8 月，老革命家谢觉哉在解释为什么在政权问题上要实行“三三制”时就说过：“什么叫领导？领导是带路的意思，有正确的政策与模范的行动，大多数人们自然跟着走。如果靠党员占权位的人多，使少数人不敢不跟着走，那是压迫，不算领导。”[②]

（四）改善民生，精兵简政，发展生产

中国共产党自成立以来，便心系民生福祉，在革命战争的艰苦年代更是如此。中国共产党就是为人民谋利益的党，利益一定是群众看得见、感受得到的。对于这个问题，毛泽东于 1934 年 1 月在江西瑞金召开的第二次全国工农兵大会上所作的报告中就指出：“解决群众的穿衣问题，吃饭问题，住房问题，柴米油盐问题，疾病卫生问题，婚姻问题。总之，一切群众的实际生活问题，都是我们应当注意的问题。”[③]

抗日战争时期，敌后抗日根据地是在交通不便、经济落后的农村地区建立和发展起来的。根据地的经济是以分散的、落后的小农经济为主体的自然经济，再加上敌人的经济封锁和连年的灾荒，使生产长期处于衰落的状态，人民的生活异常困难。同时，根据地又经常直接遭受日本侵略者的摧残，农田被破坏，房屋被烧毁，耕牛、农具、粮食等生产和生活资料被抢走，经济遭到极大破坏。为迅速恢复和发展经济，改善人民生活，保护人民利益，调动广大人民群众生产和抗敌的积极性，中国共产党在领导各敌后抗日根据地加强抗日民主政权建设的同时，制定和实施了一系列关注民生、保障民生和改善民生的政策和措施。努力保障革命根据地的民生底线，保障根据地人民的基本生活，是我们革命取得胜利，从胜利走向胜利、从根据地走向全国的基础。

为了恢复和发展农业生产，各抗日民主政权积极创造各种条件，制定

---

① 中共中央文献研究室编：《毛泽东文集》第 3 卷，人民出版社 1996 年版，第 328 页。

② 《谢觉哉文集》，人民出版社 1989 年版，第 404 页。

③ 《毛泽东选集》第 1 卷，人民出版社 1991 年版，第 136—137 页。

了减租减息，废除高利贷和苛捐杂税等政策，以调动广大农民抗日和生产的积极性，促进农业生产的发展。1939 年 11 月，中共中央发出《关于深入群众工作的决定》，指示在八路军、新四军活动区域，“在经济改革方面，必须实行减租减息、废止苛捐杂税与改良工人生活。凡已经实行的，必须检查实行程度。凡尚未实行的，必须毫不犹豫的立即实行”。1940 年 2 月 1 日，晋察冀边区政府修正公布了《减租减息条例》，规定地租的最高额“不得超过耕地正产物收获总额的千分之三百七十五”和承租人的“永佃权”，开启了边区减租减息运动热潮。《中共中央关于目前时局与党的任务的决定》进一步指示：“要认真实行减租减息减税与改良工人生活，给民众以经济上的援助，才能发动民众的抗日积极性，否则是不可能的。”

抗日根据地发展农业生产的另一项重要政策是奖励垦荒，扩大耕地面积。由于战争的破坏和自然灾害，农田锐减。在生产技术和农业投入不可能大幅度提高和增加的情况下，扩大耕地面积就成为增加农业产出的主要途径。1938 年，晋察冀边区行政委员会成立时提出了扩大耕地面积、防止新荒、开垦荒地的方针。2 月，边区政府颁布了《垦荒单行条例》，规定凡本边区内未开垦之地及已垦而连续两年来未经耕种者，不论公有私有，一律以荒地论，准许人民无租耕种，土地所有权归承垦农民。在此激励下，在当年春耕中，边区人民开荒约 3 万亩。1939 年秋，边区政府又颁发了《垦修滩荒办法》，规定先由土地所有人积极垦修土地，土地所有人不能垦修土地者，由地方政府招人垦修。1940 年，边区开展“修滩运动”，边区政府为此发放 300 万元贷款。晋冀豫边区为鼓励开荒，决定将开荒地免征 3 年公粮延长到 5 年。晋绥根据地规定，开垦生荒地免征公粮 3 年，免征地租 5 年；开垦熟荒地免征公粮 1 年，免征地租 3 年；而开垦河滩则免征公粮 5 年，免征地租 5 至 20 年。在政府的鼓励下，根据地农民、部队和机关人员纷纷垦荒，使根据地耕地面积逐年增加。据统计，仅晋察冀边区北岳区第 3、第 5 两个专区 1940 年就开荒 12.7 万余亩；第 1 至第 5 专区的修滩总数达15.6万余亩。[①]

1940年国民党当局停发八路军军饷，并对抗日根据地实行经济封锁，陕甘宁边区的外援全部断绝，边区政府已没有足够的财力购粮，只能全部依靠征粮。1941年中共中央和边区政府决定征粮20万担，这虽然是不得已之事，但比1940年征收的公粮9万担增加了1倍多，是抗战以来边区征粮数字最高的一次。“群众深感负担过重，普遍出现不满情绪。”[②] 为此，中共中央和毛泽东及时采纳党外人士、陕甘宁边区政府副主席李鼎铭提出的“精兵简政”意见，在各根据地实施大规模的精兵简政。1943年10月1日，中共中央发布了《开展根据地的减租、生产和拥政爱民运动》的指示，要求“在全根据地内实行自己动手，克服困难（除陕甘宁边区外，暂不提丰衣足食口号）的大规模生产运动”。在精兵简政和大生产运动中，局面很快改观。

二、社会主义建设探索时期：为人民谋幸福

1949年10月1日，中华人民共和国成立，中华民族成为一个“站起来”的民族。中国共产党带领中国人民建立了社会主义制度。有了社会主义制度的强大支撑，中国共产党便有了强大的基础和能力，能够更好地践行全心全意为人民服务宗旨，为最广大人民谋幸福。为此，中国共产党在经济、政治、社会各领域进行了全面探索。

（一）解放发展生产力，探索国民经济体制

中央人民政府成立时，经济面临严重困难，物价上涨，市场混乱。能

---

① 参见军事科学院军事历史研究部：《中国抗日战争史》中卷，解放军出版社1994年版，第340页。

② 中共中央文献研究室编，金冲及主编：《毛泽东传（1893—1949）》，中央文献出版社2004年版，第639页。

不能遏止涨价风潮，成为关系人民生活、社会安定的重大问题。面对复杂形势，党和人民政府采取必要的行政手段和有力的经济措施，成功组织了同投机资本作斗争的“两大战役”——“银元之战”和“米棉之战”，使物价趋于回落。1950 年 3 月，政务院发出《关于统一国家财政经济工作的决定》，决定统一全国财政收入，使财政收入的主要部分集中到中央，用于国家的必要开支；统一全国物资调度，使国家掌握的重要物资能从分散状态集中起来合理使用，以调剂余缺；统一全国现金管理，一切军政机关和公营企业的现金，除留若干近期使用者外，一律存入国家银行，资金往来使用转账支票并经人民银行结算。1950 年一、二季度国家财政赤字曾占支出总数的 43% 和 40%，而三、四季度即下降到 9.8% 和 6.4%，财政收支接近平衡。随着实行现金管理、整顿税收、推销公债等措施，全国物价进一步回落并趋于平稳。稳定物价和统一财经，结束了自抗战以来连续多年使人民深受其害的恶性通货膨胀、物价飞涨的局面，有力地推动了在全国范围内改造半殖民地半封建经济为独立自主的新民主主义经济的转变，为安定人民生活，恢复和发展工农业生产创造了条件。

新中国成立后，毛泽东多次指出，我们的任务非常清晰，就是要“建设一个伟大的社会主义国家”①，要“改变我国在经济上和科学文化上的落后状况，迅速达到世界上的先进水平”②，要建成一个富强的中国，并且作为社会主义国家，“这个富，是共同的富，这个强，是共同的强，大家都有份”③。要实现这样的目标，首先要进行社会主义改造。社会主义改造是解放和发展生产力的前提，能够为发展工业和农业创造社会条件。因此，国民经济恢复时期以后，1952 年毛泽东便开始了探索适合中国国情的社会主义改造道路。经过 4 年的努力，1956 年社会主义改造基本完成，1957 年公有经济占据国民经济的支配地位，其中国有经济占 33.2%，合作经济占

① 《毛泽东文集》第 6 卷，人民出版社 1999 年版，第 458 页。
② 中共中央文献研究室编：《毛泽东文集》第 7 卷，人民出版社 1999 年版，第 2 页。
③ 中共中央文献研究室编：《毛泽东文集》第 6 卷，人民出版社 1999 年版，第 495 页。

56.4%，公私合营占7.6%。

不过中国并没有完全照搬苏联的改造方式，没有采取专横和强制的方式，也不像苏联那样建立起高度国家所有制。直到改革开放前，国有企业在国民经济中的比重也才占56.2%，而苏联在1936年宣布建成社会主义后的第二年，国家所有制已占到全部工业成分的99.97%。[①] 同时，从工业企业数目上看，1978年国有企业只有83700个，而集体企业多达264700个。在“大跃进”和“文化大革命”后期还出现了一种新型企业——农村社队企业，1978年全国社队企业高达152万个，社会总产值491亿元，占全社会总产值的7.17%，为改革开放以后的经济搞活奠定了基础。

毛泽东也将权力下放视为解放发展生产力的关键。1953年他反对地方工业上缴利润太多，因为这样“用于扩大再生产的投资就太少了，不利于发挥地方的积极性”[②]。1956年在《论十大关系》中，他又强调，“有中央和地方两个积极性，比只有一个积极性好得多。我们不能像苏联那样，把什么都集中到中央，把地方卡得死死的，一点机动权也没有”[③]。1957—1958年，中央大规模下放了财权、计划管理权、企业管理权。1966年3月，摆脱了经济困难后，毛泽东再次提出批评中央收权收得过了头，指示凡是收回了的权力都要还给地方。1970年代初，形势刚刚稳定下来，毛泽东再一次发起了分权运动，要求所有适合地方管理的企业统统将管理权下放到地方，连鞍钢、大庆油田、长春第一汽车制造厂、开滦煤矿这些巨型企业也不例外，同时还要下放财政收支权和物资管理权。

1953—1978年，我国GDP年均增长速度达到6.5%，建立起一个独立完整的工业体系和国民经济体系，建立起一个较为完善的交通运输网络，修建了长达20多万公里的防洪堤坝和8.6万个水库，进行了大规模农田基

① 参见王绍光：《中国·政道》，中国人民大学出版社2014年版，第120—121页。

② 中共中央文献研究室编：《毛泽东文集》第6卷，人民出版社1999年版，第288页。

③ 中共中央文献研究室编：《毛泽东文集》第7卷，人民出版社1999年版，第31页。

本建设，基本保障10亿中国人吃饭、穿衣的需求。①

（二）实现人民民主，建立代表人民的政治制度

新中国成立后，中国共产党领导了一系列民主改革，以真正地、具体地实现广大人民群众当家作主。首先是国营工矿企业的民主改革。由于中国官僚资本企业的畸形发展，不少产业、行业内形成了一套由封建把头把持生产和管理的腐朽制度，许多工厂里的封建把头专事欺压工人，对工人实行超经济盘剥。党和政府在国营厂矿中建立和发展党、团、工会组织，废除了使工人群众深恶痛绝的封建把头制、侮辱工人的搜身制等。1951年11月，结合镇压反革命运动，中共中央发出《关于清理厂矿交通等企业中的反革命分子和在这些企业中开展民主改革的指示》，要求各地发动和依靠工人群众，有领导、有计划、有步骤地对工厂、矿山和交通等企业部门，首先对国营工矿交通等企业内的残余反革命势力进行系统清理，并对国有企业内所遗留的旧制度，进行或进一步完成必要的民主改革，在工矿企业中逐步建立起民主的团结协作的新型关系。

在民主改革的基础上，各国营厂矿以生产为中心对劳动组织进行整顿，建立新的劳动制度和劳动组织，把一批在生产上有经验、在群众中有威信的工人和职员提拔到生产和行政管理岗位上来，使企业的各级领导权掌握在工人阶级手中。各厂矿普遍建立起厂长领导下的工厂管理委员会，并通过工会委员会、职工代表会议联系工人、职员群众，发动和组织职工参加企业管理，初步建立适合生产需要的民主管理制度，调动了广大工人群众当家作主、搞好生产的积极性，使工业生产的恢复取得显著成绩。

民主改革的另一重点是改革封建家庭制度。旧中国的封建家庭关系，基础是以夫权为中心、压迫妇女并剥夺男女婚姻自由的落后的婚姻制度。中国共产党历来重视婚姻制度改革及相关家庭、社会问题。1950年5月1

① 参见胡鞍钢：《中国政治经济史论》，清华大学出版社2008年版，第524—530页。

日颁行的《中华人民共和国婚姻法》，是新中国制定的第一部法律。它明确规定："废除包办强迫、男尊女卑、漠视子女利益的封建主义婚姻制度。实行男女婚姻自由、一夫一妻、男女权利平等、保护妇女和子女合法利益的新民主主义婚姻制度。"新婚姻法的颁布实行，是配合土地改革肃清封建残余的重要举措，是建立民主社会生活和社会道德的一项重大改革。

在经济民主和社会民主初步实现的基础上，政治民主建设也逐步展开。新中国成立之初，由于各方面条件还不成熟，因此还不可能在短期内召开普选的人民代表大会。但各地在接管城市的过程中，创造了各界人民代表会议这一过渡形式，即在新解放地区，先由军事管制委员会从社会各界聘请一些具有代表性的人士，或由群众团体推派代表，组成各界人民代表会议，作为军管初期政府领导机关征询意见、传达政策、联系群众的协议机关，听取和讨论政府的工作报告，提出批评和建议，起到了党和政府同人民群众密切联系的纽带作用。各界人民代表会议，大多以恢复生产、稳定经济为议题，包括原料供应、产品销售、劳资关系、粮煤调配、市场物价等许多紧迫问题，经过各界代表集思广益，多方协调，交由有关部门逐一解决。

毛泽东对开好各级各界人民代表会议十分重视，认为这"对于我党联系数万万人民的工作，对于使党内外广大干部获得教育，都是极重要的"。随着社会秩序基本安定，群众组织程度提高和经验的积累，1951 年 4 月，政务院发出《关于人民民主政权建设工作的指示》，要求各级政府必须按期召开人民代表会议；各级人民政府的一切重大工作，应向同级人民代表会议提出报告，并在代表会议上进行讨论与审查；一切重大问题应经人民代表会议讨论并作出决定。到 1951 年 10 月，全国大多数省、市、县都召开了人民代表会议，其中有 17 个省、69 个市、186 个县的人民代表会议代行人民代表大会的职权，通过民主选举方式，选出政府负责工作人员。到 1952 年底，人民代表会议形成一项经常的制度，在全国普遍实行。通过这一组织形式，人民群众开始学习如何行使自己的民主权利，各级人民政府也在民主建政实践中提高了行政效率和组织管理能力。

在政权的民主建设中，党要求进一步加强人民民主统一战线工作，积极争取知识分子、工商界、宗教界、民主党派和无党派民主人士，在反帝反封建的基础上团结起来，吸引他们参加土地改革等各项民主改革及从事适当的工作。各级党政机关非常重视党员干部与非党人士的合作，人民民主统一战线经受了抗美援朝、土地改革、镇压反革命斗争的考验，充分动员和团结社会各方面力量，为完成民主改革和经济恢复任务作出了贡献。

1953 年初，中央政府先后成立宪法起草委员会，通过了《全国人民代表大会及地方各级人民代表大会选举法》。在中央选举委员会指导下，在全国范围内先后开展人口调查登记、选民登记、基层选举等工作。在此基础上，全国省、市、县、区各级行政区域先后召开人民代表大会，并在省一级的人民代表大会上选举产生全国人民代表。同时，国家宪法草案也着手起草，并在不同层面、不同范围进行反复讨论和修改。

1954 年 9 月 15 日至 28 日，第一届全国人民代表大会在北京召开。会议通过了《中华人民共和国宪法》《中华人民共和国全国人民代表大会组织法》《中华人民共和国国务院组织法》《中华人民共和国人民法院组织法》《中华人民共和国人民检察院组织法》等文件，选举产生以毛泽东为主席的新的国家机构领导人。人民代表大会制度正式建立起来。

人民代表大会制度建立起来以后，中共中央、全国人大及其常委会又采取各种措施，进一步完善人民代表大会制度。例如，为了充分发挥人大代表履职的积极性，1955 年 2 月，全国人大决定，首先在京、津、沪和各省、自治区人民委员会所在地及代表居住人数较多的重庆、青岛、旅大、鞍山等城市，设立全国人民代表大会办事处，以后再在全国普遍推行；决定给全国人大代表每人每月发放津贴工作费 50 元。同年 6 月，全国人大常委会规定，全国人大代表和省、自治区、直辖市代表每年视察两次，县、市人大代表可以随时视察；代表在进行视察时，可以到人民委员会、法院和检察院去了解情况，可以列席他们的会议，访问人民群众；全国和省级人大代表的视察费用可以申请报销。据统计，从 1955 年 11 月中旬到次年 1 月上旬，共有 487 名全国人大代表到各地区、各单位视察，占代表总数的 40%。①

（三）保障人民生活，构建城乡与党政军群全覆盖的大社会

新中国成立后，面临着建立先进的工业国的要求同落后的农业国现实之间的矛盾，是人民对于经济文化迅速发展的需要同当前经济文化不能满足人民需要状况之间的矛盾。虽然经济发展基础薄弱，工业化刚刚起步，但是新中国在解决贫困人口、发展和推广基础教育、为城乡提供廉价的医疗卫生、保障城乡就业和维护社会安全等方面取得了突出成就，成功建立了广泛的城乡体制和党政军群全覆盖的“大社会”。

毛泽东曾批评苏联《政治经济学教科书》只讲个人的消费，不讲社会的消费，即公共的文化福利事业。他说：“我们农村的房屋还很不像样子，要有步骤地改变农村的居住条件。我们居民房屋的建设，特别是城市居民的房屋，主要应当用集体的社会的力量来搞，不应当靠个人的力量。社会主义社会，不搞社会集体福利事业还成什么社会主义？”②

在毛泽东主持制定的新中国第一部宪法中，明确规定了保障人民生活、提供社会保障的任务：一切公民都有劳动的权利，国家通过国民经济有计划的发展，逐步扩大劳动就业，改善劳动条件和工资待遇，以保证公民享受这种权利；劳动者在年老、疾病或者丧失劳动能力的时候，有获得物质帮助的权利，国家举办社会保险、社会救济和群众卫生事业，并且逐

---

① 参见全国人大常委会办公厅联络局编：《全国人民代表大会代表视察资料汇编》，中国民主法制出版社 1992 年版，第 16 页。

② 中共中央文献研究室编：《毛泽东著作专题摘编》上册，中央文献出版社 2003 年版，第 992 页。

步扩大这些设施，以保证他们享受这种权利。公民有受教育的权利。国家设立并且逐步扩大各种学校和其他文化教育机关，以保证公民享受这种权利。①

新中国成立之初，我国工业基础薄弱、服务业发展滞后，绝大多数劳动者以农业为生。新中国成立后，党和政府十分重视民众的就业问题。我国在相当长的一段时期内，社会成员的就业主要由国家统一管理，多在国营或集体单位就业。这种就业制度在一定程度上受制于社会经济发展的程度，但它对保障人民群众的生活、保持社会稳定曾起到了一定的作用。经过持续努力，城乡居民收入显著增长。1949 年，我国居民年人均可支配收入仅为 49.7 元。1956 年，全国居民年人均可支配收入增长为 98 元。

新中国成立之初，社会保障尚属空白。灾民、贫民、无依无靠的孤老残幼等城乡贫困人口众多。新中国成立后，党和政府采取了一系列保障人民生活安定、社会发展的政策，城市的就业单位和农村生产大队承担了主要的社会保障功能，如对国家公职人员、大学生实行公费医疗制度，国家和集体对“五保户”、孤残人员等特殊困难群体进行救济。社会保险体系也建立起来。1951 年以草案颁布实施并经 1953 年、1956 年两次修订公布的《中华人民共和国劳动保险条例》，标志着当代中国劳动保险制度的初步建立。此后，国家又陆续规定了国家机关、事业单位工作人员养老、医疗、生育、死亡抚恤的待遇，有关费用由财政拨付。企业职工的劳动保险金一部分由企业直接拨付，一部分（按工资总额 3% 提取）由全国总工会统筹。这些制度的实行，对保障群众生活和生产发挥了重要的作用，建立了一种低水平但全覆盖的社会保障体系。

旧中国劳动人民难有受教育机会，1949 年全国 5.4 亿人口中约 80% 不识字，学龄儿童入学率仅为 20%。在此基础上，党和政府确定了“教育必须为生产建设服务，为工农服务，学校向工农开门”的发展人民教育的方

① 参见中共中央文献研究室编：《建国以来重要文献选编》第 5 册，中央文献出版社 1993 年版，第 540—541 页。

针，大力发展工农教育，举办工农速成中学、干部文化补习学校（班）等，采取短期速成的方法，使一批工农干部、产业工人和解放军指战员达到中等文化程度，其中一部分接受高等教育，成长为新一代知识分子和各项建设的骨干人员。尽管在“文化大革命”期间，我国的教育事业遭遇了严重挫折，但不可否认基础教育设施是在20世纪六七十年代建设起来的。

医疗卫生方面，针对普通劳动人民在旧中国得不到健康保障、疾病丛生、缺医少药的状况，党和政府提出卫生工作要“面向工农兵”“预防为主”“团结中西医”的方针，在广大农村、城市街区和工矿企业普遍建立起基层卫生组织，以及各种专业防疫机构和防疫队伍。同时，开展了大规模的爱国卫生运动，在人民群众的积极参与下，全国城乡落后的卫生面貌大为改观。

正是有赖于这一时期的努力，在这个时期保证了所有人都有饭吃，所有人都能维持基本生活，避免战乱，提供最基本的教育、医疗条件，使得人力资本素质大大提高，为新中国下一步的发展奠定了坚实基础。

诺贝尔经济学奖得主阿玛蒂亚·森曾经通过他的研究论证，毛泽东时代的教育筑就了改革开放后中国经济腾飞的基础。这一阶段的基础教育既完成了为国家快速工业化提供人才支持，又完成了对广大普通民众的普及教育，同时完善的中小学教育为改革开放的经济发展提供了具备教育素质的人力资源红利。1949年新中国成立之初，中国人民的健康指标属于世界上最低水平的国别组。1950—1978年，中国的卫生总费用约占GDP的比重增长到3%（其中政府投入占80%），但人均预期寿命由35岁提高到68岁，婴儿死亡率由200‰下降到35‰。在1978年的阿拉木图会议上，世界卫生组织对中国低成本、广覆盖的模式推崇备至，赞誉中国用最低廉的成本保护了世界上最多人口的健康，并将之作为在全球范围内推广初级卫生服务运动的样板。这些例子说明，这个时期的成就斐然，特点是平等主义、低成本、广覆盖，注重普通群众的“可及性”及“公平性”，在政策方面善于运用多元化的政策工具，使社会工作与群众运动紧密结合起来。

三、改革开放以来：以人民利益为重

党的十一届三中全会实现了党的工作重心的转移，开辟了改革开放和社会主义现代化建设新时期。在改革开放新的历史条件下，中国共产党人坚持人民是推动历史发展的根本力量，将全心全意为人民服务具体化、形象化，以人民的利益为重，把人民拥护不拥护、赞成不赞成、高兴不高兴、答应不答应作为制定各项方针政策的出发点和落脚点。

（一）从“为人民服务”到“执政为民”“以人为本”

经历过“文化大革命”的严重挫折，邓小平更加坚定，党的全部任务就是“全心全意为人民服务，一切以人民利益作为每一个党员的最高准绳”①。他强调，贫穷不是社会主义，社会主义要消灭贫穷，要在解决人民的温饱和发展问题上体现有效率的优越性。1982 年，邓小平指出：“要一心一意搞建设。国家这么大，这么穷，不努力发展生产，日子怎么过？我们人民的生活如此困难，怎么体现出社会主义的优越性……因此，我强调提出，要迅速地坚决地把工作重点转移到经济建设上来。”② 他强调，社会主义的根本目标是实现全体人民共同富裕，社会主义要在解决人民的收入差距问题上体现注重公平的优越性。他对社会主义本质进行了新归纳：“解放生产力，发展生产力，消灭剥削，消除两极分化，最终达到共同富裕。”③ 他强调要以人民的利益为重，要把是否有利于发展社会主义社会的生产力，是否有利于提高人民的生活水平作为判断一切工作是非得失的标准。邓小平还特别强调通过制度保障人民群众的各项权利，调动人民群众的积极性，巩固和发展安定团结、生动活泼的政治局面。

① 《邓小平文选》第 1 卷，人民出版社 1994 年版，第 257 页。
② 《邓小平文选》第 3 卷，人民出版社 1993 年版，第 10—11 页。
③ 《邓小平文选》第 3 卷，人民出版社 1993 年版，第 37 页。

从党的十三届四中全会到党的十六大，以江泽民同志为核心的党的第三代中央领导集体提出“三个代表”重要思想，以实现和维护最广大人民的愿望和利益为最高价值标准，突出了“立党为公、执政为民”的本质要求。江泽民认为，“三个代表”的核心要求是代表广大人民群众的根本利益。他还提出了关于实现好、维护好、发展好最广大人民的根本利益的思想。他指出，全心全意为人民服务、密切联系群众是我们党区别于其他任何政党的一个显著标志；政治问题主要是对人民群众的态度问题，同人民群众的关系问题。2001 年，江泽民在庆祝中国共产党成立 80 周年大会上的讲话中提出，“全心全意为人民服务，立党为公、执政为民，是我们党同一切剥削阶级政党的根本区别。任何时候我们都必须坚持尊重社会发展规律与尊重人民历史主体地位的一致性，坚持为崇高理想奋斗与为最广大人民谋利益的一致性，坚持完成党的各项工作与实现人民利益的一致性”[①]。

党的十六大以来，面对复杂多变的国际环境和艰巨繁重的改革发展任务，以胡锦涛为总书记的党中央领导集体提出科学发展观，推动党和国家工作取得新的重大成就。科学发展观蕴含着新时期中国共产党的核心执政理念，即“以人为本”理念，进一步发展了全心全意为人民服务的思想。胡锦涛指出：“坚持以人为本，就是要以实现人的全面发展为目标，从人民群众的根本利益出发谋发展、促发展，不断满足人民群众日益增长的物质文化需要，切实保障人民群众的经济、政治和文化权益，让发展的成果惠及全体人民。”[②] 在党的十七大报告中，他对“以人为本”的依据、内涵和要求作了高度概括：“全心全意为人民服务是党的根本宗旨，党的一切奋斗和工作都是为了造福人民。要始终把实现好、维护好、发展好最广大人民的根本利益作为党和国家一切工作的出发点和落脚点，尊重人民主体地位，发挥人民首创精神，保障人民各项权益，走共同富裕道路，促进人的

① 《江泽民文选》第 3 卷，人民出版社 2006 年版，第 279 页。

② 中共中央文献研究室编：《科学发展观重要论述摘编》，人民出版社 2008 年版，第 29 页。

全面发展，做到发展为了人民、发展依靠人民、发展成果由人民共享。”①

（二）民生建设进入新阶段

改革开放以来，我国综合国力大幅提升，财政收入大幅增加，农业综合生产能力提高，粮食连年增产。产业结构调整取得新进展，基础设施全面加强。城镇化水平明显提高，城乡区域发展协调性增强，城乡居民收入持续增长，社会民生也随之进入新阶段，先后经历了三个阶段。

第一个阶段，从改革开放之初到20世纪90年代初。改革开放之初，民生保障随着人民收入增长也有所提高，然而自80年代中期开始，国家针对社会民生保障的体系、财政投入、制度能力等一度呈现衰退，很长一段时期医疗卫生、就业、养老等方面保障体制和公共政策缺失是一个不争的事实。例如，从20世纪80年代到90年代，在“人民的事业人民办”的旗号下，政府大幅退出了城镇医疗卫生领域。在卫生领域，在改革开放初期，社会支出部分开始缓缓下滑，但政府预算支出部分的比重仍在上升，一度升至接近40%。1980年代中期开始，政府预算支出和社会支出同时急剧下跌，到新世纪的头几年跌到谷底。2002年，政府预算支出所占比重降至15.21%，社会支出的比重降至26.4%，加起来刚超过40%。同时，居民卫生支出比重明显上升。1980年居民卫生支出占卫生总费用的比重为23%，2000—2002年比重高达60%。

第二个阶段，从1992年到2002年。建立社会主义市场经济体制被确定为我国经济改革的目标，与此同时部分高层决策者也意识到，只有对社会制度进行重大变革（兜底能力），才能使这项事关亿万国民切身利益的事业获得真正的发展。在经历一段时期的摸索后，我国的社会保障制度在20世纪90年代进入制度的“修补期”。自1992年起，全国人大加强了与社会保障相关的立法工作，社会保障领域的一系列试点开始启动，例如著

---

① 中共中央文献研究室编：《科学发展观重要论述摘编》，人民出版社2008年版，第30页。

名的“两江试点”。这一阶段虽然取得不错的成绩，但是问题也相当明显：政府权责定位不当、财政投入低（“手中无粮，唤鸡都不灵”）、制度空白多（覆盖城镇职工，城镇居民、农村人口、大量下岗工人、社会人员未覆盖），多数领域市场机制未建立（市场供给能力有限，市场运行效率不高）。

第三个阶段，2002 年党的十六大以后到党的十八大之前。市场经济经历了一个阶段的长期经济发展，贫困人口的大幅下降，中国告别短缺经济，生活水平和基本福利大幅提升，分税制改革带来国家财政充盈。但是相比而言，市场经济改革的负面效应也在初步凸显，我国的社会保障领域的制度还不够健全，资源投入还不够充分，政策体系还不够完善。比如，2004 年中国的养老保险仅涵盖正规部门就业人员，拥有养老保险方面的人口仅占城市人口的 34%。医疗方面，2004 年卫生部公布《国家卫生服务调查》报告显示，中国内地城市没有任何医疗保险的人口占 44.8%，农村为 79.1%。同时，政府预算卫生支出占卫生总费用的比重，国际上发展中国家的平均值在 40%，发达国家达到 50%~60%，而中国直到 2007 年仅为 21%。

面临经济不平等上升（基尼系数）、脆弱人群的社会保护缺失、城市化和人口流动产生的新问题以及即将到来的“老龄化”趋势挑战，党和政府作出了强烈的反应。中国在这一阶段开启了社会建设的“大转型”时期。2002—2012 年，是我国社会保障体系建设迅速推进的 10 年，一个具有中国特色、比较完善的、覆盖城乡居民的基本社会保障体系初步形成，实现了民生社会保障网络“从无到有”的转变。例如在医疗改革领域，中国从 2007 年新一轮医改初期，就设定目标要建设一个覆盖全民、政府主导、社会参与的统一运转的医疗保障体系。在不到 10 年的时间里，中国组织起了全世界最大的全民基本医疗保障网，参保人数超过 13.5 亿人，参保率稳定在 95% 以上。

（三）社会治理起步

改革开放开启了当代中国社会革命的历史新时期。40 多年来，中国社会沧桑巨变，改革开放极大地解放和发展了社会生产力，也极大地推动和加快了社会全面发展，社会治理领域发生了广泛而深刻的变化。改革时代的社会治理先后经历了20世纪80年代的起步期、1992年到2002年的探索期、2002年到2012年的创新期三个阶段。

第一个阶段，从1978年党的十一届三中全会到1992年党的十四大，是中国社会治理的起步期。主要是冲破高度集中的计划经济体制和社会管理模式，放松社会领域管控，释放社会活力，让全社会活跃起来。这一阶段社会治理变革的重要标志是：1982年12月，五届全国人民代表大会第五次会议，修改《中华人民共和国宪法》，对国家的基本制度、根本任务、治理结构和主要原则都作出了新的规定，包括法治原则、尊重和保障人权原则，也包括改变农村人民公社“政社合一”体制，推进乡村政权建设。这些年通过改革生产流通体制、劳动人事制度，放松城市“单位制”“街居制”管理，扩大企业、地方和城市管理权限，有力地推动了社会流动，特别是人口在城乡之间、农村之间、城市之间以及企业之间、行业之间的流动。1987年，党的十三大在制定国家发展“三步走”战略中，每一步都把经济发展目标与社会发展目标有机地统一起来。这些表明，伴随改革开放大潮兴起的社会治理变革巨轮开始启动前行。1989年，中国已经发展出1600家全国性社团和20万家地方性社团（包括30多家全国性基金会和180多家地方性基金会以及170多家全国性行业协会），分别比1965年增长了16倍和30倍。

第二个阶段，从1992年党的十四大到2002年党的十六大，是中国社会治理的探索期。这一阶段主要是构建与社会主义市场经济体制相适应的社会治理基本框架，政府和执政党开始学习和实验如何管理日益扩展的社会力量。1993年11月，党的十四届三中全会通过了《中共中央关于建立社会主义市场经济体制若干问题的决定》，全面推动社会主义市场经济的改革，继续促进社会经济活跃发展，同时开始高度重视社会和谐进步。继1988年中央要求对社会组织实施登记管理机关和业务主管单位的“双重管理体制”后，1998 年又出台的《基金会管理办法》和《社会团体登记管理条例》延续了这一基本的管理逻辑。1996 年，全国社团 18.7 万家，2001 年整顿后共 12.9 万家，民办非企业单位在经济大潮中呈现迅速增长，社会组织在整体上仍然呈缓升趋势。

第三个阶段，2002 年党的十六大以后到 2012 年党的十八大期间，是中国社会治理的创新期。党和政府积极探索中国特色社会主义社会治理的新路子，进一步增强社会发展活力，开始致力于社会和谐发展。市场化改革在创造巨大经济效益的同时，也产生社会裂痕，个别领域的改革方案产生一些“次生”问题，如城镇化加速、社会再组织、社会大流动；全能型政府的公共产品供给同日益多样化的社会诉求和需要之间的矛盾，变得日益突出，群众参与力量不足的问题也日益凸显。这一阶段国家显然有意愿、有能力调整与社会之间的关系，并获得了相对的成功，但这一政策转向的另一个重大收获是中国社会力量的飞跃，无论是社会力量的构成、能力抑或是权力运行的特点，都在 2002—2012 年这 10 年中经历重大变化。

2004 年 6 月党的十六届四中全会提出要“加强社会建设和管理，推进社会管理体制创新”；2006 年党的十六届四中全会出台的《中共中央关于构建社会主义和谐社会若干重大问题的决定》中，第一次明确提出了“支持社会组织参与社会管理和公共服务”。此后上海浦东等地方政府开始尝试向社会组织购买居家养老、环保、教育等公共服务，从而开辟了国家与社会合作的新渠道。这一阶段针对社会组织发展的双重管理体制也有所突破。2005 年民政部首次要求各级民政部门直接承担慈善类民间组织的业务主管单位职能，之后在深圳和广州等社会组织相对发达地区，还试行了直接登记的办法。2007 年党的十七大报告提出要“建立健全党委领导、政府负责、社会协同、公众参与的社会管理格局”，社会管理被纳入更完备的体系性框架之中。2011 年国务院公布《社区服务体系建设规划（2011—2015)》。在此基础上，地方政府进一步出台扶持和培育社会组织的系列政策，鼓励社会组织发展。截至 2012 年底，全国共有社会组织 49.9 万个，吸纳社会各类人员就业613.3万人。

改革开放以来，我国对自身的社会治理进行了持续的探索，在社会治理领域不仅取得了显著成效，而且在实践中积累了丰富经验。从逐渐发展成熟的社会治理体系来看，中国建立了一个国家主导、社会辅助配合的治理系统，是一种国家同社会相互支撑、权责配置有序的治理结构，形成了政社互动、相互配合、分类施治的治理模式。中国的社会力量同国家权力同生共长，这其中出现很多意料之外的问题，也不乏关系紧张甚至产生危机，但中国的国家与社会关系保持了总体的和谐与平衡、良性互动，中国在国家—社会关系领域的经验值得重视。

以人民利益为重的原则也推动了人民发挥主体性和能动性。习近平评价说："改革开放在认识和实践上的每一次突破和发展，改革开放中每一个新生事物的产生和发展，改革开放每一个方面经验的创造和积累，无不来自亿万人民的实践和智慧。"① 人民群众在实践中大胆探索，大胆创新，成就了改革开放的伟大事业。

四、新时代：以人民为中心，创造美好生活

进入新时代，虽然我们党面临的世情、国情、党情发生了深刻变化，但中国共产党人全心全意为人民服务的宗旨始终未变。2012年11月15日，刚刚当选的中国共产党第十八届中央政治局常委与中外记者见面时，习近平表示："人民对美好生活的向往，就是我们的奋斗目标。"中国特色社会主义进入新时代，以习近平同志为核心的党中央坚持以人民为中心的发展思想，通过提高保障和改善民生水平，加强和创新社会治理，带领人民创造更加幸福美好生活，不断增强广大人民群众获得感幸福感安全感，促进人的全面发展和社会全面进步。党的十八大以来，人民生活水平显著

① 中共中央文献研究室编：《习近平关于全面深化改革论述摘编》，中央文献出版社2014年版，第138页。

提高，社会保持和谐稳定，城镇新增就业年均1300万人以上，建成世界上规模最大的教育体系，社会保障体系，教育普及水平实现历史性跨越，基本医疗保险参保率稳定在95%，基本养老保险覆盖10.4亿人，新冠疫情防控取得重大战略成果，脱贫攻坚成果举世瞩目。坚持以人民为中心，带领人民创造更加幸福美好生活与党的全心全意为人民服务根本宗旨一脉相承，是在新的历史条件下践行这一根本宗旨的价值依托和具体要求，是新时代我们党坚持和发展中国特色社会主义的根本政治立场。

（一）人民至上：一切为了人民

“我将无我，不负人民。”① 人民，是中国共产党的精神根基，是为之奋斗的根本动力。我们党干革命、搞建设、抓改革，从来都是为了让人民过上美好幸福的生活。中国特色社会主义进入新时代，人民对美好生活的向往更加强烈。习近平指出，我们的人民热爱生活，期盼有更好的教育、更稳定的工作、更满意的收入、更可靠的社会保障、更高水平的医疗卫生服务、更舒适的居住条件、更优美的环境，期盼着孩子们能成长得更好、工作得更好、生活得更好。人民对美好生活的向往，就是我们的奋斗目标。党的十八大以来，习近平一再强调要让人民群众有更多的获得感，强调要“多谋民生之利，多解民生之忧”。只有自觉维护群众利益，给人民群众以看得见的物质利益和切实感受到的政治权益，人民群众才真正认可共产党是为其谋利益的，才会认同共产党的领导地位，真心实意地跟共产党走。

我国发展仍然处于重要战略机遇期，但内外部条件发生深刻复杂变化。党的十九大对中国当前所处的时代和社会的主要矛盾作出了全新判断，我国社会主要矛盾已经转化为人民日益增长的美好生活需要和不平衡不充分的发展之间的矛盾。随着决胜全面建成小康社会取得决定性成就，人民美好生活需要日益广泛，不仅是对物质文化生活提出了更高的要求，

① 《习近平谈治国理政》第3卷，外文出版社2020年版，第144页。

而且在民主、法治、公平、正义、安全、环境等方面出现了多样化、更高层次的要求。党的十九大报告着重强调，针对日益增长的多样化要求，必须坚持两个“不断”，即“不断满足人民日益增长的美好生活需要，不断促进社会公平正义”。

当前，发展的不平衡不充分问题制约着人民日益增长的美好生活需要，城乡区域发展和收入分配差距较大，民生保障存在短板，社会治理还有弱项。未来5年是全面建设社会主义现代化国家开局起步的关键时期，要更加清醒地认识到，我们党的“根基在人民、血脉在人民、力量在人民”，失去了人民拥护和支持，党的事业和工作就无从谈起。要着力从解决人民群众最关心、最直接、最现实的利益问题入手，坚持实现好、维护好、发展好最广大人民根本利益。从思想和行动上自觉坚持以人民为中心，坚持人民至上，为实现人民对美好生活的向往持续奋斗、不断奋斗。

同时，要更加清醒地认识到，在社会主义的中国，人民是国家的“主人”，党的各级领导干部是人民的“公仆”。“公仆公仆，一要为公，不能有私心；二要为仆，不能有官气。”① 任何党员、干部，只有为人民服务的责任和义务，没有当官做老爷的权力。“一切国家机关工作人员，无论身居多高的职位，都必须牢记我们的共和国是中华人民共和国，始终要把人民放在心中最高的位置，始终全心全意为人民服务，始终为人民利益和幸福而努力工作。”② “我们党要使人民胜利，就要当工具，自觉地当工具。”③ 作为人民的“工具”，就要永远“把人民利益摆在至高无上的地位”④。

（二）人民主体：一切依靠人民

党的十九大报告中，习近平指出：“人民是历史的创造者，是决定党

① 习近平：《做焦裕禄式的县委书记》，中央文献出版社2015年版，第64页。

② 习近平：《在第十三届全国人民代表大会第一次会议上的讲话》，《人民日报》2018年3月21日。

③ 中共中央文献研究室编：《毛泽东文集》第3卷，人民出版社1996年版，第373—374页。

④ 习近平：《在纪念红军长征胜利80周年大会上的讲话》，《人民日报》2016年10月22日。

和国家前途命运的根本力量。必须坚持人民主体地位，坚持立党为公、执政为民”，“依靠人民创造历史伟业”[①]。在十三届全国人大第一次会议上，他再次强调：“人民是历史的创造者，人民是真正的英雄。波澜壮阔的中华民族发展史是中国人民书写的！博大精深的中华文明是中国人民创造的！历久弥新的中华民族精神是中国人民培育的！中华民族迎来了从站起来、富起来到强起来的伟大飞跃是中国人民奋斗出来的！”[②]

坚持人民主体地位，必须依靠人民创造历史伟业。习近平指出，“仍然要把发展作为第一要务”，“发展是硬道理的战略思想要坚定不移坚持”[③]。这就要“充分调动人民群众的积极性、主动性、创造性，举全民之力推进中国特色社会主义事业，不断把‘蛋糕’做大”[④]。人民群众中蕴藏着无尽的智慧和不竭的力量，在人民面前，“我们永远是小学生”，要“充分尊重人民所表达的意愿、所创造的经验、所拥有的权利、所发挥的作用”[⑤]。

习近平一直强调保障和改善民生应“人人参与、人人尽力、人人享有”。民生保障事业要强化多层次，形成“重担大家挑”的局面。比如，一个国家的养老保险体系，只有国家、企业、个人多方参与，才能“众人拾柴火焰高”。下一步要在加大公共财政投入的同时，充分调动各方积极性，加快形成多支柱的养老保险体系。此外，社区居家养老的思路就是要发挥家庭养老优势，同时调动广泛的政府、市场、社会、社区力量广泛参与。

---

① 习近平：《决胜全面建成小康社会 夺取新时代中国特色社会主义伟大胜利——在中国共产党第十九次全国代表大会上的报告》，《人民日报》2017年10月28日。

② 习近平：《在第十三届全国人民代表大会第一次会议上的讲话》，《人民日报》2018年3月21日。

③ 中共中央文献研究室编：《习近平关于社会主义经济建设论述摘编》，中央文献出版社2017年版，第9—10页。

④ 习近平：《在省部级主要领导干部学习贯彻党的十八届五中全会精神专题研讨班上的讲话》，人民出版社2016年版，第28页。

⑤ 习近平：《在纪念毛泽东同志诞辰120周年座谈会上的讲话》，《人民日报》2013年12月27日。

党的十九大报告提出，“打造共建共治共享的社会治理格局”。党的二十大报告再次强调，“健全共建共治共享的社会治理制度”。社会治理也需强调共建和共治，强调社会协同和公众参与。早在2005年8月，习近平在浙江省民政厅调研时就曾发表重要讲话指出：“在推进政府职能转变、社会转型和市场体系培育的过程中，社团、社会中介机构等社会组织在社会生活中扮演着越来越重要的角色。”[①] 为此，要正确处理政府和社会关系，加快实施政社分开，推进社会组织明确权责、依法自治、发挥作用。适合由社会组织提供的公共服务和解决的事项，交由社会组织承担。

坚持人民主体地位，必须“自觉摆正与人民群众的关系”[②]，不断增进与人民群众的真挚感情，设身处地、换位思考，时刻把人民群众的安危冷暖挂在心上；“中国共产党党员永远是劳动人民的普通一员”[③]，“任何时候都不能忘记为了谁、依靠谁、我是谁，真正同人民结合起来”[④]。

（三）人民共享：发展惠及人民

全心全意为人民服务宗旨体现在发展上，就是要做到“让改革发展成果更多更公平惠及全体人民，朝着实现全体人民共同富裕不断迈进”[⑤]，就是要切实把民生作为“最大的政治”，聚焦人民根本利益、现实利益、最大利益，不断满足人民群众对美好生活的需要，不断提升人民群众的获得感、幸福感、安全感。

党的十八大以来，以习近平同志为核心的党中央立足中国发展实际，创造性提出了“共享发展”新理念，强调发挥社会主义优势，实现社会主

---

① 习近平：《干在实处 走在前列——推进浙江新发展的思考与实践》，中共中央党校出版社2006年版，第249页。

② 习近平：《结合新的实际大力弘扬焦裕禄精神》，《求是》2009年第10期。

③ 《中国共产党章程》，人民出版社2022年版，第14页。

④ 《在常学常新中加强理论修养 在知行合一中主动担当作为》，《人民日报》2019年3月2日。

⑤ 习近平：《决胜全面建成小康社会 夺取新时代中国特色社会主义伟大胜利——在中国共产党第十九次全国代表大会上的报告》，《人民日报》2017年10月28日。

义本质属性和内在要求。习近平指出："共享理念的实质就是坚持以人民为中心的发展思想，体现的是逐步实现共同富裕的要求。"[①] 他强调："国家建设是全体人民共同的事业，国家发展过程也是全体人民共享成果的过程。"[②] "改革发展搞得成功不成功，最终的判断标准是人民是不是共同享受到了改革发展成果。"[③] "必须在全体人民共同奋斗、经济社会发展的基础上，加紧建设对保障社会公平正义具有重大作用的制度，逐步建立社会公平保障体系。"[④] 习近平指出，要高度重视分配不公、收入差距等问题，"把不断做大的'蛋糕'分好"[⑤]，让社会主义制度的优越性得到更充分体现，让人民群众有更多获得感。

党的十九大把实现全体人民共同富裕作为建成社会主义现代化强国的重要内容。党的十九届五中全会进一步明确提出，2035 年远景目标包括"全体人民共同富裕取得更为明显的实质性进展"，并为此提出了一些重要要求和重大举措。习近平指出，"这样表述，在党的全会文件中还是第一次，既指明了前进方向和奋斗目标，也是实事求是、符合发展规律的"[⑥]。我们要紧扣新时代我国社会主要矛盾变化，自觉用新发展理念统领发展全局，着力破解发展不平衡不充分问题，促进社会公平正义，推动实现全体人民共同富裕不断取得新成就。

党的十八大以来的民生建设坚持全覆盖、保基本、多层次、可持续方针，以增强公平性、适应流动性、保证可持续性为重点，全面建成覆盖城乡居民的、更加充分更加平衡的高质量民生保障体系。2016 年，习近平在

---

① 习近平：《深入理解新发展理念》，《求是》2019 年第 10 期。

② 习近平：《在庆祝"五一"国际劳动节暨表彰全国劳动模范和先进工作者大会上的讲话》，《人民日报》2015 年 4 月 29 日。

③ 中共中央文献研究室编：《习近平关于社会主义社会建设论述摘编》，中央文献出版社 2017 年版，第 35 页。

④ 中共中央文献研究室编：《十八大以来重要文献选编》上册，中央文献出版社 2014 年版，第 78 页。

⑤ 习近平：《深入理解新发展理念》，《求是》2019 年第 10 期。

⑥《中共中央关于制定国民经济和社会发展第十四个五年规划和二〇三五年远景目标的建议》，人民出版社 2020 年版，第 55 页。

江西省考察时发表重要讲话指出："集中力量做好普惠性、基础性、兜底性民生建设，不断提高公共服务共建能力和共享水平，织密扎牢托底的民生'保障网'、消除隐患，确保人民群众安居乐业、社会秩序安定有序。"①党的十九大也强调兜底线、织密网。世界上任何社会保障系统都不是完美无缺的，都有方方面面的漏洞，重要的是社会保障网的主体功能能够良性运行，能够惠及最大多数的民众。党和政府的目标是要通过努力，把人人享有基本社会保障作为优先目标，通过法律强制和利益引导相结合，完善政策和工作推动相结合，把更多的人纳入制度安排，体现"人人有份"的原则。如何适应流动性是当前社会民生保障体系建设的制度重点和难点。习近平在党的二十大报告中指出："破除妨碍劳动力、人才流动的体制和政策弊端，消除影响平等就业的不合理限制和就业歧视，使人人都有通过勤奋劳动实现自身发展的机会。"增强可持续性的核心是实现经济发展与社会建设的良性循环。习近平曾在党的十八届五中全会第二次全体会议上指出："'十三五'时期，财政收入不可能像原来那样高速增长，要处理好发展经济和保障民生的关系，既要在经济发展的基础上不断加大保障民生力度，也不要脱离财力作难以兑现的承诺。"一方面，要"尽力而为，量力而行"。尽力而为，就是坚决守住民生底线。他指出，民生工作直接同老百姓见面、对账，承诺了的就一定要兑现，要做到件件有着落、事事有回音。量力而行，就是不提不切实际的目标，不做超越阶段和能力的事情。决不能开空头支票，也要防止把胃口吊得过高。另一方面，还要努力使民生改善成为持续发展之源。

（四）人民评判：争取人民满意

全心全意为人民服务宗旨是否落实到位，必然由人民来检验，以人民拥护不拥护、赞成不赞成、高兴不高兴、答应不答应作为根本标准。习近

① 中共中央文献研究室编：《习近平关于全面建成小康社会论述摘编》，中央文献出版社2016年版，第159页。

平指出："我们党的执政水平和执政成效都不是由自己说了算，必须而且只能由人民来评判。人民是我们党的工作的最高裁决者和最终评判者。"① "知屋漏者在宇下，知政失者在草野。"群众意见是一把最好的尺子，最能衡量党的方针政策、党的各级领导干部工作的长短优劣。对于城市建设来讲，"金杯银杯不如百姓口碑，老百姓说好才是真的好"②。对于农业农村农民来说，"党中央制定的政策好不好，要看乡亲们是哭还是笑。要是笑，就说明政策好。要是有人哭，我们就要注意，需要改正的就要改正，需要完善的就要完善"③。对于党风廉政建设来说，干部作风是否确实好转，也要以人民满意为标准，要广泛听取群众意见和建议，群众不满意的地方就要及时整改；要发挥人民监督作用，"织密群众监督之网，开启全天候探照灯，各级党组织和党员、干部的表现都要交给群众评判"④。总之，党所制定的各项路线方针政策及其在实践中的成效如何，"最终都要看人民是否真正得到了实惠，人民生活是否真正得到了改善，人民权益是否真正得到了保障"⑤。

坚持以人民为中心，坚持人民是党的工作的"最高裁决者"和"最终评判者"，必然要求领导干部"干事创业一定要树立正确政绩观，做到民之所好好之，民之所恶恶之"，"决不能为了树立个人形象，搞华而不实、劳民伤财的'形象工程政绩工程'"⑥。组织部门也要多到基层干部群众中、多在乡语口碑中了解干部；要把干部干了什么事、干了多少事、干的事群众认不认可作为选拔干部的根本依据，而不能简单唯票、唯分、唯 GDP、

---

① 习近平：《在纪念毛泽东同志诞辰 120 周年座谈会上的讲话》，《人民日报》2013 年 12 月 27 日。

② 张晓松等：《开创富民兴陇新局面——习近平总书记甘肃考察纪实》，《人民日报》2019 年 8 月 24 日。

③ 纪东冲：《百姓情怀百姓心》，《人民日报》2015 年 6 月 18 日。

④ 《历史使命越光荣奋斗目标越宏伟 越要增强忧患意识越要从严治党》，《人民日报》2014 年 10 月 9 日。

⑤ 习近平：《在纪念毛泽东同志诞辰 120 周年座谈会上的讲话》，《人民日报》2013 年 12 月 27 日。

⑥ 习近平：《做焦裕禄式的县委书记》，中央文献出版社 2015 年版，第 7 页。

唯年龄；对干部干事创业的考核评价，要“既看发展又看基础，既看显绩又看潜绩，把民生改善、社会进步、生态效益等指标和实绩作为重要考核内容，再也不能简单以国内生产总值增长率来论英雄了”①。总之，“中国共产党把为民办事、为民造福作为最重要的政绩，把为老百姓做了多少好事实事作为检验政绩的重要标准”②。

此外，全心全意为人民服务宗旨也必须对党的政治纪律和政治规矩怀有敬畏之心，落实不到位甚至违反基本原则的，也有负面清单。2018 年 8 月 26 日发布了新修订的《中国共产党纪律处分条例》（以下简称《条例》）。《条例》面对全面从严治党的形势发展，针对违反为人民服务宗旨的突出行为和新型违纪行为，进一步扎紧制度笼子。首先，针对严重侵害人民利益行为，扎紧群众纪律笼子。脱贫攻坚、民生领域等群众身边的腐败和不正之风，严重侵害人民群众利益，严重侵蚀我们党的宗旨和人民群众的获得感，严重损害干群关系，《条例》对此增加了从重加重的处分规定。一是增加对扶贫脱贫中优亲厚友、显失公平、克扣群众财物、违反有关规定收取费用等侵害群众利益行为的处分；二是把惩治“蝇贪”同扫黑除恶结合起来，对这些违纪行为从重加重处理，回应社会关切，也为执纪工作提供有力指导和依据。其次，针对滥用职权、谋求私利的新型违纪行为，扎紧廉洁纪律笼子。一是增写借用管理和服务对象钱款、住房、车辆等，通过民间借贷等金融活动获取大额回报等影响公正执行公务行为的处分条款；二是强化对党员干部从事营利活动的监督，增加对利用决策、审批过程中掌握的未公开信息买卖股票行为的处分规定，增加对利用职权或者职务上的影响通过购买信托产品、基金等方式非正常获利行为的处分规定；三是单列并细化了新出现的对利用职权或者职务上的影响为配偶、子

---

① 中共中央文献研究室编：《十八大以来重要文献选编》上册，中央文献出版社 2014 年版，第 343—344 页。

② 《全面建成小康社会 乘势而上书写新时代中国特色社会主义新篇章》，《人民日报》2020 年 5 月 13 日。

女及其配偶等亲属和其他特定关系人吸收存款、推销金融产品等方面提供帮助谋取利益的行为，规定予以处分；四是针对“四风”隐形变异，对以学习培训、考察调研为名变相公款旅游等违反中央八项规定精神新表现作出处分规定。在2019年全国查处的136307起问题中，贯彻党中央重大决策部署有令不行、有禁不止，或者表态多调门高、行动少落实差，脱离实际、脱离群众，造成严重后果的有2095起；在履职尽责、服务经济社会发展和生态环境保护方面不担当、不作为、乱作为、假作为，严重影响高质量发展的有59588起；在联系服务群众中消极应付、冷硬横推、效率低下，损害群众利益，群众反映强烈的有3161起。

第六章

大优势：组织起来使力量倍增

- 把民心和民力组织起来
- 从政治成熟走向组织成熟
- 扎根新中国
- 扬帆新征程
- 走向新时代

强大的政党离不开强大的组织力，组织力是检验政党凝聚力、战斗力、感召力的最主要标准之一。“中国共产党是世界上最大的政党。大就要有大的样子。”这个“样子”的突出表现就是我们党具有无可比拟的组织优势，并且这个组织优势在特定历史时期的重大挑战和考验面前，在解决时代重大课题中，不断得到检验，不断得到调整、适应、巩固和提高。一百多年来，面对创世伟业，有人感慨中国共产党是“史上最强创业团队”：在28年革命历程生与死的考验中，我们党把马克思主义基本原理与中国革命具体实践相结合，走出一条国家独立和民族解放的正确道路；在29年建设历程弱与贫的突围中，我们党沿着社会主义的航向，开创出强国富民的社会主义建设道路；在改革开放40多年的破立变革中，我们党走出一条中国特色社会主义的康庄大道。回顾来时路，中国共产党具有强大的组织优势，在长期革命、建设和改革的过程中不断形成总揽全局、协调各方的能力和水平。展望将来路，中国共产党强大的组织优势，必将为统揽两个大局、以中国式现代化全面推进中华民族伟大复兴提供坚强的组织保障。

一、把民心和民力组织起来

近代中国危亡深刻表明，只有中国共产党可以救中国。其他各种方案均无法完成近代中国面临的反帝反封建的历史任务，无法有效抵抗世界上资本主义、帝国主义国家的侵略，求得民族独立和人民解放。1921年7月，中国共产党第一次全国代表大会在上海召开，宣告了中国共产党正式成立。从此，在古老落后的中国，出现了完全新式的、以马克思列宁主义为行动指南的、以实现社会主义和共产主义为奋斗目标的统一的无产阶级政党，这是中国历史上开天辟地的大事。

党的力量来自组织，组织能使力量倍增，组织起来能凝聚天下民心民力。作为组织体系的神经末梢，基层党组织的建设质量，关乎党的执政根基。中国共产党自诞生之日起，就始终高度重视基层党组织的建设工作。建党伊始，受组织规模和党员人数的限制，党的一大通过的党的纲领，虽未明确提出建立党的基层组织，但在中央与地方的两级组织框架下，规定了“凡是有党员五人以上的，必须成立委员会”，定下了基层组织建设的初步基调。此后，为进一步深入基层、贴近群众、扩大党的影响，中共对党的基层组织形态进行了多次调试，党的二大通过的《中国共产党章程》规定：农村、工厂、铁路、矿山、兵营、学校等机关及附近，“凡有党员三人至五人均得成立一小组”，并指出“各组组织，为本党组织系统，训练党员及党员活动之基本单位，凡党员皆必须加入”，正式将“组”确立为党的基层组织最初形式。党的三大在此基础上作出微调，规定“凡有党员五人至十人均得成立一小组……不满五人之处，亦当有组织，公推书记一人，属于附近之区或直接属于中央”。到1925年，为适应革命形势发展的需要，党的四大作出了更为细致的安排，规定“凡有党员三人以上均得成立一支部”，并明确支部设置“应是以产业和机关为单位的支部组织，至于在小手工业者和商工业的办事人员中，不能以机关为单位组织支部时，则可以地域为标准”，正式以支部取代小组，作为党的基础组织。这一转变，在党的基层组织建设历程中具有里程碑式的意义，直到现在，我们党仍以支部作为基层组织的最基本形态。

组织形态确立以后，如何加强支部建设，确保其作用的充分发挥，在这一时期，中央也进行了广泛深入的探索。1925年1月，党的四大通过的《对于组织问题之议决案》中就明确认识到“组织问题为吾党生存和发展之一个最重要的问题”，党要获得前进，实现由“宣传小团体的工作进到鼓动广大的工农阶级和一般的革命群众的工作”，支部工作就不能仅局限于教育党员和吸收党员。因此，为加强支部建设，1926年1月29日，中央局发布了《中共中央组织部通告第二号》，对支部建设在编制和工作上提出了具体要求。在此基础之上，5 月 15 日，党刊第七期发表的《支部的组织及其进行的计划》，不仅对支部内部教育和宣传的标准、外部鼓动和活动的原则、支部会议的内容和要求以及支部书记的责任作出了详尽规定，还明确了支部的组织意义，指出支部既是党的基本组织和党的单位，也是党的教育和宣传的学校、党在群众中的核心、发展党的工具、党的生活的中心、党的战斗武器和监督党员工作的机关，将支部的定位更加清晰化和明确化。同年 7 月，第四届中央执行委员会第三次扩大会议召开。会议对支部的意义又作出了更为深刻的阐释，指出“支部并不是分部，而是党在各工厂、矿山、学校及某区域的核心。布尔塞维克党的组织，就是集合这许多的社会的核心，而成为一个党”。而如何确保核心作用的充分发挥，大会首次提出实行“一切工作归支部”的口号，要求今后要把党的基本工作责成各支部，建立每个支部的活动工作，在每一个支部里实行分工，使每一个同志都有活动，使各支部里都有全党形式的各样工作。由此，党初步形成了支部建设的基本理论，在理论指引下，该时期基层组织体系建设在曲折探索中缓慢向前发展。

（一）大革命时期党组织建设的经验和探索

1924 年到 1927 年，一场以国共合作为基础，以推翻帝国主义在华势力和北洋军阀为目标的国民革命运动兴起。在中国共产党的积极参与和努力推动下，革命风暴似滚滚洪流，迅速席卷全国。1923 年 6 月，中国共产党第三次全国代表大会在广州召开。会议经过激烈讨论，接受了共产国际关于同国民党合作的指示，并通过了《关于国民运动及国民党问题的决议案》，决定共产党员以个人身份加入国民党。党的三大之后，国共合作的步伐大大加快，在共产国际和中国共产党的帮助下，孙中山破除重重阻碍，建立了国民党改组委员会，全国各地共产党人，如北京的李大钊，湖南的毛泽东、何叔衡，山东的王尽美等人都积极参加国民党的改组工作。到 1926 年 1 月，国民党已经有正式省党部 11 个，特别市党部 4 个，筹备之中的省党部 8 个，除新疆、云南、贵州等少数地方外，全国大多数省、区都建立起了以共产党员和国民党左派为骨干的党部机构。与此同时，国民党党员人数也在迅猛增加，到国民党二大召开前夕，国民党党员人数已经由一大时的 1.8 万多人增加到 20 多万人。[①] 改组后的国民党党员成分发生很大变化，基本上成为工人、农民、城市小资产阶级和民族资产阶级的革命联盟。

国共合作为中国共产党组织的发展提供了非常好的契机。建党初期，受多重因素限制，中国共产党的组织发展速度相对缓慢。到 1923 年 6 月党的三大召开时，党员人数仅有 420 人。党的四大召开时，全国党员人数也仅增加至 994 人。为深入推进国民革命运动，尤其是适应领导五卅运动的需要，中央及时调整和简化了党员的发展策略。1925 年 8 月，中央发出第 53 号通告，把入党介绍人须有半年以上党龄的正式党员二人的规定，改为只需一人为正式党员，且无党龄限制。同年 10 月，第四届中央执行委员会第二次扩大会议在北京召开，会议指出“现在在群众中巩固我们党的势力是组织上最重要的问题”。为加快党员发展，会议不仅要求免除工人、农民、学生入党手续上的烦琐形式，并把党员的候补期从三大党章规定的劳动者 3 个月、非劳动者 6 个月，缩短到工人农民 1 个月、知识分子 3 个月；还对坚持较高入党标准的做法进行了严厉批评，认为“主张党员数量上的发展，当以党的内部教育能力为限”是一种错误观念，是“党的群众化之唯一障碍”。在宽松的发展环境下，党员人数得到迅速发展，到 1925 年底，党员人数就达到 1 万人。1926 年 10 月，陈独秀又以中共中央总书记的名义发出《给各级党部的信》，再次强调在革命形势迅速发展的情况下，壮大党员队伍的重要性，并要求各级党部不能有丝毫懈怠，在明年春天党的五大召开前，党员应发展到 4 万人以上。根据这一要求，各级党部制定了详细的发展计划，到 1927 年 4 月党的五大召开时，党员人数发展到了

① 参见中共中央组织部全国组织干部学院编：《中国共产党组织工作历程》，党建读物出版社 2017 年版，第 14 页。

57967人，其中工人成分占党员总数的50.8%，农民为18.7%，知识分子为19.1%，军人为3.1%，中小商人为0.5%，其他成分为7.8%，女党员占到党员总数的8.27%。中央直接领导着湖南、湖北、江浙、广东、北方、江西、河南、陕甘8个区委和山东、福建、南满、北满、安徽、四川6个地委。共青团员也发展到3.5万人。①

在党员人数迅速增长的同时，中央也加强了对党员的管理和教育。在党创立之初，由于党员人数较少，没有设立专门的工作部门，各项工作主要由中央局或中央执行委员会委员直接承担。直到1924年5月之后，中央才设立了宣传部、组织部、工农部，毛泽东兼任中央组织部部长。随着革命实践的发展，我们党越来越注意到组织工作的重要性。1925年，党的四大强调，新的中央必须特别注意设立一个有力的中央组织部，实际上能真正指导地方党组织。会议通过的《对于组织问题之议决案》中指出，要使全党在组织建设上取得一个大发展，不仅要充分发挥从中央到地方各级党的组织部门的职能，还要求“吾党在国民党及其他有政治性质的重要团体中，应组织党团，从中支配该党和该团体的活动”。同时基于南北革命运动经验的总结，党也认识到扩大党的数量、实行民主的集权主义、巩固党的纪律，是带领劳动群众有觉悟地参与到反对帝国主义和资本主义的争斗中的先决条件，故而在议决案中要求党员要受其所隶属的区执行委员会、地方执行委员会及支部干事会的指挥。随后，中央组织部制定了第一份工作进行计划，明确其当前的任务是通过派人到地方去，建立和整顿党的组织，努力发展党员。具体职责是指导各地党的内部组织及一切实际活动，办理党员统计；分配全党人才于适当地位，指导各区委、地委的组织部贯彻全国代表大会及中央委员会关于组织工作的决议与决定；注意各地方的实际行动，提出活动的方法，提交中央局决议后通知各地执行。与此同时，党员教育工作也开始步入正轨，党的四大通过的《对于宣传工作之决

① 参见中共中央组织部全国组织干部学院编：《中国共产党组织工作历程》，党建读物出版社2017年版，第24页。

议案》强调，要通过设立党校对党员进行系统的教育，以培养党员对于主义的深刻认识，提高党员的政策水平。1926 年 7 月，在党的四届三中全会通过的《组织问题议决案》中，对组织工作的意义作出了深刻阐释，认为“没有好的组织，便不能指挥广大的群众运动，运用党的政策；一个好的政策，是要有好的组织才能实现的。布尔塞维克党的最大特点之一，就是组织之工作。一个幼稚的党要能做到布尔塞维克化，要能做到从小团体变为群众的党，要能做到从思想的团体变为行动的团体，要能做到从支部基础的工作到大的群众行动，便要靠有好的组织工作”。为增强党员队伍的整体素质，提高组织工作质量，会议再次提出了开办党校的问题，要求各地要开办两类党校：一类是地委之下的普通党校，主要任务是训练工人党员；另一类是区委之下的高级党校，任务是训练政治素质较高和已有工作经验的党员。不久后，党的历史上第一所高级党校——北方区委党校在北京成立，这对于提升我们党的党员知识水平和文化素养发挥了重要作用。

大革命时期，党对加强自身建设进行了初步的、富有成效的探索，特别是在党的组织体系建设和党员队伍发展上取得了重要成绩。在马克思列宁主义的指导下，中国共产党制定了民主革命纲领，与国民党建立起国民革命联合战线，充分发挥了无产阶级政党的组织优势和政治优势。在这段时期，我们党重视发展党员和建立党的组织。在短短几年时间内，党的地方组织不断建立和发展，甚至在一些边远地区也有党组织的活动，使党的政治威望和群众影响力大大提升。但这一时期党还尚处于幼年时期，理论和实践皆有不足，不可避免地存在诸多缺点。在一段时期内，以陈独秀为代表的领导人对于无产阶级在资产阶级民主革命中的独立性和领导权问题缺乏深刻的认识，甚至出现放弃领导权的倾向，集中全部精力帮助国民党发展组织，而忽视了我们共产党自身的建设，使右倾思想在组织工作中一度占据了上风。导致在“中山舰事件”、“整理党务案”、四一二反革命政变等一系列破坏国共合作，蓄意打击和排斥中国共产党的政治事件中，中国共产党的组织力量遭到了惨重损失。总结这一时期党建工作经验，中国共产党在组织工作上的主要缺点，“就是缺少了正确的路线与系统性；工作进行多带有偶然的性质；没有将自己的力量集中于几个重要的问题上；没有用方法来肃清组织工作的缺点；没有建立全党由上至下的明确的、坚定的组织路线；没有设立有系统的监督来保证这种路线的巩固”①。

（二）三湾改编确立“支部建在连上”的优良传统

三湾改编之前，已经诞生达 6 年之久的中国共产党人还没有真正理解支部组织力与党的领导权之间的内在联系，还没有真正理解党对军队绝对领导的组织实现形式。中国共产党在军队中建立的党组织（支部）都是设在团一级，团政治指导员办公室直管连队政治指导员，政治指导员只做宣传教育工作，并没有真正深入群众，扎根广大士兵指战员。毛泽东在总结三湾改编经验时讲过，“我们在国民党军中的组织，完全没有抓住士兵，即在叶挺部也还是每团只有一个支部，故经不起严重的考验”②。

1927 年 9 月 9 日，毛泽东受中央委托，领导湘赣边界秋收起义。会攻长沙受挫后，决定放弃原定计划，到敌人力量薄弱的罗霄山脉寻求落脚点。部队在转移途中，处境十分困难。由于连续作战和伤病困扰，部队从起义时的 5000 多人，严重减员到 1000 余人。由于战斗失利、疟疾流行，起义部队弥漫着一种悲观情绪，经常有人“掉队”，甚至整班、整排的不辞而别。面对如此严峻的形势，毛泽东命令部队在江西省永新县九坡村休整两天。一路上，毛泽东一直在思考秋收起义以来整个部队存在的各种问题，当然也发现了一些积极因素，他发现，只要连队里有一定数量的党员，这个连队的精神面貌就好，作战就勇猛，长官也可以得到较为有效的

① 中央档案馆编：《中共中央文件选集（1928）》第 4 册，中共中央党校出版社 1983 年版，第 287 页。

② 《毛泽东选集》第 1 卷，人民出版社 1991 年版，第 66 页。

民主监督。当时，在第一团担任指导员的何挺颖所在的连队没有一个逃兵，士兵们都对他极为尊重，整个连队军纪严明、士气高昂。在如何带兵的问题上，何挺颖认为，军队连续吃了些败仗、军事力量骤降并不致命，致命的是这支部队失去了中国共产党的领导。因为当时军队中党组织很少，中共党员人数也很少，这样就难以抓住部队。这一回答进一步坚定了毛泽东对部队进行改编的决心。

1927年9月29日下午，起义部队到达永新县三湾村。这时，部队已经减少到900多人。当晚，在三湾村“泰和祥”杂货铺，毛泽东主持召开了中共前委扩大会议，系统讲解分析了当前形势和整编方案，决定立即对部队进行改编。这次改编，其实质是对工农革命军广大指战员进行一次思想上、政治上、组织上的整顿，建立党对军队的绝对领导。在改编中，主要确立了“支部建在连上”和党代表制度，连以上建立士兵委员会，在加强党对军队的绝对领导的同时，对部队进行整编，清理革命动摇分子。三湾改编不仅为建立党领导的新型的人民军队奠定了坚实的基础，而且从组织上解决了党直接有效掌握士兵群众的重大问题，实现了组织建设与军事领导、与提升军队战斗力之间的有效联结，保证了党的路线、方针、政策在部队的贯彻执行。

第一，在建制上进行缩编，把部队由一个师缩编为一个团，称工农革命军第一军第一师第一团。增补了前委委员，毛泽东仍为前委书记。改编时，毛泽东宣布，愿意留下来的就留，想要走的就发路费，将来回来还欢迎。部队由雇佣关系改为自愿原则。结果，有700多人选择留下来。人员虽然变少了，但绝大多数是经过自愿选择留下来的精英，彻底改变了雇佣军的性质。

第二，支部建在连上。党的支部建在连上，因为作战大部以连为单位。每一个作战单位有一个支部，去处理和指挥一个作战单位的事，做起来比较方便。班、排有小组，班有党员；连以上设党代表，营、团建立党委。部队的重大行动必须经党的组织讨论决定。大革命时期，以国共合作形式出现的北伐军中，虽然有共产党的组织，但是力量很弱。“南昌起义，虽然开始了我们党独立领导军队的新时期，然而，当时这支部队只是在上层领导机关和军官中有少数党员，在士兵中……一般是没有党、团员的。因此党的工作不能深入到基层和士兵中去。”① 南昌起义军大队在广东的失败，党的力量和党的领导薄弱是个重要原因。在湘赣边界秋收起义部队中，虽然有不少党员，但并没有形成坚强的组织领导。一个团只有一个支部，在艰苦的斗争环境中，无法发挥党的领导作用。因而，起义部队战斗力不强，常吃败仗、受挫折。起义部队大量士兵逃亡现象清楚地说明，基层连队必须有一个坚强的党组织作为领导核心。这些痛苦的教训表明，没有党的坚强领导和富有战斗力的党的基层组织，部队是经不起残酷战争考验的。为了确立党对军队的绝对领导，为了在战斗中能“抓住士兵”，毛泽东在三湾改编时确立了“支部建在连上”的重要原则。由于支部设在连上，党通过党员和广大群众保持着密切的联系，因而工作十分活跃，连里的政治空气逐渐浓厚，党员数量逐渐增多。这样，支部就真正成为连队的核心和堡垒。而连队也由于党的基层组织的建立和发挥了作用，变得更加巩固和坚强。毛泽东后来在《井冈山的斗争》中对“支部建在连上”作了肯定：“红军所以艰难奋战而不溃散，‘支部建在连上’是一个重要原因。”这使党对军队的领导在组织上有了坚强的保障。此后，这一做法在各个红军队伍中普遍实行，从而使工农红军的面貌焕然一新。

第三，确立党代表制度，连以上设党代表，任党组织书记，专门做政治工作，重大决策由前委会以及各级党代表拍板，确保了军队抓在党的手里。早在 1924 年 10 月国共合作期间，仿效苏联红军的编制模式，在黄埔军校教导团就开始设置了党代表。三湾改编时，工农革命军连以上仍采用党代表制，党代表的职责是：“军中政治训练，党的工作，督促士委会工

① 中共中央文献研究室编，金冲及主编：《朱德传》，人民出版社、中央文献出版社 1993 年版，第 93 页。

作，帮助军事长官工作，如军事长官在火线上牺牲了，党代表可以代行指挥军队。”[①] 党代表的作用非常重要，它的工作是军事长官所不能替代的。“特别是在连一级，因党的支部建设在连上，党代表更为重要。他要督促士兵委员会进行政治训练，指导民运工作同时要担任党的支部书记。事实证明，哪一个连的党代表较好，哪一个连就较健全，而连长在政治上却不易有这样大的作用。”[②] “党代表是代表党在军中工作”，因而，“党代表一切行动和言论，均需站在党的观点上”，“党代表应为各同志模范”[③]。党代表制度的确立，保证了党的路线、方针、政策在部队中的深入贯彻，加强了党对军队的领导，对红军的三大任务的实现和人民军队的建设发挥了重大作用。党代表制度是我党的一大政治优势，在后来的革命斗争过程中，红军中的党代表自 1929 年起称为“政治委员”，连队政治委员自 1931 年起改称为“政治指导员”，但党的领导的实质始终没有发生变化。

第四，在连以上建立各级士兵委员会，实行民主制度，破除旧军队的雇佣关系，实行官兵平等，经济公平。“士兵委员会就是实现民主的一个组织形式。”“士兵委员会有很大的权力，军官要受士兵委员会的监督，做错了事，要受士兵委员会的批评，甚至制裁。”“士兵委员会规定 8 个月开一次士兵大会，开士兵大会时，每个士兵都有发言权。例如：班长排班公平不公平，哪位军官说话态度不好，士兵都可以在大会上进行指名批评。对经济工作上的意见，士兵同样可以在大会上讲，对排长、连长、党代表的缺点都有批评的权利。”[④]士兵委员会是广大士兵的群众性组织，由士兵代表会议选举产生，它不是一级领导机构，“没有设立什么机关，没有专

---

① 中共中央组织部全国组织干部学院编：《中国共产党组织工作历程》，党建读物出版社 2017 年版，第 49 页。

② 《毛泽东选集》第 1 卷，人民出版社 1991 年版，第 64 页。

③④ 吴吉祥、唐由庆：《弘扬三湾改编传统 加强党的基层组织建设》，《南昌大学学报》（人文社会科学版）1991 年第 2 期。

职办公，只是遇事开会研究”①。“士委只能对于某个问题建议或质问，而不能直接去干涉和处理，士委开会须有党代表参加，等于一个政治顾问性质。”② 士兵委员会的工作主要放在连里，任务有五项：一是参加军队管理；二是维持红军纪律；三是监督军队经济；四是作群众运动；五是作士兵政治教育工作。自从实行了民主主义制度，士兵群众利益得到了保障，革命热情被大大地激发出来，有了当家作主的感觉，对部队建设的责任感明显加强。部队出现了一种官兵一致、上下平等的新型官兵关系。红军内以组织士兵委员会的形式实行民主制度是一大创造，也是红军区别于白军的重要标志，它对于健全党内、军内民主，反对军阀主义，克服官僚主义，维护军队内部的团结，密切党同士兵群众的关系，都具有积极的作用，因此受到广大指战员的热烈拥护。特别是士兵群众，享受了民主生活，精神上获得了解放，正如毛泽东所指出的：“红军的物质生活如此菲薄，战斗如此频繁，仍能维持不敝，除党的作用外，就是靠实行军队内的民主主义。”“军队内的民主主义制度，将是破坏封建雇佣军队的一个重要的武器。”③

（三）思想建党和组织建党同步推进

1927 年 10 月，毛泽东领导军民创建了井冈山革命根据地，开创了农村包围城市、武装夺取政权的中国革命的唯一正确的道路。军事上的游击战配合组织上支部建在连上的系统举措，中国共产党的战斗力、组织力、影响力不断提升。执行三大纪律、八项注意后，增强整个部队的组织纪律性又得到空前加强。到了 1928 年 5 月，中央指示红四军前委统辖湘赣边界特委和军委，并管理地方党组织工作，党的组织进入了大发展时期。各

① 宋任穷：《宋任穷回忆录》，解放军出版社 1994 年版，第 28 页。

② 中共中央组织部全国组织干部学院编：《中国共产党组织工作历程》，党建读物出版社 2017 年版，第 48 页。

③ 《毛泽东选集》第 1 卷，人民出版社 1991 年版，第 65 页。

县、区、乡党的组织普遍建立，党员数量激增，最多时边界党员数量一时增到1万人以上。

1929年1月，毛泽东、朱德等率领红军主力进军赣南、闽西，创建新的根据地后，红军和党员队伍逐步壮大。到5月，红四军已达到4000多人，其中党员1329人，占33.2%。在这些党员中，有工人310人，占23.3%；农民626人，占47.1%；小商人106人，占8%；学生192人，占14.5%；其他95人，占7.1%。农民和其他小资产阶级出身的党员大致占到了70%以上。[①] 党员的迅速发展也带来了新的问题。由于部队主要成分是农民、城市小资产阶级和从旧军队起义的官兵，在赣南、闽西作战中，俘虏兵成分又大量增加，导致各种非无产阶级思想有所滋长。毛泽东一直在思考如何纠正党内的错误思想，进行无产阶级思想理论的武装。任由党内各种错误思想发展，党和部队的发展就会走偏，党的思想纯洁性和组织凝聚力将会受到极大挑战。

1929年12月，在福建省上杭县古田镇召开中国共产党红军第四军第九次代表大会。会议通过《中国共产党红军第四军第九次代表大会决议案》(简称《古田会议决议》)，这个决议的中心思想是要用无产阶级思想进行军队和党的建设，认为红军党内最迫切的问题是教育问题，要首先从党内教育做起，加强党的思想建设。《古田会议决议》第一部分是毛泽东起草的《关于纠正党内的错误思想》，其中深刻指出红军中的8种错误思想，并对各种表现进行逐一指明，提出改进方法。以个人主义的表现论述为例[②]，毛泽东不但明确指出了具体表现，而且给出了解决路径和方法。

(一) 报复主义。在党内受了士兵同志的批评，到党外找机会报复他，打骂就是报复的一种手段。在党内也寻报复；你在这次会议上说了我，我

① 参见中共中央组织部全国组织干部学院编：《中国共产党组织工作历程》，党建读物出版社2017年版，第51页。

② 毛泽东为中国共产党红军第四军第九次代表大会写的决议的第一部分。参见《毛泽东选集》第1卷，人民出版社1991年版，第92—93页。

就在下次会议上找岔子报复你。这种报复主义，完全从个人观点出发，不知有阶级的利益和整个党的利益。它的目标不在敌对阶级，而在自己队伍里的别的个人。这是一种削弱组织、削弱战斗力的销蚀剂。

（二）小团体主义。只注意自己小团体的利益，不注意整体的利益，表面上不是为个人，实际上包含了极狭隘的个人主义，同样地具有很大的销蚀作用和离心作用。红军中历来小团体风气很盛，经过批评现在是好些了，但其残余依然存在，还须努力克服。

（三）雇佣思想。不认识党和红军都是执行革命任务的工具，而自己是其中的一员。不认识自己是革命的主体，以为自己仅仅对长官个人负责任，不是对革命负责任。这种消极的雇佣革命的思想，也是一种个人主义的表现。这种雇佣革命的思想，是无条件努力的积极活动分子所以不很多的原因。雇佣思想不肃清，积极活动分子便无由增加，革命的重担便始终放在少数人的肩上，于斗争极为不利。

（四）享乐主义。个人主义见于享乐方面的，在红军中也有不少的人。他们总是希望队伍开到大城市去。他们要到大城市不是为了去工作，而是为了去享乐。他们最不乐意的是在生活艰难的红色区域里工作。

（五）消极怠工。稍不遂意，就消极起来，不做工作。其原因主要是缺乏教育，但也有是领导者处理问题、分配工作或执行纪律不适当。

（六）离队思想。在红军工作的人要求脱离队伍调地方工作的与日俱增。其原因，也不完全是个人的，尚有一，红军物质生活过差；二，长期斗争，感觉疲劳；三，领导者处理问题、分配工作或执行纪律不适当等项原因。

纠正的方法：主要是加强教育，从思想上纠正个人主义。再则处理问题、分配工作、执行纪律要得当。并要设法改善红军的物质生活，利用一切可能时机休息整理，以改善物质条件。个人主义的社会来源是小资产阶级和资产阶级的思想在党内的反映，当进行教育的时候必须说明这一点。

《古田会议决议》是中国共产党和红军建设的纲领性文献。它结合中国共产党和中国革命的具体情况，灵活地、创造性地运用马克思列宁主义，初步回答了在党员以农民为主要成分的情况下，如何从加强党的思想建设着手，保持党的无产阶级先锋队性质的问题；初步回答了在农村进行革命战争的环境中，如何将以农民为主要成分的军队，建设成为无产阶级领导的新型人民军队的问题。

《古田会议决议》在强调思想建党的同时，高度重视党的组织问题，认为红军中党的组织问题，现在到了非常严重的时期，特别是党员的质量较差和组织的松懈，影响到红军的领导与政策的执行。要求努力改造党的组织，务必使党的组织确实能担负起党的政治任务。主要提出的任务包括：一是要坚持集中指导下的民主生活路线，批评了由下而上的民主集权制，反对极端民主化和非组织的观点。二是提出党员发展路线，提出发展党员应以战斗兵为主要对象，并制定了新兵入党的条件：政治观念没有错误（包括阶级觉悟）；忠实；有牺牲精神，能积极工作；没有发洋财的观念；不吃鸦片；不赌博。三是进一步严密党的组织，在部队中每连建设一个支部，每班建设一个小组，这是军中党的组织的重要原则之一。党小组实行干部分子与一般分子、知识分子与劳动分子、各种工作不同能力不同分子混合编制法，要严格执行党的纪律不能有丝毫懈怠。在根据地的乡、村、各级苏维埃的政权机关、群众团体和国有企业中都建立了党的支部。党通过这些基层组织，将党的纲领、路线、方针、政策深入贯彻到党员、政府机关、群众团体和人民群众中去。

加强组织建设的同时，必须高度重视党的干部队伍建设。1930 年上半年，红军发展到约 7 万人，连同地方革命武装共约 10 万人，中国共产党已经拥有了十几块大大小小的革命根据地。随着党的各级组织的健全，领导中枢的建立，党和根据地的各项工作迫切需要大批干部。一方面，各级党组织大胆选拔有坚定信仰、在实际斗争中积极勇敢并有工作能力的党员，到党的领导机关工作。另一方面，对于各级干部尤其是新提拔的干部，让他们注重在实际斗争中锻炼成长，不断提高他们的思想政治水平和工作能力。通过创办干部培训班、干部学校、党校等对党员干部进行比较系统的马克思列宁主义教育和各种专业知识教育。根据地干部队伍建设的实践，造就了一批治党、治国、治军的领导干部，极大地密切了党群关系。“苏区干部好作风，自带干粮去办公。日穿草鞋干革命，夜走山路访贫农。”这首民歌充分体现了中国共产党干部在人民群众心目中的形象和深厚的群众基础。

思想建党和组织建党同步推进的做法和经验，不但很快在红四军得到贯彻，而且随后在其他部分红军中也逐步得到实行，并对以后不断加强党的建设产生了深远影响，成为中国共产党组织力建设中的独特经验和创新。

二、从政治成熟走向组织成熟

1938 年 9 月至 11 月召开的中共扩大的六届六中全会，是一次具有重大历史意义的会议。这次全会正确地分析了抗日战争的形势，规定了党在抗战新阶段的任务，为实现党对抗日战争的领导进行了全面的战略规划，基本上纠正了王明的右倾错误，进一步巩固了毛泽东在全党的领导地位，统一了全党的思想和步调，推动了各项工作的迅速发展。

（一）制定马克思主义的组织路线

1930 年 7 月在上海召开的全国组织会议，要求党的组织路线为夺取大城市的暴动服务，这使我们红军在进攻大城市的过程中遭受了巨大损失，很多地方的党组织几乎瓦解。党的六届三中全会虽然对这一错误进行了纠正，但是也没有从根本上解决问题。1931 年 3 月中共中央通过了《关于发展党的组织决议案》，5 月又通过了《全国组织报告的决议案》。这是党的六届四中全会后党在组织问题上的两个主要文件，也是当时组织工作最主要的指导文件。文件采用突击式的、指标式的方式发展党员，在干部工人成分上也有不切实际的做法，导致党的组织发展工作产生错误的倾向。

1931 年 1 月遵义会议召开后，中国共产党通过组织调整，确立了毛泽东在中央和红军中的领导地位，解决了党内所面临的最迫切的组织问题和军事问题，标志着中国共产党在政治上开始走向成熟。1935 年 12 月，中央政治局在陕北瓦窑堡召开了扩大会议，中国共产党的组织工作得到了进一步的恢复，获得了新的发展。会议通过了《中共中央关于目前政治形势与党的任务的决议》，强调面临新形势与新任务，扩大党的组织尤为必要，必须在组织上去扩大与巩固党，以及大数量地培养干部。强调干部队伍的重要性，正确的组织路线与干部政策是十分重要的，我们应关心爱护干部、信任干部，不轻易打击干部，对干部犯错误的类型进行区分，耐心地对干部进行说服教育，积蓄力量，保存干部。毛泽东后来在 1937 年苏区党代表会议上指出：“指导伟大的革命，要有伟大的党，要有许多最好的干部。”“要自觉地造就成万数的干部，要有几百个最好的群众领袖。”

1938 年 9 月 29 日至 11 月 6 日，中共扩大的六届六中全会在延安召开。会议批准以毛泽东同志为核心的中央政治局的政治路线，同时根据这条政治路线提出了组织工作中国化的重大命题，并制定了一条马克思主义的组织路线。

一是制定了正确的干部路线和干部政策。政治路线确定之后，干部就是决定性因素。毛泽东指出，我们只有在才德兼备的干部队伍的领导下，党才能在革命的斗争中完成历史任务。才德兼备的标准就是“任人唯贤”，要坚决地执行党的路线，服从党的纪律，和群众有密切的联系，有独立的工作能力，积极肯干，不谋私利。在选拔任用干部的过程中，我们党要善于识别干部、善于使用干部、善于指导干部，通过多种方式提升我们干部队伍的整体能力水平。

二是制定了建设党员队伍的正确方针。毛泽东对共产党员在民族战争中要发挥模范作用进行了详细论述。他指出，共产党员应该是民众的朋友，而不是民众的上司，是诲人不倦的教师，而不是官僚主义的政客，应该以个人利益服从于民族和人民群众的利益，要大公无私，积极努力，克己奉公，埋头苦干，要实事求是和具有远见卓识，要联合一切先进分子，充分发挥先锋模范作用。为了克服困难，战胜敌人，建设新中国，我们党必须扩大自己的组织，充实自己的党员队伍，使党成为一个伟大的群众性的党。

三是提出实现党内生活民主化，加强党的纪律。毛泽东指出，处在伟大斗争中的中国共产党，要使全党的领导机关、党员和干部发挥其高度的积极性，才能取得胜利。要使党内具有生动活泼的民主氛围，充分实现党内生活的民主化。为了达到这样的效果，必须在党内实行民主生活的教育，使党员懂得什么是民主生活，什么是民主制和集中制的关系，以及如何实现民主集中制。会议提出了要坚持个人服从组织，少数服从多数，下级服从上级，全党服从中央的纪律。谁破坏了这些纪律，谁就破坏了党的团结统一，每个共产党员都应该爱护党和党的团结统一有如生命。

四是制定了详细的党内法规。全会通过了《关于中央委员会工作规则与纪律的决定》《关于各级党委暂行组织机构的决定》《关于各级党部工作规则与纪律的决定》，规定了各中央机关党委、党部的任务、职责范围和纪律等，强调每个党员都要严格遵守民主集中制。

全会还对党组织的工作机关进行了规定，规定区党委以上党委可以设立组织部、宣传部、民运部、统一战线部等机构。在区党委之下设监察委员会，并具体规定各部门的工作职责。

党的六届六中全会首次提出要实行共产党在抗日民族战争中的领导地位，必须加强党的自身建设，制定一条马克思主义的组织路线，以确保政治路线的贯彻和执行，为中国共产党组织力量的发展壮大提供根本组织保障。在党员吸纳和组织建设上，强调为了克服困难、战胜敌人、建设新中国，共产党必须扩大自己的组织，向工、农、兵、学、商的积极分子开门，使党成为一个伟大的群众性的党。要求共产党员无论何时何地都不应以个人利益放在第一位，而应以个人利益服从于民族的和人民的利益。六届六中全会从根本上否定六届四中、五中全会“左”倾宗派主义的干部路线，纠正对持不同意见者进行“残酷斗争、无情打击”的错误做法，确立了正确的干部政策。

（二）建设一个伟大的群众性的大党

1937年8月，中央政治局在陕北洛川举行扩大会议，讨论通过了《中央关于目前形势与党的任务的决定》，指出将抗战发展为全民族抗战的重要性以及使共产党成为全国抗战的领导核心的重要性。会议制定了《中国共产党抗日救国十大纲领》，为全党和全国人民指明了抗战的正确方向，也为组织工作指明了工作的重点和方向。

1938年3月，中共中央作出了《关于大量发展党员的决议》，强调为了担负起扩大与巩固抗日民族统一战线以彻底战胜日本帝国主义的神圣任务，必须建立起强大的党组织。中央决定，要打破党内在发展党员中关门主义的倾向，打破在统一战线中忽视党的发展，以为党的扩大无足轻重，甚至取消党的发展的严重倾向。要大量吸收新党员，有计划和迅速地建立与发展党组织。《关于大量发展党员的决议》提出要对新党员进行马列主义教育，提升他们的思想理论水平。在中央正确方针的指导下，党的组织和党的队伍得到了迅速发展。到1938年底，党员人数已经发展到50多万人，党的组织已经从狭小的圈子里走了出来，成为具有广泛群众基础的大党。

在敌后抗日根据地、部队中党员数量也得到了快速发展。到1938年冬，八路军、新四军中的军队党员比例已经超过20%，连以上干部几乎都是党员。到1940年，八路军老部队中的党员人数占总人数的30%～40%，新部队也达到25%～30%。新四军刚集结时，党员数量占全军总人数的25%，到1939年2月，已占到40%。国民党统治区和沦陷区党组织也得到了发展，比如在1937年下半年，湖南、四川、甘肃、湖北、贵州等地都进行了党的重建和发展工作，使党的组织得到迅速恢复和发展。

在贯彻中共中央《关于大量发展党员的决议》中，各地也出现过一些突击发展党员的现象，一些没有达到入党标准的“革命同路人”、落后分子纷纷涌入党的队伍，党的基层组织工作有的流于形式，部分党员对参与党的会议和工作产生了倦怠心理。针对党员发展中出现的新情况，1939 年 8 月，中共中央政治局作出《关于巩固党的决定》，强调指出从思想上、政治上巩固党是当前的重要任务，是完成党的政治任务的决定因素。《关于巩固党的决定》作出了 7 项规定，主要包括严把党员发展关，详细审查党员的成分，加强党内的思想理论教育，加强对党的各级干部的教育，加强党的秘密工作，提高党的纪律和加强党的团结。

同年 10 月，中共中央组织部发出《关于执行中央巩固党的决定的指示》，各地就巩固党的组织开展了一系列工作。如审查党员成分，从组织上巩固党，从审查干部、整理支部、健全领导这三个重要环节抓起。开展支部教育，提高支部干部和党员文化水平，使党员懂得怎样做一个共产党员，使支部干部熟悉领导支部工作及乡村工作。

随着组织建设的日益成熟，中国共产党深刻认识到中国共产党在党员队伍结构、干部组成和革命胜利中的重要作用。1939 年 12 月，中共中央印发《关于吸收知识分子的决定》，强调指出在长期的和残酷的民族解放战争中，在建立新中国的伟大斗争中，党必须善于吸收知识分子，才能组织伟大的抗战力量，组织千百万农民群众，发展革命的文化运动和发展革命的统一战线。没有知识分子的参加，革命的胜利是不可能的。全党同志必须认识到，对于知识分子的正确的政策，是革命胜利的重要条件之一。

在大量吸收知识分子的政策指导下，党的干部队伍构成发生了较大的变化，其中知识分子出身的新干部占了较大比例。以一二九师为例，在工作人员中，老干部占 17.2%，新干部占 82.74%；在政治人员中，老干部占 44.4%，新干部占 55.1%；在指导员中，老干部占 43.54%，新干部占 56.46%。一二〇师也大致相同，新干部占全部的 56%。山东纵队各支队的干部，新干部在五支队占85%，在四支队占67%，在八支队占73%，在特务团占50%。在新部队中，团以下的政治干部几乎全是新干部，在团级干部中，新干部约占1/2。而在这些新干部中，绝大多数是学生和知识分子。①

（三）高度重视干部教育

革命战争年代，中国共产党在重视思想建党和组织建党同步推进的同时，尤其重视干部教育，主要通过建立学校的方式来进行干部教育培训。1933年3月，中央在瑞金成立马克思共产主义学校，之后随红军长征到达陕北，在1935年时正式定名为中共中央党校。中共中央党校肩负着培训干部的任务，使干部能系统地学习马列主义基础理论知识。

中央在延安和各抗日根据地还同时开设了各种学校，有中国人民抗日红军大学、陕北公学、鲁迅艺术文学院、女子大学等。这些学校以崭新的教育制度、教育方针、教育内容和独特的校风，培养了抗日急需的大批干部，得到了全国广大知识青年的热爱和向往，受到了中外进步人士的赞誉。从1937年1月到1945年8月，全国抗日根据地和敌后解放区先后创办干部院校48所，这些院校为新中国培养了一大批骨干人才，很多在新中国建设中贡献力量的干部都是在这一时期成长起来的，这对于我们党的建设工作的有效开展、党的组织力量的增强发挥了重要作用。

1938年12月，在中央组织部召集的关于党政军民检查工作的干部晚会上，毛泽东提出加紧学习，学习马列主义、革命运动以及中国的历史，从中央委员会各级干部研究较高深的理论，一直到各机关事务人员学习文化，把干部教育工作放在十分重要的位置。1939年2月，中央专门设立干部教育部，负责领导组织全党干部教育工作。5月，中央召开干部学习动员大会，这标志着延安在职干部教育的开始。在这段时间，中央领导人发

① 参见解放军政治学院政治工作教研室编：《军队政治工作历史资料》第5册，解放军出版社1982年版，第509—510页。

表了一系列有关党的建设的论述，干部教育和组织工作的制度化开始得到加强。时任中央组织部部长陈云发表了《怎样做一个共产党员》《党的支部》等文章，系统阐明了党员的标准、支部的基本任务和地方组织如何领导支部等问题，要求党员做到终身为共产主义奋斗，把革命利益放在首位，遵守党的纪律，严守党的秘密，百折不挠地执行党的决议，努力学习，做群众的模范；要求党支部成为团结群众和教育党员的学校，并在各项工作中起领导作用。同时，旗帜鲜明强调党必须坚决反对不保持党的成分的纯洁、不加强无产阶级的骨干、不以共产主义为根本目标、使党降为各阶级的民族革命联盟的任何观点，而牢固地确立一切党员都必须为无产阶级的共产主义事业奋斗终身的思想。

根据中共中央关于大规模培训干部的基本精神和思路，延安时期，无论是干部在职教育还是学校教育，都非常注重业务教育、政治教育、文化教育和理论教育的有机结合。在职教育，强调一切干部都须加强业务学习，号召“做什么、学什么”①；要求任何干部都必须精通自己的业务；强调一切在职干部都须给以政治教育，包括时事教育和一般政策教育两项。开展政治教育的目的在于使干部在精通其专门业务之外，还应通晓一般情况与一般政策，以避免偏畸狭隘不懂大局的弊病，摒弃好谈一般政治而忽视专门业务或仅局限于专门业务而忽视一般政治的倾向。对于一切文化程度不高的干部，除业务教育与政治教育外，还要开展文化教育。而对于高中级干部则强调于业务学习之外均须学习理论，包括政治、经济和历史科学等内容。在干部学校教育中，各校不断完善功能定位，坚持政治理论教育与文化知识教育并重的原则，以培养和造就德才兼备、堪当重任的高素质干部队伍为己任。这样的干部教育，既提高干部的政治思想素质，又突出干部的能力培养，从而为我党事业的蓬勃发展奠定了具有决定性意义的人才基石。

---

①《中共中央关于在职干部教育的决定》，《解放日报》1942 年 3 月 2 日。

三、扎根新中国

1949年9月，中国人民政治协商会议第一届全体会议在北平召开。大会代行了全国人民代表大会的职权，通过了具有临时宪法性质的《共同纲领》。《共同纲领》指出："中国人民解放战争和人民革命的伟大胜利，已使帝国主义、封建主义和官僚资本主义在中国的统治时代宣告结束。中国人民由被压迫的地位变成为新社会新国家的主人，而以人民民主专政的共和国代替那封建买办法西斯专政的国民党反动派统治。"①

1949年10月1日，中华人民共和国中央人民政府成立典礼在北京隆重举行，揭开了中国历史的新篇章。党的历史地位发生了根本性变化，开始从领导人民为夺取全国政权而奋斗的党，变为领导人民掌握全国政权、进行社会主义革命和建设的党。这种新的历史变化，一方面，为中国共产党更直接、更广泛地联系、宣传和教育群众，通过国家政权实现建国纲领，创造了空前有利的条件；另一方面，在全国执政的条件下，党的建设遇到了前所未有的新情况新问题，使组织工作面临新的挑战和考验。例如，我们党的社会地位变了，党的中心任务变了，党的工作环境变了，人民群众成了国家和社会的主人，生活条件也发生了根本性的改善。这些改变都历史性地摆在了中国共产党的组织工作面前。

（一）让全国人民进一步组织起来

1949年9月30日，毛泽东在《中国人民大团结万岁》这篇宣言中郑重宣告："全国同胞们，我们应当进一步组织起来。我们应当将全中国绝大多数人组织在政治、军事、经济、文化及其他各种组织里，克服旧中国散漫无组织的状态"。

---

① 中共中央文献研究室编：《建国以来重要文献选编》第1册，中央文献出版社1992年版，第1页。

新中国成立的时候，中国共产党已经发展为拥有近450万名党员、具有广泛群众性的大党。随着各级人民政权的建立，各级党的领导机构也建立起来。一方面，党在各方面的工作都表现出色，积极发挥了先锋模范作用，党在人民群众中也享有很高的威信；另一方面，党在面对新中国成立初期各方面的复杂情况和工作任务时，党的整体状况和组织工作不可避免的需要补弱项、强筋骨。

一是保持党的纯洁性。由于中国革命发展不平衡，党长期处于分散的农村环境，党的组织分布也很不平衡，党员的整体文化水平偏低，党组织的这种状况，对于担负领导建设新中国这样伟大艰巨的任务来说，难免需要有个过渡适应过程。新中国成立后，党内的骄傲情绪，以功臣自居的情绪，停顿起来不求进步的情绪，贪图享受不愿再过艰苦生活的情绪，已经在一些方面表现出来。一些党员革命意志消退，为了个人私利腐化堕落、思想作风不纯洁等，都将削弱党的组织的纯洁性。为了解决组织纯洁的问题，中央提出了在全国执政条件下加强党的建设的新任务。1949年11月9日，中央政治局通过了三份文件，分别是《中共中央关于成立中央及各级党的纪律检查委员会的决定》《中共中央关于在中央人民政府内组织中国共产党党委会的决定》《中共中央关于在中央人民政府内建立中国共产党党组的决定》，旨在为了进一步增强党的组织性和纪律性，进一步加强党的集中统一领导，贯彻落实党中央的政治路线和政策执行。

1950年5月，中央发出《关于在全党全军开展整风运动的指示》，要求在全党全军中进行一次整风运动。6月，党的七届三中全会对整风工作作出了具体部署。1950年的整风运动时间比较短，只是初步解决了工作作风方面的问题，来不及解决党内思想不纯和组织不纯的问题。1951年2月，中央决定以3年的时间，对党的基层组织有计划、有准备、有领导地进行一次普遍的整顿。3月28日至4月9日，中央召开第一次全国组织工作会议，对进一步加强党的建设进行了专门部署。刘少奇作了《关于整顿党的基层组织的意见》的报告和《为更高的共产党员的条件而斗争》的总结。会议通过了《中国共产党第一次全国组织工作会议关于整顿党的基层组织的决定》和《中国共产党第一次全国组织工作会议关于发展新党员的决议》。1951 年 5 月，整党运动分三步在全党有计划、有步骤地展开。第一步是对广大党员普遍进行关于党纲党章和怎样做一个共产党员的教育。第二步是进行党员登记。第三步是对党员作审查鉴定，最后根据不同情况作出组织处理。通过将“三反”运动和整党运动相结合，新中国成立初期处理了一批贪污腐败分子，提高了党的纯洁性和战斗性，这对于党组织来说是一次有效的整顿，通过对党员和党组织的群众性审查，有力地促进了整党运动的深入开展。

二是不断夯实组织基础。新中国成立后，各地按照中央的要求，积极谨慎地发展新党员，积极建立新的党组织，不断夯实党执政的组织基础。一方面，在城市，着重在产业工人中建立党的组织；在新区农村，着重在土地改革完成后吸收经过教育、符合党员条件者建立党的支部。到 1953 年 6 月底时，全国共新建 8.2 万个党支部，基层支部由 1951 年的 24.6 万个发展到 32.8 万个。在全国 50 个职工以上的厂矿企业、大专院校一般都建立了党的组织。另一方面，不断提高党员数量和质量。在 3 年多整党期间，全国共吸收 107 万新党员，与清退出党者相抵，全国党员总数由 580 万人增至 636.9 万人。在党员分布上，工矿企业中党员数量为 66.6 万人，与 1950 年底相比，增加了 108%，增长得最快；学校教职员和学生党员为 14.3 万人，增加了 30%；农村中的党员有 337.2 万人，增加了 8.7%。经过整顿和发展，党在组织成分和党员素质方面都有了明显的改善和提高。①

三是提高党在农村支部的战斗力。贯彻执行过渡时期总路线，农村党组织工作尤为重要。1954 年 3 月，中共中央组织部下发《关于加强党的基层组织工作调查研究的通知》，就农村中党的基层组织在贯彻过渡时期总路线、总任务中，如何实施领导、建设组织、提高工作水平等问题进行深

① 参见中共中央组织部全国组织干部学院编：《中国共产党组织工作历程》，党建读物出版社 2017 年版，第 144 页。

入细致的调研。同年 11 月，中央召开全国农村党的基层组织工作会议，着重讨论过渡时期农村党的基层组织的任务。会议就过渡时期农村党的任务、发展党和巩固党、坚持群众路线和县委领导等问题作了研究部署。

这次关于农村基层党组织的工作会议主要强调了以下几个方面的内容：认真做好发展和巩固党在农村的基层组织的工作；使农村支部的组织形式与农村工作的发展相适应；加强集体领导，开展批评和自我批评，健全支部民主生活；加强农村支部的教育工作；建立和加强农业生产合作社中的政治工作；整顿落后支部，加强对于落后支部的领导；加强党的统一领导，发挥乡人民委员会和各种组织的作用；用说服教育的方法进行工作，反对强迫命令；县委、区委必须加强对农村支部的领导。按照中央要求，各省、地、县委对农村支部工作进行一次检查和讨论，制定出加强农村支部工作的具体办法和今后 3 年内在农村中发展党员的计划，在支部内进行认真传达和讨论。经过几年的努力，党在农村支部的战斗力显著提升。

（二）建立党管干部的基本格局

新中国成立后，中国共产党对干部人事工作进行了整体性安排部署，形成了适应过渡时期总路线、适应计划经济发展的干部管理格局。注重对干部的纪律要求和监督检查，注重对工农干部的培训，不断提高干部的政治修养和政治担当，为新政权的巩固、国民经济的恢复和社会主义改造的完成，提供了有力的组织保证。

一是确立党对干部人事工作的领导。在全国执政的条件下，党员干部从过去的无权者变成了掌权者，成了党和国家各条战线、各个部门的领导者。这里就有一个为谁掌权、如何掌权的问题。确立党对干部人事工作的领导具有重大意义。实现党对干部人事工作的领导，首先体现在管纪律上。在 1949 年 11 月通过的《中共中央关于成立中央及各级党的纪律检查委员会的决定》中，明确为了密切地联系群众，克服官僚主义，保证党的一切决议的正确实施，特决定成立中央及各级党的纪律检查委员会。之后，各地方各部队党的纪律检查委员会组织陆续建立并开始做了一些工作。1949 年 12 月 16 日，中央决定野战军团以上各级均设立纪律检查委员会，并要求将兵团以上纪律检查委员会名单报给中央。1950 年 2 月，中央政治局批准《中共中央纪律检查委员会工作细则》，详细规定了中央纪律检查委员会的机构设置、职能定位、工作方式等内容。在工作细则中对于党的组织、党员、干部违反党纪的具体情况和处理方式进行了规定，同时提出要建立工作日志制度，将每一检查完毕的事件作为党内外的教育材料。通过将党的领导首先体现在党管纪律上，中共中央逐渐建立起了一套横跨党政军，覆盖中央、分局、省（区）、地（市）、县的五级机构，建立起明确的工作规则和规章制度，确立了人员编制的运行体系。党管干部落实在管纪律层面有了明确的机构、具体的人员和运行制度。①

在干部选拔任用上，中共中央通过在中央人民政府内建立党组，在中央人民政府内组织党委的形式，实现党的领导，实现执政党对行政和司法干部选任的把控。同时，新中国成立后中国共产党还逐步健全了党对干部人事工作的统筹权，建立了干部审查制度、党员领导干部学习培养制度、干部激励奖惩机制等，将党对干部人事工作的领导体现在具体的制度体系运行中。

二是建立分部分级管理体制。为了使干部工作更好地配合过渡时期总路线的贯彻和执行，中央于 1953 年 9 月 16 日至 10 月 27 日召开第二次全国组织工作会议，着重研究了干部问题。1953 年 11 月 24 日，中共中央发布《关于加强干部管理工作的决定》。一方面肯定了对干部统一管理的正确性，避免或减少了在执行党的干部政策中的不统一的现象和在干部问题上的本位主义现象。另一方面，指出了干部统一管理的弊端，干部工作的

① 参见王懂棋：《新中国干部队伍建设制度史》，江苏人民出版社 2019 年版，第 25 页。

机构与所担负的任务不相适应；干部工作部门忙于办理日常事务工作，不能集中主要力量对干部进行系统、深入的了解，对于数量最大的财经工作干部尤其了解不够；有计划、有系统地培养和训练各种专业干部的工作一般还做得很差；而最基本也是最突出的特点，则是由于党委的组织部直接管理的干部范围过宽，不可能与各个管理业务的部门取得经常的密切联系，从干部的实际工作中来考察他们的政治品质和业务能力。针对这一弊端，强调党必须从其他部门抽调大批干部到经济建设部门工作，并用各种办法培养、训练大批新的经济建设干部。[①] 同时，适当改变现行管理干部的方法，逐步建立在中央和各级党委的组织部统一管理下的分部分级管理干部的制度。

分部管理基本上采用苏联的办法，实行党委与政府对口设部。在中央及各级党委原有的组织部、宣传部、统战部、农村工作部的基础上，逐步增设工交、财贸、文教、政法等新的工作部门，分门别类地管理工业计划、财政贸易、文化教育、交通运输、农林水利、统一战线、政治法律、党派和群众团体及其他各类干部。分级管理也基本仿照了苏联建立干部职务名单表的做法，在中央及各级党委之间建立分工管理干部的制度。凡属担负全国各个方面重要职务的干部均由中央管理，其他干部则由中央局、分局及各级党委管理。对于中央与各级党委交叉管理的干部，由最上级的党委主管，下级党委协助管理，即下级党委从监督、了解、教育、鉴定等方面协助上级党委管理，下级党委可对这些干部的任免、调动提出建议，但任免、调动这些干部的决定权属于最上级的党委。建立分部分级管理干部，是党根据大规模经济建设需要，对战争时期沿袭下来的干部管理办法的重要改革。1955 年 10 月，这一制度在全国正式建立起来。

干部管理体制的调整，进一步加强了党对政府工作、中央对地方工作

---

① 参见中央档案馆、中共中央文献研究室编：《中共中央文件选集（1949 年 10 月—1966 年 5 月）》第 14 册，人民出版社 2013 年版，第 266—267 页。

的集中统一领导，对实现党和国家在过渡时期的总任务，对顺利完成第一个五年计划的重点建设和其他方面的工作任务，对形成党在国家生活中的一元化领导，起了重要的保证作用。

（三）组织工作在曲折探索中前进

1956 年，随着生产资料私有制的社会主义改造基本完成，社会主义制度在我国基本确立，党开始对中国自己建设社会主义道路进行艰辛探索并取得初步成果，初步建立起独立的比较完整的工业体系和国民经济体系，为后来的社会主义建设奠定了重要的物质基础。在此期间，党的组织工作也得到了进一步发展。全国党员人数由党的八大时的 1073 万人增长到 1965 年的 1895 万人，党在干部队伍建设上取得了一系列成果，进一步完善了党管干部体制，细化了党管干部机制，在干部的进退留转、激励约束等方面取得了显著成就。

需要注意的是，这一时期的探索受到“左”的思潮的影响，也走了些弯路，反右派扩大化、“四清”运动、“文化大革命”都在干部队伍建设上造成了一些消极影响。但我们应该清醒地看到，中国共产党组织力增强的过程中必然伴随着曲折和探索。中国共产党善于总结经验、善于改正错误、不断进行自我革命的优点，保证组织工作在曲折探索中不断前进，保证中国共产党不断成为一个强大而伟大的政党。

针对党内存在脱离群众和脱离实际的官僚主义、宗派主义和主观主义，1957 年 4 月 27 日，中共中央作出《关于整风运动的指示》，决定在全党范围内开始整风运动。整风指示发布以后，按照指示要求，各级党政领导机关和高等学校、科研机构、文化艺术单位的党组织纷纷召开各种形式的座谈会和小组会，鼓励大家“鸣”“放”，认真听取党内外群众对党和政府的工作以及党政干部的思想作风提出的批评建议，这对于正确处理人民内部矛盾，克服党内的不良倾向，加强党和人民的团结产生了重要作用。但随着整风运动的进行，极少数资产阶级右派分子趁机鼓吹所谓的“大鸣”“大放”“大民主”，向党和新生的社会主义制度放肆地发动进攻，攻击共产党“党天下”，公然提出共产党退出机关、学校，公方代表退出合营企业，要求“轮流坐庄”；极力抹杀社会主义改造和建设的成绩，根本否定社会主义制度的优越性，把人民民主专政制度说成是产生官僚主义、宗派主义和主观主义的根源。对于这些错误言论，中央最初是放手让其发表，使其逐步暴露反动目的，但随着大鸣大放、大字报、大辩论在高校和党政机关的迅速蔓延，政治发展逐渐呈现出不稳定状态，最终导致一场全国规模的群众性的急风暴雨式的反右派运动。到 1958 年夏季，整风和反右派斗争基本结束，全国共有 55 万多人被划为右派分子，其中知识分子占了绝大多数。全国 205 所高等学校近 4000 名教授、副教授、讲师及助教离开了原教学和科研岗位。①

应当看到，在生产资料私有制的社会主义改造基本完成以后的中国，反对社会主义制度、反对党的领导的右派分子确实存在，对其加以反击批判是完全正确和必要的，但扩大化的反右派斗争却给党的组织建设，给党的干部队伍建设带来了重创，使一大批忠贞的中共党员、有才能的知识分子、有长期合作历史的民主党派朋友、政治上“不成熟”的青年被错划为“右派分子”，受到长期的委屈和压抑，不能在社会主义建设中发挥应有作用，这不仅是他们的个人损失，也是党和国家的严重损失。

从 1963 年春到 1966 年春，在历时 3 年多的“四清”运动中，对于纠正干部的不良作风、解决集体经营管理方面的问题，对于打击贪污盗窃和刹住封建迷信活动等歪风起了一定作用。中央始终要求各级干部要“好好洗洗澡”，认真解决社、队普遍存在的“四不清”矛盾；要求干部积极参加劳动，将干部是否参加劳动作为衡量“四清”运动是否搞好的重要标准之一；要求“各级党组织的负责同志还必须有计划、有选择地蹲点，虚心

① 参见中共中央党史研究室：《中国共产党历史・第 2 卷（1949—1978）》上册，中共党史出版社 2011 年版，第 459 页。

倾听群众意见，及时发现问题，总结经验”①；等等。这一系列的措施，对于纠正干部多吃多占、强迫命令、欺压群众等问题，改善干部作风，密切干群关系具有一定的促进作用。但是，由于对于国内存在的阶级斗争形势作了十分严重的脱离实际的错误估计，在“以阶级斗争为纲”错误思想指导下，一部分群众被划入了阶级敌人的一边，给他们戴上了漏划地主、富农、新生资产阶级分子、坏分子等帽子，进行批判斗争；一大批干部错误地被认为在经济、政治、组织上都有“四不清”，得不到信任，被撤换或处分，受到不应有的伤害。许多不同性质的问题都被认为是阶级斗争或者是阶级斗争在党内的反映，混淆了两类矛盾，使不少干部和群众受到不应有的打击。不过，由于此次运动只在局部地区开展，在过程中还纠正了某些偏差，这些都在一定程度上限制和减轻了运动的消极影响。

“文化大革命”是中国共产党历史上的一个特殊时期。持续10年的“文化大革命”给党的干部队伍造成了巨大的损失。党的干部工作陷入混乱停顿状态，干部管理制度和管理体制被打乱，干部队伍和领导班子整体素质得不到有效保障。在“文化大革命”中后期，在周恩来、邓小平等同志的努力下，党的干部工作开始恢复并取得了一定成效。

组织建设离不开具体的环境约束，离不开领导层对国内外环境的综合判断。主要矛盾抓对了，形势判断准确了，组织建设就会快速高质量发展；主要矛盾抓错了，形势判断错误，组织建设就会受到阻碍。20世纪60年代以后，国际形势在动荡变化中趋于紧张。一方面，资本主义殖民体系瓦解，亚非拉国家的民族独立运动、武装斗争风起云涌。同时，资本主义国家内部矛盾尖锐化，一些资本主义发达国家的学生运动、反战运动、民权运动日益高涨，左翼激进思潮在不少国家得到发展。另一方面，中国面临着多方面的侵略威胁、战争挑衅与军事压力。为了转移国内矛盾，美国侵越战争逐步升级，使中美关系处于尖锐对抗状态，战火指向中国南方边

① 中共中央文献研究室编：《建国以来重要文献选编》第16册，中央文献出版社1997年版，第326页。

陲。中苏关系由于意识形态的激烈争论和苏联的霸权主义行径而日益恶化，社会主义阵营和国际共产主义运动因此陷于分裂。美苏对中国两面夹击的态势和中国周边国家的不稳定因素，深刻影响到党和国家领导人对世界形势的估计和判断。

对干部队伍状况的错误判断，实际上从1957年的反右派斗争就已经有所表现。反右派斗争中，把大量知识分子和党的干部看成是反对共产党的领导、反对社会主义道路的右派分子，认为他们的目的是要复辟资本主义的反动统治。在1959年的庐山会议上，毛泽东指责彭德怀向他提出的意见书是配合社会上的右派向党进攻。1963年，中央认为农村出现了严重的尖锐的阶级斗争，在农村开展了社会主义教育运动。后来，又逐步把社会主义教育运动的重点确定为整党内那些走资本主义道路的当权派。但这一阶段对干部队伍状况的误判并没有上升到党内矛盾的误判，而且实践中注重甄别和平反，对调动广大党员、干部和群众的积极性起到了一定的积极作用。

到1965年，形势就出现了变化。一方面，过去干部队伍建设中的教训并未得到深刻反思；另一方面，阶段斗争理论的误用在国际国内环境的复杂变化下不断发酵。在党的八届八中全会上，毛泽东多次讲道，庐山出现的这场斗争是一场阶级斗争，是过去10年社会主义革命过程中资产阶级与无产阶级两大对抗阶级的生死斗争的继续。这一判断把阶级斗争的理论引入党内乃至高层领导圈内，埋下了“以阶级斗争为纲”的种子。

“文化大革命”时期，落实党的干部工作一直在进行。但由于林彪、江青等人的阻挠和干扰，实践中困难重重，举步维艰。1971年九一三事件使毛泽东受到极大震惊，毛泽东逐渐改变了对党内一些老同志的看法，并直接过问了一些高级干部的落实政策工作。1971年11月14日，毛泽东在接见成都地区座谈会的同志时，对“二月逆流”进行了平反，这给党纠正“左”的错误带来了契机。根据毛泽东的决策，周恩来因势利导，在更大的范围内展开“批林整风”、对极左思潮的批判。以此为基础，中央展开了对各地区、各部门一系列工作的调整和整顿，加快落实干部政策的进程。

1977 年 12 月 10 日，为进一步深化落实党的干部政策，胡耀邦被任命为中央组织部部长。他到任后立即大力推动平反冤假错案工作，遵照党的实事求是、有错必纠的原则，深化落实干部政策。1978 年 2 月至 4 月，中央组织部先后分 6 批同 28 个省、自治区、直辖市和 22 个中央、国家机关部委主管干部工作的负责人召开研究疑难案例座谈会，讨论案例近 200 件。面对来自“两个凡是”的阻力和干扰，胡耀邦多次强调要恢复党的优良传统，坚持实事求是、有错必纠；对每一个人的审查，不能从条条出发，从哪一个首长讲的出发，而要从事实出发。他还提出，落实干部政策的标准，一是没有结论的，应尽快作出结论；结论不正确的，要实事求是地改正过来。二是没有分配工作的要分配适当的工作，年老体弱不能坚持正常工作的，妥善安排。三是去世的，要作出实事求是的结论，把善后工作做好。四是受到株连的家属、子女问题要解决好。总的方针是实事求是，方法是群众路线。①

中央组织部深化落实干部政策的工作得到邓小平、陈云等人的有力支持。邓小平在恢复工作后，多次在一些要求平反和落实政策的申诉信上作出批示，要求组织部门在干部问题上要体现毛泽东一贯强调的党的政策。大量冤假错案的平反和老干部的复出，是落实干部政策的进一步深化，有力地推动了各个领域亟待开展的拨乱反正工作和党的工作中心的转移，在干部队伍建设上对邓小平大力倡导的解放思想、实事求是思想形成有力呼应。

中国共产党组织工作的曲折探索深刻表明，组织发展与思想路线同政治路线密切相关，同频共振。在党的组织工作发展中要随时调整思想路线，思想路线的发展要与社会矛盾的实际变化，与生产力生产关系的新形

① 参见中共中央党史研究室：《中国共产党历史 · 第 2 卷（1949—1978）》下册，中共党史出版社 2011 年版，第 1011 页。

式相适应。“社会主义社会中的阶级斗争是一个客观存在，不应该缩小，也不应该夸大。实践证明，无论缩小或者夸大了，两者都要犯严重的错误。”① 党的组织工作发展必须由正确的政治路线来引导。正确的政治路线必然是有利于坚持和加强党的全面领导，必然是有利于坚持集体领导，反对个人专断，实行民主集中制，必然有利于维护党的集中统一，严格遵守党的纪律，加强党的监督。

四、扬帆新征程

党的十一届三中全会后，中国共产党带领全国各族人民，以经济建设为中心，坚持四项基本原则，坚持改革开放，推进中国特色社会主义伟大事业阔步前进。在农村以实行家庭联产承包责任制为起点，推动以城市为重点的工业、商业、教育、科技等领域全面改革。以开设经济特区为突破口，推动对外开放由沿海到内地、由点到面逐步展开。经济发展和人民生活水平明显提高，各方面呈现出一派蒸蒸日上的局面。面对蓬勃发展、日新月异的社会变化，组织建设扬帆启航，迈向新征程。一方面，基层组织的覆盖面不断增强，组织力不断彰显；另一方面，干部队伍建设的制度化、系统化不断提高，中国特色干部人事制度逐步成形。

（一）基层党组织建设持续加强

党的十一届三中全会后的一段时间，我们党内仍存在许多严重问题没有得到解决，例如党的思想不纯、组织不纯、作风不纯等问题还一直困扰着我们党，不利于我们党的发展，对于我们党的危害是十分巨大的，所以要对这些问题进行坚决有效的整顿。1980 年 2 月，党的十一届五中全会在北京举行。会议的主题是加强和改善党的领导，提高党的战斗力。会议制

① 《邓小平文选》第 2 卷，人民出版社 1994 年版，第 182 页。

定了《关于党内政治生活的若干准则》，标志着党在组织路线上的拨乱反正的完成。

党的十二大决定，从1983年下半年开始，用3年时间对党的作风和组织进行一次全面整顿。党的十二届二中全会通过了《中共中央关于整党的决定》，要求全体党员积极参加整党，主要任务是统一思想、整顿作风、加强纪律、纯洁组织。同时，会议还选举产生中央整党工作指导委员会，对于整党工作进行指导宣传。这次整党运动突出了“以上启下，以下促上”的特点，通过这次全面整党，我们党在思想、作风、纪律和组织4个方面都有了进步，同时也积累了正确处理党内问题的重要经验，这为我们后来进行党的集中教育活动、加强党的基层组织建设提供了很好的借鉴。

一是农村基层党组织建设持续加强。据1985年中央组织部对19个省、市、自治区的农村党的基层组织建设状况的调查分析，农村党支部占全国基层支部的48%，农村党员占全国党员总数的55%，加强农村党组织建设，是全面整党的重要环节。1985年12月，中央组织部召开全国农村党的基层组织建设工作座谈会，要求重点抓好三方面工作：大力抓好党员教育，充分发挥党员的先锋模范作用；调整和建设党的基层组织的领导班子；改进和调整党的基层组织的设置。1986年2月，中央组织部印发了《关于调整和改进农村中党的基层组织设置的意见》。到1987年上半年，农村的整党工作结束，农村党的基层组织建设也在整顿中上了一个新台阶。在之后的一段时间里，我们党一直把整顿农村基层党组织，加强农村基层党组织建设作为一个重要任务来抓。

1994年10月，中央召开全国农村基层组织建设工作会议，胡锦涛作了《把农村基层组织建设提高到新水平》的讲话，11月中央印发《关于加强农村基层组织建设的通知》。1997年，中央决定再用3年时间对后进乡镇党委和村党组织进行整顿建设，在这期间颁布了一系列有关农村基层党组织建设的党内法规和规范性文件，如《中国共产党农村基层组织工作条例》《中共中央组织部关于加强农村基层干部队伍建设的意见》等，这些充分体现中国共产党对于农村基层党组织建设的高度重视。我们党将加强农村基层党组织建设与提升农村党员干部能力水平结合起来，对农村党员进行现代化知识能力素质的教育，以“三级联创”活动为抓手，以实现“五个好”为主要目的，不断创新农村基层党组织的建设方式，为农村党的基层组织建设不断建好建强提供坚实保障。

二是企业、高校、机关等地基层党组织建设持续加强。党的十三届四中全会后，中央召开了全国组织部长会议，并发出《关于加强党的建设的通知》(以下简称《通知》)，主要为了解决一段时间以来，企业、高校等基层党组织地位低下、作用没有得到充分发挥的问题。在企业党建方面，《通知》规定，党在企业的基层组织处于政治核心的地位，在党的十四大上我们提出国有企业改革的目标是建立现代企业制度，明确规定全民所有制企业中党的基层组织发挥政治核心作用，围绕企业生产经营开展工作。1995 年 8 月，江泽民指出，党对国有企业在政治上的领导权绝不能丧失。对于这一点，各级领导干部要在思想上明确，行动上认真贯彻。之后，中央印发了《关于进一步加强和改进国有企业党的建设工作的通知》，这对于我们更好地抓好国有企业党建工作具有重要意义。

在高校党建方面，《通知》规定，高等院校实行党委领导下的校长负责制，无论实行何种领导体制，党委都是学校的政治核心，全面领导思想政治工作，管理干部。1996 年，中央颁布《中国共产党普通高等学校基层组织工作条例》，以党内法规的形式确定高校领导体制。1998 年，九届全国人大第四次会议审议通过《中华人民共和国高等教育法》，以国家立法的形式确立了高校领导体制。

在机关党建方面，1992 年 9 月，中共中央组织部召开机关党的建设工作座谈会，围绕机关党建中存在的问题，提出要加强机关党支部建设，增强机关党支部的战斗力和凝聚力的对策措施。1998 年 3 月，中央印发《中国共产党党和国家机关基层组织工作条例》，这是加强党和国家机关基层党组织建设的一个指导性的党内法规，使我们的机关党组织建设有规可依。

三是“两新”组织的党建工作不断加强。随着改革开放的不断深入发展，中国的社会主义市场经济建设也步入了一个新台阶，我国出现了大量的新经济组织和新社会组织。这些组织的市场化程度高、人员构成多样、利益关系复杂，在经济社会发展中作用越来越重要，所以，加强它们的党建工作是十分必要和紧迫的。非公企业是新经济组织的主体。党的十六大提出要构建社区党建工作新格局，加大在非公有制企业、社会团体和社会中介组织中建立党组织的工作力度，街道社区党建也要把工作重点从注重创收进一步转移到搞好社区管理和服务上来。

2002 年 12 月，全国组织工作会议提出要切实加强非公有制企业党建工作的新要求。到 2006 年底，全国已建立党组织的规模以上非公有制企业有 12.2 万户，占规模以上非公有制企业总数 67%。2009 年 9 月，党的十七届四中全会提出非公有制企业党建工作“实现党组织和党的工作全覆盖”。这一时期，新社会组织党建工作也呈现新发展。新社会组织主要包括社会团体、基金会、部分中介组织以及社区活动团队等。中央选择律师行业作为新社会组织党建工作的试点，到 2009 年 6 月，各地律师协会全部建立了党组织；全国 14741 家律师事务所中，单独建立党支部的 3895 家，建立联合党支部的 8105 家，2741 家无党员的全部选派了党建工作指导员、联络员，实现了全国律师行业党建工作全覆盖。“两新”党组织工作的不断发展有利于我们党群众基础的扩大，提升了我们党在社会中的影响力，对于我们党进一步做大做强具有指导性意义。

四是重视知识分子入党。改革开放后，为了加强落实知识分子政策的工作，中央组织部组建了知识分子工作联系小组，成立了知识分子工作办公室。从 1982 年开始，每年召开一次发展党员工作座谈会。1984 年 11 月的第三次座谈会，在总结交流经验的基础上提出，1985 年至 1990 年，每年争取发展三四十万名优秀知识分子入党，6 年内发展 200 万名左右。各级党委组织部门在保证质量的前提下，坚持“成熟一个，发展一个”的原则，把吸收优秀分子入党作为落实知识分子政策的一项内容。到 1987 年党的十三大召开时，全国 4600 万名党员中，与 1983 年相比，高中以上文化程度的比例达到了 28.5%，上升了 10.7 个百分点。[①] 在知识分子中发展党员，大大改善了党员队伍和领导干部队伍的知识结构。

党的代表大会是体现党内民主最为重要的组织形式。党的十一届三中全会后，中央组织部对如何健全党的代表大会制度作了深入调查研究。1985 年 2 月，中央组织部下发《关于党的地方各级代表大会若干具体问题的暂行规定》，对党的代表大会制度提出了严格要求，涉及党代表名额比例、代表的产生、代表资格审查等。随着形势的发展变化，《中国共产党地方组织选举工作条例》的施行，党代会制度也与时俱进，不断修订完善，成为党的一项根本制度。1987 年 10 月，党的十三大第一次采用差额选举的方式产生中央委员会和中央纪律检查委员会，之后，各省、区、市对所辖的市县及基层组织党的代表大会实行差额选举的办法作出了规定。党内差额选举制度在实践中得到了很好的贯彻，对健全和扩大党内民主带来了深远的影响。

（二）干部队伍建设开创新局面

党的十一届三中全会之后，随着党的政治路线的拨乱反正，党的正确的思想路线、政治路线重新确立，党的组织路线转变到为坚持好“一个中心、两个基本点”基本路线的服务上来。中国特色社会主义建设时期，党的干部工作进入了一个蓬勃发展的新时期，制度化程度不断提高，开创了中国特色干部人事制度的新局面。

一是提出干部队伍建设的“四化”方针。干部问题是党的组织建设的核心问题。在总结“文化大革命”教训、整顿领导班子的过程中，中央开始从中青年接班、干部带头钻研现代化建设知识等角度考虑干部队伍建设问题。1979 年 7 月，邓小平在接见部分海军同志时指出：“政治路线确立

① 参见《新中国六十年党的建设成就》编写组：《新中国六十年党的建设成就》，党建读物出版社 2012 年版，第 126 页。

了，要由人来具体地贯彻执行。由什么样的人来执行……结果不一样。”①这就将党的干部政策问题鲜明地提了出来。1980 年 8 月，邓小平在《党和国家领导制度的改革》中提出干部队伍“四化”方针：“干部队伍要年轻化、知识化、专业化，并且要把对于这种干部的提拔使用制度化。”1982 年 9 月，党的十二大召开，会议通过的新党章在党的历史上第一次专门列了“党的干部”一章，明确规定：“党的干部是党的事业的骨干，是人民的公仆。党按照德才兼备的原则选拔干部，坚持任人唯贤，反对任人唯亲，并且要求努力实现干部队伍的革命化、年轻化、知识化、专业化。”要求党的各级领导干部必须模范地履行党员的各项义务，并且必须具备党的干部的六项基本条件。通过党的十二大的正式确定，“四化”方针成为新时期党的干部工作的基本方针，用以指导各级领导班子和整个干部队伍建设。这一时期，中国共产党将建立和落实老干部离退休制度与大力选拔年轻干部结合起来，以及建设第三梯队和选调生制度，不断提升我们干部队伍的整体素质，为我国的现代化建设聚集各方面的优秀人才。

二是推进干部人事制度改革。历史和经验表明，干部管理体制必须同党和国家的领导体制以及经济体制相适应，确保各项政治任务和经济建设任务的完成，才有生命力。为了进一步提升干部队伍建设的水平，激发干部队伍的活力，1983 年 4 月，中央组织部召开改革干部管理体制座谈会，提出在坚持党管干部的原则下，本着管少、管好、管活的精神，进一步发挥中央各部门、地方党委和基层单位的积极性；要在党委的统一领导下把分部分级管理同综合管理结合起来，管好领导班子，管好后备干部，管好专业技术干部。中央出台了一系列党内法规或规范性文件对干部管理体制改革作出规定，如 1983 年 10 月中央组织部出台的《关于改革干部管理体制若干问题的规定》，1986 年 1 月中共中央发布的《关于严格按照党的原则选拔任用干部的通知》等。1987 年 10 月，党的十三大提出对

① 《邓小平文选》第 2 卷，人民出版社 1994 年版，第 191 页。

“国家干部”实行合理分解，进行科学分类，建立各具特色的管理制度，改变用管党政干部的单一模式管理所有人员的状况。调整干部人事管理权限，改变由党委集中统一管理的现状，从此开启了干部管理体制的新征程。

深化干部制度改革、优化用人机制是一个复杂的、艰难的过程，需要综合考虑多方面的因素，我们需要在实践中持续发力，不断推进党政干部制度改革。1986 年 1 月，中共中央印发《关于严格按照党的原则选拔任用干部的通知》，明确规定在干部选拔任用中必须坚持八个党的原则。随着干部分类的实行，实践中我们不断完善国家公务员制度，1993 年 8 月，国务院公布《国家公务员暂行条例》，国家行政单位实行职位分类制度。1995 年 2 月，中共中央出台了第一个规范选拔任用干部工作的党内法规《党政领导干部选拔任用工作暂行条例》，是社会主义市场经济体制条件下党的干部路线、方针、政策在干部选拔任用工作中的具体化。推进干部人事制度改革的一个重点还在于建立健全干部考核制度，2000 年 6 月，《深化干部人事制度改革纲要》对干部考核制度 11 年的深入运行进行了系统的梳理和总结。通过在干部人事管理体制、选拔任用制度、考核制度等方面进行一系列深远的改革，干部队伍建设向着科学化、民主化、制度化的目标不断前进。

三是深化干部教育培训。随着形势的发展，党中央结合实践的需要，运用马克思主义中国化的最新成果，先后组织开展了“三讲”专题教育、保持共产党员先进性教育和深入学习实践科学发展观三项党员干部思想政治教育活动，对于提升干部队伍整体理论水平产生了重要影响。2001 年 1 月 21 日，中共中央制定了 21 世纪第一个干部教育培训五年规划《2001—2005 年全国干部教育培训规划》。2002 年，中共中央决定在浦东、井冈山、延安成立三所干部学院。2005 年 3 月，三所学院正式开学。2006 年，为适应国民经济和社会发展第十一个五年规划纲要的发展需要，中共中央印发《2006—2010 年全国干部教育培训规划》，同年，中共中央印发了

《干部教育培训工作条例（试行）》，系统总结了中国共产党在干部教育培训方面的经验，并首次以党内法规的形式对干部教育培训工作作出了全面系统的规范，使我国的干部教育培训工作进入制度化轨道。新世纪之初，干部教育培训取得的成绩和相关工作的顺利开展，为新世纪建设高素质干部队伍奠定了良好基础。

五、走向新时代

党的十八大以来，习近平首次明确提出新时代党的组织路线，强调“以组织体系建设为重点，着力培养忠诚干净担当的高素质干部，着力集聚爱国奉献的各方面优秀人才”是新时代党的组织路线的三个基本点，对着眼实现“两个一百年”奋斗目标和中华民族伟大复兴中国梦作出战略安排，明确了新时代组织体系建设、干部人才工作的历史使命和责任担当。

以习近平同志为核心的党中央，在新时代背景下，把组织工作纳入全面从严治党战略予以考虑，以坚持和加强党的全面领导为判断标准，不断进行创新和实践。习近平总书记以马克思主义政治家的非凡理论勇气、高超政治智慧、强烈使命担当、赤诚为民情怀，站在战略和全局的高度，创造性地提出了一系列关于党的建设、关于组织建设的新思想新观点新论断，形成了立意高远、观点鲜明、内涵丰富、系统完整、逻辑严密的思想体系，进一步深化了对马克思主义执政党建设规律的认识。从组织上确保中国共产党在世界形势深刻变化的历史进程中始终走在时代前列，在应对国内外各种风险和考验的历史进程中始终成为全国人民的主心骨，在坚持和发展中国特色社会主义的历史进程中始终成为坚强领导核心的关键所在。

（一）坚持和加强党的全面领导

在 2018 年全党组织工作会议中，习近平曾总结说：“党的十八大之前，面对一个时期以来党内存在的突出问题，全党是忧心忡忡的，我是忧心忡忡的。”主要体现在以下三个问题。

第一，党的基层组织建设问题。党的基层组织是党的机体的“神经末梢”，要发挥好战斗堡垒作用。落地才能生根，根深才能叶茂。加强党的基层组织建设，关键是从严抓好落实。在一些国有企业，党的领导融入公司治理在总部一级做得比较好，再往下延伸则存在层层递减的问题。在高校，党委领导下的校长负责制是明确的，但把党的领导贯穿办学治校、教书育人全过程则存在较大差距。在中小学、医院、科研院所，党组织领导的校长（院长、所长）负责制还没有建立起来。至于社会组织特别是各种学会、协会的党建工作，大多没有真正破题。对这些问题，各级党委和组织部门要进行系统的梳理，理顺体制，完善机制，把党的领导贯彻落实到位，把党的建设落到实处。

第二，部分干部的世界观、人生观、价值观三观蜕变，对共产主义心存怀疑，不信马列信鬼神，不信人民信关系。有的干部面对转型发展中的问题，以批评和嘲讽马克思主义为“时尚”、为噱头；有的精神空虚，认为共产主义是虚无缥缈的幻想，“不问苍生问鬼神”；有的干部奉西方理论、西方话语为金科玉律，不知不觉成了西方资本主义意识形态的吹鼓手，成了各种“谣言陷阱”的超级传播者；有的干部讲利益不讲党性、讲关系不讲原则、讲面子不讲规矩，信奉关系学、厚黑学、官场术，把党群关系异化为权力关系，把党内同志关系异化为人身依附关系，党性和人民性荡然无存。

第三，有的干部队伍出现了商品交换原则泛化、“圈子文化”、非组织活动等问题，严重的甚至表现为“七个有之”。习近平在党的十八届四中全会第二次全体会议上讲话指出：“一些人无视党的政治纪律和政治规矩，为了自己的所谓仕途，为了自己的所谓影响力，搞任人唯亲、排斥异己的有之，搞团团伙伙、拉帮结派的有之，搞匿名诬告、制造谣言的有之，搞收买人心、拉动选票的有之，搞封官许愿、弹冠相庆的有之，搞自行其是、阳奉阴违的有之，搞尾大不掉、妄议中央的也有之，如此等等。有的人已经到了肆无忌惮、胆大妄为的地步!”同时，用权不到位，为官不为现象较为突出。一些干部在全面从严治党下，把党风廉政建设和干事创业对立起来。有的干部把中央强调的规矩意识错误理解为“定规矩就是不让去干事”“不干事就会不出事”的行为逻辑。在责权处理上追求“无责一身轻”，面对问题和矛盾不敢出头、不敢发声，习惯“上推下卸”，让别人去“火中取栗”，自己则躲进“避风港”。在事权处理上，有的干部追求“少办事少担责”，避免“事多错多”，想尽法子不办事、少办事。在职责范围内之事，变着法子绕道走，换个说法推出去；遇矛盾、遇问题，能躲就躲、能推就推。遇到困难，坚持“办不了，要推得了”“推不了，要躲得了”“躲不了，要拖得了”的法则，说起困难是“千难万难”，躲避困难时“千方百计”。这些消极用权、为官不为现象同样损害中国共产党在人民群众心目中的形象，消解党的干部队伍的公信力。

面对存在的问题和挑战，习近平着力抓好制度，在制度建设中不断坚持和加强党的全面领导。一是不断提高制度的系统性。将组织工作的各项制度纳入党和国家治理体系中进行考虑，要跳出就组织抓组织，就制度建设抓制度的单向思维，注重制度设计的整体思维和系统性，从“贯通”和“治权”的角度不断深化组织建设。2018 年 3 月，十三届全国人大第一次会议审议通过的宪法修正案，把“中国共产党领导是中国特色社会主义最本质的特征”载入宪法总纲，进一步在全党全国各族人民中强化了党的领导意识，使党的领导在国家运行机制和各项制度中具有更强的制度约束力和更高的法律效力，为把党的领导贯彻落实到国家政治生活和社会生活的各个领域，确保中国特色社会主义事业始终沿着正确轨道前进提供了根本保证。《关于新形势下党内政治生活的若干准则》《中共中央政治局关于加强和维护党中央集中统一领导的若干规定》《中国共产党重大事项请示报告条例》《中国共产党统一战线工作条例（条例)》《中国共产党政法工作条例》《中国共产党党组工作条例》等一系列重大制度性安排，为坚持和加强党的全面领导提供了根本的制度保障。

二是不断提高制度的执行力。制度的生命在执行，抓好制度执行力要注重“治权”与“激励人”相结合。“激励人”关注权力主体在权力运行中的实际状态与合理诉求，是发挥组织建设作用的关键所在。既强调约束人，又注重提高人。首先，进一步清晰规范权力主体的职责权限，科学配置机构权力和职能，明确职责定位和工作任务。逐步建立主体明确、层级清晰、具体量化的岗位责任制，进一步清晰厘定各级各类公职人员的法定职责。其次，不断推进干部队伍管理的精细化，激励的差异化。持续改变职务序列设置单一、职业发展渠道狭窄的问题。以健全激励保障为主线，重视差异化激励，强调“人岗相适”，强调“适才适遇”。继续深化职务职级并行制度，细化容错纠错机制，不断完善党内的关怀帮扶机制，让党的干部在积极干事创业、勇于担当中得到情感上的慰藉、组织上的关心、物质上的满足，既严于律己又有尊严地致力于党和人民的事业。

（二）贯通党的组织体系

2018 年 7 月，习近平在全国组织工作会议上深刻阐明了新时代党的组织路线的科学内涵、重大意义和实践要求，指出，新时代党的组织路线是“全面贯彻新时代中国特色社会主义思想，以组织体系建设为重点，着力培养忠诚干净担当的高素质干部，着力集聚爱国奉献的各方面优秀人才，坚持德才兼备、以德为先、任人唯贤，为坚持和加强党的全面领导、坚持和发展中国特色社会主义提供坚强组织保证。新时代党的组织路线是理论的也是实践的，要在推进党的建设新的伟大工程、落实全面从严治党的实践中切实贯彻落实”①。新时代党的组织路线为加强党的组织建设提供了科学遵循，为增强党的创造力、凝聚力、战斗力提供了重要保证。

党的力量来自组织。党的全面领导、党的全部工作要靠党的坚强组织体系去实现。习近平在全国组织工作会议上强调指出，进入新时代必须更

① 中共中央党史和文献研究院编：《十九大以来重要文献选编》上卷，中央文献出版社 2019 年版，第 559—560 页。

加注重党的组织体系建设，不断增强党的政治领导力、思想引领力、群众组织力、社会号召力，把党员组织起来、把人才凝聚起来、把群众动员起来，为实现党的十九大提出的宏伟目标团结奋斗。我们党是按照马克思主义建党原则建立起来的，历来高度重视党的组织建设，形成了包括党的中央组织、地方组织、基层组织在内的严密组织体系。这是世界上任何其他政党都不具有的强大优势。

党中央是大脑和中枢，负责制定党的大政方针，具有定于一尊、一锤定音的权威。2012 年 12 月 4 日，距离十八届中央领导集体履新时间不到 20 天，中央政治局审议并通过了“改进调查研究、精简会议活动、精简文件简报、规范出访活动、改进警卫工作、改进新闻报道、严格文稿发表和厉行勤俭节约”八项规定，严肃整顿“四风”，以中央政治局为表率开启了党的组织体系顶层建设的第一步，同时也开创了全面从严治党的新局面。2014 年 1 月，习近平在第十八届中央纪委三次全会上的讲话中指出，党的领导核心地位集中体现在党的严密组织体系和强大组织能力上，特别提出要加强请示报告制度的执行和检查工作。2016 年 1 月，习近平在第十八届中央纪委第六次全会上的讲话中指出：“强化党内监督，首先要把中央和国家机关管好。”2018 年 2 月，党的十九届三中全会审议通过的《中共中央关于深化党和国家机构改革的决定》，强调深化党和国家机构改革必须以加强党的全面领导为统领，通过党政合署办公来落实这一决定。2019 年 2 月 28 日，中共中央印发了《中国共产党重大事项请示报告条例》，2019 年 11 月 29 日，中共中央政治局会议审议修订《中国共产党党和国家机关基层组织工作条例》，2020 年 9 月 30 日，中共中央印发《中国共产党中央委员会工作条例》。这些党内法规对于落实“两个维护”，保证全党团结统一和行动一致，具有重要意义。习近平在主持十九届中共中央政治局第二十一次集体学习时指出，中央和国家机关是贯彻落实党中央决策部署的“最初一公里”，要认真贯彻执行党组工作条例和党的工作机关条例，把中央和国家机关建设成为讲政治、守纪律、负责任、有效率的模范机关。

党的地方组织的根本任务是确保党中央决策部署贯彻落实，有令即行、有禁即止。2015 年 12 月，中共中央印发《中国共产党地方委员会工作条例》，对党的地方组织如何开展工作作出详细规定，特别强调“党的地方委员会必须认真履行全面从严治党主体责任，书记必须履行抓党建第一责任人职责”，“党的地方委员会应当每年向上一级党委作一次全面工作情况报告，执行党中央和上级党组织某项重要决定的情况应当专题报告。遇有重大突发事件、重大问题应当及时请示报告……党的地方委员会应当支持和保证下级党组织依法依规正常履职。凡属下级党组织职责范围内的事项，如无特殊情况，应当由下级党组织处理”①。2020 年 6 月 29 日，习近平在主持十九届中共中央政治局第二十一次集体学习时指出，地方党委是贯彻落实党中央决策部署的“中间段”，要认真贯彻执行地方党委工作条例，把地方党委建设成为坚决听从党中央指挥、管理严格、监督有力、班子团结、风气纯正的坚强组织。

党组要贯彻落实党中央和上级党组织决策部署，发挥好把方向、管大局、保落实的重要作用。2017 年 10 月，党的十九大审议通过的《中国共产党章程修正案》进一步明确了党组管党治党的政治责任。2019 年 4 月，中共中央印发新修订的《中国共产党党组工作条例》，规定党组开展工作，要以贯彻落实党中央决策部署为前提，提高履职尽责的政治性和有效性，自觉运用法治思维和法治方式，全面落实管党治党政治责任，切实履行领导职责，充分发挥领导作用，不断提高领导水平。2020 年 2 月 26 日，中共中央政治局常委会会议审议批准《党委（党组）落实全面从严治党主体责任规定》，指出党委（党组）领导班子成员应当强化责任担当，狠抓责任落实，增强落实全面从严治党责任的自觉和能力，带头遵守执行全面从严治党各项规定，自觉接受党组织、党员和群众监督，在全面从严治党中

① 中国法制出版社编：《中国共产党中央党内法规学习汇编》，中国法制出版社 2019 年版，第 88—89 页。

发挥示范表率作用。

党的基层组织负责把党中央和上级党委的决策部署贯彻落实到基层。党的十九大报告中，习近平对于基层党组织的职能进行了明确定位，2018年7月，在全国组织工作会议上，习近平再次强调要加强党的基层组织建设，提出“要以提升组织力为重点，突出政治功能，健全基层组织，优化组织设置，理顺隶属关系，创新活动方式，扩大基层党的组织覆盖和工作覆盖。要加强企业、农村、机关、事业单位、社区等各领域党建工作，推动基层党组织全面进步、全面过硬。要加强社会组织党的建设，探索加强新兴业态和互联网党建工作。要加强支部标准化、规范化建设。基层党组织要在贯彻落实中发挥领导作用，强化政治引领，发挥党的群众工作优势和党员先锋模范作用，引领基层各类组织自觉贯彻党的主张，确保基层治理正确方向”①。党的二十大报告进一步强调坚持大抓基层的鲜明导向，把基层党组织建设成为有效实现党的领导的坚强战斗堡垒。

党的十八大以来，一批力度大、措施实、接地气的基层组织建设改革举措落地实施，下重锤攻克基层组织建设薄弱环节。印发《关于加强基层服务型党组织建设的意见》《关于集中整顿软弱涣散基层党组织的通知》；出台《关于加强和改进非公有制企业党的建设工作的意见（试行）》《关于加强社会组织党建工作的意见（试行）》，提高全国非公企业和社会组织党的组织覆盖和工作覆盖；制定实施《关于在深化国有企业改革中坚持党的领导加强党的建设的若干意见》，坚定不移加强党对国有企业的领导。我们党把抓好党建作为最大的政绩，在各个领域逐个突破，难题得到一一化解。据中央组织部《中国共产党党内统计公报》显示，截至2022年12月31日，中国共产党党员总数为9804.1万名，比2021年底净增132.9万名，增幅为1.4%。中国共产党现有基层组织506.5万个，比2021年底净增12.9万个，增幅为2.6%。其中基层党委28.9万个，总支部32.0万个，

① 《习近平谈治国理政》第3卷，外文出版社2020年版，第517页。

支部 445.6 万个。全国共有机关基层党组织 75.6 万个，事业单位基层党组织 97.7 万个，企业基层党组织 157.1 万个，社会组织基层党组织 17.9 万个，基本实现应建尽建。我们通过着力抓好基层党组织设置和活动方式创新，推动基层党建传统优势与信息技术深度融合，不断扩大基层党组织教育和管理的覆盖面，抓好党的组织生活制度落实，认真执行“三会一课”、组织生活会、谈心谈话等制度，使共产党员的先锋模范作用和基层党组织的战斗堡垒作用得到充分发挥。

在贯彻落实党中央决策部署上，无论是中央和国家机关这个“最初一公里”还是地方党委这个“中间段”，或是基层党组织这个“最后一公里”，都必须增强“四个意识”、坚定“四个自信”、做到“两个维护”，确保我们党的整个组织体系上下贯通、执行有力。每个党员特别是领导干部都要强化党的意识和组织观念，自觉做到思想上认同组织、政治上依靠组织、工作上服从组织、感情上信赖组织。正是因为我们党的组织体系严密有力，我们党才具有强大战斗力。

（三）建设忠诚干净担当的高素质干部队伍

“为政之要，莫先于用人。”政治路线确定之后，干部就是决定性因素。“尚贤者，政之本也。”党的干部是党的事业骨干。实现伟大复兴，需要一流的干部。党的十八大以来，以习近平同志为核心的党中央高度重视干部队伍建设，坚持党管干部原则，坚持新时期好干部标准，坚持德才兼备、以德为先，坚持五湖四海、任人唯贤，坚持事业为上、公道正派，不拘一格选人用人，深化干部人事制度改革，强化干部管理监督，激发干部队伍生机活力，确保党和国家各项事业顺利推进。

破除“四唯”，树立新时期好干部标准。用一贤人则群贤毕至，见贤思齐就蔚然成风。习近平指出：“选什么人就是风向标，就有什么样的干部作风，乃至就有什么样的党风。”过去一段时期，一些地方和部门在选拔任用干部时，存在唯票、唯分、唯 GDP、唯年龄等“四唯”倾向，影响了部分干部干事创业的积极性。2013 年 6 月 28 日，习近平在全国组织工作会议上提出好干部要做到“信念坚定、为民服务、勤政务实、敢于担当、清正廉洁”的二十字标准。2014 年修订的《党政领导干部选拔任用工作条例》将好干部标准写进总则第一条，进一步丰富和发展了德才兼备、以德为先干部标准的时代内涵。2019 年 9 月，习近平在春季学期中央党校（国家行政学院）中青年干部培训班开班式上强调，广大干部特别是年轻干部要做到信念坚、政治强、本领高、作风硬。截至 2019 年，全国考试录用公务员 97.4 万人，选调优秀高校毕业生 5 万多人，公开遴选公务员 2.1 万人，其中中央机关公开遴选基层公务员 1300 余人，一大批优秀人才进入党政机关，大大增强了公务员队伍的生机和活力。

激发干部干事创业活力。“求木之长者，必固其根本；欲流之远者，必浚其泉源。”进一步激发基层公务员的活力，是干部人事制度改革的重要目的。为深化公务员分类改革，印发《专业技术类公务员管理规定（试行）》《行政执法类公务员管理规定（试行）》，加快完善人员分类管理制度，实现分渠道发展、精细化管理、专业化建设。建立县以下机关公务员职务与职级并行制度，120 多万名基层公务员据此晋升了职级。加快事业单位人事管理政策法规体系建设步伐，构建了事业单位领导人员管理“1+5”制度体系。2018 年 5 月，中共中央办公厅印发《关于进一步激励广大干部新时代新担当新作为的意见》，聚焦干部队伍建设中的“堵点”和“痛点”，提出一系列系统配套、务实管用的新思路、硬举措，释放了事业为上、激励干部担当作为的强烈信号。其中第五部分提出，“着力增强干部适应新时代发展要求的本领能力”，包括：学习本领、政治领导本领、改革创新本领、科学发展本领、依法执政本领、群众工作本领、狠抓落实本领、驾驭风险本领。2020 年 10 月，习近平在秋季学期中央党校（国家行政学院）中青年干部培训班开班式上强调，年轻干部要提高七种能力，即政治能力、调查研究能力、科学决策能力、改革攻坚能力、应急处突能力、群众工作能力、抓落实能力，勇于直面问题，想干事、能干事、干成事，不断解决问题、破解难题。2022 年 10 月，习近平在党的二十大报告中强调，增强干部推动高质量发展本领、服务群众本领、防范化解风险本领。

加强党对干部工作的全面领导。习近平强调，党要管党，首先是管好干部；从严治党，关键是从严治吏。党的十八大以来，各级党组织坚持以严的标准要求干部、以严的措施管理干部、以严的纪律约束干部，以最坚决的态度、最果断的措施刷新吏治，打出了一套从严治吏的“组合拳”，优化净化了党内政治生态。2016 年 8 月，中共中央办公厅印发《关于防止干部“带病提拔”的意见》，明确提出“凡提四必”要求，即干部档案“凡提必审”，领导干部个人有关事项报告“凡提必核”，纪检监察机关意见“凡提必听”，反映违规违纪问题线索具体、有可查性的信访举报“凡提必查”，确保人选忠诚、干净、担当。从规范清理党政领导干部在企业、社团等兼职，到规范人大代表、政协委员产生与管理，再到部署开展整治超职数配备干部、干部人事档案专项审核等专项行动，严管干部的发条越拧越紧，依法用权、干净办事成为广大干部的自觉行动。

健全干部队伍建设的制度体系。贯彻落实新时代党的建设总要求和新时代党的组织路线，着力培养造就忠诚干净担当的高素质专业化干部队伍是关键，重点要做好干部培育、选拔、管理、使用工作。依据《2018—2022 年全国干部教育培训规划》，建立源头培养、跟踪培养、全程培养的素质培养体系；依据 2019 年 4 月 7 日起施行的《党政领导干部考核工作条例》，建立日常考核、分类考核、近距离考核的知事识人体系，建立以德为先、任人唯贤、人事相宜的选拔用人体系；依据《中国共产党廉洁自律准则》《中国共产党党内监督条例》等党内法规，建立管思想、管工作、管作风、管纪律的从严管理体系；依据中共中央办公厅 2018 年 5 月印发的《关于进一步激发广大干部新时代新担当新作为的意见》，2019 年 3 月印发的《关于解决形式主义突出问题为基层减负的通知》，建立崇尚实干、带动担当、加油鼓劲的正向激励体系，确保党的事业后继有人、蒸蒸日上；

依据《全国干部教育培训规划（2023—2027年）》，着力构建科学规范、系统集成、协同高效、执行有力的干部教育培训制度体系。

（四）聚天下英才而用之

“办好中国的事情，关键在党，关键在人，关键在人才。”以习近平同志为核心的党中央高度重视人才和人才工作，坚持聚天下英才而用之，加快人才强国建设步伐，推动我国人才事业蓬勃发展，不断开创人才工作新局面。从长经济周期看，全球治理的新阶段实际上是全球劳动生产率下降，第三次科技革命技术红利耗尽，第四次科技革命尚未全面运用的结果。“新一轮科技革命和产业变革正在重构全球创新版图、重塑全球经济结构”，“科学技术从来没有像今天这样深刻影响着国家前途命运，从来没有像今天这样深刻影响着人民生活福祉”①。

“我们比历史上任何时期都更接近实现中华民族伟大复兴的宏伟目标，我们也比历史上任何时期都更加渴求人才。”② 围绕加快建设人才强国、实现聚天下英才而用之的战略目标，党的十八大明确提出加快确立人才优先发展战略布局，把各方面优秀人才集聚到党和国家事业中来；党的十八届三中全会围绕全面深化改革，对建立集聚人才体制机制作出部署；党的十八届四中全会推进全面依法治国，将人才发展纳入法治建设轨道；党的十八届五中全会部署深入实施人才优先发展战略，加快迈进创新型国家和人才强国行列；党的十八届六中全会推进全面从严治党，为人才发展提供了坚强政治和组织保证。中央政治局常委会、中央全面深化改革领导小组会议以及中央人才工作协调小组会议，多次研究人才议题，作出重要决策部署，推动人才工作奋力前行，各项工作向纵深推进。党的十八大以来，党

---

① 中共中央党史和文献研究院编：《十九大以来重要文献选编》上卷，中央文献出版社2019年版，第461页。

② 习近平：《在欧美同学会成立100周年庆祝大会上的讲话》，《人民日报》2013年10月22日。

中央运筹帷幄、总揽全局，把人才发展纳入全局统筹谋划，更好服务“五位一体”总体布局和“四个全面”战略布局，为人才事业发展提供了强劲动力。

“不拒众流，方为江海。”党的十八大以来，我们实行更积极、更开放、更有效的人才政策。眼下，“走，到中国去”“回到祖国去”正成为新风尚，中国的全球人才“磁场效应”不断增强。

党的十八大以来，党管人才原则在制度上进一步落实，《关于深化人才发展体制机制改革的意见》《关于进一步加强党委联系服务专家工作的意见》等提出明确要求。2018 年 2 月，中共中央办公厅、国务院办公厅印发《关于分类推进人才评价机制改革的指导意见》，强调要进一步保障和落实用人单位自主权，实现人才培养支持的长效性，同时要重视科学的人才评价机制的建立。2020 年 12 月，习近平在中央经济工作会议上指出，要强化国家战略科技力量，要加快国内人才培养，使更多青年优秀人才脱颖而出。我们通过在工作机制上的进一步夯实，基本形成党委统一领导、组织部门牵头抓总、有关部门各司其职密切配合、社会力量发挥重要作用的人才工作格局。在环境营造上进一步集结、传递正能量，加大优秀人才和先进典型宣传力度，大兴识才爱才敬才用才之风，尊重劳动、尊重知识、尊重人才、尊重创造的氛围日益浓厚。

一是改进人才培养支持机制。激发人才活力不可能一蹴而就，必须注重源头培养，持续支持。要探索推行创新型教育方式方法，改变基础教育以知识灌输为主的教育模式，增强学生专业选择自主性，突出创新型、技能型人才培养。要推动建立产学研战略联盟，实现人才培养的资源共享和成果互惠。要建立基础研究人才培养长期稳定支持机制，构建覆盖不同阶段、不同层级的人才计划体系。坚持与人才成长阶段相匹配，针对人才初创起步期，深入实施以青年英才开发计划为统领的青年人才扶持资助计划；针对人才加速成长期，深入实施以学科技术带头人、东方学者为统领的人才扶持资助计划；针对人才成熟腾飞期，深入实施以海外高层次人才引领性工程为统领的人才助推资助计划，为不同类型人才量身定制稳定的支持机制。加大对新兴产业和重点领域、企业急需紧缺人才的支持力度，支持新型研发机构建设，鼓励人才自主选择科研方向，组建科研团队，开展原创性基础研究和面向需求的应用研发。

二是创新人才评价机制。创新人才评价是激发人才活力的先导。要把德才兼备、能力、实绩和贡献导向作为评价人才的根本出发点，理顺评和用的关系，把人才从僵化的评价机制的束缚中解放出来。要加快建立科学化、社会化、市场化的人才评价制度，使各类优秀人才“名利双收”。要积极推进人才评价机制改革，健全以诚信品德、创新能力、学术影响、社会贡献为主要标准的人才评价导向，加快形成导向鲜明、精准科学、规范有序、竞争择优的科学化社会化市场化人才评价机制。科学化强调遵循人才成长的不同规律，不断创新评价理论和技术；社会化强调形成多元评价治理结构，使人才在流动中得以合理评价，在评价中得以合理流动，最终实现优化配置，获得人才价值的社会承认；市场化强调发挥市场的供求机制、价格机制、竞争机制的平衡作用，使人才评价融入市场配置资源的过程中，提高评价的经济性、效率性和效益性。

征程万里风正劲，重任千钧再奋蹄。新时代呼唤新担当，新时代期待新作为。我们党通过严密贯通的组织体系凝聚起了“磅礴伟力”，通过干部队伍铸牢了党和国家事业的中坚力量。唯物史观认为，历史是群众创造的，但这丝毫不损害个人在历史上的作用：全部历史正是由那些无疑是活动家的个人的行动构成的。历史发展的加速和延缓在很大程度上是取决于这些“偶然性”的，其中也包括一开始就站在运动最前面的那些人物的性格这样一种“偶然情况”。这些走在历史和社会运动前沿的人物就是党的干部，他们和他们带领的党组织发挥着不可或缺的历史作用。中国共产党百年风雨历程的经验充分证明，正是有着一支忠诚干净担当的高素质专业化干部队伍，正是有着高质量的基层组织，我们党才能不断发展壮大，从胜利走向胜利。

第七章

大智慧：不断推进马克思主义中国化时代化

- 创立毛泽东思想：实现马克思主义中国化时代化的第一次历史性飞跃
- 形成中国特色社会主义理论体系：实现马克思主义中国化时代化新的飞跃
- 创立习近平新时代中国特色社会主义思想：实现新时代马克思主义中国化时代化新的飞跃

中国共产党的大，很重要的一个方面就是拥有大智慧。所谓大智慧，包括了中国共产党在革命、建设、改革不同历史时期制定的正确路线方针政策，提出的重要战略策略谋略，作出的重大决策部署，均展示出目光敏锐、高瞻远瞩、多谋善断、举要驭繁的非凡政治智慧和丰富政治经验。就其实质要义而言，中国共产党的大智慧是指在领导中国革命、建设和改革的历史进程中，始终能够坚持把马克思主义基本原理同中国具体实际相结合、同中华优秀传统文化相结合，与时俱进不断推进马克思主义中国化时代化，与时俱进不断推进理论创新，与时俱进不断推进党和国家事业的新发展。

这种大智慧，只有“真正的马克思主义者”才可能具备。邓小平曾说：“我们坚信马克思主义，但马克思主义必须与中国实际相结合。只有结合中国实际的马克思主义，才是我们所需要的真正的马克思主义。”① 又说：“真正的马克思列宁主义者必须根据现在的情况，认识、继承和发展马克思列宁主义”，“不以新的思想、观点去继承、发展马克思主义，不是真正的马克思主义者”②。在推进马克思主义中国化时代化的历史进程中，中国共产党并非没有偏离过“真正的马克思主义者”应该遵循的正确思想路线，并因此犯过这样那样的错误，但也正是在一以贯之“坚持真理，修正错误”，不断重返正确思想路线的伟大自我革命过程中，中国共产党才得以从幼稚走向成熟、从弱小走向强大、从失败走向成功。

---

① 《邓小平文选》第 3 卷，人民出版社 1993 年版，第 213 页。
② 《邓小平文选》第 3 卷，人民出版社 1993 年版，第 291—292 页。

一、创立毛泽东思想：实现马克思主义中国化时代化的第一次历史性飞跃

马克思、恩格斯本人曾把他们的学说称为“唯一科学的社会主义”①，列宁也把马克思主义称为“现代科学社会主义”②。就其内涵而言，马克思主义从一开始就是关于全世界无产阶级和全人类彻底解放的学说。不过，他们生前并没能看到普遍革命在欧洲的成功，俄国十月革命的胜利则掀开了一国取得无产阶级革命胜利并在一国建设社会主义的序幕。因此，正如晚年马克思在研究东方国家社会历史状况后提出的，未来的社会发展道路，“必须考虑到各国的制度、风俗和传统”③。实际上，经济文化相对落后国家的无产阶级革命多带有民族革命的性质，在其过程中，马克思主义如何与具体民族的具体实际相结合的问题必然会被摆上前台。

中国共产党领导的新民主主义革命，就是把马克思主义中国化的结果。这里讲的马克思主义，是就广义而言的，不仅包括马克思、恩格斯的思想学说，还包括传入中国的苏联化马克思主义。正是俄国十月革命一声炮响，马克思主义才得以进入中国。中国革命当时能学习的先进经验只有俄国革命，并且在中国革命的过程中，中国共产党也受到共产国际的重要影响。所以，在中国革命中实现的马克思主义中国化时代化的第一次历史性飞跃，不仅是对马克思主义的丰富和发展，也是对经济文化落后国家如何把马克思主义与本国革命具体实践相结合的丰富和发展。更根本的，马克思主义中国化时代化的第一次历史性飞跃，是中国共产党不断超越自我、战胜自我、完善自我的过程，其理论成果——毛泽东思想特别是其中的新民主主义革命思想，是以毛泽东为代表的中国共产党人在革命年代领

① 《马克思恩格斯选集》第3卷，人民出版社2012年版，第36页。

② 《列宁选集》第2卷，人民出版社1995年版，第418页。

③ 《马克思恩格斯全集》第18卷，人民出版社1964年版，第179页。

导人民浴血奋战铸就的苦难辉煌，有着长远的价值和不朽的意义。

（一）中国共产党对新民主主义革命道路的探索

中国革命包括旧民主主义革命和新民主主义革命两大阶段，用了100多年的时间。无产阶级及其政党领导的新民主主义革命，从中国共产党成立后投入第一次大革命，经过10年土地革命战争和8年全民族抗日战争，最后到全国解放战争，历经28年。其间，经受过1927年和1934年两次严重失败，至1949年终于赢得革命在全国的胜利。这一过程，就是把马克思主义基本原理运用于中国革命实际，探索中国革命规律，实现马克思主义中国化的过程。它所要解决的基本问题，就是在半殖民地半封建的中国，要进行一个什么样的革命以及如何进行这一革命的问题。而中国共产党的探索表明，这是一条以农村包围城市、武装夺取政权，经由新民主主义革命、建立新民主主义共和国，进而准备条件转变为社会主义的中国革命之路。

1921年7月，党的一大通过的《中国共产党的第一个纲领》规定，党的纲领是：推翻资产家阶级的政权，承认无产阶级专政，消灭资本家私有制，联合第三国际。党的实质就是要实行社会主义革命，用共产主义代替资本主义。客观地讲，党的一大制定的党纲还缺乏对中国社会和中国革命特殊性的了解，一般地照抄了资本主义国家无产阶级政党的党纲条文，不过其精髓体现了马克思主义关于无产阶级革命的基本原则，标志着中国共产党一经成立就确定了马克思主义在整个党的工作中的指导地位。虽然中国早期马克思主义者如李大钊等也认识到了，马克思主义基本原理必须与中国实际相结合，但这还不是党的一大所能实现的。

1922年7月，党的二大关于中国民主革命纲领的制定，标志着中国共产党在将马克思主义与中国革命实际相结合的路上，迈出了重要一步。共产国际于1922年1月下旬至2月初召开远东各国共产党及民族革命团体第一次代表大会，中国共产党受其启发，开始运用列宁关于民族和殖民地革命的理论探索中国革命问题，这对党认识到中国革命的阶段性问题和制定党的民主革命纲领，起了直接推动作用。

党的二大区分中国革命的民主主义和社会主义两个阶段，制定了符合中国现实需要的民主革命纲领，极大地推动了中国革命的发展，这无疑是马克思列宁主义与中国革命实际相结合的重要步骤和成果。不过，党的二大对中国国情和中国革命特点的了解及对马克思主义的运用，还仅仅是初步的。大会对中国民主主义和社会主义两个革命阶段关系的理解和对无产阶级在民主革命中地位的认识，仍有不小的局限性。对前者，主要是把两个阶段区分开来，未能做到既严格区分又有机联系；对后者，主要是把无产阶级局限在“援助”“帮助”的地位上，未能充分估计到无产阶级的领导作用。

党的二大在制定民主革命纲领的同时，对属于革命阵线内的资产阶级、小资产阶级、无产阶级、农民阶级都有所分析，这样的分析自然是初步的、不成熟的，但具有开创性意义。在运用阶级分析方法观察中国社会和中国革命问题方面，陈独秀起到了先驱者的作用，但他对资产阶级和无产阶级状况的分析，带有根本性错误。简言之，他高估了资产阶级，低估了无产阶级。这在相当程度上是受到1923年1月12日共产国际执委会关于中国共产党和国民党的关系问题的决议的影响，它认为中国唯一重大的民族革命集团是国民党，中国工人阶级尚未完全形成独立社会力量。

不过，一种强调工人阶级的力量及其在国民革命中作用的意见，也开始在党内酝酿。1923年6月党的三大召开期间，围绕无产阶级和共产党在国民革命中的地位问题发生了激烈争论，只是三大通过的决议依然认为，国民党是“国民革命运动之大本营”，工人运动“尚未能强大起来成功一个独立的社会势力”，因此也就自然不能发生一个强大的共产党——一个大群众的党。① 三大之后，一些共产党人如瞿秋白、邓中夏等，继续强调

① 参见中共中央党史研究室第一研究部编：《共产国际、联共（布）与中国革命文献资料选辑（1917—1925）》第2卷，北京图书馆出版社1997年版，第490页。

无产阶级掌握民主革命领导权的思想。7 月中旬，中共中央收到共产国际执委会同年 5 月给三大的指示，内有“毫无疑问，领导权应当归于工人阶级的政党”① 的提法。

1925 年 1 月，党的四大召开，统一了全党关于工人阶级是国民革命领导者的认识，并且把无产阶级领导地位问题与农民问题联系起来，指出农民问题特别重要，农民天然是工人阶级的同盟者。不过，党的四大又不恰当地否定了民族资产阶级的革命性。实际上，无产阶级对资产阶级民主革命的领导，是一个极为复杂的问题，涉及同资产阶级、小资产阶级、农民等多方面的关系，涉及多种斗争形式及策略，这要经过更长时间的探索，才能不仅在理论上，而且在实际斗争中圆满地解决。

1924 年 1 月，国民党第一次全国代表大会的召开，标志着国共合作正式形成。由于两党共同努力，中国革命逐渐出现高涨形势，但随着革命形势的发展和共产党对革命运动领导作用的发挥，统一战线内资产阶级和无产阶级争夺领导权的斗争激化起来。孙中山去世后，这一斗争更加尖锐。这样的形势推动了中国共产党对国民革命一系列问题的思考和认识。

比如，1926 年 7 月召开的中共中央扩大会议，在如何对待资产阶级和争夺领导权问题的认识上，又前进了一步。会议指出，现时中国革命，毫无疑义的是一个资产阶级的民族民主革命，若现在即否认资产阶级在民族运动中的作用，敌视他们过早，便是“左”倾的错误；若妄信资产阶级可以革命到底，不预防将来之危险，便是右倾的错误。正确的做法应该是：一方面努力拉住小资产阶级，使之接近工农群众，以与资产阶级争此革命运动的领导地位，以防其将来之妥协；另一方面极力巩固各阶级的联合战线，促进资产阶级之革命化。会议还指出，在同国民党左、中、右各派势力的关系上，要联合左派并中派向反动的右派进攻。这样才能保证无产阶

① 《共产国际有关中国革命的文献资料（1919—1928）》第 1 辑，中国社会科学出版社 1981 年版，第 79 页。

级政党争夺国民革命的领导权。[①] 这些基本是正确的，不过这时对领导权的理解仍局限在对革命群众运动的领导上，还没有认识到革命领导权更为核心的问题，是对政权组织和革命武装的领导。

又如，1926 年 5 月，党领导召开的广东省第二次农民代表大会专门作出《农民运动在国民革命中之地位决议案》，明确提出农民问题是国民革命的“中心问题”“根本问题”。这一观点随后由毛泽东等许多领导人作了进一步发挥。1926 年 9 月，毛泽东写的《国民革命与农民运动》一文，开头即强调“农民问题乃国民革命的中心问题，农民不起来参加并拥护国民革命，国民革命不会成功”[②]。

毛泽东于 1925 年末至 1926 年初发表的《中国社会各阶级的分析》《中国农民中各阶级的分析及其对于革命的态度》等，把中国共产党对中国社会阶级状况的认识进一步深化和细化。毛泽东把中国城乡各阶级划分为大资产阶级（包括大地主）、中产阶级（包括小地主）、小资产阶级、半无产阶级、无产阶级五个阶级，逐一分析了各阶级、各阶层的经济地位及其对革命的态度，特别是对民族资产阶级两面性和小资产阶级复杂情况的分析和描述，表明中国共产党人对中国阶级状况的认识深化了。正是在此基础上，毛泽东比较完整地提出了中国革命的总的策略路线。他在《中国社会各阶级的分析》中指出，一切勾结帝国主义的军阀、官僚、买办阶级、大地主、反动知识阶级及大资产阶级，是我们的敌人；一切小资产阶级、半无产阶级、无产阶级，是我们的朋友；动摇不定的中产阶级，其右翼应当做敌人，其左翼可当做朋友——但要时常提防他们，不要让他们扰乱了我们的阵线。

1926 年下半年，中国革命进入急速向前发展阶段，同时早已存在的革命危机也在步步加深。帝国主义加紧策划对中国革命的干涉，以蒋介石为

---

① 参见中央档案馆编：《中共中央文件选集（1926）》第 2 册，中共中央党校出版社 1983 年版，第 168—170、176 页。

② 中共中央文献研究室编：《毛泽东文集》第 1 卷，人民出版社 1993 年版，第 37 页。

首的右派军人势力进一步扩张。为加强对中国革命的指导，1926 年 11 月下旬至 12 月中旬召开的共产国际执委会第七次扩大全会着重讨论了中国问题，核心是中国革命的前途问题。全会通过的《关于中国形势问题的决议》指出，虽然现阶段的中国革命是资产阶级民主主义性质的，但它应该具有更广泛的社会运动的性质。中国革命的结果并非一定要造成导致国家向资本主义发展的社会政治条件。革命后的国家，将不是纯粹的资产阶级民主国家，而是无产阶级、农民和其他被剥削阶级的民主主义专政国家。这将是向非资本主义（社会主义）发展的过渡时期的反帝革命政府。[①]

中共中央对共产国际的决议极为重视，认为这个决议“影响到我们党的政治生命非常之大”，并由政治局向全党发出对于共产国际决议的“解释”。“解释”明确指出中国革命的非资本主义即社会主义的前途，否定了那种隔断民主革命与社会主义革命联系的错误，这是积极的一面；但是，作为文件核心观点的“一气呵成”论，即“要把国民革命和无产阶级革命，看作整个的中国革命，必须抓住这两种革命的连锁，使之一气呵成”[②]，又有混淆革命阶段、将两种性质的革命毕其功于一役的错误。

大革命失败后的严峻形势，对中国共产党不仅提出了还要不要继续革命的问题，同时还提出了如何继续革命，如何处理城市斗争与乡村斗争的关系，即革命要走一条什么样的道路的问题。继续革命是毋庸置疑的，而革命道路问题，首先不是一个理论问题，而是一个实践问题。党中央确定实行武装斗争方针并将这一方针具体化为发动各地武装起义之时，指导思想仍然是以开展城市斗争和夺取城市为中心。但是，在敌我力量对比悬殊的情况下，所有占领省城县城的计划均未能实现，即使一时攻占，也不得不很快退出。在此情况下，革命力量到哪里去落脚，怎样才能保存自己、

---

① 参见《共产国际有关中国革命的文献资料（1919—1928）》第 1 辑，中国社会科学出版社 1981 年版，第 278 页。

② 中央档案馆编：《中共中央文件选集（1927）》第 3 册，中共中央党校出版社 1983 年版，第 19—23 页。

继续坚持斗争，成为党必须回答的问题。正是基于这种实际斗争需要，开展游击战争和实行“农村割据”的主张提了出来。

毛泽东自1927年10月领导秋收起义部队进入井冈山后，就踏上了农村武装割据的道路。1928年5月，在湘赣边界党的第一次代表大会上，他初步回答了“红旗到底能打多久”的问题。同年7月，在给湖南省委的报告中，他强调“建设巩固的根据地”的重要性。在1928年10月《中国的红色政权为什么能够存在?》、11月《井冈山的斗争》，1929年3月《红四军前委给中央的报告》、4月《红四军前委给中央的信》、7月《中共闽西第一次代表大会之政治决议案》（经毛泽东修改），1930年1月《给林彪的信》（即《星星之火，可以燎原》）等一系列文献中，毛泽东阐述了工农武装割据问题，形成了工农武装割据理论。这一理论提出了完整的“工农武装割据”概念，论述了小块红色政权区域能够长期存在并日益发展的主客观条件，回答了创建割据局面的可能性和必然性，说明了红色政权的存在和发展对推进中国革命的重要意义，制定了巩固和发展“割据局面”正确的路线、方针和政策。

不过这一理论还有两个问题没有解决：一是全党工作重心应放在哪里？是以城市斗争为主来促进全国革命高潮，夺取全国政权，还是以农村的工农武装割据为主，走农村包围城市的道路？二是对农村根据地在夺取全国政权中的作用应如何估计？是把它当成决定性的因素，还是仅仅当作辅助的因素？从工农武装割据到农村包围城市革命道路理论走向成熟，是在革命经历了又一次由发展到严重受挫之后，随着对中国社会特点和革命规律的进一步认识而实现的。

克服李立三的“左”倾错误，本来是党中央领导走上正确轨道的一个契机。但由于共产国际的支持，经过1931年1月党的六届四中全会，又出现了以王明为代表的“左”倾机会主义。王明“左”倾路线一出现，就给革命带来了危害。由于各根据地军民的英勇奋斗，且“左”倾错误路线在各根据地的贯彻有一个过程，所以在1931年后的两三年间，红军和根据地的斗争仍取得了很大成绩。但“左”倾冒险主义的指导，终于又导致绝大部分根据地的丧失。在第五次反“围剿”失败后，红军不得不先后进行战略大转移，即长征。

革命的再次受挫，推进了党对中国革命一些基本问题的认识。首先，开始改变党内多年来一直存在的急于夺取革命胜利的情绪，初步有了中国革命的长期性观点；其次，对中国革命发展不平衡问题有了更深切的阐述，这在毛泽东 1935 年底《论反对日本帝国主义的策略》、1936 年底《中国革命战争的战略问题》中均可看到；再次，比较全面地把握了中国革命战争的特点，尤其是其持久性；最后，通过对第五次反“围剿”失败和王明“左”倾错误的反思，加深了对反对教条主义，按照中国具体情况灵活运用马克思主义、共产国际指示和外国经验的重要性的认识。1938 年 10 月，在中共扩大的六届六中全会上，毛泽东明确提出了“马克思主义中国化”问题。

这些思想的深化和提高，为农村包围城市革命道路理论的正式形成创造了认识前提。同时，国内战争转向全民族的抗日斗争，抗日游击战争的广泛展开和抗日根据地的大规模开辟，为这个理论的明确提出进一步奠定了强有力的实践基础。1938 年 10 月，毛泽东在中共扩大的六届六中全会上所作报告《论新阶段》，同年 11 月所作《战争和战略问题》，1939 年 12 月所作《中国革命与中国共产党》，把土地革命战争时期形成的“工农武装割据”理论大大向前推进了，对“农村包围城市”理论作了更加明确和系统的阐述。

第一，毛泽东明确地把建立和发展农村根据地问题提到革命道路的高度加以认识，指出由于国情的不同，中国革命武装夺取政权不能像资本主义国家那样“先占城市后取农村”，而是要走“相反的道路”，即夺取乡村区域的胜利，用乡村包围城市、孤立城市，最后占领城市，这既是夺取抗战胜利之路，也是夺取整个中国革命胜利之路。第二，他从中国半殖民地半封建社会的特点和革命在农村具备的优势条件出发，更深刻、全面地指明了中国革命走先占农村、后占城市，以农村包围城市道路的必然性、必要性和可能性。第三，他提出把落后的农村造成先进的巩固的根据地，使之成为军事上、政治上、经济上、文化上的伟大的革命阵地的战略任务，如此才能坚持长期的战斗，积蓄和锻炼革命力量，逐步争取革命全部的胜利。第四，他指出革命的最后胜利，不是通过城市武装起义达到，而是通过发展农村根据地来实现，“各根据地的模型推广到全国，那时全国就成了新民主主义的共和国”①。

这个理论体现了马克思列宁主义的基本要求，坚定遵循了无产阶级政党领导下的武装夺取政权原则。中国革命同十月革命一样，也是利用了事物发展不平衡规律，首先冲破反革命阵线的薄弱环节，去夺取革命胜利。但是，这一理论又具有鲜明的不同于十月革命和许多国家无产阶级革命的特色。其一是武装斗争的长期性；其二是以农民为主力军，以土地革命为主要内容；其三是长期以农村斗争为重点，先占农村后占城市；其四是革命的逐步发展和推进，革命地域由小块到大块，由少数到多数，由分散到成片，不是一举夺取全国政权；其五是革命斗争与各项建设相结合，局部地区的胜利成为掌握全国政权的演习；其六是主要依靠农村根据地积蓄的力量去夺取城市，而不是主要依靠城市武装起义占领城市。

这些思想的阐发，标志着“农村包围城市”革命道路理论的成熟。中国共产党领导的以“农村包围城市”为主要内容的新民主主义革命道路理论，既是马克思主义武装夺取政权理论在中国的具体运用，又是这一理论在中国的重要发展。中国革命正是沿着这条道路一步一步向前发展，直至夺取最后胜利的。

（二）毛泽东思想的形成和发展

在把马克思主义运用于中国革命实际的过程中，中国共产党人曾出现

① 《毛泽东选集》第2卷，人民出版社1991年版，第785页。

过将马克思主义教条化、将苏联经验和共产国际神圣化的倾向，给中国革命造成严重挫折。不过，以毛泽东为代表的中国共产党人在总结正反两方面经验教训的基础上，确立实事求是的思想路线，明确提出“马克思主义的中国化”“马克思列宁主义的理论和中国革命的实践相结合”原则。由此，全党按照中国国情特点灵活运用马克思主义，在斗争实践中发展马克思主义的自觉性进一步提高。在有了两次国内革命战争的经验和全民族抗战的实践后，马克思主义中国化事业取得丰硕成果。20 世纪 40 年代上半期，标志着马克思主义中国化时代化第一次历史性飞跃理论成果的毛泽东思想达到成熟。

毛泽东从青年时代开始就很注重了解社会状况，投身于革命斗争后一直非常重视对中国社会实际进行系统的、周密的调查研究。这一特质使他在中国共产党领导层的灿烂群星中很快脱颖而出。他在早年送走一批批学友“出洋”留学时，就选择留在国内，要先把自己的国家了解清楚。从 1921 年参与建党到 1930 年夏建立中央苏区的 10 年间，他在从事工人运动、农民运动和武装斗争，特别是开辟井冈山革命根据地和转战赣南、闽西探索中国革命道路的时候，对中国社会和历史实际有了深入了解。这对于他最早明确提出马克思主义与中国实际相结合的思想，形成马克思主义中国化的理念，具有重要影响。

正是因此，毛泽东在 1930 年 3 月写的《反对本本主义》一文中，尖锐地批评了党内和红军中存在的从“本本”出发的教条主义思想，指出我们的斗争需要马克思主义，丝毫不存在什么“先哲”一类形式的甚至神秘的念头在里面。马克思主义的“本本”是要学习的，但是必须同我国的实际情况相结合，确立“从斗争中创造新局面的思想路线”①；“中国革命斗争的胜利要靠中国同志了解中国情况”②。这样，20 世纪 20 年代后期和 30 年代前期，当共产国际运动和中国共产党内将马克思主义教条化，将共产

① 《毛泽东选集》第 1 卷，人民出版社 1991 年版，第 116 页。
② 《毛泽东选集》第 1 卷，人民出版社 1991 年版，第 115 页。

国际和苏联经验神圣化的错误倾向发展严重时，毛泽东要将马克思主义与中国实际相结合的思想，即马克思主义中国化的思想就已很明确了。

1935 年 7 月至 8 月召开的共产国际第七次代表大会对自身的领导体制和工作方式进行了反思。大会通过的《关于共产国际执委会报告的决议》等文献指出，各国共产党要善于利用马克思列宁主义分析问题的武器，学会把马列主义的方法应用到各国的具体环境中去，应用到具体条件中去，避免用一成不变的方法和笼统公式去代替具体的马克思主义分析。① 中共中央经过长征到达陕北后获悉共产国际七大的文件精神，于 1935 年 12 月召开的瓦窑堡政治局扩大会议尖锐批评了党内存在的不会把马列主义“活泼地运用到中国的特殊的具体环境去”，而将马列主义变成死的教条的倾向。1937 年 4 月，中共中央发布告全党同志书指出，由于中国革命的复杂性与变化多端性，马克思列宁主义的原则必须使之具体化，成为具体行动的指南针。②

而毛泽东在到达陕北后，从 1936 年冬至 1937 年秋，在《中国革命的战略问题》《实践论》《矛盾论》中，通过总结中国革命的经验教训，着重阐明了反对理论脱离实际，反对照搬照抄书本和外国经验的教条主义，为论述马克思列宁主义与中国革命实际相结合的原则，即马克思主义中国化思想，奠定了哲学理论基础。在《实践论》中，他着重阐明了马克思主义的实践认识论，批判了思想落后或超越实际的右倾或“左”倾机会主义；在《矛盾论》中，他着重阐明矛盾的普遍性和特殊性的关系，强调对于具体事物要作具体分析。这些思想为中共扩大的六届六中全会明确提出马克思主义中国化概念作了重要理论准备。

全面抗战开始后，以毛泽东为实际领导核心的中共中央的正确路线，

---

① 参见莱布索恩、希里尼亚：《共产国际政策的转变》，求实出版社 1983 年版，第 316—317 页。

② 参见中央档案馆编：《中共中央文件选集（1936—1938）》第 11 册，中共中央党校出版社 1991 年版，第 202 页。

受到从莫斯科回国的中共驻共产国际代表、共产国际执委会主席团成员和候补书记王明的严重干扰。不过，1938 年 6 月共产国际执委会作出《关于中共代表报告的决议案》指出，中共一年来建立了抗日统一战线，尤其是朱、毛等领导了八路军执行了党的新政策，国际认为中共的政治路线是正确的，中共在复杂的环境及困难条件下真正运用了马列主义。[①]

中共扩大的六届六中全会于 1938 年 9 月开幕。毛泽东在《论新阶段》报告中指出，对待马恩列斯，不是把他们的理论当作教条看，而是当作行动的指南。不是学习马克思列宁主义的字母，而是学习他们观察问题与解决问题的立场与方法。马克思主义必须通过民族形式才能实现。没有抽象的马克思主义，只有具体的马克思主义。所谓具体的马克思主义，就是通过民族形式的马克思主义，就是把马克思主义应用到中国具体环境的具体斗争中去，而不是抽象地应用它。离开中国特点来谈马克思主义，只是抽象的空洞的马克思主义。因此，马克思主义的中国化，使之在其每一个表现中带着中国的特性，即是说，按照中国的特点去应用它，成为全党亟待了解并亟须解决的问题。[②] 连王明也表示，马列主义理论中国化问题——马列主义理论民族化，即是将马列主义具体应用于中国，是完全对的。[③] 马克思主义中国化的思想在全会取得广泛共识。

1939 年 10 月，毛泽东在《〈共产党人〉发刊词》中总结中国革命正反两方面的基本经验时，提出用“马克思列宁主义的理论和中国革命的实践相结合”的原则来展开论述马克思主义中国化思想。他说：“由于对于中国的历史状况和社会状况、中国革命的特点、中国革命的规律的进一步的了解，由于我们的干部更多地领会了马克思列宁主义的理论，更多地学会了将马克思列宁主义的理论和中国革命的实践相结合，我们党就能够进

① 参见《王稼祥选集》，人民出版社 1989 年版，第 138 页。

② 参见中央档案馆编：《中共中央文件选集（1931—1938）》第 11 册，中共中央党校出版社 1991 年版，第 657—659 页。

③ 参见中共中央书记处编：《六大以来》上册，人民出版社 1981 年版，第 997 页。

行了胜利的十年土地革命斗争。”① 随后，在《新民主主义论》中，他还指出，中国共产主义者“必须将马克思主义的普遍真理和中国革命的具体实践完全地恰当地统一起来，就是说，和民族的特点相结合，经过一定的民族形式，才有用处，决不能主观地公式地应用它。公式的马克思主义者，只是对于马克思主义和中国革命开玩笑，在中国革命队伍中是没有他们的位置的”②。

延安整风运动首先在中共中央领导层展开。1941 年秋，政治局召开扩大会议整风，毛泽东提出“要分清创造性的马克思主义和教条式的马克思主义”，宣传创造性的马克思主义，奖励能使马克思主义中国化的教员，“要使中国革命丰富的实际马克思主义化”③。会议讨论土地革命战争后期党的领导路线问题，当时在中央工作的一些领导人检讨了过去的教条主义错误，并对毛泽东的领导和思想理论贡献作了高度评价。随着高级干部整风的开展和对历史经验的总结，党的领导人和负责人讲话或撰文，更是将马克思主义中国化、中国化的马克思主义和毛泽东的理论和实践紧密联系起来论述。经过对党的六届七中全会原则通过的《关于若干历史问题的决议》的广泛讨论，全党统一了思想认识。1945 年党的七大，不仅对马克思主义中国化的历程作了系统总结，而且将中国化的马克思主义——毛泽东思想确立为指导思想。毛泽东思想的规范定义是：马克思主义普遍真理与中国革命具体实践相结合的思想，或马克思列宁主义的理论与中国革命之统一的思想。这是中国共产党经过多年艰苦奋斗后获得的伟大理论成果。

毛泽东思想走向成熟的一个主要标志，是他在 1940 年发表的《新民主主义论》。在这篇著作中，毛泽东已经构建了一个完整的新民主主义革命理论体系，其回答的核心问题是中国需要一个什么样的革命及中国共产党如何领导这一革命走向胜利。这篇著作所表明的新民主主义革命理论的

---

① 《毛泽东选集》第 2 卷，人民出版社 1991 年版，第 611 页。
② 《毛泽东选集》第 2 卷，人民出版社 1991 年版，第 707 页。
③ 中共中央文献研究室编：《毛泽东文集》第 2 卷，人民出版社 1993 年版，第 373—374 页。

成熟，也就构成了马克思主义中国化时代化第一次历史性飞跃的最重要标志。

毛泽东对中国所需要进行的新民主主义革命，下了这样一个经典型定义："所谓新民主主义的革命，就是在无产阶级领导之下的人民大众的反帝反封建的革命。"[①] 这既是对当时中国革命性质的界定，又是后来被称为新民主主义革命总路线的最初表述。它以简洁的语言，指明中国革命是一个什么样的革命，对中国革命的领导者、动力、对象和任务、基本性质等一系列基本问题作了明确规定。这样的革命，预示着"中国革命的终极的前途，不是资本主义的，而是社会主义和共产主义的"[②]。这条总路线是中国共产党近20年革命，乃至中国人民近百年来奋斗经验的结晶，是党的新民主主义革命理论的核心。根据"新民主主义革命"理念，毛泽东对中国革命的基本进程，即中国革命必须"两步走"、两个革命阶段（新民主主义革命和社会主义革命）的区别与联系问题作了进一步论述，揭示了中国革命的基本规律。

毛泽东创造性地提出革命的"三个法宝"概念，阐明了怎样才能实现领导权并领导革命取得胜利的问题。这个概念最早是1939年7月毛泽东在对陕北公学赴华北抗日前线学员讲话中提出的，当时是指"统一战线""游击战争""革命中心的团结"三项，毛泽东说这是"三面旗子，又名三个法宝"。10月，《〈共产党人〉发刊词》对此作了充分发挥，并将"游击战争"改为"武装斗争"，将"革命中心的团结"改为"党的建设"，其含义更为宽广、规范。毛泽东指出："统一战线问题，武装斗争问题，党的建设问题，是我们党在中国革命中的三个基本问题。正确地理解了这三个问题及其相互关系，就等于正确地领导了全部中国革命。"又说，统一战线和武装斗争，是战胜敌人的两个基本武器，党的组织，则是掌握统一战线和武装斗争这两个武器以实行对敌冲锋陷阵的英勇战士。为了中国

---

① 《毛泽东选集》第2卷，人民出版社1991年版，第647页。

② 《毛泽东选集》第2卷，人民出版社1991年版，第650页。

革命的胜利，党必须加强自身建设，使中国共产党成为一个全国范围的、广大群众性的、思想上政治上组织上完全巩固的布尔什维克化的党。①

毛泽东还提出了新民主主义的政治、经济、文化纲领。关于政治，主要涉及新民主主义革命要建立的国家的“国体”和“政体”问题。关于经济，主要阐明了“节制资本”和“耕者有其田”两项。关于文化，主要讲的是“民族的科学的大众的文化”。毛泽东指出：“新民主主义的政治、新民主主义的经济和新民主主义的文化相结合，这就是新民主主义共和国，这就是名副其实的中华民国，这就是我们要造成的新中国。”② 新民主主义政治、经济、文化纲领，首先在各抗日民主根据地得到具体实施，因而各抗日根据地的社会性质，就是新民主主义社会。这为在全国范围内建设统一的新民主主义共和国积累了经验。“各根据地的模型推广到全国，那时全国就成了新民主主义的共和国。”③

中国共产党新民主主义革命理论的不少观点，在列宁斯大林著作中有过论述，但中国共产党人探索的成果，远远超越苏联经验提供的基点，也远远超越马克思和恩格斯提出、列宁发展了的关于资产阶级民主革命的理论。第一，把马列著作中已经提出的一些观点完全中国化、具体化，使之成为带有中国特色、符合中国革命实际的理论、纲领、路线和方针、政策，大大丰富了这些观点的内容。第二，提出了一系列马列著作中从来没有讲过，却符合马列主义原理原则的观点、概念、论断，如新民主主义革命、新民主主义共和国、新民主主义社会、农村包围城市、无产阶级领导下的农民战争、带买办性的大资产阶级和民族资产阶级的划分等，其中有的理论观点甚至被某些持有马列主义传统观点的人视为“另类”和“异端”。但正是这些完全属于创新的观点，构成在中国现实条件下发展马列主义革命理论的最重要部分。第三，形成了中国这类殖民地、半殖民地和

① 参见《毛泽东选集》第2卷，人民出版社1991年版，第602—613页。
② 《毛泽东选集》第2卷，人民出版社1991年版，第709页。
③ 《毛泽东选集》第2卷，人民出版社1991年版，第785页。

半封建国家新式资产阶级民主革命的理论体系，不仅指明这类国家要进行一个什么样的革命，革命的对象、任务、动力、性质是什么，而且指明如何领导这一革命走向胜利的问题；不仅系统解决了有关革命的问题，而且提出了建设新民主主义共和国和新民主主义社会的蓝图。

毛泽东在党的七大所作的《论联合政府》的书面政治报告、口头政治报告和为会议所作的结论，进一步丰富了新民主主义革命理论内容。首先，对新民主主义革命总路线，即无产阶级领导的人民大众的反帝反封建的革命，作了充分解释。他特别强调农民在中国革命中的重要地位，指出农民是人民大众最主要的部分、中国民主革命的主要力量，无产阶级领导主要应当是领导农民。其次，把新民主主义政治经济文化纲领进一步具体化，并增添了新的内容。毛泽东解释说，这次报告“与《新民主主义论》不同的，是确定了需要资本主义的广大发展，又以反专制主义为第一”①。最后，提出了以生产力标准评判政党历史作用的观点。毛泽东指出：“中国一切政党的政策及其实践在中国人民中所表现的作用的好坏、大小，归根到底，看它对于中国人民的生产力的发展是否有帮助及其帮助之大小，看它是束缚生产力的，还是解放生产力的。”②

同马克思主义与时俱进的理论品格一样，毛泽东思想也是不断向前发展的。在抗战时期已成熟的基础上，到了解放战争时期，毛泽东思想伴随着新的革命斗争的实践又有了新的发展。以毛泽东同志为核心的党的第一代中央领导集体，面对新情况，解决新问题，总结新经验，把马克思主义中国化时代化事业继续向前推进。

首先，对新民主主义革命总路线及各项具体路线、政策进行了新概括，给出了更加完整的说明。官僚资本和掌握这种资本的官僚资产阶级，是国民党反动政权的重要社会基础及其反共反人民内战政策的积极拥护者。1948 年 4 月初，毛泽东在晋绥干部会议上的讲话中，对新民主主义革

① 中共中央文献研究室编：《毛泽东文集》第 3 卷，人民出版社 1996 年版，第 275 页。

② 《毛泽东选集》第 3 卷，人民出版社 1991 年版，第 1079 页。

命总路线作了新的概括："无产阶级领导的，人民大众的，反对帝国主义、封建主义和官僚资本主义的革命，这就是中国的新民主主义的革命，这就是中国共产党在当前历史阶段的总路线和总政策。"① 进而，毛泽东和党中央还提出或进一步完善了各项具体的工作路线和政策，比如"依靠贫农，团结中农，有步骤地、有分别地消灭封建剥削制度，发展农业生产"② 的土地改革总路线和总政策，团结全民族绝大多数人口的"最广泛的统一战线"政策，全面体现人民军队战略战术思想的"十大军事原则"等。如此重视各项具体路线和政策策略的制定与贯彻执行，是毛泽东思想的一个重要特征，也是马克思主义中国化的一个重要表现，这一点在人民战争时期尤为突出。

其次，提出和阐发党的工作重心转移思想，即由农村重心向城市重心的转移和由革命向建设的转移。"真正的马克思主义是：当需要在乡村时，就在乡村；当需要转到城市时，就转到城市。"③ 在 1949 年 3 月党的七届二中全会上，毛泽东宣布："从现在起，开始了由城市到乡村并由城市领导乡村的时期。党的工作重心由乡村转到了城市。"④ 同时，工作重心从革命向建设的转移，是党领导革命取得胜利之时必然作出的决策。党领导革命的目的就是为了建设新中国。实际上，在新民主主义革命进行过程中，在革命根据地已经开展了各项新民主主义建设。1944 年，任弼时在陕甘宁边区高级干部会议上发表讲演时指出，"革命的目的就是为着建设"⑤。当革命取得全国胜利时，把工作重心转到经济建设上来，便是很自然的事。而面对从农村到城市、从革命到建设的工作重心转移，也就是面对即将在全国执政的考验，毛泽东发出了"两个务必"的号召，对党的建设提出新要求，为实现伟大的历史转折做好思想准备。

---

① 《毛泽东选集》第 4 卷，人民出版社 1991 年版，第 1316—1317 页。
② 《毛泽东选集》第 4 卷，人民出版社 1991 年版，第 1317 页。
③ 中共中央文献研究室编：《毛泽东文集》第 3 卷，人民出版社 1996 年版，第 332 页。
④ 《毛泽东选集》第 4 卷，人民出版社 1991 年版，第 1427 页。
⑤ 《任弼时选集》，人民出版社 1987 年版，第 341 页。

最后，初步展开了新民主主义建设的探索。到解放战争后期，在抗日根据地基础上发展起来的几个大的解放区，已有多年建设新民主主义的实践，而解放战争时期迅速形成的东北解放区，较早地由战争转向了建设。这样，进一步探索新民主主义建设的问题，不但是必须的，也是可能的。党经过多年探索而确定下来的一个基本的立国思想是，只有先经过一个相当长时间的新民主主义建设阶段，使中国的经济条件和其他各方面条件成熟了，才可能开始向社会主义过渡。并且，毛泽东否定了抗战时期认为新民主主义是新资本主义的看法，把新民主主义经济重新界定为“社会主义经济领导之下的经济体系”，也就是把新民主主义社会划到社会主义体系之下。同时还创立了人民民主专政的政权理论，尤其是毛泽东 1949 年 6 月 30 日发表的《论人民民主专政》一文，进一步全面阐述了中国共产党的人民民主专政理论。解放战争时期对新民主主义建设问题的探索，为新中国成立后在全国确立新民主主义社会制度及探索工作的继续进行奠定了基础。

1949 年 10 月 1 日，中华人民共和国中央人民政府宣告成立。在历经艰难险阻和长期不屈不挠斗争之后，中国共产党领导的中国革命终于取得了全国胜利。胜利的原因无疑是主客观各方面因素的综合，但就主观而言，最根本的一条就是有中国化的马克思主义——毛泽东思想的指导。毛泽东思想既体现了马列主义的基本原理，又容纳了中华民族的优秀思想，概括了全党革命实践的宝贵经验。毛泽东思想的形成和发展，使马克思主义在中国大地上深深地扎下根来，标志着马克思主义中国化时代化的第一次历史性飞跃的实现。

二、形成中国特色社会主义理论体系：实现马克思主义中国化时代化新的飞跃

新中国成立后，如何在中国这样一个经济文化落后的东方大国建立社

会主义制度、进行现代化建设，是摆在中国共产党面前的重大历史任务，也是马克思主义中国化时代化的崭新课题。

从1949年到1978年这29年，尤其是前7年，很大程度上可以说是马克思主义中国化时代化第一次历史性飞跃的延伸，因为正是在这期间，中国共产党根据新民主主义理论进行了新民主主义向社会主义的过渡，并开辟了一条适合中国特点的社会主义改造道路，于1956年确立了社会主义基本制度。毛泽东思想也因此获得了进一步的丰富和发展。

同时我们也可以说，这29年对社会主义建设进行探索的曲折历程所积累的正反两方面经验和教训，也为马克思主义中国化时代化新的历史性飞跃作了重要准备，包括提供坚强的政治保障、一定的经济基石、重要的思想条件、丰富的历史参照、宝贵的干部资源等。正如习近平总书记所说，新中国成立后，改革开放前的历史时期与改革开放后的历史时期，“本质上都是我们党领导人民进行社会主义建设的实践探索”①。

因此，我们可以把新中国成立后中国共产党对社会主义建设的实践探索史看作一个整体。从马克思主义中国化时代化新的历史性飞跃视角来看，我们自然更侧重对改革开放后历史时期的讨论，而对改革开放前历史时期的讨论，也是主要放在中国特色社会主义道路的开辟这一大背景下进行的。

（一）中国共产党对中国特色社会主义道路的探索

新中国成立后前3年，中国共产党在新民主主义理论的指导下，全面实施开国前夕召开的中国人民政治协商会议第一届全体会议通过的《共同纲领》规定的新民主主义建国任务。从1953年起，在国民经济恢复的基础上，根据变化了的国内、国际形势的需要，根据苏联社会主义建设的经验和对社会主义的理解，党中央提出过渡时期总路线，即逐步实现国家的

---

① 中共中央文献研究室编：《十八大以来重要文献选编》上卷，中央文献出版社2014年版，第112页。

社会主义工业化，同时对农业、手工业和资本主义工商业进行社会主义改造，从而开辟了一条比较适合中国情况的社会主义改造道路，初步建立起社会主义基本制度。

鉴于苏联模式暴露的弊端和苏共二十大对斯大林的批判，社会主义各国都在探索改革道路。从1956年起，党中央和毛泽东再次提出要将马克思主义与中国建设实践相结合。1956年4月，在中央政治局扩大会议讨论《关于无产阶级专政的历史经验》一文时，毛泽东指出：对苏共二十大，重要的问题在于我们从中得到什么教益，最重要的是要“把马列主义的基本原理同中国革命和建设的具体实际相结合。民主革命时期我们在吃了大亏之后才成功地实现了这种结合，取得了中国新民主主义革命的胜利。现在是社会主义革命和建设时期，我们要进行第二次结合，找出在中国怎样建设社会主义的道路”①。当月毛泽东发表的《论十大关系》讲话，可视为中国共产党独立探索怎样建设社会主义道路的开端。

这是一个十分艰难的探索过程，经历了非常复杂的考验。1957年开始，中国共产党对马克思主义与中国实际“第二次结合”的有益探索突然出现曲折，马克思主义中国化偏离了正确方向。可以说，从1956年到1966年这10年，党的指导思想明显表现出两个发展趋向：当正确和比较正确的趋向居主导地位时，马克思主义中国化的探索在理论和实践方面就取得很多积极成果；当错误的趋向居主导地位时，探索就发生严重挫折。就正确和比较正确的方面而言，党的八大前后探索适合中国情况的社会主义建设道路是良好开端，20世纪60年代初的调整时期在许多方面深化了对社会主义的认识，遭受严重破坏的国民经济得到恢复，并有一定发展。这个时期的严重错误，主要为两个方面：在经济发展和生产关系变革上，是1958年的“大跃进”和人民公社化运动；在阶级斗争问题上，先是1957年的反右派斗争和1959年的反右倾斗争，后是1962年党的八届十中

① 转引自吴冷西：《忆毛主席》，新华出版社1995年版，第9页。

全会开始的“以阶级斗争为纲”的理论和实践。这种错误思想的继续发展，导致发生了“文化大革命”。

“文化大革命”把那些既违背了马克思主义又不符合中国国情的错误推向极端，同时也为最终纠正这些错误准备了条件。结束“文化大革命”后的两年间，“两个凡是”的指导方针，迟滞了历史的伟大转折。批评“两个凡是”，开展的真理标准大讨论，使全党、全国出现空前的思想解放运动。这为实现马克思主义中国化时代化新的历史性飞跃，进行以改革开放和社会主义现代化建设为内容的第二次伟大革命作了重要准备。

如果说新民主主义革命时期遭受严重曲折和挫折是因为指导思想没有实现马克思主义中国化，那么建国后遭受严重曲折和挫折不是因为要否定马克思主义中国化，而是因为坚持马克思主义中国化的理念并不等于对中国的真实实际有正确认识，党的主观愿望与客观实际同实践活动存在严重偏离。同时，马克思主义中国化不仅包含着民族化，还包含着时代化，而我们党在这一时期对时代潮流的发展和时代主题的转变不够敏感。自开展国际共产主义运动大论战后，我们党对马列著作的理解也有新的“教条化”倾向，这使一些错误的决策显得很有“理论根据”。

1978 年底召开的党的中央工作会议，在党中央，尤其是邓小平、叶剑英、陈云等一批老革命家的推动下，大家解放思想、畅所欲言，围绕党的工作重点转移这个中心议题展开热烈讨论，就一系列重大问题达到了共识。在 12 月 13 日中央工作会议闭幕式上，邓小平作了《解放思想，实事求是，团结一致向前看》的重要讲话，这篇讲话实际上成为随后召开的党的十一届三中全会的主题报告。而党的十一届三中全会正式作出把全党工作重点转移到社会主义现代化建设上来和实行改革开放的战略决策，因此成为新中国成立以来党和国家发生历史性伟大转折的标志。马克思主义中国化时代化新的历史性飞跃也从此开始。

从党的十一届三中全会召开到 1982 年 9 月党的十二大召开，是改革开放的起步阶段。党关于改革开放的思想和实践，不仅加快了中国现代化建设的步伐，而且也对计划经济体制形成了有力冲击。首先，理论界的探讨和党中央决策的互动，突破了对计划经济的传统认识。1980 年 9 月，国务院体制改革办公室提出《关于经济体制改革的初步意见》，认为我国经济体制改革的原则和方向应当是按照发展商品经济的要求，把单一的计划调节改为计划调节和市场调节相结合，在国家计划指导下充分发挥市场调节的作用。[①] 其次，农村改革首先取得突破，为打破计划体制束缚提供了条件。邓小平于 1980 年 5 月对农村改革明确表态，肯定包产到户和包干到户的做法。1981 年冬，全国农村工作会议形成的纪要，作为 1982 年中央一号文件下发全国，正式肯定了土地的家庭承包经营制度。再次，城市经济体制改革的试点，对计划管理体制形成有力冲击。改革试点首先从扩大企业自主权开始，随着试点范围的逐步扩大，又陆续进行企业经营责任制、流通体制以及所有制结构等方面的改革。最后，创建经济特区，不仅是对外开放的突破，而且为进行市场经济体制改革提供了经验，同时也向世界展现了中国改革开放的坚定信念。由此，我国对外开放的步伐不断加快，领域逐渐放宽。

1981 年 6 月，党的十一届六中全会通过了《关于建国以来党的若干历史问题的决议》，在正确总结历史经验的基础上，对党在十一届三中全会后逐渐确立的适合中国国情的社会主义建设道路作了初步概括，体现了党在新的历史条件下对社会主义建设道路进行重新探索取得的初步认识成果。

1982 年 9 月党的十二大召开，则进一步明确了探索的指导思想和方向，建设中国特色社会主义，走中国特色社会主义道路，不仅成为全党共识，还成为随后党的历届代表大会的主题。党的十二大报告把我国到 20 世纪末的奋斗目标，由原来的全面实现现代化改为达到小康水平，是一个具有深远意义的决策。1979 年 3 月，邓小平提出到 20 世纪末的奋斗目标应

① 参见国家经济体制改革委员会编：《中国经济体制改革规划集（1979—1987）》，中共中央党校出版社 1988 年版，第 22—25 页。

该是实现“中国式的现代化”。12 月，他在会见日本首相太平正芳时又把这样的现代化水平称为“小康”。党的十二大把这一目标写入行动纲领，表明一个符合中国国情的现代化发展战略的初步形成，一个全面开创社会主义现代化建设新局面的开始。随后，中国的改革全面展开，经济体制改革的重点从农村转向城市，并开始触及深层次问题，其他各领域的体制改革也逐渐展开，对外开放的范围不断扩大。

1984 年 10 月 20 日，党中央召开十二届三中全会，对开展以城市为重点的经济体制全面改革进行研究和部署。全会通过的《中共中央关于经济体制改革的决定》，突破了把计划经济和商品经济对立起来的传统观念，提出我国的社会主义经济是“公有制基础上的有计划的商品经济”，改革是社会主义制度的自我完善和发展，改革的基本任务是进一步贯彻对内搞活经济、对外实行开放的方针，逐步建立起具有中国特色的、充满生机和活力的社会主义经济体制。邓小平高度评价其意义，认为“是马克思主义基本原理和中国社会主义实践相结合的政治经济学”①，“解释了什么是社会主义，有些是我们老祖宗没有说过的话，有些新话”②。

在实践上，城市改革主要集中在突破计划管理体制、搞活企业和培育健全的市场体系等方面。国家宏观调控的范围和方式开始调整和改进，从以往以行政手段直接调控为主，转为注意发挥财政、税收、价格、金融等经济杠杆的作用，向以间接调控为主过渡。比如价格的“双轨制”，就是我国由计划经济向有计划的商品经济转轨过程中的过渡性价格形态，虽然也不可避免带来一些负面影响，但它的实行对我国市场的发育和经济的发展起到了促进作用，在从计划经济向市场经济转轨过程中功不可没。

在城市改革的同时，农村家庭联产承包责任制的普遍推行使以政社合一为特征的人民公社体制受到强烈冲击，人民公社逐渐处于解体状态，这些也为农村商品经济的发展创造了有利条件，为突破原来那种城乡分割的

① 《邓小平文选》第 3 卷，人民出版社 1993 年版，第 83 页。
② 《邓小平文选》第 3 卷，人民出版社 1993 年版，第 91 页。

产业结构提供了强大动力，特别是促进了乡镇企业的迅速发展。乡镇企业的异军突起，可谓中国农民继家庭联产承包责任制之后的又一伟大创举。

在党对国情的认识更加明确的基础上，1987 年初，党中央认真总结改革开放以来的新经验，提出以社会主义初级阶段理论作为党的十三大报告立论依据的设想。这一设想得到邓小平的赞同。1987 年 10 月 25 日至 11 月 1 日，党的十三大召开，系统阐述了社会主义初级阶段理论，明确概括了党在社会主义初级阶段的基本路线。这是中国共产党对科学社会主义理论的重大贡献，为改革开放提供了新的理论指导和实践指针。大会依据初级阶段理论和党的基本路线，进一步明确了“三步走”经济发展战略。

党的十三大后，党领导全国人民沿着有中国特色社会主义道路继续前进。在改革开放取得巨大成就的同时，随着改革的深入和经济的迅速发展，经济体制中的一些深层次矛盾逐渐暴露，同时，在改革和建设中又出现了单纯追求速度、忽视客观条件制约等急于求成的倾向。党中央及时作出治理整顿和深化改革的决策，经过一年左右，经济发展的过快趋势和经济领域的混乱现象得到扭转。然而，1989 年春夏之交，北京等地发生政治风波。中央政治局在邓小平等老一辈革命家坚决有力的支持下，依靠人民，平息了这场风波，捍卫了社会主义国家政权，维护了人民根本利益。1989 年 6 月下旬召开的党的十三届四中全会，选举江泽民为中央委员会总书记，组成新的中央政治局常委会，强调要继续坚决执行党的十一届三中全会以来的路线、方针和政策，坚决执行“一个中心、两个基本点”基本路线，并明确宣布这条基本路线不会因为发生政治风波而动摇，从而使党在惊涛骇浪中坚持了中国特色社会主义事业的正确航向。

进入 20 世纪 90 年代，东欧剧变、苏联解体，面对国内外出现的复杂形势，一些人出现思想困惑，对中国改革开放产生疑虑，对社会主义前途缺乏信心。在党和国家的历史发展再次处于向何处去的紧要关头，1992 年春，88 岁高龄的邓小平先后视察武昌、深圳、珠海、上海等地，发表极为重要的南方谈话，深刻总结了党的十一届三中全会以来党领导人民探索中国特色社会主义道路的经验，明确回答了改革开放以来经常困扰和束缚人们思想的许多重大理论和政策问题。

南方谈话内容极为丰富，既是邓小平改革开放思想的集中体现，又标志着他的思想理论体系发展到一个新的高度。一方面，南方谈话是体系化的论述，不仅内容具有体系框架，比较全面地回答了什么是社会主义、怎样建设社会主义等许多重大问题，而且是一篇将个人思想形成较为完整体系的综合性理论文献；另一方面，南方谈话赋予中国特色社会主义许多新意，是“把改革开放和现代化建设推进到新阶段的又一个解放思想、实事求是的宣言书”①。

1992 年 10 月中旬，党的十四大召开。大会全面总结了改革开放 14 年来的伟大实践和基本经验，初步确立了邓小平建设有中国特色的社会主义理论在全党的指导地位，明确了我国经济体制改革的目标是建设社会主义市场经济体制。以邓小平南方谈话和党的十四大为标志，社会主义改革开放和现代化建设事业进入新的发展阶段。党的十四大概括和命名的邓小平建设有中国特色社会主义理论，既是马克思主义与中国实践相结合的第二次历史性飞跃的第一个伟大理论成果，也是改革开放以来马克思主义中国化时代化探索的最新成果。以它为本源，不断总结改革开放和现代化建设的新经验，中国共产党实现了一次又一次的理论创新，产生了一个又一个新的成果。

社会主义市场经济体制目标的确立，标志着党对科学社会主义理论和改革开放实践的认识实现了新的飞跃。从改革起步时提出发挥市场调节的辅助作用，到党的十四大确立社会主义市场经济体制目标，经历了整整 14 年时间。1993 年 11 月，党的十四届三中全会通过了《中共中央关于建立社会主义市场经济体制若干问题的决定》，指出要使市场在国家宏观调控下对资源配置起基础性作用，形成了以社会主义市场经济体制改革为核心

① 《江泽民文选》第 2 卷，人民出版社 2006 年版，第 10 页。

的全面改革的总体框架，初步解决了社会主义基本制度与市场经济制度怎样结合以及旧体制如何向新体制转化的问题。

1997年9月，党的十五大召开，江泽民作题为《高举邓小平理论伟大旗帜，把建设有中国特色社会主义事业全面推向二十一世纪》的报告，站在时代高度纵论中华民族百年巨变，指出20世纪以来中华民族经历了三次历史性巨变，其中第三次历史性巨变就是成功开辟了一条为实现民族振兴、国家富强和人民幸福的建设有中国特色社会主义的新道路。报告第一次比较完备地提出党在社会主义初级阶段的基本纲领，进一步阐述了邓小平建设有中国特色社会主义理论的历史地位，并首次使用“邓小平理论”的提法。江泽民指出：“中国共产党是非常重视理论指导的党。……马克思列宁主义同中国实际相结合有两次历史性飞跃，产生了两大理论成果。第一次飞跃的理论成果是被实践证明了的关于中国革命和建设的正确的理论原则和经验总结，它的主要创立者是毛泽东，我们党把它称为毛泽东思想。第二次飞跃的理论成果是建设有中国特色社会主义理论，它的主要创立者是邓小平，我们党把它称为邓小平理论。”①

我国在推进改革开放、集中精力加强经济建设的同时，还注重加强民主法制建设和精神文明建设。并且，随着经济社会发展“三步走”战略的前两步提前实现，党中央为“第三步”战略目标作了新的规划，陆续提出“科教兴国”“可持续发展”“西部大开发”“引进来与走出去相结合”等一系列战略部署，进一步丰富和发展了中国特色社会主义的现代化发展战略。同时，国企改革攻坚和农村改革深化也在往前推进。

在经济社会各方面发生巨大变革的情况下，以江泽民同志为核心的党的第三代中央领导集体，科学判断中国共产党所处的历史方位，围绕建设中国特色社会主义这个主题，集中全党智慧，按照党的建设新的伟大工程的总目标，从思想上、组织上、作风上全面加强党的建设，通过回答“建

① 《江泽民文选》第2卷，人民出版社2006年版，第8页。

设什么样的党、怎样建设党”这一根本性问题，以马克思主义的巨大理论勇气进行理论创新，提出了“三个代表”重要思想。

2002年11月，党的十六大召开，把“三个代表”重要思想确立为党的指导思想。此外，还向全党提出在新世纪实现全面建设小康社会的奋斗目标。“全面建设小康社会”是针对20世纪末我国所达到的“低水平、不全面和发展很不平衡的”小康状态而言的，这一奋斗目标的提出丰富和发展了我国社会主义现代化建设“三步走”的战略构想，把社会发展理念提到了一个新高度。而2003年10月党的十六届三中全会通过的《中共中央关于完善社会主义市场经济体制若干问题的决定》，则体现了党对我国经济社会发展形势的最新认识，对社会主义市场经济理论有所创新，尤其对所有制理论和产权理论有重大突破，是新世纪我国完善社会主义市场经济的纲领性文献。这反映了我们党为实现马克思主义基本原理与中国改革开放实践相结合进行的探索，对发展社会主义市场经济规律认识的深化。

进入新世纪新阶段后，我国经济发展面临复杂的国际形势和深化改革的艰巨任务，以胡锦涛为总书记的党中央在借鉴国内外发展理论有益成果和总结历史经验的基础上，适时地提出了科学发展观。2005年10月，党的十六届五中全会把科学发展观提升到“世界观和方法论”的高度，并且为了切实贯彻落实科学发展观，党的十六届五中全会及其前后还相应地作出了一系列重大战略决策，推出了诸多重大举措，包括进一步加强和完善宏观调控，提出区域协调发展的总体战略，制定“十一五”规划，加强社会主义新农村建设，建设创新型国家，有序推进社会主义民主政治建设，深化文化体制改革等。在推动科学发展的过程中，全党对于把握发展规律、创新发展理念、转变发展方式、破解发展难题、提高发展质量和效益，逐渐形成了共识。

2007年10月，党的十七大召开。党的十七大报告指出：“改革开放以来我们取得一切成绩和进步的根本原因，归结起来就是：开辟了中国特色社会主义道路，形成了中国特色社会主义理论体系。”① “中国特色社会主义道路”思想，是党的十三大首次将其作为马克思主义基本原理与中国具体实践相结合，以实现第二次历史性飞跃的伟大成果而提出的，但此后对其内涵一直没有明确的界定和规范的表述。党的十七大报告首次提出：“中国特色社会主义道路，就是在中国共产党领导下，立足基本国情，以经济建设为中心，坚持四项基本原则，坚持改革开放，解放和发展社会生产力，巩固和完善社会主义制度，建设社会主义市场经济、社会主义民主政治、社会主义先进文化、社会主义和谐社会，建设富强、民主、文明、和谐的社会主义现代化国家。”② 这是经历了整整 20 年的实践探索和理论创新而对我们经历过的和还要继续走的道路作出的明晰界定。这一道路之所以完全正确，之所以能够引领中国发展进步，关键在于我们既坚持了科学社会主义的基本原则，又根据我国实际和时代特征赋予其鲜明的中国特色。在当代中国，坚持中国特色社会主义道路，就是真正坚持社会主义。

2008 年 12 月 18 日，胡锦涛代表党中央对改革开放 30 年来取得的成就和基本经验作了科学总结，指出在 30 年改革开放的创造性实践中，我们经过艰辛探索，积累了宝贵经验，那就是党的十七大阐明的“十个结合”。这“十个结合”充分体现了马克思主义中国化时代化新的历史性飞跃的“结合”理念，是马克思主义基本原理与当代中国实践和时代特征相结合的总要求的具体展开。胡锦涛强调：“三十年来，我们党的全部理论和全部实践，归结起来就是创造性地探索和回答了什么是马克思主义、怎样对待马克思主义，什么是社会主义、怎样建设社会主义，建设什么样的党、怎样建设党，实现什么样的发展、怎样发展等重大理论和实践问题。三十年的历史经验归结到一点，就是把马克思主义基本原理同中国具体实际相结合，走自己的路，建设中国特色社会主义。”③

---

① 《胡锦涛文选》第 2 卷，人民出版社 2016 年版，第 620 页。
② 《胡锦涛文选》第 2 卷，人民出版社 2016 年版，第 620 页。
③ 《胡锦涛文选》第 3 卷，人民出版社 2016 年版，第 170 页。

2012年12月，党的十八大召开。大会把科学发展观确立为党的指导思想，并强调它“开辟了当代中国马克思主义发展新境界”。胡锦涛在大会报告中强调：“解放思想、实事求是、与时俱进、求真务实，是科学发展观最鲜明的精神实质。实践发展永无止境，认识真理永无止境，理论创新永无止境。”① 党的十八大报告在“中国特色社会主义道路”“中国特色社会主义理论体系”的基础上，进一步提出了“中国特色社会主义制度”，并认为三者统一于中国特色社会主义实践。这标志着中国特色社会主义的新发展。当然，发展中国特色社会主义是一项长期的艰巨的历史任务，一定要与时俱进不断发展中国特色社会主义，不断丰富中国特色社会主义的实践特色、理论特色、民族特色、时代特色。

（二）中国特色社会主义理论体系的形成和发展

党的十七大报告指出：“中国特色社会主义理论体系，就是包括邓小平理论、‘三个代表’重要思想以及科学发展观等重大战略思想在内的科学理论体系。”中国特色社会主义理论体系“是马克思主义中国化最新成果”。它坚持和发展了马克思列宁主义、毛泽东思想，凝结了几代中国共产党人带领中国人民不懈探索实践的智慧和心血，是党的最宝贵的政治和精神财富，是全国各族人民团结奋斗的共同思想基础。“在当代中国，坚持中国特色社会主义理论体系，就是真正坚持马克思主义。”②

虽然中国特色社会主义理论体系的开创是在改革开放之后，但在改革开放之前，中国共产党已经有了一定的理论准备。这主要体现在党的八大前后，以毛泽东为代表的中国共产党人以苏为鉴，开拓创新，对中国如何从自身实际出发建设社会主义进行了十分宝贵的理论探索，其中最重要的论述当属《论十大关系》。

《论十大关系》确定了一个基本方针和怎样建设社会主义的基本指导

---

① 《胡锦涛文选》第3卷，人民出版社2016年版，第619页。

② 《胡锦涛文选》第2卷，人民出版社2016年版，第621页。

思想，这就是“尽量争取化消极因素为积极因素”，“努力把党内党外、国内国外的一切积极的因素，直接的、间接的积极因素，全部调动起来，把我国建设成为一个强大的社会主义国家”①。它论述的十大问题（即十大关系），既是从总结我国经验、研究建设发展的问题中提出来的，同时也是以苏联经验为鉴戒而提出的。毛泽东强调：“我们要学的是属于普遍真理的东西，并且学习一定要与中国实际相结合。如果每句话，包括马克思的话，都要照搬，那就不得了。我们的理论，是马克思列宁主义的普遍真理同中国革命的具体实践相结合。”② 这就明确了建设社会主义必须根据本国情况走自己的道路这一根本性的指导思想，强化了国情特殊性对于社会主义建设的重要意义，实际上否定了苏联模式的单一性，强调各国建设社会主义的多样性，形成“走自己的路”的鲜明思想，体现了党在社会主义建设的艰苦探索中主体性意识的觉醒。

可惜党的八大的正确路线后来没能很好地坚持下去，在备尝社会主义建设探索历程中的艰辛曲折后，党的十一届三中全会终于实现伟大转折，使党和国家重新回到正确轨道。从 1978 年底党的十一届三中全会召开到党的十四大召开，我们党在改革开放的实践中不断丰富对中国特色社会主义道路的认识，逐步形成中国特色社会主义理论。这一理论的形成，主要经历了三个发展阶段：

第一个阶段是从 1978 年底党的十一届三中全会到 1982 年党的十二大，在拨乱反正和改革起步的过程中，邓小平建设有中国特色的社会主义理论渐有雏形。从党的十一届三中全会开始，中国共产党认真清理和纠正过去“左”的错误，胜利完成指导思想上的拨乱反正，并通过对历史经验的总结和改革开放的实践，重新进行马克思主义基本原理与中国社会主义建设实践的正确结合。在此过程中，在邓小平的指导下，党提出有关中国社会主义建设的一系列新的方针和政策，形成了关于“什么是社会主义、怎样

① 中共中央文献研究室编：《毛泽东文集》第 7 卷，人民出版社 1999 年版，第 23、44 页。
② 中共中央文献研究室编：《毛泽东文集》第 7 卷，人民出版社 1999 年版，第 42 页。

建设社会主义”的若干新认识。1981年《关于建国以来党的若干历史问题的决议》把这些新的认识成果概括为10个主要观点，这一概括可视为邓小平建设有中国特色社会主义理论的雏形。在党的十二大，邓小平提出“建设有中国特色的社会主义”，使党实现马克思主义中国化时代化新的历史性飞跃及这次飞跃的理论成果有了鲜明主题。

第二个阶段是从1982年党的十二大到1987年党的十三大，在改革开放全面展开的过程中，邓小平建设有中国特色的社会主义理论形成基本轮廓。改革开放全面展开，经历了从农村改革到城市改革，从经济体制改革到各方面体制改革，从对内搞活到对外开放的波澜壮阔的发展过程。改革的深入迫切要求理论指导。这一时期邓小平多次提出要弄清“什么是社会主义、怎样建设社会主义”这个首要的基本理论问题。1984年10月，党的十二届三中全会通过的《中共中央关于经济体制改革的决定》，提出社会主义经济是“公有制基础上的有计划的商品经济”，突破了把计划经济同商品经济对立起来的传统观念。1987年，党的十三大系统阐述了社会主义初级阶段理论。它同社会主义商品经济理论一起，成为马克思主义中国化时代化进程中的两大新成果，对改革开放提供了有力的理论指导。

党的十三大高度评价党的十一届三中全会以来开辟建设有中国特色的社会主义道路的伟大意义，将其称为马克思主义与中国实践相结合的第二次历史性飞跃，并将这次飞跃的理论成果称为“建设有中国特色的社会主义理论”。党的十三大论列了这一理论的12个主要观点：（1）关于解放思想，实事求是，以实践作为检验真理的唯一标准的观点；（2）关于建设社会主义必须根据本国国情，走自己的路的观点；（3）关于在经济文化落后的条件下，建设社会主义必须有一个很长的初级阶段的观点；（4）关于社会主义社会的根本任务是发展生产力，集中力量实现现代化的观点；（5）关于社会主义经济是有计划的商品经济的观点；（6）关于改革是社会主义社会发展的重要动力，对外开放是实现社会主义现代化的必要条件的观点；（7）关于社会主义民主政治和社会主义精神文明是社会主义重要特征的观点；(8) 关于坚持四项基本原则同坚持改革开放的总方针这两个基本点相互结合、缺一不可的观点；(9) 关于用“一个国家、两种制度”来实现国家统一的观点；(10) 关于执政党的党风关系到党的生死存亡的观点；(11) 关于按照独立自主、完全平等、互相尊重、互不干涉内部事务的原则，发展同外国共产党和其他政党的关系的观点；(12) 关于和平与发展是当代世界的主题的观点。党的十三大报告指出：“这些观点，构成了建设有中国特色的社会主义理论的轮廓，初步回答了我国社会主义建设的阶段、任务、动力、条件、布局和国际环境等基本问题，规划了我们前进的科学轨道。”①

第三个阶段是从党的十三大到党的十四大，为邓小平建设有中国特色的社会主义理论走向成熟、形成科学体系的阶段。20 世纪 80 年代末 90 年代初，中国改革进入攻坚阶段，国内国际相继发生严重的政治风波。在这个重大历史关头，中国共产党紧紧依靠人民，坚定不移地坚持四项基本原则，维护国家的独立、安全和稳定，毫不动摇地坚持以经济建设为中心，坚定地推进改革开放。中国特色社会主义建设事业不仅顺利地经受住了严峻考验，而且指导这一事业的理论——邓小平建设有中国特色的社会主义理论，也得到了进一步完善。

1992 年初，邓小平南方谈话对党的十一届三中全会以来党的基本经验作了进一步总结，从理论上深刻回答了长期困扰和束缚人们思想的许多重大问题，不仅标志着邓小平的思想升华到了一个新的高度，也使全党对建设有中国特色社会主义理论的认识达到了一个新境界。随后，党的十四大在以上理论的推进基础上，对建设有中国特色社会主义理论的内容又作了新的概括，并首次使用“邓小平同志建设有中国特色社会主义理论”这一提法。党的十四大概括的“邓小平建设有中国特色社会主义理论”的 9 个方面是：

第一，在社会主义的发展道路问题上，强调走自己的路，不把书本当

① 中共中央文献研究室编：《十三大以来重要文献选编》上卷，人民出版社 1991 年版，第 57 页。

教条，不照搬外国模式，以马克思主义为指导，以实践作为检验真理的唯一标准，解放思想，实事求是，尊重群众的首创精神，建设有中国特色的社会主义。

第二，在社会主义的发展阶段问题上，作出了我国还处在社会主义初级阶段的科学论断，强调这是一个至少上百年的很长的历史阶段，制定一切方针政策都必须以这个基本国情为依据，不能脱离实际，超越阶段。

第三，在社会主义的根本任务问题上，指出社会主义的本质是解放生产力，发展生产力，消灭剥削，消除两极分化，最终达到共同富裕。强调现阶段我国社会的主要矛盾是人民日益增长的物质文化需要同落后的社会生产之间的矛盾，必须把发展生产力摆在首要位置，以经济建设为中心，推动社会全面进步。判断各方面工作的是非得失，归根结底，要以是否有利于发展社会主义社会的生产力，是否有利于增强社会主义国家的综合国力，是否有利于提高人民的生活水平为标准。科学技术是第一生产力，经济建设必须依靠科技进步和劳动者素质的提高。

第四，在社会主义的发展动力问题上，强调改革也是一场革命，也是解放生产力，是中国现代化的必由之路，僵化停滞是没有出路的。经济体制改革的目标，是在坚持公有制和按劳分配为主体、其他经济成分和分配方式为补充的基础上，建立和完善社会主义市场经济体制。政治体制改革的目标，是以完善人民代表大会制度、共产党领导的多党合作和政治协商制度为主要内容，发展社会主义民主政治。同经济、政治的改革和发展相适应，以“有理想、有道德、有文化、有纪律”为目标，建设社会主义精神文明。

第五，在社会主义建设的外部条件问题上，指出和平与发展是当代世界两大主题，必须坚持独立自主的和平外交政策，为我国现代化建设争取有利的国际环境。强调实行对外开放是改革和建设必不可少的，应当吸收和利用世界各国包括资本主义发达国家所创造的一切先进文明成果来发展社会主义，封闭只能导致落后。

第六，在社会主义建设的政治保证问题上，强调坚持社会主义道路、坚持人民民主专政、坚持中国共产党的领导、坚持马克思列宁主义毛泽东思想。这四项基本原则是立国之本，是改革开放和现代化建设健康发展的保证，又从改革开放和现代化建设中获得新的时代内容。

第七，在社会主义建设的战略步骤问题上，提出基本实现现代化分三步走。在现代化建设的长期过程中要抓住时机，争取出现若干个发展速度比较快、效益又比较好的阶段，每隔几年上一个台阶。贫穷不是社会主义，同步富裕又是不可能的，必须允许和鼓励一部分地区一部分人先富起来，以带动越来越多的地区和人们逐步达到共同富裕。

第八，在社会主义的领导力量和依靠力量问题上，强调作为工人阶级先锋队的共产党是社会主义事业的领导核心，党必须适应改革开放和现代化建设的需要，不断改善和加强对各方面工作的领导，改善和加强自身建设。执政党的党风，党同人民群众的联系，是关系党生死存亡的问题。必须依靠广大工人、农民、知识分子，必须依靠各民族人民的团结，必须依靠全体社会主义劳动者、拥护社会主义的爱国者和拥护祖国统一的爱国者的最广泛的统一战线。党领导的人民军队是社会主义祖国的保卫者和建设社会主义的重要力量。

第九，在祖国统一问题上，提出“一个国家、两种制度”的创造性构想。在一个中国的前提下，国家的主体坚持社会主义制度，香港、澳门、台湾保持原有的资本主义制度长期不变，按照这个原则来推进祖国和平统一大业的完成。

以上 9 个方面的概括，表明邓小平建设有中国特色社会主义理论已形成比较完整的科学体系。党的十四大报告指出，这一科学的理论体系，是在和平与发展成为时代主题的历史条件下，在我国改革开放和社会主义现代化建设的实践过程中，在总结我国社会主义胜利和挫折的历史经验并借鉴其他国家社会主义兴衰成败历史经验的基础上，逐步形成和发展起来的。报告高度评价这个理论的伟大意义，指出它“第一次比较系统地初步回答了中国这样的经济文化比较落后的国家如何建设社会主义、如何巩固和发展社会主义的一系列基本问题，用新的思想、观点，继承和发展了马克思主义”①，“是马克思列宁主义基本原理与当代中国实际和时代特征相结合的产物，是毛泽东思想的继承和发展”②，“是当代中国的马克思主义，是指引我们实现新的历史任务的强大思想武器”③。

党的十五大报告进一步阐述了邓小平建设有中国特色社会主义理论的历史地位，并首次使用“邓小平理论”的提法。报告强调：“作为毛泽东思想的继承和发展的邓小平理论，是指导中国人民在改革开放中胜利实现社会主义现代化的正确理论。在当代中国，只有把马克思主义同当代中国实践和时代特征结合起来的邓小平理论，而没有别的理论能够解决社会主义的前途和命运问题。”④

邓小平理论之所以能够成为马克思主义在中国发展的新阶段，是因为邓小平理论坚持解放思想、实事求是，在新的实践基础上继承前人又突破陈规，开拓了马克思主义的新境界；是因为邓小平理论坚持科学社会主义理论和实践的基本成果，抓住“什么是社会主义、怎样建设社会主义”这个根本问题，深刻地揭示社会主义本质，把对社会主义的认识提高到新的科学水平；是因为邓小平理论坚持用马克思主义的宽广眼界观察世界，对当今的时代特征和总体国际形势，对世界上其他社会主义国家的成败，发展中国家谋求发展的得失，发达国家的发展态势和矛盾进行正确分析，作出了新的科学判断；是因为邓小平理论是在和平与发展成为时代主题的历史条件下，在我国改革开放和现代化建设的实践中，在总结我国社会主义

① 中共中央文献研究室编：《十四大以来重要文献选编》上卷，人民出版社 1996 年版，第 10 页。

② 中共中央文献研究室编：《十四大以来重要文献选编》上卷，人民出版社 1996 年版，第 13 页。

③ 中共中央文献研究室编：《十四大以来重要文献选编》上卷，人民出版社 1996 年版，第 39 页。

④ 《江泽民文选》第 2 卷，人民出版社 2006 年版，第 9 页。

建设胜利和挫折的历史经验并借鉴其他社会主义国家兴衰成败历史经验的基础上，逐步形成和发展起来的建设有中国特色社会主义理论的科学体系。因此，党的十五大报告还强调："马克思列宁主义、毛泽东思想一定不能丢，丢了就丧失根本。同时一定要以我国改革开放和现代化建设的实际问题、以我们正在做的事情为中心，着眼于马克思主义理论的运用，着眼于对实际问题的理论思考，着眼于新的实践和新的发展。离开本国实际和时代发展来谈马克思主义，没有意义。静止地孤立地研究马克思主义，把马克思主义同它在现实生活中的生动发展割裂开来、对立起来，没有出路。"①

党的十三届四中全会后，以江泽民同志为核心的党的第三代中央领导集体，高举邓小平理论伟大旗帜，准确把握时代特征，科学判断中国共产党所处的历史方位，围绕建设中国特色社会主义这个主题，在建设中国特色社会主义的实践中加深了对什么是社会主义、怎样建设社会主义和建设什么样的党、怎样建设党的认识，尤其是集中全党智慧，按照党的建设新的伟大工程的目标，从思想上、组织上、作风上全面加强党的建设，通过回答"建设什么样的党、怎样建设党"这个根本性问题，以马克思主义的巨大理论勇气推进理论创新，提出了"三个代表"重要思想。

2001 年 7 月 1 日，中共中央举行庆祝中国共产党成立 80 周年大会。江泽民发表讲话，系统阐述了"三个代表"重要思想的科学内涵。他指出：我们党要始终代表中国先进生产力的发展要求，就是党的理论、路线、纲领、方针、政策和各项工作，必须努力符合生产力发展的规律，体现不断推动社会生产力的解放和发展的要求，尤其要体现推动先进生产力发展的要求，通过发展生产力不断提高人民群众的生活水平；我们党要始终代表中国先进文化的前进方向，就是党的理论、路线、纲领、方针、政策和各项工作，必须努力体现发展面向现代化、面向世界、面向未来的，

① 《江泽民文选》第 2 卷，人民出版社 2006 年版，第 12 页。

民族的科学的大众的社会主义文化的要求，促进全民族思想道德素质和科学文化素质的不断提高，为我国经济发展和社会进步提供精神动力和智力支持；我们党要始终代表中国最广大人民的根本利益，就是党的理论、路线、纲领、方针、政策和各项工作，必须坚持把人民的根本利益作为出发点和归宿，充分发挥人民群众的积极性主动性创造性，在社会不断发展进步的基础上，使人民群众不断获得切实的经济、政治、文化利益。

江泽民的“七一”讲话在回答党的建设遇到的一系列重大理论和现实问题时，还提出了许多新思想新观点新论断，以及如何贯彻的问题。“三个代表”新理念初步具有了一定的理论形态，更为显著地揭示出执政党建设的规律，更为鲜明地体现了党的建设的时代气息，更为集中地说明了新时期党的各项工作的本质要求。到 2006 年 11 月党的十六大召开，我们党正式把“三个代表”重要思想确立为党的指导思想。“三个代表”重要思想作为马克思主义与当代中国实践和时代特征相结合的第二次历史性飞跃的又一伟大成果，把马克思主义推进到了新的理论高度，赋予马克思主义以新的时代内涵，创造性地丰富和发展了中国特色社会主义理论。

党的十六大后，以胡锦涛同志为总书记的党中央根据新的发展要求，立足社会主义初级阶段的基本国情，通过不断总结我国的发展经验和借鉴国外的发展经验，初步回答了我们要“实现什么样的发展、怎样发展”等重大理论和实践问题，提出了科学发展观等一系列重大战略思想。这是对党的三代中央领导集体关于发展的重要思想的继承和发展，是同马克思列宁主义、毛泽东思想、邓小平理论和“三个代表”重要思想既一脉相承又与时俱进的科学理论，是我国经济社会发展的重要指导方针。党的十七大把科学发展观写入党章，大会报告指出：“科学发展观，第一要义是发展，核心是以人为本，基本要求是全面协调可持续，根本方法是统筹兼顾。”①党的十八大进一步把科学发展观确立为党的指导思想。

---

① 《胡锦涛文选》第 2 卷，人民出版社 2016 年版，第 623 页。

科学发展观继承和发展了马克思主义关于发展的基本思想。科学发展观坚持马克思主义基本原理，紧密结合中国特色社会主义伟大实践，吸收人类文明进步的新成果，站在历史和时代的高度，着眼丰富发展内涵、创新发展观念、开拓发展思路、破解发展难题，在发展道路、发展模式、发展战略、发展动力、发展目的和发展要求等方面，进一步回答了新形势下我国为什么发展和怎样发展等一系列重大问题，初步形成了中国特色社会主义发展系统理论。概括地说，一是强调人类社会是不断发展前进的，发展是人类社会永恒的主题；二是强调发展的协调性与可持续性，主张人与自然的和谐共存；三是强调发展的最终目的就是要实现社会的全面进步和人的全面发展。它表明，我们党在坚持马克思主义发展观的基础上，对发展问题的认识达到了新境界，集中体现了党在发展观上的与时俱进。

科学发展观在什么是发展、如何发展的问题上集中体现了马克思主义的方法论思想。科学发展观揭示了我国经济社会发展的正确道路，是指导推进发展的根本方法。科学发展观要求正确处理经济发展与社会发展、发展速度与效益、市场机制与宏观调控、改革发展稳定等社会主义现代化建设中的一系列重大关系，强调全面推进经济建设、政治建设、文化建设和社会建设，实现经济发展与社会全面进步，注重城乡发展、区域发展、经济社会发展、人与自然和谐发展，统筹国内发展和对外开放之间的协调。科学发展观的基本要求是统筹兼顾，它贯穿着马克思主义的立场观点方法，是马克思主义世界观、价值观、方法论在发展问题上的运用和拓展。

科学发展观坚持以人为本，体现了马克思主义价值观。以人为本，从本质上说，是马克思主义一贯的社会价值取向。它强调注重人的存在价值、需求价值和发展价值，是马克思主义关于社会发展理论的重要特征。科学发展观明确提出坚持以人为本，并强调以人为本是科学发展观的“本质和核心”，一切为了人民，一切依靠人民，把人民群众作为推动发展的主体和基本力量，同时把满足人民群众不断增长的物质文化需要作为发展的根本出发点和落脚点，这就充分体现了马克思主义政党的根本价值取向，是社会主义价值目标的突出表现。

总之，邓小平理论、“三个代表”重要思想以及科学发展观等重大战略思想，构成中国特色社会主义理论体系的主体内容。这些理论成果既一脉相承又与时俱进，既是一个有机整体，又具有发展的阶段性，显示了中国共产党在探索建设中国特色社会主义进程中的大智慧。邓小平理论是中国特色社会主义理论体系最基础的重要组成部分，它第一次比较系统地初步回答了中国这样的经济文化比较落后的国家如何建设社会主义、如何巩固社会主义的一系列基本问题，开拓了马克思主义在中国发展的新境界。“三个代表”重要思想在邓小平理论的基础上进一步回答了什么是社会主义、怎样建设社会主义的问题，创造性地回答了建设什么样的党、怎样建设党的问题，是中国特色社会主义理论体系承上启下的极为重要的组成部分。科学发展观等重大战略思想，既继承了我们党三代中央领导集体关于发展的重要思想，又结合新的时代特点和实践要求，进一步回答了实现什么样的发展、怎样发展的重大问题，是中国特色社会主义理论体系的重要创新成果。

作为一个一脉相承的有机整体，它们都坚持以马克思列宁主义、毛泽东思想为指导，它们回答的首要基本问题都是什么是社会主义、怎样建设社会主义，它们立足的基本国情都是中国特色社会主义初级阶段，它们所要实现的奋斗目标都是中国的社会主义现代化和中华民族的伟大复兴。一句话，它们的理论主题都是中国特色社会主义。同时，这些理论成果又在围绕同一主题的前提下，坚持从实际出发，注重总结改革开放不同时期、不同阶段的新鲜经验，注重探索和回答不同时期、不同阶段遇到的新矛盾、新问题，呈现出不尽相同的理论底色。

当然，中国特色社会主义理论体系是不断发展的、开放的理论体系，它的内容也将会不断地丰富和发展。

三、创立习近平新时代中国特色社会主义思想：实现新时代马克思主义中国化时代化新的飞跃

党的十八大以来，以习近平为主要代表的中国共产党人，坚持把马克思主义基本原理同中国具体实际相结合、同中华优秀传统文化相结合，科学回答了新时代坚持和发展什么样的中国特色社会主义、怎样坚持和发展中国特色社会主义等重大时代课题，创立了习近平新时代中国特色社会主义思想。习近平新时代中国特色社会主义思想是对马克思列宁主义、毛泽东思想、邓小平理论、“三个代表”重要思想、科学发展观的继承和发展，是当代中国马克思主义、21 世纪马克思主义，是中华文化和中国精神的时代精华，是党和人民实践经验和集体智慧的结晶，是中国特色社会主义理论体系的重要组成部分，是全党全国人民为实现中华民族伟大复兴而奋斗的行动指南，必须长期坚持并不断发展。

中国特色社会主义之所以能够进入新时代，习近平新时代中国特色社会主义思想之所以能够创立，是因为建立在党的十八大以来党和国家事业取得的历史性成就、发生的历史性变革基础上。特别是从党的十八大到十九大这五年，面对世界经济复苏乏力、局部冲突和动荡频发、全球性问题加剧的外部环境，面对我国经济发展进入新常态等一系列新变化，以习近平同志为核心的党中央以巨大的政治勇气、科学的理论智慧和强烈的责任担当，全面谋划“四个全面”战略布局，统筹推进“五位一体”总体布局，提出了一系列新理念新思想新战略，出台了一系列重大方针政策，实施了一系列重大举措，部署了一系列重大工作，解决了许多长期想解决而没有解决的难题，办成了许多过去想办而没有办成的大事，党和国家事业取得了历史性成就，发生了历史性变革，从多方面拓展和创立马克思主义中国化时代化的理论和实践。

比如，全面加强党的领导发生深刻变革。针对过去一个时期党的领导

被弱化的现象，党中央果断提出坚持和改善党的领导的重大政治要求，强调党的领导是做好党和国家各项工作的根本保证，强调党政军民学，东西南北中，党是领导一切的，强调增强“四个意识”，坚决维护习近平总书记党中央的核心地位，坚决维护党中央权威和集中统一领导。从政治建设、思想建设、组织建设、作风建设、纪律建设等方面着手，完善坚持党的领导的体制机制，坚持民主集中制，严明党的政治纪律和政治规矩，坚决防止和反对个人主义、分散主义、自由主义、本位主义、好人主义和宗派主义，提高党把方向、谋大局、定政策、促改革的能力和定力，确保党始终总揽全局、协调各方。这些重大工作和重大成就，实现了全党思想上统一、政治上团结、行动上一致，大大增强了党的凝聚力、战斗力和领导力、号召力。

又如，发展理念和发展方式发生深刻变革。党的十八大以来，面对国际金融危机的深层次影响和国内发展条件的深刻变化，党中央果断作出我国经济发展进入新常态的重大判断，提出创新、协调、绿色、开放、共享的发展理念，坚定不移推进供给侧结构性改革，接连推进“一带一路”建设、京津冀协同发展、长江经济带发展等重大战略，经济社会发展取得巨大成就。这些重大工作和重大成就，使全党全国的发展观念发生深刻变化，推动我国经济由高速增长阶段转向高质量发展阶段，为我国发展培育了新动力、拓展了新空间，有力推动了我国发展不断朝着更高质量、更有效率、更加公平、更可持续的方向前进。

再如，党对于意识形态工作的领导发生深刻变革。针对境内外敌对势力加紧对我国进行意识形态渗透和各种错误思潮、观点给我国改革发展稳定带来的严重干扰，党中央果断作出加强党对意识形态工作领导的重大工作部署，就意识形态领域方向性、根本性、全局性问题阐明立场，坚持马克思主义在意识形态领域的指导地位，建立健全意识形态工作责任制，加强宣传舆论阵地管理，加强网络舆论监管，对错误思想敢于亮剑、敢于斗争，坚决遏制各种错误思想的炒作和蔓延。这些重大工作和重大成就，大大增强了党在意识形态领域的主导权和话语权，有效扭转了意识形态领域一度出现的被动局面，互联网建设管理运用不断完善，主旋律更加响亮，正能量更加强劲，文化自信得到彰显，国家文化软实力和中华文化的影响力大幅提升，全党全社会思想上的团结统一更加巩固。

还如，中国特色大国外交发生深刻变革。针对来自外部环境的严峻挑战，特别是一些西方国家加紧对我国进行围堵、干扰、遏制，党中央果断对外交总体布局作出战略谋划，坚持统筹国内、国际两个大局，推进全方位外交，提出构建人类命运共同体，坚持正确义利观，阐明我国的全球治理观、新安全观、新发展观、全球化观等，倡议和推动“一带一路”建设，构建覆盖全球的伙伴网络，促进全球治理体系变革，在对外工作上取得一系列新突破，形成了全方位、多层次、立体化的中国特色大国外交布局。这些重大工作和重大成就，大大提高了我国的国际影响力、感召力、塑造力，提高了我国参与全球治理能力和水平，为我国在国际上赢得战略主动，为世界和平和发展作出了新的重大贡献。

此外，针对我国各方面体制机制存在的突出矛盾和问题，党中央果断作出全面深化改革的重大战略决策，改革全面发力、多点突破、纵深推进，各方面体制机制发生深刻变革；针对我国法治建设相对滞后，有法不依、执法不严、违法不究、司法不公等问题严重影响社会公平正义与和谐稳定的状况，党中央果断作出全面推进依法治国重大决策，推进中国特色社会主义法治体系日益完善；针对导致发展不可持续和人民群众反映强烈的生态环境恶化问题，党中央把生态文明建设放在更加突出的位置，全面加强生态文明制度建设，全面加强生态环境整治，推动美丽中国建设迈出重要步伐；针对国防和军队建设上存在的许多体制性障碍、结构性矛盾，以及部队内部的不正之风、腐败问题，党中央果断作出在全军开展正风肃纪的重大政治决策，对新形势下政治建军作出部署，国防和军队改革取得历史性突破，加强了党对军队的绝对领导，提高了国防和军队现代化建设水平；针对新形势下党执政面临许多新的重大风险考验和党内存在的腐败等突出问题，党中央果断作出全面从严治党战略部署，着力解决人民群众反映最强烈、对党的执政基础威胁最大的突出问题，消除了党和国家内部存在的严重隐患，党自我净化、自我完善、自我革新、自我提高能力显著增强，党的执政基础和群众基础更加巩固。

总之，党和国家事业取得的历史性成就是全方位的、开创性的，历史性变革是深层次的、根本性的。其力度之大、程度之深、范围之广、成效之卓著，在党的历史上、在新中国历史上、在中华民族发展史上都具有极其重要的意义，对中国特色社会主义事业的发展产生全局性和根本性的影响。

随着中国特色社会主义的新发展，我国社会主要矛盾必然相应地发生变化。党的十九大作出新的判断，提出我国社会主要矛盾已经转化为人民日益增长的美好生活需要和不平衡不充分的发展之间的矛盾，反映了我国社会发展的实际，揭示了新时代社会主要矛盾的本质规定和根本内涵，指明了新时代解决中国社会发展主要问题的根本着力点，是马克思主义中国化的重要理论成果。这一新判断表明，我国社会发展已经站在新的历史起点上。以我国社会主要矛盾转化为根据，中国特色社会主义进入新的发展阶段，进而进入了新时代，这必然也会对党和国家工作提出许多新的更高要求。

中国特色社会主义进入新时代，具有深刻内涵和重大意义。正如党的十九大报告所指出的："这个新时代，是承前启后、继往开来、在新的历史条件下继续夺取中国特色社会主义伟大胜利的时代，是决胜全面建成小康社会、进而全面建设社会主义现代化强国的时代，是全国各族人民团结奋斗、不断创造美好生活、逐步实现全体人民共同富裕的时代，是全体中华儿女勠力同心、奋力实现中华民族伟大复兴中国梦的时代，是我国日益走近世界舞台中央、不断为人类作出更大贡献的时代。"① "中国特色社会

① 中共中央党史和文献研究院编：《十九大以来重要文献选编》上卷，中央文献出版社2019年版，第8页。

主义进入新时代，意味着近代以来久经磨难的中华民族迎来了从站起来、富起来到强起来的伟大飞跃，迎来了实现中华民族伟大复兴的光明前景；意味着科学社会主义在21世纪的中国焕发出强大生机活力，在世界上高高举起了中国特色社会主义伟大旗帜；意味着中国特色社会主义道路、理论、制度、文化不断发展，拓展了发展中国家走向现代化的途径，给世界上那些既希望加快发展又希望保持自身独立性的国家和民族提供了全新选择，为解决人类问题贡献了中国智慧和中国方案。”①

中国特色社会主义进入新时代，这是一个需要理论而且一定能够产生理论的时代，是一个需要思想而且一定能够产生思想的时代。习近平新时代中国特色社会主义思想作为马克思主义中国化时代化的最新成果，正是在中国社会主要矛盾变化、中国特色社会主义进入新时代、科学社会主义迈向新阶段、当代世界经历新变局、党面临执政新考验的条件下形成和发展起来的。坚持和发展中国特色社会主义，像一条红线一样贯穿这一思想始终，是这一重大思想的核心要义。它紧紧围绕重大时代课题，系统回答新时代坚持和发展中国特色社会主义的基本问题，内涵十分丰富，包括新时代坚持和发展中国特色社会主义的总目标、总任务、总体布局、战略布局和发展方向、发展方式、发展动力、战略步骤、外部条件、政治保证，涉及经济、政治、法治、科技、文化、教育、民生、民族、宗教、社会、生态文明、国家安全、国防和军队、“一国两制”和祖国统一、统一战线、外交、党的建设等各方面。

“八个明确”是党的十九大对习近平新时代中国特色社会主义思想核心内容的概括。党的十九大报告指出：新时代中国特色社会主义思想，明确坚持和发展中国特色社会主义，总任务是实现社会主义现代化和中华民族伟大复兴，在全面建成小康社会的基础上，分两步走在本世纪中叶建成富强民主文明和谐美丽的社会主义现代化强国；明确新时代我国社会主要

① 中共中央党史和文献研究院编：《十九大以来重要文献选编》上卷，中央文献出版社2019年版，第7—8页。

矛盾是人民日益增长的美好生活需要和不平衡不充分的发展之间的矛盾，必须坚持以人民为中心的发展思想，不断促进人的全面发展、全体人民共同富裕；明确中国特色社会主义事业总体布局是“五位一体”、战略布局是“四个全面”，强调坚定道路自信、理论自信、制度自信、文化自信；明确全面深化改革总目标是完善和发展中国特色社会主义制度、推进国家治理体系和治理能力现代化；明确全面推进依法治国总目标是建设中国特色社会主义法治体系、建设社会主义法治国家；明确党在新时代的强军目标是建设一支听党指挥、能打胜仗、作风优良的人民军队，把人民军队建设成为世界一流军队；明确中国特色大国外交要推动构建新型国际关系，推动构建人类命运共同体；明确中国特色社会主义最本质的特征是中国共产党领导，中国特色社会主义制度的最大优势是中国共产党领导，党是最高政治领导力量，提出新时代党的建设总要求，突出政治建设在党的建设中的重要地位。[①] “八个明确”系统回答了新时代坚持和发展什么样的中国特色社会主义这一重大问题，集中反映了党对马克思主义在当代中国最新发展的理论思考和理论贡献。

“十四个坚持”作为新时代中国特色社会主义基本方略，是对党的治国理政重大方针、原则的最新概括，从理论和实践的结合上全面回答了新时代怎样坚持和发展中国特色社会主义的问题，是实现“两个一百年”奋斗目标、实现中华民族伟大复兴的“路线图”和“方法论”。它包括：坚持党对一切工作的领导，坚持以人民为中心，坚持全面深化改革，坚持新发展理念，坚持人民当家作主，坚持全面依法治国，坚持社会主义核心价值体系，坚持在发展中保障和改善民生，坚持人与自然和谐共生，坚持总体国家安全观，坚持党对人民军队的绝对领导，坚持“一国两制”和推进祖国统一，坚持推动构建人类命运共同体，坚持全面从严治党。

“八个明确”和“十四个坚持”有机融合、有机统一，体现了理论与

① 参见中共中央党史和文献研究院编：《十九大以来重要文献选编》上卷，中央文献出版社 2019 年版，第 13—14 页。

实际相结合、战略和战术相一致、认识论和方法论相统一的理论特色，凝结着党坚持和发展中国特色社会主义的经验总结，体现了以习近平同志为核心的党中央对中国特色社会主义规律性认识的深化、拓展、升华。

不过，党的十九大提出习近平新时代中国特色社会主义思想并确立为党的指导思想，并不意味着理论创新的终结，而只是一个新的起点。习近平新时代中国特色社会主义思想虽然已经有了“八个明确”“十四个坚持”构建的基本框架，但绝非一个业已完成的封闭体系，它仍需要在实践创新和理论创新的互动中不断丰富和发展。因此，党的十九大以来，以习近平同志为核心的党中央，一方面在这一新思想指导下不断进行实践创新，另一方面继续推进实践创新基础上的理论创新，使这一新思想得到不断丰富和发展。党的十九届六中全会把“八个明确”拓展为“十个明确”，概括了党的十八大以来取得的十三个方面成就。

在关于新时代中国特色社会主义的总体论述中，《习近平谈治国理政》第 3 卷就提出了一些新命题新论断。比如，“新时代中国特色社会主义是我们党领导人民进行伟大社会革命的成果，也是我们党领导人民进行伟大社会革命的继续，必须一以贯之进行下去”① ——这里用“伟大社会革命”把我们党自成立以来领导人民进行的近百年奋斗历程统贯了起来，也把革命、建设、改革三个大的历史阶段统贯了起来。“领导干部要胸怀两个大局，一个是中华民族伟大复兴的战略全局，一个是世界百年未有之大变局，这是我们谋划工作的基本出发点”② ——这里为国内、国际两个大局赋予了新时代涵义，特别是“百年未有之大变局”的提出有助于我们更深刻地把握习近平新时代中国特色社会主义思想产生的时代背景、具有的世界意义。“中国特色社会主义制度是一个严密完整的科学制度体系，起四梁八柱作用的是根本制度、基本制度、重要制度，其中具有统领地位的是

① 《习近平谈治国理政》第 3 卷，外文出版社 2020 年版，第 69 页。
② 《习近平谈治国理政》第 3 卷，外文出版社 2020 年版，第 77 页。

党的领导制度。党的领导制度是我国的根本领导制度”① ——这里无疑丰富了我们对于中国特色社会主义制度作为科学制度体系的认识，拓展了我们对于“中国特色社会主义最本质的特征是中国共产党领导，中国特色社会主义制度的最大优势是中国共产党领导”的理解。

党的十九大以来习近平总书记关于新时代中国特色社会主义事业各个方面的论述，均反映了我们党在新的历史起点上为继续推进中国特色社会主义在新时代的新发展所进行的理论创新。这些内容无疑是很丰富的，总体来看，我们会发现，新时代中国特色社会主义事业有一个显著特点，那就是各个方面的工作都越来越聚焦制度建设，越来越朝向一个明确的目标，即党的十九届四中全会提出的“坚持和完善中国特色社会主义制度、推进国家治理体系和治理能力现代化”。也就是说，新时代中国特色社会主义基于实践创新的理论创新，将围绕着完善和发展我国国家制度和治理体系展开。这已成为一种新的高度自觉。

党的二十大强调，“十个明确”“十四个坚持”“十三个方面成就”概括了习近平新时代中国特色社会主义思想主要内容，必须长期坚持并不断丰富发展。

在纪念马克思诞辰200周年大会的讲话中，习近平强调：“科学社会主义基本原则不能丢，丢了就不是社会主义。同时，科学社会主义也绝不是一成不变的教条。”“理论的生命力在于不断创新，推动马克思主义不断发展是中国共产党人的神圣职责。”② 习近平新时代中国特色社会主义思想的不断丰富和发展，一定会不断开辟当代中国马克思主义、21世纪马克思主义新境界。

一部中共党史，贯穿其中的一个重大主题始终是马克思主义中国化时代化，是坚持马克思主义同中国具体实际相结合、同中华优秀传统文化相结合。从某种意义上可以说，中国共产党的事业就是马克思主义中国化时

① 《习近平谈治国理政》第3卷，外文出版社2020年版，第125页。
② 《习近平谈治国理政》第3卷，外文出版社2020年版，第76页。

代化的事业。青年马克思在创立新的哲学世界观时就提出，哲学作为“自己时代的精神上的精华”，要“同自己时代的现实世界接触并相互作用”，使之“变成当代世界的哲学”，“变成文化的活的灵魂”[①]；马克思提出新的哲学世界观应该具有“三少三多”的特征，即“少发些不着边际的空论，少唱些高调，少来些自我欣赏，多说些明确的意见，多注意一些具体的事实，多提供一些实际的知识”[②]。以毛泽东为主要代表的中国共产党人把马克思主义的实践哲学精神与中华文明的实践理性传统相融合，确立了党的“实事求是”思想路线，在领导推进马克思主义中国化时代化的过程中显示出卓尔不凡的实践智慧。而邓小平以“真正的马克思主义”为主题，在新时期对马克思主义的历史命运给出了中国共产党人的回答，所着力强调的也正是在新的历史条件下和新的社会实践中，怎样对待、怎样运用和怎样发展马克思主义的问题。

实践创新永无止境，理论创新永无止境。立足新的历史起点，胸怀中华民族伟大复兴战略全局和世界百年未有之大变局，迈上全面建成社会主义现代化强国新征程，以习近平为主要代表的中国共产党人必将在不断推进马克思主义中国化时代化的新飞跃中显示新的伟大智慧，进行新的伟大创造，取得新的伟大成就，谱写新的伟大篇章。

---

① 《马克思恩格斯全集》第 1 卷，人民出版社 1995 年版，第 220 页。

② 《马克思恩格斯文集》第 10 卷，人民出版社 2009 年版，第 3 页。

第八章

大手笔："强国"引领绘宏图

- 为建设独立、自由、民主、统一、富强的新国家创造根本前提
- 探索建设社会主义的现代化强国
- 建设富强、民主、文明的社会主义现代化国家
- 建设富强、民主、文明、和谐的社会主义现代化国家
- 全面建成小康社会，迈上建设社会主义现代化强国新征程

100 多年来，中国共产党无论是在烽火连天的革命岁月，还是在艰苦奋斗的建设年代，无论是在凯歌行进的改革开放新时期，还是在砥砺前行的新时代新阶段，都注意坚持目标导向。从建立新中国到建设现代化国家，从实现小康水平到建设现代化强国，注重规划和目标治理成为中国共产党一路走来的重要经验、重要法宝。

一、为建设独立、自由、民主、统一、富强的新国家创造根本前提

中国共产党一诞生就担负起振兴中华、为人民谋幸福、为民族谋复兴的历史使命。党的一大制定了在中国建立"新社会"的任务，在这个过程中结合国情明确提出了建设独立、民主、自由、统一、富强的新中国的国家建设目标，完成了把半殖民地半封建的旧中国变成社会主义新中国的伟大革命。这一时期，中国共产党的国家建设目标演进经历了四个阶段，中国共产党的建国方案在国体、政体、国家结构形式和经济结构上不断发展完善，逐步具备了人民性、民族性、统一战线性等特点。相对于其他阶级主张的建国方案，中国共产党的建国方案立足道义制高点，具有鲜明特点，一系列主张和方案反映了绝大多数人民的利益，有利于维护国家主权和民族的大团结。

（一）中共创建初期的建国目标

1921 年 7 月中国共产党的成立，极大地改变了中国的革命面貌，旗帜鲜明地使用马克思主义的科学理论来观察和分析中国的问题。在中国共产党的领导下，全国各族人民为民族解放和国家独立英勇奋斗。

1917 年十月革命后，世界上第一个无产阶级国家政权在苏俄建立，给

中国共产党反帝反封建和建设新中国的使命提供了新的路径选择。中国共产党开始摒弃资产阶级的建国方案，使用马克思列宁主义分析中国面临的实际问题。在党的一大上遵循马克思主义的理论提出建立“新社会”的目标，对国家建设目标未曾明确涉及。但是，在党的一大上制定的《中国共产党的第一个纲领》明确指出，中国共产党的奋斗任务是推翻资产阶级政权，要“以无产阶级革命军队推翻资产阶级，由劳动阶级重建国家”①。党的一大坚持无产阶级专政，本质是建立一个社会主义性质的无产阶级专政国家，建党初期，中国共产党提出的建设“新社会”的目标和无产阶级专政国家的主张，实际上拉开了中国共产党探索建国的序幕。

1922 年初，共产国际远东局召开会议，讨论了列宁的民族解放思想和殖民地问题的相关主张，认为中国未来的目标是要从列强的压迫中解放出来，打倒军阀的统治，建立一个民主主义共和国。受此影响，再加上共产党人对现实情况的进一步思考，党的二大对国家建设目标有了稍微清晰的认识。二大宣言明确指出，党的奋斗目标是：“消除内乱，打倒军阀，建设国内和平；推翻国际帝国主义的压迫，达到中华民族完全独立；统一中国本部（东三省在内）为真正民主共和国；蒙古、西藏、回疆三部实行自治，成为民主自治邦；用自由联邦制，统一中国本部、蒙古、西藏、回疆，建立中华联邦共和国。”② 这一目标里已含有和平、独立、民主、统一、共和的价值追求，表明了中国共产党初创时期的建国蓝图。党的二大提出的建立中华联邦共和国的建国方案，相比一大的蓝图有了一定突破。

中国共产党成立初期，先后提出了“新社会”“无产阶级专政国家”等建国主张和方案，但由于国内政治环境的复杂和革命形势的起伏，中国共产党无法集中精力专门研究适合国情的建国方案，这一时期的建国方案

① 中央档案馆编：《中共中央文件选集（1921—1925）》第 1 册，中共中央党校出版社 1982 年版，第 5 页。

② 中央档案馆编：《中共中央文件选集（1921—1925）》第 1 册，中共中央党校出版社 1982 年版，第 77—78 页。

有着较大的历史局限性，同时共产党也无法真正提出全面系统的建国方案，无形中使建党早期的建国方案有了概念化、教条化等特点。

（二）土地革命战争时期建设苏维埃共和国

1927 年大革命失败后，中国逐渐处于两种革命形势的转换之中，一方面从大革命向土地革命转换，另一方面从土地革命向民族革命转换。在这种背景下，中国共产党建国方案的探索必须随之转变。在大革命失败后，党召开了八七会议，在综合分析各方面的因素后，主张坚持"工农民主专政"，以建立苏维埃共和国。随着 20 世纪 30 年代日本帝国主义威胁的加重，中国共产党结合国内外形势发展，积极探索加快建国方案的转化发展，最终提出了人民共和国方案和民主共和国方案。

在民主革命时期，中国共产党的创建发展受到共产国际和苏联的影响，在国家建设目标的选择上也是如此。党的三大虽然对国家建设目标没有明确阐述，但党纲草案的第七部分涉及了国家建设目标："建立无产阶级独裁制，创造世界的苏维埃共和国，以进于无产阶级的共产社会。"① 党的四大、五大没有对国家建设目标提出新的概括。大革命失败后，中国共产党深刻总结经验教训，根据阶级关系的重大变化，阶级力量开始重新调整组合，以及多数根据地和工农红军不断发展壮大的境况，调整了和提出了新的适合当时需要的建国方案，即中华苏维埃共和国方案。

1927 年，中国共产党在《中共中央、共青团中央反对军阀战争宣言》《中央通告第十三号》《中国现状与党的任务决议案》中先后明确指出今后革命的主要任务是"统一中国，造成新中国——工农兵劳动贫民代表会议（苏维埃）的中国""创造出工农民众的国家""组织成苏维埃国家"②，并

① 中央档案馆编：《中共中央文件选集（1921—1925）》第 1 册，中共中央党校出版社 1982 年版，第 111 页。

② 中央档案馆编：《中共中央文件选集（1927）》第 3 册，中共中央党校出版社 1983 年版，第 392、403、465 页。

不断地深化对苏维埃的认识，在革命根据地开始建立苏维埃工农政权。1928 年召开的党的六大提出了建设苏维埃政权的问题，提出“苏维埃的正式名称应当是工农兵代表会议”，“中国的苏维埃政府的正式名义应当是：中国工农兵代表会议（苏维埃）政府”①。

随着土地革命的扩大和深入推进，中国共产党依据形势发展，提出要在适当的时间内召集和召开全国的苏维埃代表大会，并以此为基础建立全国性的苏维埃政权。1931 年中华苏维埃共和国在江西瑞金宣告成立，使中华苏维埃共和国建国方案的局部实践正式掀开帷幕。中华苏维埃共和国成立后，颁布了《中华苏维埃共和国宪法大纲》。该大纲规定：“中国苏维埃政权所建设的是工人和农民的民主专政的国家；苏维埃全政权是属于工人、农民、红军兵士及一切劳苦民众的。在苏维埃政权下，所有工人、农民、红军兵士及一切劳苦民众都有权选派代表掌握政权的管理。”②

中国共产党在经过大革命失败后，调整革命策略和任务，广泛开展土地革命，在中央苏区正式成立中华苏维埃共和国，由此建立的苏维埃政权与国民党建立的政权处于并立的局面。必须指出，中华苏维埃共和国方案是中国共产党建国方案中第一次比较全面系统地涉及政治、经济、社会、军队、党的建设等诸多领域的方案，是中国共产党第一次真正意义的建国方案的局部实践，在中国共产党建国方案的发展历程中具有十分重要的作用。

1927 年后，中国共产党先后在国民党政府统治薄弱的地区建立起大小不等的红色割据政权，这使中国共产党有了一定的条件去实践已经提出的建国方案。经过中华苏维埃共和国局部执政后，进行实践的“建设苏维埃共和国”“民主共和国”等方案，为探索适合中国国情的建国方案作出了有益的贡献，但在 1934 年 10 月中央苏区第五次反“围剿”失败后，这一

---

① 《中共党史教学参考资料（一）》，人民出版社 1957 年版，第 173 页。

② 中共中央文献研究室编：《毛泽东年谱（1893—1949）》（修订本）上卷，中央文献出版社 2013 年版，第 358 页。

探索也随着红军的万里长征不得不暂时告一段落。虽然这一时期中国共产党的建国方案有着一定的历史局限性，还没有真正成熟，但为人民共和国、新民主主义共和国、联合政府等方案的提出提供了历史依据和实践支撑。

（三）建立人民共和国和民主共和国

1935 年 10 月，红一方面军经过艰苦卓绝的万里长征，胜利抵达陕北。这时，中国政治形势发生了巨大变化，一方面，日本帝国主义对中国的侵略日甚一日，开始向华北蚕食；另一方面，红军三大主力先后摆脱国民党军的围追堵截，北上抗日。国内外形势的变化，促使抵达延安的党中央开始思考调整建国方案，中华苏维埃共和国方案已经不适应当前抗战救国的形势，这也推动了中国共产党建国方案的变化。中国共产党综合共产国际的指示，认为日本侵略者对中国的侵略不再局限于东北，现在逐步扩大到华北，并且下一步即将剑指全中国，灭亡中国之心昭然若揭。随后，中国共产党根据形势发展的需要，决定改变原先提出的中华苏维埃共和国方案，苏维埃政权的形式保持不变，以人民共和国替代中华苏维埃共和国。中国共产党提出："为了使民族统一战线得到更加广大的与强有力的基础，苏维埃工农共和国及其中央政府宣告，把自己改变为苏维埃人民共和国。"①

1935 年 12 月 25 日，党中央在瓦窑堡会议上正式通过了《中共中央关于目前政治形势与党的任务》的决议，宣布以"人民共和国"取代"工农民主共和国"的口号。毛泽东认真分析了当前的对日作战形势，提出了有针对性的抗日策略，在其著作中专门以人民共和国为主题论述和提出了人民共和国的原因和革命动力问题。他认为，中国共产党之所以在当前提出人民共和国建国方案，而不再继续坚持中华苏维埃共和国建国方案，根本

① 中国社会科学院经济研究所中国现代经济史组：《第一、二次国内革命战争时期土地斗争史料选编》，人民出版社 1981 年版，第 838 页。

原因是我们的政府不但是代表工农的，而且是代表民族的。“这个意义，是在工农民主共和国的口号里原来就包括了的，因为工人、农民占了全民族人口的百分之八十至九十……但是现在的情况，使得我们要把这个口号改变一下，改变为人民共和国。这是因为日本侵略的情况变动了中国的阶级关系，不但小资产阶级，而且民族资产阶级，有了参加抗日斗争的可能性。”① 在当时形势下，民族资产阶级、小资产阶级、国民党中的将领和政治家等的多部分同情和呼吁民族革命，选择或坚定地站在了人民的立场、抗日的立场。阶级关系的变化为人民共和国方案的提出提供了更加广泛的阶级基础。人民共和国方案的提出顺应了革命战争需求，在更大程度上团结了各革命阶级，抗日民族统一战线的阶级基础和社会基础进一步扩大和巩固。

随着形势变化，党中央认为提出民主共和国的方案符合当时的发展需要。主要是出于两方面的考量：一是为了适应当时的抗战大局，联合蒋介石的力量共御日本侵略者；二是为了满足广大人民群众的民主诉求，自辛亥革命以来中国的仁人志士为了民主和自由奔走牺牲，再加上人民共和国的方案不会得到以蒋介石为代表的国民党政府的轻易认可和接受。1936 年下半年，共产国际给中共中央发来指示电，主张建立统一的中华全国民主共和国，并在普选的基础上召开中华全国议会和成立中华全国国防政府，还认为这是在目前条件下联合中国人民一切民主力量保卫祖国抵御日寇的最好手段。在共产国际的指示下，中国共产党根据国内革命面临的复杂形势，电告国民党政府并提出中国共产党的建议，即要在中国建立一个真正意义上的反映人民民主的民主共和国。随后，中国共产党宣布：“赞助建立全中国统一的民主共和国，赞助召集由普选权选出的全国的国会，拥护全中国统一的国防政府与抗日联军。在全中国民主共和国建立时，苏区可成为统一民主国的一个组成部分”②。

---

① 《毛泽东选集》第 1 卷，人民出版社 1991 年版，第 158 页。

② 《中共党史教学参考资料（二）》，人民出版社 1957 年版，第 75 页。

1936年9月，中央政治局扩大会议通过的《中央关于抗日救亡运动的新形势与民主共和国的决议》认为，在日本帝国主义不断进攻、中国人民抗日救亡运动已经进入新阶段的形势下，有提出建立民主共和国口号的必要。决议强调要“保障共产党政治上组织上的完全独立性”“不放弃对于苏区人民与原有武装力量的绝对的领导”①。这个决议表明中共中央根据国内局势发展对建国目标进行了微调。1936年12月西安事变发生后，中国共产党为抗日大局计，推动事变和平解决，维持了中国的统一局面，抗日民族统一战线也有了实施条件。随着形势的变化，中国共产党对民主共和国的理解更加深入，把关于民主共和国方案与抵抗日本侵略者的形势相结合，明确指出：“中央认为在目前形势之下，有提出建立民主共和国口号的必要，因为这是团结一切抗日力量来保障中国领土完整和预防中国人民遭受亡国灭种的惨祸的最好办法，而且这也是从广大人民的民主要求产生出来的最适当的统一战线的口号。”②

1937年七七事变爆发后，抗日战争进入全民族抗战阶段。由于中华民族和日本帝国主义民族矛盾的激化，国共两党也逐渐由敌对开始转向合作，国共第二次合作得以快速形成。中国共产党对抗战形势作出了准确的判断和分析，继续完善了民主共和国的建国方案，并认为这既是当前形势下中国的迫切需要，也是建立、扩大和巩固抗日民族统一战线的现实需求。1938年，中共扩大的六届六中全会指出：“中华民族抗战胜利，实现民族独立的时候，一定就是新式的民主共和国奠定其基础的时候。”③ 新的民主共和国建国方案是中国共产党在抗日民族统一战线背景下，提出的民主共和国方案的新发展；与此同时，这也进一步为新的建国方案即新民主主义共和国方案的提出提供了重要的理论准备和现实基础。

---

① 《中共党史教学参考资料（二）》，人民出版社1957年版，第81页。

② 《中共党史教学参考资料（二）》，人民出版社1957年版，第79页。

③ 《中共党史教学参考资料（二）》，人民出版社1957年版，第227页。

（四）建设独立、自由、民主、统一、富强的新中国

抗日战争进入相持阶段后，在抗日的大后方根据地，共产党号召建立的“三三制”抗日民主政权日益发展完善，并在抗战中起到了非常重要的积极作用。毛泽东深入分析了中国革命的现状，总结了党在抗日根据地建立政权指导革命的实践经验，对新民主主义革命做了相关论述，而系统全面的新民主主义革命理论在新形势下成为中国共产党提出新的建国方案的理论来源。

1940 年初，毛泽东发表了《新民主主义论》，不仅提出建立新民主主义共和国的思想，初步指明新民主主义共和国的国体即“各革命阶级联合专政”，还指出“一切革命的阶级对于反革命汉奸们的专政，这就是我们现在所要的国家”，“这就是今天‘建国’工作的唯一正确的方向”①。这些变化为后来筹建新中国做了必要的理论和实践准备。

毛泽东在《新民主主义论》中为新中国制定政治、经济、文化政策提供了理论根基。在政权建设中，各抗日根据地相继实行了“三三制”政权建设实践，把新民主主义共和国的政治、经济、文化政策具体化、实践化，使各根据地在民主政权的建设方面取得了突出成就。毛泽东指出，“各根据地的模型推广到全国，那时全国就成了新民主主义的共和国”②。新民主主义共和国方案的提出和发展意味着中国共产党的建国方案逐渐成熟化，更加符合中国国情和时代特征。

在抗日战争即将取得胜利的前夜，毛泽东在党的七大开幕式上明确提出了新的国家建设目标，指出：“我们的任务不是别的，就是放手发动群众，壮大人民力量，团结全国一切可能团结的力量，在我们党领导之下，为着打败日本侵略者，建设一个光明的新中国，建设一个独立的、自由

① 《毛泽东选集》第 2 卷，人民出版社 1991 年版，第 676—677 页。

② 《毛泽东选集》第 2 卷，人民出版社 1991 年版，第 785 页。

的、民主的、统一的、富强的新中国而奋斗。"[1] 党的七大党章第一次明确列出了党的国家建设目标，即"建立独立、自由、民主、统一与富强的各革命阶级联盟与各民族自由联合的新民主主义联邦共和国"[2]。延安时期，党中央所处的环境相对稳定，革命形势的向好转变有利于党中央对建国目标进行深入思考和调整，在此情况下形成的建国方案也不断成熟。1949 年 10 月，新中国的成立标志着中国共产党建国方案的最终胜利。

在 28 年的革命生涯中，中国共产党的建国方案历经考验，中国共产党从弱小走向壮大，从遭遇挫折走向胜利，最终带领全国各族人民成立了由人民当家做主的新中国。中国共产党根据时代和革命的需要，以马克思主义学说为指导，结合中国革命的实际情况，完善了建国方案，积累了丰富的实践经验，指明了中国革命的方向，为新中国的发展奠定了坚实的基础。此外，中国共产党始终坚持党在探索建国方案中的领导地位，坚持单一制的中央集权的国家结构组成形式，坚持人民群众当家做主的地位和权益，坚持在实践中检验理论，又在实践中丰富建国方案，做到了适应新情况，提出了新目标，解决了新问题，起到了促进新中国成立的作用。

中国共产党经过系统的探索提出的建国方案，从理论和实践两个方面回答了中国在近代以来要建设什么样的国家、怎样建立国家的重要时代课题。新中国的成立，不仅标志着中国人民站起来了，而且还标志着中国共产党建国方案的成功实践，推动中国产生了深刻的政治变革，推动了近代以来中国现代化的建设进程。

二、探索建设社会主义的现代化强国

1949 年 3 月，在党的七届二中全会上，毛泽东在报告中确定了革命胜

① 《毛泽东选集》第 3 卷，人民出版社 1991 年版，第 1026 页。

② 中共中央党校党史教研室选编：《中共党史参考资料（五）抗日战争时期（下）》，人民出版社 1979 年版，第 462 页。

利后新民主主义建设的蓝图，规定了党在全国胜利后，在经济、政治、外交方面应当采取的基本政策，指出要迅速地恢复和发展生产，使中国稳步地由农业国转变为工业国，把中国建设成为一个伟大的社会主义国家。党的七届二中全会提出了把中国建设成为一个伟大的社会主义国家的奋斗目标，为新中国成立后中国共产党奋斗目标的提出奠定了坚实的基础。新中国成立后，中国共产党先后提出恢复国民经济，巩固人民民主政权两个阶段性目标。面对旧中国“一穷二白”的工业基础，中国共产党着手谋划新中国的发展，在走什么样的发展道路问题上，先后提出工业化、农业机械化和“四个现代化”的发展路径。此外，中国共产党还提出了建设社会主义现代化强国的国家建设目标，其间经历了从社会主义工业化国家到社会主义强国，再到社会主义现代化强国的转变。

（一）建设社会主义工业化国家

新中国成立初期，中国共产党在经济战线上面临着一系列考验，后来在党中央和毛泽东的领导下，周恩来、陈云和其他中央领导同志一起成功地指挥了建国初期经济战线上的“三大战役”，以及通过没收官僚资本取得了国民经济的恢复，为实现国家工业化提供了重要的物质基础，为工业化建设创造了条件。走工业化道路是中国社会主义经济建设必由之路。早在延安时期，中国共产党在陕甘宁边区就领导了“大生产运动”，并成功进行了实践。毛泽东在 1945 年 4 月党的七大讲话时，就明确指出：“没有工业，便没有巩固的国防，便没有人民的福利，便没有国家的富强。”[①] 要实现国家工业化，就要尽可能地集中控制财力、物力和人力资源，以实施“全国一盘棋”，更好地进行社会主义工业化建设。

在新中国成立后的前三年经济恢复时期，国家先从兴修水利、修筑铁路、制造化学肥料几项工作入手，对被战争和自然灾害破坏了的工业和农

① 《毛泽东著作专题摘录》，人民出版社 1964 年版，第 492 页。

业进行修复。此外，在党中央统一部署下，全国进行了统一财经工作，其短期目标是稳定金融物价，长期目标则是保证国家收入统一使用，集中力量办大事。在中财委的具体领导下，经济得到调整与恢复，同时进行了一些必要基础设施建设。与此同时，中财委还进行了全国性公营、公私合营等性质工矿企业的普查，并由陈云负责成立了全国仓库物资清理调配委员会，集中掌握物资调配。而要进行大规模经济建设，领导人才无疑是最重要的力量。陈云对此不仅强调了"技术人员是实现国家工业化不可缺少的力量"①，还要求统一调整，集中使用。

当时共产党人对现代化的理解，因受苏联影响首先体现在工业化上，而苏联工业化的标准是工业产值占工农业总产值的比重在70%以上，而在1949年，中国工业产值仅占工农业总产值比重的30%。② 因此，中国共产党在新中国成立初期的国家建设目标主要是建设社会主义工业化国家。具有临时宪法作用的《共同纲领》提出了"发展新民主主义的人民经济，稳步地变农业国为工业国"③ 的目标。但是，如何实现国家工业化，选择一条什么样的国家工业化道路，对党和政府来说都是一个全新的问题。在这种情况下，新中国当时选择的国家工业化道路只能是以苏联的经验和做法为蓝本，依靠本国内部积累资金，从建立和优先发展重工业着手，求得工业和整个国家经济的高速度发展，实现国家的社会主义工业化道路。

苏联实现国家的工业化是以发展重工业为中心环节，毛泽东在党内也一直强调，要以苏联为榜样，采用苏联工业化的模式，迅速实现中国的社会主义工业化。因此，在国民经济恢复即将完成的时候，再加上经过三年全国国营部门资源的集中，中共中央提出以"一化三改"为主要内容的过渡时期总路线，"一化"就是要实现"国家工业化"，并着手制定发展国民

---

① 《陈云文选》第2卷，人民出版社1995年版，第45页。

② 参见虞和平主编：《中国现代化历程》第3卷，江苏人民出版社2001年版，第997页。

③ 中共中央文献研究室编：《建国以来重要文献选编》第1册，中央文献出版社1992年版，第2页。

经济发展的第一个五年计划（即“一五”计划）。“一五”计划的主要任务就是为国家工业化奠定初步基础。1953年国家开始了“一五”计划经济建设，社会主义工业化建设正式拉开序幕。受当时政治经济条件和国际环境的影响，党中央认识到重工业是生产生产资料的重要部门，只有发展重工业才能对农业等国民经济的各个部分进行技术改造，因此选择以重工业为中心的工业化道路是符合中国当时实际情况要求的。

1954年3月，毛泽东在领导起草国家宪法时明确提出“建设一个伟大的社会主义国家”的总目标和“实现社会主义工业化”“实现农业的社会主义化、机械化”的总任务。同年9月，召开了一届全国人大第一次会议。毛泽东在致开幕词时号召全国人民，“准备在几个五年计划之内，将我们现在这样一个经济上、文化上落后的国家，建设成为一个工业化的具有高度现代文化程度的伟大的国家”①。这是新中国成立后毛泽东第一次明确提出的含有现代化内涵的国家建设目标。在工业化方面，苏联援助的156个重点建设项目为新中国工业化奠定了基础；在农业恢复方面，根据当时经济状况和支援抗美援朝的需要，党中央决定先从根治淮河入手，同时在全国各地大搞兴修水利工程，初步解决了淮河、长江和永定河流域的水患问题。

1954年9月，周恩来在一届全国人大第一次会议《政府工作报告》中首次提出“四个现代化”：要建立起强大的现代化工业、农业、交通运输业和国防。② 但此时的“四个现代化”是对“社会主义工业化”的进一步解释和补充，从属于“工业化”这个大的目标。这个思想作为全党的意志载入了1956年党的八大通过的新党章中。这可以从八大党章提出的国家建设目标中看出来：“中国共产党的任务，就是有计划地发展国民经济，尽可能迅速地实现国家工业化，有系统、有步骤地进行国民经济的技术改

---

① 《毛泽东著作选读》下册，人民出版社1986年版，第715页。

② 参见周恩来：《在中华人民共和国第一届全国人民代表大会第一次会议上的报告》，《人民日报》1954年9月24日。

造，使中国具有强大的现代化的工业、现代化的农业、现代化的交通运输业和现代化的国防。"① 中国当时集中力量抓经济建设，刚刚萌芽的四个现代化思想主要体现了对社会主义物质文明建设的要求，为建设成强大的社会主义现代化的工业国家打下坚实的物质基础。从提出"一化""二化"再到"四化"，体现了党根据形势的发展变化提出符合国情的发展道路。这条道路，对于鼓舞全国人民士气，恢复和发展国民经济，改善人民生活，巩固新生政权都发挥了重要作用。

（二）建设一个具有现代农业、现代工业、现代国防和现代科学技术的社会主义强国

"一五"计划规定：五年内，生产的发展将使现代工业在国民经济中的地位发生相当重要的变化，即现代工业在工业农业总产值由 1952 年的 270.1 亿元增加到 1957 年的 535.6 亿元，增长 98.3%，平均每年递增 14.7%。② 经过"一五"计划的建设，到 1956 年提前完成了"一五"计划的大部分指标。"一五"时期社会主义工业化的战略目标是为实现工业化奠定一个初步的基础，但与实现工业化的目标还有一定距离，这是因为要实现工业化，不仅要求工业产值超过农业产值，还必须使整个经济结构发生根本变化，由农业人口占多数变为非农业人口占多数。1956 年，党的八大的召开，标志着社会主义改造任务基本完成，国家进入了进行大规模社会主义建设的时期。

党中央对社会主义工业化的水平和标准以及实现工业化的长期性比较清醒。比如，周恩来指出："中国工业化，是十年、二十年的问题。欲速则不达，必须稳步前进。"③ 毛泽东也说明了工业化的长期性和艰苦性：

---

① 中央档案馆、中共中央文献研究室编：《中共中央文件选集（1949 年 10 月—1966 年 5 月）》第 24 册，人民出版社 2013 年版，第 224 页。

② 参见中共中央文献研究室编：《建国以来重要文献选编》第 6 册，中央文献出版社 1993 年版，第 418—419 页。

③ 《周恩来统一战线文选》，人民出版社 1984 年版，第 238 页。

“中国的人口多，底子薄，经济落后，要使生产力很大地发展起来，要赶上和超过世界上最先进的资本主义国家，没有一百多年时间，我看是不行的。”① 毛泽东也认为：“我国一九五八年工业总产值占工农业总产值的百分之六十六点六；一九五九年计划完成后，估计一定会超过百分之七十。即使这样，我们还可以不宣布实现了工业化。我们还有五亿多农民从事农业生产，如果现在就宣布实现了工业化，不仅不能确切地反映我国国民经济的实际状况，而且可能由此产生松劲情绪。”②

随着“二五”计划的展开，中央对实现社会主义现代化也有了更加符合实际的认识。在这之后的二十多年中，周恩来一方面反复强调和阐述这个目标，另一方面不断完善和发展这一重要思想。其间有三个较大的发展变化：

一是把交通运输业的现代化归到工业现代化里面。交通运输业不仅是修建公路、铁路、航道、机场等基础设施，还有很多属于工业的范畴，如修建基础设施的工具、制造运输工具汽车、火车、船舶、飞机等。周恩来在 1957 年 8 月对这一问题作出了指示，工业是包括交通运输业在内的，交通运输业是要先行的，但要全面安排。从此，交通运输业现代化就不再单独列出。

二是增加科学文化现代化，后又改为科学技术现代化。1957 年 2 月，毛泽东在《关于正确处理人民内部矛盾的问题》的讲话中认为，将中国建设成为一个具有现代工业、现代农业和现代科学文化的社会主义国家是当务之急。1957 年 3 月，毛泽东在全国宣传工作会议上进一步肯定：“我们一定会建设一个具有现代工业、现代农业和现代科学文化的社会主义国家。”③ 后来党中央认识到现代科学技术的重要性和对工业、农业和国防现

---

① 中共中央文献研究室编：《毛泽东文集》第 8 卷，人民出版社 1999 年版，第 302 页。

② 转引自邱守娟：《毛泽东的思想历程》，人民出版社 2003 年版，第 395 页。

③ 中共中央文献研究室编：《建国以来重要文献选编》第 10 册，中央文献出版社 1994 年版，第 111 页。

代化的重大影响，又把“科学文化现代化”表述为“科学技术现代化”。1960年2月，周恩来把“科学文化现代化”改为“科学技术现代化”，从而使得“四个现代化”的提法更加准确、完善。①

三是把国防现代化先移出后又恢复。面对世界形势向更加和平的方向发展，为了集中力量发展经济，周恩来提出要把国防工业放慢一些，于是在之后几年时间里，也暂时不提国防现代化，只提工业、农业和科学文化这三个现代化。随着中苏关系恶化和外部安全环境的变化，1959年底毛泽东提出：“建设社会主义，原来要求是工业现代化，农业现代化，科学文化现代化，现在要加上国防现代化。”② 1959年12月，周恩来在黑龙江省干部会议上作报告时指出，“使我们的国家更快地成为具有现代工业、现代农业、现代科学文化和现代国防的社会主义强国”。1960年3月，毛泽东在谈话中又重申了四个现代化的提法。他说：“使我们可以建设我们国家现代化的工业、现代化的农业、现代化的科学文化和现代化的国防。”③

1964年底，周恩来在三届全国人大《政府工作报告》中提出，我们的目标“是要在不太长的历史时期内，把我国建设成为一个具有现代农业、现代工业、现代国防和现代科学技术的社会主义强国，赶上和超过世界先进水平”④。毛泽东在修改《政府工作报告》时，特意加写了如下一段话：“我们不能走世界各国技术发展的老路，跟在别人后面一步一步地爬行。我们必须打破常规，尽量采用先进技术，在一个不太长的历史时期内，把我国建设成为一个社会主义的现代化的强国。”⑤ 这一新的国家建设目标的提出，总结了新中国社会主义现代化建设的经验教训，强调了现代农业、现代工业、现代国防和现代科学技术在国民经济建设中的重要地位。它不

---

① 参见中共中央党史研究室：《中国共产党历史·第2卷（1949—1978）》下册，中共党史出版社2011年版，第675页。

② 中共中央文献研究室编：《毛泽东文集》第8卷，人民出版社1999年版，第116页。

③ 中共中央文献研究室编：《毛泽东思想年编（1921—1975）》，中央文献出版社2011年版，第897页。

④ 《周恩来选集》下卷，人民出版社1984年版，第439页。

⑤ 中共中央文献研究室编：《毛泽东文集》第8卷，人民出版社1999年版，第341页。

再是一个单一的工业化目标，而是一个涉及经济、文化和国防建设的多层面的综合性目标。[①] 因此，从总体上说，它比工业化的奋斗目标要更加全面、深入和具体。

（三）建设社会主义现代化强国

在 1964 年末到 1965 年初的三届全国人大第一次会议上，周恩来作政府工作报告，对实现现代化提出了两步走的设想。第一步，建成一个独立的比较完整的工业体系和国民经济体系；第二步，全国实现农业、工业、国防和科学技术的现代化，使我国经济走在世界的前列。这表明周恩来关于四个现代化的设想，内容更加丰富，层次步骤更加清楚。第一，将毛泽东、周恩来多次表达的国家工业化的设想纳入建设社会主义强国两步走的第一步；第二，使国家工业化的思想更加丰富完整；第三，使四个现代化的表述更加完整准确；第四，两步走的设想，使“四化”建设的时间序列和阶段任务更加明确。

此外，周恩来还提出了一些重要的观点，至今仍有现实指导意义。一是关于建设“四化”和人民革命根本目的的观点，即根本目的是解放我国的生产力，使国民经济得到迅速发展，以便提高人民的物质生活和文化生活水平。二是关于四个现代化之间要互相促进、协调发展的观点，即“要同时并进，相互促进，不能等工业现代化以后再来进行农业现代化、国防现代化和科学技术现代化”[②]。这就强调了四个现代化的整体性、关联性、协调性的要求。三是关于科学技术现代化是关键因素的观点。他说：“我们要实现农业现代化、工业现代化、国防现代化和科学技术现代化，把我们祖国建设成为一个社会主义强国，关键在于实现科学技术的现代化。”[③]

---

① 参见唐洲雁：《“富强民主文明和谐”的国家目标》，《瞭望新闻周刊》2010 年第 7 期。

② 中共中央文献研究室编：《建国以来重要文献选编》第 16 册，中央文献出版社 1997 年版，第 161 页。

③ 中共中央文献研究室编：《周恩来年谱（1949—1976）》中卷，中央文献出版社 1997 年版，第 528 页。

四是关于现代化建设主要依靠自力更生，同时需要国际合作的观点。这就把建设“四化”和社会主义强国的宏伟设想置于更加广阔的国际空间，体现了现代化的国际性和开放性特征。五是关于建设现代化和社会主义强国分两步走的观点。这就使实现“四化”和建设社会主义强国的设想，在时间上有明确的总体规划和阶段划分，体现了经济发展战略设想的时序性和阶段性特点。

“文化大革命”期间，尽管局势有些混乱甚至短暂大乱，但新中国成立后制定的国家建设目标得以基本延续。比如在党的十大上，周恩来提出，要遵循党在整个社会主义历史阶段的基本路线和政策，坚持无产阶级专政下的继续革命，团结一切可以团结的力量，努力把我国建设成一个强大的社会主义国家，对人类作出较大的贡献。在随后召开的四届全国人大上，周恩来在《政府工作报告》中再次提起实现四个现代化的国家建设目标，即“在20世纪内，全面实现农业、工业、国防和科学技术的现代化，使我国国民经济走在世界的前列”①。我国的“四个现代化”的提法就一直延续至今。

在这次重要会议上，周恩来对三届全国人大召开时提出的“两步走”又细化了具体时间安排：第一步，在1980年以前，建成一个独立的比较完整的工业体系和国民经济体系；第二步，在20世纪内，全面实现农业、工业、国防和科学技术的现代化。在党的十一大上，华国锋在报告中继续指出，“为在本世纪内把我国建设成为伟大的社会主义的现代化强国而奋斗”②。尽管当时的特殊条件不允许党和人民把主要精力转到经济建设上来，但是周恩来重申了“两步走”和“四个现代化”的远大目标，成为在“文化大革命”艰难岁月中鼓舞人民群众的强音。

新中国成立以来，以毛泽东为主要代表的中国共产党人提出了实现社

① 《周恩来选集》下卷，人民出版社1984年版，第479页。

② 华国锋：《在中国共产党第十一次全国代表大会上的政治报告》，《人民日报》1977年8月23日。

会主义现代化的奋斗目标，但对中国现代化目标的认识经历了从工业化到“四个现代化”的过程。在探索建设社会主义强国的过程中，中国共产党始终坚持解放思想、实事求是，不断从世界各国现代化建设的成果和经验中获得有益借鉴，对社会主义现代化的不懈追求体现了中国共产党对历史潮流和广大人民根本利益的准确把握。新中国成立后的前三十年，中国共产党关于社会主义现代化目标的认识随着时代的发展、实践的总结不断深化和完善，但唯一不变的是中国共产党人始终把广大人民的根本利益放在首位。

三、建设富强、民主、文明的社会主义现代化国家

“文化大革命”结束后，以邓小平为主要代表的中国共产党人深刻地认识到“我们太穷了，太落后了，老实说对不起人民。我们现在必须发展生产力，改善人民生活条件”①。党的十一届三中全会决定实施改革开放，把全党的工作重点从阶级斗争为纲转到社会主义现代化建设上来，实现了党和国家历史上的伟大转折。自此，中国进入了社会主义现代化建设的历史新时期。作为中国改革开放和社会主义现代化建设的总设计师，邓小平精心构想中国发展战略。推进和实现中国的社会主义现代化的战略目标也大致经历了两个阶段的变化。其中一个鲜明特点是更加从中国的实际出发，从20世纪末实现社会主义现代化强国目标变成到21世纪中叶实现现代化、达到中等发达国家水平。

（一）建设高度民主、高度文明的社会主义国家

1978年12月党的十一届三中全会后，中国的经济社会建设进入一个全面发展的新时期。党的十一届三中全会确定以经济建设为中心的政治路线和以改革开放为方向的国家发展战略，并且逐步实现全面拨乱反正。以

① 中共中央文献研究室编：《邓小平思想年谱（1975—1997）》，中央文献出版社1998年版，第81页。

经济建设为中心成了最大政治，中国就是要集中力量搞建设，实现四个现代化。邓小平指出，能否实现四个现代化，决定着我们国家的命运、民族的命运；我们党在现阶段的政治路线，概括地说，就是一心一意地搞四个现代化。这是以邓小平同志为核心的中央领导集体提出发展战略的指导思想。在总结社会主义革命和建设时期的经验教训基础上，1979 年 9 月底，叶剑英代表党中央在庆祝新中国成立 30 周年大会上的讲话中指出，我们所说的四个现代化，是实现现代化的四个方面，并不是说现代化的事业只以这四个方面为限。改革和完善社会主义经济、政治制度，发展高度的社会主义民主和完备的社会主义法制，在建设高度的物质文明的同时建设高度的社会主义精神文明，"这些都是我们社会主义现代化的重要目标，也是实现四个现代化的必要条件"①。

以毛泽东为主要代表的中国共产党人关于现代化的设想，为后人提出新的战略目标和实施步骤提供了重要参照。1979 年，邓小平对原来提的"两步走"战略步骤开始进行调整。他说："我们开了大口，20 世纪末实现四个现代化。后来改了个口，叫中国式的现代化，就是把标准放低一点。"② 这就是到 20 世纪末"达到第三世界中比较富裕一点的国家的水平"③。1979 年 12 月 6 日，邓小平在会见来访的日本首相大平正芳时指出，中国式的四个现代化是 20 世纪末达到小康水平，以后再花 30 年到 50 年时间接近发达国家水平，这也是邓小平第一次用"小康"描述"中国式的现代化"。

对于 20 世纪末的战略目标，由赶上和超过世界上最先进的资本主义国家，到达到第三世界比较富裕一点的国家水平，这是战略目标第一个大的调整。它既考虑到国家基础弱、底子薄的实际状况，也进一步认识到实现社会主义现代化，赶上世界发达国家的艰巨性和长期性。邓小平的设想反

① 《叶剑英选集》，人民出版社 1996 年版，第 540 页。

② 中共中央文献研究室编：《邓小平年谱（1975—1997）》上册，中央文献出版社 2004 年版，第 563 页。

③ 《邓小平外交风采实录》，人民出版社 2004 年版，第 334 页。

映了对我国几十年建设社会主义的客观估量，他首次将我国现代化建设的战略目标加以定量化、形象化，提出具体设想。从此，中国的现代化建设在 20 世纪末的发展目标定位于“小康”。邓小平不仅描绘了小康社会的发展蓝图，而且构想了奔小康和建设小康社会的跨世纪发展战略。他首先提出了把到 20 世纪末的 20 年分为两个十年，分两步走、奔小康的设想。邓小平在 1981 年 4 月正式提出“十年翻一番，两个十年翻两番”，达到人均国民生产总值 1000 美元或八九百美元的战略设想。根据他的设想，1982 年党的十二大正式确立了到本世纪末翻两番、实现小康社会的战略目标。这以后邓小平不断思考这个问题，有的提法有所改变，到 1987 年基本定型。他说：“从一九八一年开始到本世纪末，花二十年的时间，翻两番，达到小康水平，就是年国民生产总值人均八百到一千美元。在这个基础上，再花五十年时间，再翻两番，达到人均四千美元。”① 这意味着到 21 世纪中叶，可以达到中等发达国家水平，这将是一项非常艰巨的任务。

在党的十一届六中全会通过的《关于建国以来党的若干历史问题的决议》指出：“我们党在新的历史时期的奋斗目标，就是要把我们的国家，逐步建设成为具有现代农业、现代工业、现代国防、现代科学技术的，具有高度民主和高度文明的社会主义强国……我们总结建国以来三十二年历史经验的根本目的，就是要在坚持社会主义道路，坚持人民民主专政即无产阶级专政，坚持共产党的领导，坚持马克思列宁主义、毛泽东思想这四项基本原则的基础上，把全党、全军和全国各族人民的意志和力量进一步集中到建设社会主义现代化强国这个伟大目标上来。”②

经过对外开放和对内改革，中国社会主义事业建设红红火火。1982 年 9 月，党的十二大作出决议确定了“从 1981 年到本世纪末的 20 年，我国经济建设总的奋斗目标是，在不断提高经济效益的前提下，力争使全国工农业的年总产值翻两番，即由一九八〇年的七千一百亿元增加到二〇〇〇

① 《邓小平文选》第 3 卷，人民出版社 1993 年版，第 224 页。

② 《关于建国以来党的若干历史问题的决议注释本》，人民出版社 1983 年版，第 60—61 页。

年的二万八千亿元左右。"[①] 为了实现这个奋斗目标，党中央在战略部署上要分两步走：前十年主要是打好基础，积蓄力量，创造条件，后十年要进入一个新的经济振兴时期。这就把中国经济建设的中期目标和前进步骤具体化了，从而在战略上指导和协调了各项经济工作。党的十二大还正式提出了国家建设的新目标——"把我国建设成为高度文明、高度民主的社会主义国家"[②]。1983 年，邓小平在对江苏等发展较快的地区进行调研后，又提出一个新的发展目标——小康社会。到 20 世纪末，我国如期基本上实现小康目标，实现了中国标准的现代化阶段性目标，开始进入建设小康社会的发展阶段。在这个阶段，中国共产党基本完成了从"四个现代化"到更全面的国家建设目标的跨越，对现代化国家的理解更趋于全面。

（二）建设小康，制定实施"三步走"战略部署

经过几年的运行，经济建设的实践证明党的十二大提出的目标和部署比较切合实际。同时，从经济发展的进程和日益累积的经验来看，中共中央认识到有必要也有可能从更深的层次和更长远的历史跨度来规划整个经济建设，以增强国家政策的预见性、连续性和稳定性。

邓小平把目光投向 21 世纪，开始酝酿中国跨世纪发展的战略构想。1987 年，邓小平进一步明确提出了"三步走"发展战略构想。4 月 30 日，他在会见外国客人时第一次就此作了完整阐述。中国原定的目标是在 80 年代翻一番，以 1980 年为基数，翻一番后达到 500 美元。第二步是到 20 世纪末，再翻一番，人均达到 1000 美元。实现这个目标意味着我们进入小康社会。"我们制定的目标更重要的还是第三步。第三步是在下世纪用三十年到五十年再翻两番，目标大体上是人均达到四千美元"，"做到这一步中

① 《中国共产党第十二次全国代表大会文件汇编》，人民出版社 1982 年版，第 17—18 页。

② 中共中央文献研究室编：《十二大以来重要文献选编》上卷，人民出版社 1986 年版，第 13 页。

国就达到中等发达的水平”[1]。“三步走”的发展战略目标及步骤设计，既是一个体现中华民族追赶先进国家雄心壮志的设计，又是一个坚持从实际出发、实事求是的设计。它的提出，使中国现代化建设有了一个更加清晰的路线图和时间表。

实现社会主义现代化战略目标的第二个大的调整，是把到21世纪中叶由接近世界发达国家的水平改为达到中等发达国家水平。邓小平在提出20世纪末建立小康社会，实现中国式的现代化之后，继续思考第三步发展战略——到21世纪中叶能否接近世界发达国家水平的问题。在1984年到1986年的讲话中，他还是认为到20世纪末接近世界发达国家的水平，才是发生大变化。但从1987年2月开始，他降低了第三步发展战略目标。在会见外宾时，他认为在20世纪末达到小康水平，然后在下个世纪用三十到五十年的时间达到中等发达国家的水平。“到本世纪末，尽管我们人均国民生产总值八百到一千美元不算多，但是年国民生产总值将超过一万亿美元。有了这个基础，再争取达到中等发达国家的水平是有希望的。”[2]“到那个时候，我们就可以真正用事实理直气壮地说社会主义比资本主义优越了。”[3] 实现社会主义现代化的战略目标出现的变化与正在起草的党的十三大报告有关。党的十三大报告全篇以社会主义初级阶段作为立论的根据，所以对于我国未来的发展战略目标就不能不作调整。党的十三大报告不仅明确概括了“三步走”发展战略，而且将达到中等发达国家水平的第三步目标称为“基本实现现代化”[4]。

党的十三大根据邓小平的设想，制定的“三步走”经济发展战略内容是：第一步，实现国民生产总值比1980年翻一番，解决人民的温饱问题。第二步，到20世纪末，使国民生产总值再增长一倍，人民生活达到小康水

---

① 《邓小平文选》第3卷，人民出版社1993年版，第226页。

② 《邓小平文选》第3卷，人民出版社1993年版，第212页。

③ 《邓小平文选》第3卷，人民出版社1993年版，第256页。

④ 参见中共中央文献研究室编：《十三大以来重要文献选编》上卷，人民出版社1991年版，第16页。

平。第三步，到下个世纪中叶，人均国民生产总值达到中等发达国家水平，人民过上比较富裕的生活，基本实现现代化。"三步走"发展战略的确定，把毛泽东关于一百年建设一个伟大的社会主义强国的目标具体化了。此后，经济社会发展分"三步走"实现现代化就成为中国共产党领导全国人民进行社会主义建设的宏伟目标，并在建设的实践中不断地调整和完善这个宏伟目标。党的十三大还对国家建设目标给予了更加细化和科学的阐述，提出要"把我国建设成为富强、民主、文明的社会主义现代化国家"。富强、民主、文明"三位一体"新目标的提出，不仅着眼于人民物质和文化生活的改善与提高，而且着眼于社会主义经济、政治、文化三个方面的统一，反映了整个社会全面发展和共同进步的特征。

1992 年党的十四大不仅肯定"三步走"战略，并将其作为有中国特色的社会主义理论的重要内容。党的十四大进一步提出了近期和长远的奋斗目标。鉴于党的十三大已宣布国民生产总值比 1980 年翻一番，解决人民温饱的第一步目标基本实现，党的十四大提出在 20 世纪 90 年代初步建立起新的经济体制，实现达到小康水平的第二步发展目标；再经过二十年努力，到建党一百周年时，在各方面形成一整套更加成熟更加完整的制度；在这个基础上，到 21 世纪中叶建国 100 周年时，就能达到第三步发展目标，基本实现社会主义现代化。这样，邓小平的"三步走"发展战略更加明确和具体。邓小平还放眼全球，着眼于人类发展，多次指出实现小康社会奋斗目标还具有重大的国际影响，它不仅可以提高中国的国际地位，也可以使中国对世界、对人类作出更大贡献，从而实现中华民族的再度复兴。

这个阶段，中国共产党坚持从国情出发，总结我国社会主义建设的历史经验和人民群众新的实践经验，不仅创立了邓小平建设有中国特色社会主义理论，成功开辟了有中国特色社会主义道路，而且从理论与实践的结合上，对我国社会主义改革开放和现代化建设作出了一系列基本设计。历史表明，这些顶层设计对我国社会主义改革开放和现代化建设的发展具有长远的指导意义。

四、建设富强、民主、文明、和谐的社会主义现代化国家

20世纪90年代以来，中国共产党人在发家致富奔小康取得重大成就基础上提出了全面建设小康社会的设想。江泽民、胡锦涛等党的主要领导人坚持发展了“三步走”发展战略，深化并丰富了国家建设目标的内涵。

中国在1990年提前实现国民生产总值翻一番。在此基础上，以江泽民为主要代表的中国共产党人在党的十四大报告中，根据南方谈话精神，明确了到建党一百周年时，将在各方面形成一整套更加成熟定型的制度。党的十四大后，国家建设目标不断完善和丰富。富强、民主、文明“三位一体”的国家建设目标在党的十四大、十五大、十六大上得到了延续和拓展。党的十五大提出的包括政治、经济、文化三方面的基本纲领是对“三位一体”目标的展开和具体化。大会报告提出的“依法治国，建设社会主义法治国家”的国家建设目标，更是对“富强、民主、文明”国家目标的丰富和发展。

党的十五大报告还提出了新“三步走”发展战略：“展望下世纪，我们的目标是，第一个十年实现国民生产总值比二〇〇〇年翻一番，使全国人民的小康生活更加宽裕，形成完善的社会主义市场经济体制；再经过十年的努力，到建党一百年时，使国民经济更加发展，各项制度更加完善；到世纪中叶建国一百年时，基本实现现代化，建成富强民主文明的社会主义国家。”这是对以往制定的国家发展战略的进一步发展。这就丰富了实现社会主义现代化战略的两个思想：一是对到21世纪中叶建国100周年基本实现现代化时，提出建成富强民主文明的社会主义国家的奋斗目标；二是提出进入和建设小康社会，将为更加有力地推进社会主义现代化创造新的起点。

2000 年 10 月，党的十五届五中全会第一次宣布人民生活达到总体小康水平和要全面建设小康社会的任务。这次全会的报告指出："我们已经实现了现代化建设的前两步战略目标，经济和社会全面发展，人民生活总体上达到了小康水平，开始了实施第三步发展战略。""从新世纪开始，我国将进入全面建设小康社会，加快推进社会主义现代化的新的发展阶段。"① "新三步走"发展战略的制定和新的发展阶段的重大判断，标志着 2000 年后中国开始进入全面建设小康社会的新阶段。

2002 年 11 月召开的党的十六大宣布，我们胜利实现了现代化建设的"三步走"战略的第一步、第二步目标，人民生活总体上达到小康水平。② 大会昭告全国人民："根据十五大提出的到二〇一〇年、建党一百年和新中国成立一百年的发展目标，我们要在本世纪头二十年，集中力量，全面建设惠及十几亿人口的更高水平的小康社会，使经济更加发展、民主更加健全、科教更加进步、文化更加繁荣、社会更加和谐、人民生活更加殷实。""经过这个阶段的建设，再继续奋斗几十年，到本世纪中叶基本实现现代化，把我国建成富强民主文明的社会主义国家。"③ 报告还明确提出如何将"总体上达到小康水平"提升为"全面建设小康社会"的战略部署、具体要求、历史机遇和实现途径。这就更加丰富和发展了邓小平关于小康社会的重要论述，也丰富和发展了中国特色社会主义理论。党的十六大报告还明确提出"我国已进入了全面建设小康社会、加快推进社会主义现代化的新的发展阶段"，并进一步指出"全面建设小康社会，加快推进社会主义现代化，使社会主义中国发展和富强起来，为人类进步事业作出更大贡献，这是我们党必须勇敢担负起来的历史任务"④。

---

① 中共中央文献研究室编：《十五大以来重要文献选编》中卷，人民出版社 2001 年版，第 1369 页。

② 参见《中国共产党第十六次全国代表大会文件汇编》，人民出版社 2002 年版，第 91 页。

③ 《江泽民文选》第 3 卷，人民出版社 2006 年，第 542—543 页。

④ 中共中央文献研究室编：《十六大以来重要文献选编》上卷，中央文献出版社 2005 年版，第 43 页。

党的十六大召开后，以胡锦涛为总书记的党中央，从新世纪新阶段党和国家现代化事业发展的全局出发，在继承党的三代中央领导集体探索社会主义现代化战略目标理论和实践成果的基础上，针对中国发展存在的实际问题，借鉴国际经济社会发展经验，提出了科学发展观的重大战略思想。在贯彻落实科学发展观的过程中，中国共产党对国家建设目标的表述进一步明确具体。

党的十六届四中全会提出要不断提高构建社会主义和谐社会的能力，体现了党对中国特色社会主义总体布局的新思考。2005 年 2 月，胡锦涛首次指出构建社会主义和谐社会属于“社会建设”，把它与经济建设、政治建设、文化建设并列，使中国特色社会主义建设的总体布局由过去的“三位一体”发展为“四位一体”。① 2006 年，党的十六届六中全会作出了《关于构建社会主义和谐社会若干重大问题的决定》，明确了构建社会主义和谐社会的指导思想、目标任务、工作原则和重大部署，提出“社会和谐是中国特色社会主义的本质属性，是国家富强、人民幸福的重要保证”。构建社会主义和谐社会“反映了建设富强民主文明和谐的社会主义现代化国家的内在要求”，“社会和谐是我们党不懈奋斗的目标”②。这实际上丰富了党的国家建设目标的内涵。

也是在 2006 年，胡锦涛代表党中央在全国科学技术大会上提出了建设创新型国家的战略构想。这一战略的提出实际上要把科技进步和创新作为经济社会发展的首要推动力量，把提高自主创新能力作为调整经济结构、转变增长方式、提高国家竞争力的中心环节。从这个意义上看，提出建设创新型国家拓展和丰富了国家建设目标的内涵。

在全党和全国各族人民的努力下，中国朝着党的十六大确立的全面建

---

① 参见中共中央文献研究室编：《十六大以来重要文献选编》中卷，中央文献出版社 2006 年版，第 696 页。

② 中共中央文献研究室编：《十六大以来重要文献选编》下卷，中央文献出版社 2008 年版，第 648 页。

设小康社会的目标迈出了坚实步伐。为确保到2020年实现全面建成小康社会的奋斗目标，为适应国内外形势的新变化，把握经济社会发展趋势和规律，在党的十六大确立的全面建设小康社会目标的基础上，胡锦涛代表十六届中央委员会在党的十七大上对全面建设小康社会提出了新的更高要求：第一，增强发展协调性，努力实现经济又好又快发展；第二，扩大社会主义民主，更好保障人民权益和社会公平正义；第三，加强文化建设，明显提高全民族文明素质；第四，加快发展社会事业，全面改善人民生活；第五，建设生态文明，基本形成节约能源资源和保护生态环境的产业结构。

党的十七大把社会建设和生态文明建设确定为全面建设小康社会的新目标，说明中国共产党关于全面建设小康社会的目标更加明确，进一步完善了中共十三大确定经济建设分"三步走"的发展战略。其最主要的特点就是把科学发展观作为中国特色社会主义建设的根本指导方针，坚持以人为本，全面协调可持续发展。全面建设小康社会由原来强调的经济、政治、文化"三位一体"建设，到统筹兼顾，进行经济、政治、文化、社会、生态"五位一体"建设。基于新世纪新阶段的新特征，党的十七大明确提出要"建设社会主义市场经济、社会主义民主政治、社会主义先进文化、社会主义和谐社会，建设富强民主文明和谐的社会主义现代化国家"①。根据这一新的国家建设目标，中国共产党对十五大提出的社会主义初级阶段基本纲领作出了进一步的丰富和发展，首次提出"坚持中国特色社会主义经济建设、政治建设、文化建设、社会建设的基本目标和基本政策构成的基本纲领"②。这个基本纲领对经济、政治、文化、社会建设的内容作了全面部署，对"富强、民主、文明、和谐"作了进一步阐发。这表

① 胡锦涛：《高举中国特色社会主义伟大旗帜 为夺取全面建设小康社会新胜利而奋斗——在中国共产党第十七次全国代表大会上的报告》，人民出版社2007年版，第11页。

② 胡锦涛：《高举中国特色社会主义伟大旗帜 为夺取全面建设小康社会新胜利而奋斗——在中国共产党第十七次全国代表大会上的报告》，人民出版社2007年版，第19页。

明党对现代化建设客观规律的认识更加科学、全面，对国家建设目标的描绘更加明确、具体。不仅如此，党的十七大还向人们展示了2020年全面建设小康社会目标实现后的国家面貌：“我们这个历史悠久的文明古国和发展中社会主义大国，将成为工业化基本实现、综合国力显著增强、国内市场总体规模位居世界前列的国家，成为人民富裕程度普遍提高、生活质量明显改善、生态环境良好的国家，成为人民享有更加充分民主权利、具有更高文明素质和精神追求的国家，成为各方面制度更加完善、社会更加充满活力而又安定团结的国家，成为对外更加开放、更加具有亲和力、为人类文明作出更大贡献的国家。”①

党的十八大报告指出，中国已进入全面建成小康社会的决定性阶段，要坚定不移沿着中国特色社会主义道路前进，为全面建成小康社会而奋斗。从“建设”到“建成”，虽一字之差却内涵不同：建设是一个长期的过程，建成则是一个清晰的结果。从“建设”到“建成”，虽一字之别却意蕴深远，体现了中国共产党对我国发展阶段性特征的科学判断，描绘了更加清晰的阶段性发展目标，标志着对我国发展阶段认识的新飞跃，彰显了我们党坚定的道路自信、理论自信、制度自信。此外，党的十八大报告明确指出社会主义初级阶段是“总依据”，必须牢记初级阶段的基本国情，既不能盲目超越社会发展阶段，也不能滞后于社会发展阶段，而明确提出到2020年全面建成小康社会的阶段性目标和要求，正是遵循了这个客观总依据。

经过五年的努力，全面建设小康社会取得巨大成就。2012年召开的党的十八大不仅提出了全面建成小康社会的新要求，还在以往“四位一体”总体布局基础上，进一步确立了经济建设、政治建设、文化建设、社会建设、生态文明建设的“五位一体”总体布局。这一总体布局的重大意义，在于它不仅是对中国现代化建设内涵的丰富，而且是对中国现代化道路进

---

① 胡锦涛：《高举中国特色社会主义伟大旗帜 为夺取全面建设小康社会新胜利而奋斗——在中国共产党第十七次全国代表大会上的报告》，人民出版社2007年版，第21页。

行了质的规定。党的十八大报告把"建设社会主义市场经济、社会主义民主政治、社会主义先进文化、社会主义和谐社会、社会主义生态文明"①正式提升为"中国特色社会主义道路"的范畴。这五个方面，体现了中国发展与进步的现代化方向和性质。

胡锦涛在党的十八大报告中提出，根据我国经济社会发展实际，要在党的十六大、十七大确立的全面建设小康社会目标的基础上努力实现新的要求。在经济增长上，2020年要实现国内生产总值和城乡居民人均收入比2010年翻一番。这一提法比党的十七大提出的增长目标，在数量目标上有两个变化。一是在总量增长上，比原来提出了更高的要求；二是居民收入第一次有了定量的增长目标。党的十八大报告根据中国特色社会主义事业"五位一体"总体布局，提出了五个方面的要求：第一，经济发展强调转变经济发展方式取得重大进展；第二，强调民主制度更加完善，民主形式更加丰富，法治政府基本建成，人权得到切实尊重和保障；第三，强调文化软实力显著增强，文化产业成为国民经济支柱性产业，社会主义文化强国建设基础更加坚实；第四，民生方面强调基本公共服务均等化总体实现，收入分配差距缩小，社会保障全民覆盖；第五，生态环境建设取得重大进展。这些实际上就是要实现全面建成小康社会必须完成的新目标。

党的十八大报告明确：总依据是社会主义初级阶段，总布局是经济、政治、文化、社会、生态"五位一体"，总任务是实现社会主义现代化和中华民族伟大复兴。还明确了，国家建设的新目标是建设富强、民主、文明、和谐的社会主义现代化国家。这不仅丰富了以往关于国家建设的内涵，还昭示了今后国家建设的努力方向，是中国共产党人向全世界的郑重宣示。

---

① 胡锦涛：《坚定不移沿着中国特色社会主义道路前进 为全面建成小康社会而奋斗——在中国共产党第十八次全国代表大会上的报告》，人民出版社2012年版，第12页。

五、全面建成小康社会，迈上建设社会主义现代化强国新征程

实现社会主义现代化，是中国共产党带领中国人民孜孜以求的奋斗目标。党的十八大以来，中国共产党不仅致力于全面建成小康社会，提高国家现代化程度，还在党的十九大上明确了建设社会主义现代化强国的时间表和路线图。

（一）国家治理体系和治理能力现代化的提出与推进

党的十八大以来，党中央以实现民族复兴为引领，协调推进“五位一体”总体布局，统筹推进“四个全面”战略布局，推动党和国家事业取得历史性成就、发生历史性变革。在全面建成小康社会取得重大成就的同时，提出了推进国家治理体系和治理能力现代化的目标，经过党的十八届三中全会、党的十九大、十九届四中全会的阐释，国家建设目标更加清晰。

以实现中国梦为引领。2012 年 11 月 29 日，习近平率领中央政治局的同志在中国国家博物馆参观《复兴之路》展览时，首次提出为实现中国梦而奋斗。习近平指出，经过鸦片战争以来 170 多年的持续奋斗，中华民族伟大复兴展现出光明的前景。现在，我们比历史上任何时期都更接近中华民族伟大复兴的目标，比历史上任何时期都更有信心、有能力实现这个目标。

习近平认为，实现中华民族伟大复兴，就是中华民族近代以来最伟大的梦想。这个梦想，凝聚了几代中国人的夙愿，体现了中华民族和中国人民的整体利益，是每个中华儿女的共同期盼。2013 年 3 月 17 日，习近平在十二届全国人大第一次会议上，进一步阐释了中国梦的本质，他指出：实现中华民族伟大复兴的中国梦，就是要实现国家富强、民族振兴、人民幸福。中国梦是历史的、现实的，也是未来的。中国梦凝结着无数仁人志

士的不懈努力，承载着全体中华儿女的共同向往，昭示着国家富强、民族振兴、人民幸福的美好前景。中国梦是国家的、民族的，也是每一个中国人的。国家好、民族好，大家才会好。只有每个人都为美好梦想而奋斗，才能汇聚起实现中国梦的磅礴力量。归根结底，中国梦是人民的梦，必须紧紧依靠人民来实现。要实现这个梦想就必须坚持中国道路、凝聚中国力量、弘扬中国精神，就要统揽伟大斗争、伟大工程、伟大事业。

实现这一宏伟梦想，首先要全面建成小康社会。党的十八大以来，以习近平同志为核心的党中央攻坚克难、励精图治，强化党的全面领导、全面从严治党、全面深化改革、全面依法治国，全面建成小康社会取得决定性胜利。之所以取得胜利，和党在每个阶段都提出新的目标、进行新的顶层设计有关。

2013 年 11 月召开的党的十八届三中全会，审议通过《中共中央关于全面深化改革若干重大问题的决定》，就全面深化改革作出总体部署，提出了全面深化改革的指导思想、目标任务、重大原则，合理布局了全面深化改革的战略重点、优先顺序、主攻方向、工作机制、推进方式，开启了全面深化改革、系统整体设计推进改革的新时代。这次全会的最大亮点，在于把完善和发展中国特色社会主义制度、推进国家治理体系和治理能力现代化确立为全面深化改革总目标。这是改革进程本身向前拓展提出的客观要求，体现了中国共产党对改革认识的深化和系统化。针对有人把全面深化改革总目标的两句话割裂开看的错误倾向，习近平指出，全面深化改革总目标是两句话组成的一个整体，前一句规定了根本方向，后一句规定了在根本方向指引下完善和发展中国特色社会主义制度的鲜明指向。两句话都讲，才是完整的。只讲第二句，不讲第一句，那是不完整、不全面的。这可以说是中国共产党历史上第一次把治理体系和治理能力现代化作为自己的奋斗目标，标志着中国现代化建设逐渐深入到了制度层面。

为实现这一新的目标，党的十八届三中全会拟定了全面深化改革的"路线图"，即明确提出"六个紧紧围绕"，包括紧紧围绕使市场在资源配置中起决定性作用深化经济体制改革，坚持和完善基本经济制度，加快完善现代市场体系、宏观调控体系、开放型经济体系，加快转变经济发展方式，加快建设创新型国家，推动经济更有效率、更加公平、更可持续发展。这份改革路线图，一方面明确了全面深化改革的主要内容，突出体现改革的全面性；另一方面明确了经济、政治、文化、社会、生态、党的建设各领域改革的重点，使全面深化改革的顶层设计、优先顺序、重点领域、关键环节一目了然，有利于整体推进和重点突破相结合、相促进。同时，要坚持以经济体制改革为重点，坚持以经济体制改革为牵引推动其他领域的改革。

经过几年的艰辛改革，党的十九大对全面深化改革的成就进行了小结，指出十八大以来“党中央蹄疾步稳推进全面深化改革，坚决破除各方面体制机制弊端。改革全面发力、多点突破、纵深推进，着力增强改革系统性、整体性、协同性，压茬拓展改革广度和深度，推出一千五百多项改革举措，重要领域和关键环节改革取得突破性进展，主要领域改革主体框架基本确立。中国特色社会主义制度更加完善，国家治理体系和治理能力现代化水平明显提高，全社会发展活力和创新活力明显增强”①。

在全面建成小康社会的关键时期召开党的十九大，习近平总书记高瞻远瞩擘画了中国未来发展30多年的历史进程，明确提出中国进入新时代的重大政治判断，并着眼于第一个百年目标和第二个百年目标的历史交汇期，作出了新的国家发展顶层设计，精心部署打好攻坚战实现全面建成小康社会目标后，开启全面建设社会主义现代化国家新征程分两个阶段安排：第一个阶段，从2020年到2035年，在全面建成小康社会的基础上，再奋斗15年，基本实现社会主义现代化；第二个阶段，从2035年到本世纪中叶，在基本实现现代化的基础上，再奋斗15年，把我国建成富强民主文明和谐美丽的社会主义现代化强国。这个部署使改革开放以来的国家建

① 《习近平谈治国理政》第3卷，外文出版社2020年版，第3页。

设目标丰富为五个方面，即富强、民主、文明、和谐、美丽，如此就和中国特色社会主义总体布局高度契合；把国家发展目标由20世纪80年代的基本实现现代化改为新时代要建成现代化强国。党的十九大的新部署把邓小平设计的三步走战略目标完成的时间提前了15年，是对共产党制定国家发展战略设计的丰富和发展，展现了新时代中国共产党和亿万中华儿女的雄心壮志。

为了实现这一远大目标，党的十九大后，不仅修改宪法，还深化党和国家机构改革，用党的十九届四中全会专门研究制度建设问题，就国家治理体系和治理能力现代化作出新的安排和部署。2019年10月28日至31日，党的十九届四中全会在北京举行。这次全会听取和讨论了习近平总书记受中央政治局委托作的工作报告，及其关于《中共中央关于坚持和完善中国特色社会主义制度、推进国家治理体系和治理能力现代化若干重大问题的决定》的说明，审议通过了《中共中央关于坚持和完善中国特色社会主义制度、推进国家治理体系和治理能力现代化若干重大问题的决定》(以下简称《决定》)。这个《决定》是坚持和完善中国特色社会主义制度、推进国家治理体系和治理能力现代化的政治宣言和行动纲领。

中国特色社会主义制度和国家治理体系是以马克思主义为指导、根植中国大地，具有深厚中华文化根基、深得人民拥护的制度和治理体系，是具有强大生命力和巨大优越性的制度和治理体系，是能够持续推动拥有14亿多人口大国进步和发展，确保拥有5000多年文明史的中华民族实现"两个一百年"奋斗目标，进而实现伟大复兴的制度和治理体系。

中国国家制度和国家治理体系的显著优势主要有十三个方面：坚持党的集中统一领导，坚持党的科学理论，保持政治稳定，确保国家始终沿着社会主义方向前进；坚持人民当家作主，发展人民民主，密切联系群众，紧紧依靠人民推动国家发展；坚持全面依法治国，建设社会主义法治国家，切实保障社会公平正义和人民权利；坚持全国一盘棋，调动各方面积极性，集中力量办大事；坚持各民族一律平等，铸牢中华民族共同体意识，实现共同团结奋斗、共同繁荣发展；坚持公有制为主体、多种所有制经济共同发展和按劳分配为主体、多种分配方式并存，把社会主义制度和市场经济有机结合起来，不断解放和发展社会生产力；坚持共同的理想信念、价值理念、道德观念，弘扬中华优秀传统文化、革命文化、社会主义先进文化，促进全体人民在思想上精神上紧紧团结在一起；坚持以人民为中心的发展思想，不断保障和改善民生、增进人民福祉，走共同富裕道路；坚持改革创新、与时俱进，善于自我完善、自我发展，使社会充满生机活力；坚持德才兼备、选贤任能，聚天下英才而用之，培养造就更多更优秀人才；坚持党指挥枪，确保人民军队绝对忠诚于党和人民，有力保障国家主权、安全、发展利益；坚持“一国两制”，保持香港、澳门长期繁荣稳定，促进祖国和平统一；坚持独立自主和对外开放相统一，积极参与全球治理，为构建人类命运共同体不断作出贡献。这些显著优势是坚定中国特色社会主义道路自信、理论自信、制度自信、文化自信的基本依据。

这次全会通过的《决定》，明确提出了坚持和完善中国特色社会主义制度、推进国家治理体系和治理能力现代化的总体目标，即到中国共产党成立100年时，在各方面制度更加成熟更加定型上取得明显成效；到2035年，各方面制度更加完善，基本实现国家治理体系和治理能力现代化；到新中国成立100年时，全面实现国家治理体系和治理能力现代化，使中国特色社会主义制度更加巩固、优越性充分展现。这一目标和党的十八届三中全会、党的十九大制定的现代化建设目标紧密联系，前后相继，不断丰富，日益明晰，成为今后中国国家建设目标的新方向。

为实现新的目标，党的十九届四中全会聚焦坚持和完善支撑中国特色社会主义的根本制度、基本制度、重要制度，明确了各项制度必须坚持和巩固的根本点、完善和发展的方向。明确并决定坚持和完善这个制度体系的内容是：坚持和完善党的领导制度体系，提高党科学执政、民主执政、依法执政水平；坚持和完善人民当家作主制度体系，发展社会主义民主政治；坚持和完善中国特色社会主义法治体系，提高党依法治国、依法执政能力；坚持和完善中国特色社会主义行政体制，构建职责明确、依法行政的政府治理体系；坚持和完善社会主义基本经济制度，推动经济高质量发展；坚持和完善繁荣发展社会主义先进文化的制度，巩固全体人民团结奋斗的共同思想基础；坚持和完善统筹城乡的民生保障制度，满足人民日益增长的美好生活需要；坚持和完善共建共治共享的社会治理制度，保持社会稳定、维护国家安全；坚持和完善生态文明制度体系，促进人与自然和谐共生；坚持和完善党对人民军队的绝对领导制度，确保人民军队忠实履行新时代使命任务；坚持和完善“一国两制”制度体系，推进祖国和平统一；坚持和完善独立自主的和平外交政策，推动构建人类命运共同体；坚持和完善党和国家监督体系，强化对权力运行的制约和监督。其中，党的领导制度是国家的根本领导制度，统领和贯穿其他方面制度。

全会还就加强党对坚持和完善中国特色社会主义制度、推进国家治理体系和治理能力现代化的领导提出要求。用一次中央全会专门研究国家制度和国家治理问题并作出决定，这不仅在中国共产党的历史上是第一次，在新中国历史上也是第一次。这是一次具有开创性、里程碑意义的重要会议。

进入 2020 年，按照中国共产党人的设想，这一年要实现第一个百年奋斗目标，完成全面建成小康社会的宏伟目标，为迎接新的百年打下坚实基础。这一年极不寻常，在遭遇传染性极强的新冠疫情下，中国经过艰苦卓绝地努力，用一个多月的时间初步遏制了疫情蔓延势头，用 2 个月左右的时间将本土每日新增病例数控制在个位数以内，用 3 个月左右的时间取得了武汉保卫战、湖北保卫战的决定性成果，有力扭转了疫情局势，维护了人民生命安全和身体健康。对我们这样一个拥有 14 亿多人口的发展中国家来说，能在较短时间内有效控制疫情，保障了人民基本生活，十分不易、成之维艰。中共中央统筹抓好疫情防控和社会生产，率先在世界上主要经济体中实现正增长，全年实现 2% 左右的增长，国民生产总值突破 100 万亿元，脱贫攻坚取得决定性胜利。

（二）决胜全面建成小康社会取得决定性成就

全面建成小康社会，是开启全面建设社会主义现代化国家新征程，实现中华民族伟大复兴中国梦的重要基础、关键一步。实现中国梦，第一步就是全面建成小康社会。

面对错综复杂的国际形势、艰巨繁重的国内改革发展稳定任务，特别是新冠疫情的严重冲击，以习近平同志为核心的党中央“不忘初心、牢记使命”，团结带领全党全国各族人民砥砺前行、开拓创新，奋发有为地推进党和国家各项事业。

党的十八大以来，全面深化改革取得重大突破，全面依法治国取得重大进展，全面从严治党取得重大成果，国家治理体系和治理能力现代化加快推进，中国共产党领导和我国社会主义制度优势进一步彰显。“十三五”时期，我国经济实力、科技实力、综合国力跃上新的大台阶，经济运行总体平稳，经济结构持续优化，2020 年国内生产总值突破 100 万亿元；脱贫攻坚成果举世瞩目，5575 万农村贫困人口实现脱贫；粮食年产量连续 5 年稳定在 13000 亿斤以上；污染防治力度加大，生态环境明显改善；对外开放持续扩大，共建“一带一路”成果丰硕；人民生活水平显著提高，高等教育进入普及化阶段，城镇新增就业超过 6000 万人，建成世界上规模最大的社会保障体系，基本医疗保险覆盖超过 13 亿人，基本养老保险覆盖近 10 亿人，新冠疫情防控取得重大战略成果；文化事业和文化产业繁荣发展；国防和军队建设水平大幅提升，军队组织形态实现重大变革；国家安全全面加强，社会保持和谐稳定。①

这些历史性成就，意味着“十三五”规划目标任务基本完成，全面建成小康社会胜利在望，中华民族伟大复兴向前迈出了新的一大步，社会主义中国以更加雄伟的身姿屹立于世界东方。

---

① 参见《〈中共中央关于制定国民经济和社会发展第十四个五年规划和二〇三五年远景目标的建议〉辅导读本》，人民出版社 2020 年版，第 16—17 页。

（三）开启社会主义现代化强国建设新征程

在"十三五"时期临近结束之际，2020 年 3 月，中共中央政治局决定党的十九届五中全会审议"十四五"规划建议。而"十四五"时期是我国全面建成小康社会、实现第一个百年奋斗目标之后，乘势而上开启全面建设社会主义现代化国家新征程、向第二个百年奋斗目标进军的第一个五年。开好局、起好步十分重要。

2020 年 10 月 26 日至 29 日召开的党的十九届五中全会审议通过了《中共中央关于制定国民经济和社会发展第十四个五年规划和二〇三五年远景目标的建议》，对"十四五"时期经济社会发展作出全面部署，提出到 2035 年基本实现社会主义现代化远景目标。这既意味着在决胜全面建成小康社会之后，将开启全面建设社会主义现代化国家新征程，也意味着迎来了全面建设社会主义现代化强国的新征程。

全会提出的"十四五"时期经济社会发展的主要目标是：经济发展取得新成效，在质量效益明显提升的基础上实现经济持续健康发展，增长潜力充分发挥，国内市场更加强大，经济结构更加优化，创新能力显著提升，产业基础高级化、产业链现代化水平明显提高，农业基础更加稳固，城乡区域发展协调性明显增强，现代化经济体系建设取得重大进展；改革开放迈出新步伐，社会主义市场经济体制更加完善，高标准市场体系基本建成，市场主体更加充满活力，产权制度改革和要素市场化配置改革取得重大进展，公平竞争制度更加健全，更高水平开放型经济新体制基本形成；社会文明程度得到新提高，社会主义核心价值观深入人心，人民思想道德素质、科学文化素质和身心健康素质明显提高，公共文化服务体系和文化产业体系更加健全，人民精神文化生活日益丰富，中华文化影响力进一步提升，中华民族凝聚力进一步增强；生态文明建设实现新进步，国土空间开发保护格局得到优化，生产生活方式绿色转型成效显著，能源资源配置更加合理、利用效率大幅提高，主要污染物排放总量持续减少，生态环境持续改善，生态安全屏障更加牢固，城乡人居环境明显改善；民生福祉达到新水平，实现更加充分更高质量就业，居民收入增长和经济增长基本同步，分配结构明显改善，基本公共服务均等化水平明显提高，全民受教育程度不断提升，多层次社会保障体系更加健全，卫生健康体系更加完善，脱贫攻坚成果巩固拓展，乡村振兴战略全面推进；国家治理效能得到新提升，社会主义民主法治更加健全，社会公平正义进一步彰显，国家行政体系更加完善，政府作用更好发挥，行政效率和公信力显著提升，社会治理特别是基层治理水平明显提高，防范化解重大风险体制机制不断健全，突发公共事件应急能力显著增强，自然灾害防御水平明显提升，发展安全保障更加有力，国防和军队现代化迈出重大步伐。

要实现上述目标必须坚持党的全面领导，坚持和完善党领导经济社会发展的体制机制，坚持和完善中国特色社会主义制度，不断提高贯彻新发展理念、构建新发展格局能力和水平，为实现高质量发展提供根本保证。坚持以人民为中心，坚持新发展理念，坚持深化改革开放，坚持系统观念。

全会还提出了到2035年基本实现社会主义现代化远景目标，这就是：我国经济实力、科技实力、综合国力将大幅跃升，经济总量和城乡居民人均收入将再迈上新的大台阶，关键核心技术实现重大突破，进入创新型国家前列；基本实现新型工业化、信息化、城镇化、农业现代化，建成现代化经济体系；基本实现国家治理体系和治理能力现代化，人民平等参与、平等发展权利得到充分保障，基本建成法治国家、法治政府、法治社会；建成文化强国、教育强国、人才强国、体育强国、健康中国，国民素质和社会文明程度达到新高度，国家文化软实力显著增强；广泛形成绿色生产生活方式，碳排放达峰后稳中有降，生态环境根本好转，美丽中国建设目标基本实现；形成对外开放新格局，参与国际经济合作和竞争新优势明显增强；人均国内生产总值达到中等发达国家水平，中等收入群体显著扩大，基本公共服务实现均等化，城乡区域发展差距和居民生活水平差距显著缩小；平安中国建设达到更高水平，基本实现国防和军队现代化；人民生活更加美好，人的全面发展、全体人民共同富裕取得更为明显的实质性进展。这样就给人们描绘了未来若干年后的中国国家面貌，一定会起到巨大的动员作用。

这次全会丰富深化了"四个全面"总体布局，将"全面建成小康社会"调整为"全面建设社会主义现代化国家"，标志着我国即将胜利完成全面建成小康社会发展阶段的历史任务，进入基本实现社会主义现代化和建设社会主义现代化强国的新阶段，进入开启第二个百年奋斗目标，即中华民族伟大复兴的新征程。不仅如此，这次全会还着眼新发展阶段的新要求，将贯彻新发展理念作为重中之重，把创新置于现代化全局的核心地位，明确了构建新发展格局的极端重要意义。

时间跨入极为重要的2021年，这一年中国共产党迎来百年华诞，中国也将开启建设现代化强国的新征程。完成艰巨使命必须只争朝夕。1月11日，习近平总书记和其他政治局常委一行来到位于北京西郊的中共中央党校，参加省部级主要领导干部学习贯彻党的十九届五中全会精神研讨班开班式。习近平在开班式上强调了"三个新"，即新发展阶段、新发展理念、新发展格局，明确了新发展理念是一个理论体系，新发展阶段是社会主义初级阶段中的一个阶段，建设社会主义现代化强国必须贯彻新发展理念、构建新发展格局、加强党的全面领导。这次开年讲话，既是给全党的高级干部这一党内关键少数上的一堂大课，也是向全党发出的动员令。

2022年10月，党的二十大再次明确，全面建成社会主义现代化强国，总的战略安排是分两步走：从2020年到2035年基本实现社会主义现代化；从2035年到本世纪中叶把我国建成富强民主文明和谐美丽的社会主义现代化强国。大会提出，到2035年，我国发展的总体目标是：经济实力、科技实力、综合国力大幅跃升，人均国内生产总值迈上新的大台阶，达到中等发达国家水平；实现高水平科技自立自强，进入创新型国家前列；建成现代化经济体系，形成新发展格局，基本实现新型工业化、信息化、城镇化、农业现代化；基本实现国家治理体系和治理能力现代化，全过程人民民主制度更加健全，基本建成法治国家、法治政府、法治社会；建成教育强国、科技强国、人才强国、文化强国、体育强国、健康中国，国家文化软实力显著增强；人民生活更加幸福美好，居民人均可支配收入再上新台阶，中等收入群体比重明显提高，基本公共服务实现均等化，农村基本具备现代生活条件，社会保持长期稳定，人的全面发展、全体人民共同富裕取得更为明显的实质性进展；广泛形成绿色生产生活方式，碳排放达峰后稳中有降，生态环境根本好转，美丽中国目标基本实现；国家安全体系和能力全面加强，基本实现国防和军队现代化。大会强调，在基本实现现代化的基础上，全党全国各族人民要继续奋斗，到本世纪中叶，把我国建设成为综合国力和国际影响力领先的社会主义现代化强国。

回望百年，中国共产党在国家建设目标演变历程中，积累了许多宝贵经验：一是确立国家建设目标必须从中国实际出发。作为一个有远大政治追求的政治组织，中国共产党必须树立崇高远大的国家建设目标。但制定近期目标要从国情出发，切不可脱离实际。二是确立国家建设目标必须与时俱进。作为一个执政党，必须与时俱进，根据变化的世情、国情、党情、民情，提出既符合实际又能激励民众的国家建设目标。三是必须继续加强现代化国家建设。尽管中国共产党领导的社会主义现代化建设取得了举世瞩目的成就，但也要看到中国离实现现代化的目标还有一段距离，在政治民主发展、法治理念普及、经济发展方式转变、创新能力提高上还要继续努力。四是加强中国共产党自身的现代化建设。建设现代化国家、推动社会现代化，必然要求执政党自身的现代化。

历史总是在继往开来中展示新气象、新境界。中国共产党从诞生之日起就肩负着复兴中华民族的伟大历史使命。为了完成这个光荣使命，一代又一代中国共产党人前赴后继，无数革命先烈献出了宝贵生命。

展望未来，在建设社会主义现代化强国的新征程上，肯定会遇到各种风险挑战甚至惊涛骇浪。我们一定要以“乱云飞渡仍从容”的定力、“咬定青山不放松”的毅力、“狭路相逢勇者胜”的魄力，为实现社会主义现代化强国目标，披荆斩棘，奋勇前行。

第九章

大胸襟：勇于进行“伟大自我革命”

- “自我革命”话语生成及对推进从严管党治党的意义
- 以自我革命精神推进从严管党治党的百年历程
- 中国共产党百年自我革命的基本经验与重要启示

自1921年建党以来，中国共产党以革命党、领导党、执政党的身份成为中国政治舞台的重要角色，在领导革命、建设、改革的伟大实践中不断发展壮大，成为当今世界上最大的政党。中国共产党之所以能从弱小走向强大，重要原因之一就是坚持“不忘初心、牢记使命”，在推进伟大社会革命进程中坚持自我革命，努力建设坚强有力的马克思主义政党。中国共产党的百年史既是一部勇于革命斗争的历史，也是一部高扬自我革命精神的历史。自我革命伴随着中国共产党百年来发展的每个历史阶段，自我革命精神贯穿中国共产党成长和奋斗的全部历程。自我革命既是中国共产党的鲜明品格，也是中国共产党建设永恒的主题。自我革命没有休止符，自我革命永远行进在质量强党的路上。

一、“自我革命”话语生成及对推进从严管党治党的意义

革命既是人类政治社会发展过程中的重要现象，也是党史党建等政治学科研究常用的重要概念。勇于自我革命，既是中国共产党的政治优势，也是中国共产党最鲜明的特点。习近平指出：“中国共产党的伟大不在于不犯错误，而在于从不讳疾忌医，敢于直面问题，勇于自我革命，具有极强的自我修复能力。”① 新时代全面推进国家治理体系和治理能力现代化，深入推进全面从严治党，坚持勇于自我革命，具有十分重要的意义。

（一）从革命到自我革命的党建话语溯源与形成

在党建话语体系中，自我革命的本质既是革命话语体系的重要组成部分，也是新时代党建话语体系的新发展，即自我革命是革命话语在新时代

① 中共中央文献研究室编：《十八大以来重要文献选编》下卷，中央文献出版社2018年版，第589页。

的拓展和延伸。全面准确地理解和把握自我革命话语内涵及其精神，要以革命话语溯源为起点，探究自我革命话语生成的时代背景。

第一，革命时期革命话语的形成。作为政治话语的革命，在中国广泛使用并为广大民众所接受是在民主革命时期。1911 年辛亥革命后，革命与战争成为 20 世纪上半叶中国社会的时代主题，并作为主线贯穿当时中国政治发展的全部过程。西方学者在编撰中国近现代史时，也采用了革命的话语表述。比如，美国研究中国问题专家麦克法夸尔和费正清主编的《剑桥中华人民共和国史》两卷所用标题分别是“革命的中国的兴起”和“中国革命内部的革命”。美国研究中国国民党问题的学者易劳逸在其所著《流产的革命：国民党统治下的中国（1927—1937）》一书中指出，国民党在 1927—1928 年取得政权后，迅速丧失了革命势头，而变成了军事独裁政权。中国近现代史资料的编辑也同样采用革命话语表述，如第一次国内革命战争（国民革命或大革命）、第二次国内革命战争（土地革命）、第三次国内革命战争（解放战争）。毛泽东在 1927 年的《湖南农民运动考察报告》一文中指出革命的形式和本质：“革命不是请客吃饭，不是做文章，不是绘画绣花，不能那样雅致，那样从容不迫，文质彬彬，那样温良恭俭让。革命是暴动，是一个阶级推翻一个阶级的暴烈的行动。”① 毛泽东在 1939 年的《中国革命和中国共产党》一文中首次提出“新民主主义革命”的概念，指出中国革命的上篇文章是资产阶级民主革命（即新民主主义革命），下篇文章是社会主义革命。他指出两篇文章之间的逻辑关系，即新民主主义革命是社会主义革命的必要准备，社会主义革命是新民主主义革命的必然趋势。

关于革命的代表性界定如下：革命是一种实现正义和恢复秩序的行为；革命是一种权力转移的方法；革命是一种发泄不满和改变现状的途径；革命是一种实现社会变革的历史过程。马克思主义革命观认为，革命是人类社会历史发展中无法避免的社会运动形式。革命不仅是阶级社会中

① 《毛泽东选集》第 1 卷，人民出版社 1991 年版，第 17 页。

阶级矛盾、冲突和对抗激化的必然产物，同时也是阶级社会解决阶级矛盾和社会矛盾的主要途径和手段。革命是阶级社会中政治斗争的最高行动。列宁指出：“一切革命的根本问题是国家政权问题。”① 革命成功的基本标志是国家政权从反动阶级手里转到进步阶级手里，推动社会制度的发展进步。简言之，革命话语主要指向三层含义：一是暴力，二是正义，三是现代性。基于不同标准，革命可以分为不同类型。比如，以发动革命的主体为标准，可以分为资产阶级革命和无产阶级革命；以革命解决的主题为标准，可以分为政治革命、经济革命、社会革命、军事革命、科技革命等；以革命发生地及其性质为标准，可以分为英国光荣革命、法国大革命、俄国十月革命、中国辛亥革命等；以革命行为体的地位关系为标准，可以分为“革他人的命”和“自我革命”；等等。

第二，从建设到改革时期革命话语的拓展与深化。中国共产党的革命话语形成于新民主主义革命时期，贯穿新民主主义革命发展的全过程。在历史传承和思维惯性推动下，革命话语依然延续到社会主义革命和建设时期。新中国成立以来，革命话语的表述变得越来越宽泛并被赋予更广泛的含义，从政治意义上的暴力革命拓展到所有制革命、文化革命、社会革命等领域。基于巩固新生社会主义政权的考虑，从 1949 年至 1956 年中国共产党领导人民进行了伟大的社会主义革命。在社会主义革命期间，中国共产党主要领导中国人民开展镇压反革命运动、抗美援朝、土地改革三大革命运动。1956 年“一化三改造”胜利完成，标志着中国人民完成了社会主义革命，确立了社会主义基本制度。进入社会主义建设时期，毛泽东指出：“现在是处在这么一个变革的时期：由阶级斗争到向自然界作斗争，由革命到建设，由过去反帝反封建的革命和后头的社会主义革命到技术革命，到文化革命。”②

---

① 《列宁选集》第 3 卷，人民出版社 1995 年版，第 19 页。

② 中共中央文献研究室编：《毛泽东年谱（1949—1976）》第 3 卷，中央文献出版社 2013 年版，第 119 页。

1978年党的十一届三中全会开启了党和国家建设的改革开放时代，会议否定了十年“文化大革命”中的“无产阶级专政下继续革命”路线，停止使用“以阶级斗争为纲”的口号，把全党的工作重心转移到社会主义现代化建设上来。1979年3月，邓小平在党的理论工作务虚会上的讲话指出，“无产阶级专政下继续革命。这个提法，如果按照提出的当时的解释，即所谓‘向走资派夺权’，也就是撇开党委闹革命，打倒一切，那么实践已经证明是错误的”①。这次讲话在党的十一届三中全会精神的基础上进一步强调党要重新阐释经典的“革命”理论，开启重新用改革开放和现代化建设的新话语表达“革命”含义。1981年6月，党的十一届六中全会审议通过的《关于建国以来党的若干历史问题的决议》以党内规范性文件的方式正式确认改革是一场新的伟大革命。“我们现在为建设社会主义现代化国家而进行的斗争，正是这个伟大革命的一个阶段。这种革命和剥削制度被推翻以前的革命不同，不是通过激烈的阶级对抗和冲突来实现，而是通过社会主义制度本身，有领导、有步骤、有秩序地进行。”②

在改革开放和现代化建设进程中，邓小平反复强调改革与革命之间的辩证统一关系，改革在一定意义上讲也是一场革命。邓小平在1982年中央政治局讨论中央机构精简问题会议上发表主题为“精简机构是一场革命”的讲话中指出：“精简是革命，选贤任能也是革命。”③ 1985年3月，邓小平在会见外宾时重申了改革与革命的关系，“改革是中国的第二次革命。这是一件很重要的必须做的事，尽管是有风险的事”④。改革开放以来，中国共产党拓展和深化了革命话语的语义理解和内涵界定，以第二次革命的新判断界定改革话语的根本性质与时代价值，实现革命话语与改革开放和现代化建设时期话语的对接与传承。⑤

① 《邓小平文选》第2卷，人民出版社1994年版，第182页。
② 《中国共产党党内法规选编（1978—1996）》，法律出版社2009年版，第73页。
③ 《邓小平文选》第2卷，人民出版社1994年版，第401页。
④ 《邓小平文选》第3卷，人民出版社1993年版，第113页。
⑤ 参见李侃如：《治理中国：从革命到改革》，中国社会科学出版社2010年版。

第三，党的十八大以来自我革命话语的提出。党的十八大以来，“自我革命”一词逐渐成为新时代党和国家建设中被高频使用的新话语。自我革命的提法最早是指在全面深化改革中要以自我革命的气魄推动改革进程，以自我革命的勇气解决地方政府改革中遇到的突出问题。2013 年 10 月 7 日，习近平在出席亚太经合组织工商领导人峰会上的演讲指出：“改革是一场深刻的革命，涉及重大利益关系调整，涉及各方面体制机制完善。”① “我们要坚持改革开放正确方向，敢于啃硬骨头，敢于涉险滩，敢于向积存多年的顽瘴痼疾开刀，切实做到改革不停顿、开放不止步。”② 这是习近平首次明确提出要以自我革命精神推动进入攻坚期和深水区的改革事业，由此拉开自我革命话语提出的序幕。2013 年 11 月 1 日，李克强在地方政府职能转变和机构改革工作电视电话会议上的讲话中首次提及自我革命。“地方政府改革是一场自我革命，涉及面广、触及利益深。各地要按照中央的统一部署，把这项改革作为一项重要工作。”③

随着全面深化改革和全面从严治党向纵深推进，自我革命从对地方政府改革的要求转向对党的建设的要求。2015 年 5 月 5 日，习近平在中央全面深化改革领导小组第十二次会议上的讲话中正式对各级领导干部提出要勇于自我革命、当改革的促进派和实干家的要求，即自觉服从改革大局、服务改革大局，勇于自我革命，敢于直面问题，共同把全面深化改革这篇大文章做好。2016 年 7 月 1 日，习近平在庆祝建党 95 周年大会上的讲话中指出：“我们要以勇于自我革命的气魄、坚忍不拔的毅力推进改革，敢于向积存多年的顽瘴痼疾开刀，敢于触及深层次利益关系

① 中共中央文献研究室编：《十八大以来重要文献选编》上卷，中央文献出版社 2014 年版，第 438 页。

② 中共中央文献研究室编：《十八大以来重要文献选编》上卷，中央文献出版社 2014 年版，第 439 页。

③ 中共中央文献研究室编：《十八大以来重要文献选编》上卷，中央文献出版社 2014 年版，第 452 页。

和矛盾，坚决冲破思想观念束缚，坚决破除利益固化藩篱，坚决清除妨碍社会生产力发展的体制机制障碍。”① 随后，习近平在中央政治局民主生活会和高级干部专题研讨班等多个重要场合进一步阐释和强调要勇于自我革命。党的十九大报告再次强调：“勇于自我革命，从严管党治党，是我们党最鲜明的品格。”② 2017 年 10 月 25 日，习近平在十九届中央政治局常委同中外记者见面时的讲话中指出：“实践充分证明，中国共产党能够带领人民进行伟大的社会革命，也能够进行伟大的自我革命。”从此，自我革命与社会革命并称为新时代“两个伟大革命”的新话语。

（二）新时代自我革命话语界定及其基本内涵

自我革命话语正式提出以来，研究者基于不同的语境、以不同的表述来界定自我革命的内涵。比如，有的从哲学角度把自我革命界定为党遵循马克思主义批判的革命的辩证法，自我革命就是自我扬弃，就是勇于“坚持真理，修正错误”，自我的革命性锻造③；有的从“不忘初心、牢记使命”角度把自我革命界定为党在坚守性质宗旨、初心使命基础上对党员干部进行的“自我教育、自我修养”的革命④；有的从党的自身建设角度把自我革命界定为党开展的以“保持先进性和纯洁性”为目标，依据党章党规党纪加强党员修养和解决党内问题的过程⑤；有的权威教材把自我革命界定为“不忘初心使命，牢记为民宗旨，坚持一切从实际出发，在自我警醒、自我否定、自我反思、自我超越中实现自我净化、自我完善、自我革新、自我提高”⑥；等等。

---

① 中共中央文献研究室编：《十八大以来重要文献选编》上卷，中央文献出版社 2018 年版，第 351 页。

② 《中国共产党第十九次全国代表大会文件汇编》，人民出版社 2017 年版，第 21 页。

③ 参见赵剑英：《论党的十九大报告蕴含的马克思主义哲学思想》，《哲学研究》2018 年第 4 期。

④ 参见辛向阳：《党推进伟大自我革命的宝贵经验》，《红旗文稿》2019 年第 14 期。

⑤ 参见姚桓：《自我革命是应对执政考验的战略举措》，《探索》2018 年第 4 期。

⑥ 《习近平新时代中国特色社会主义思想基本问题》，人民出版社、中共中央党校出版社 2020 年版，第 399 页。

关于自我革命的英文翻译主要有两个版本，一个是高校科研院所专家学者在论文英文摘要和关键词中使用得最多的“self-revolution”；另一个是党和国家外宣部门发布和出版的英文资料统一使用的“self-reform”。[①] 在中文的语境中，革命（revolution）和改革（reform）是推动政治发展的两种不同力量，前者是通过激进的暴力方式推翻旧制度建立新制度，后者是通过温和的改良方式健全和完善既有制度。从字面意义上看，“self-revolution”版本的译法最接近中文的“自我革命”，而“self-reform”版本的译法最接近中文的“自我改革”。究竟哪种英文译法是权威准确的呢？毫无疑问，作为由党中央提出的自我革命话语，党和国家外宣部门发布的版本应是最权威最准确的界定。作为新时代党建话语的“自我革命”本意并非指“党要自己革掉自己的命”，而是要以革命精神来解决党在治国理政和管党治党中存在的突出问题，即以革命话语的方式表达深度的自我改革之意。这种表述方式在党建话语体系中比较常见。比如，邓小平曾经从生产力的角度提出，改革也是一场深刻的革命，改革与革命的目的都是为了解放生产力和发展生产力。

自我革命是党的自我警醒、自我否定、自我反思、自我超越的一种积极的、主动的革命性改造行为。自我革命的实质是以革命精神解决管党治党中存在的问题，通过自我革命的方式实现党的革命性锻造和重塑。基于中国共产党作为中国的领导党和执政党双重身份，中国共产党的自我革命包括两层含义：一是在推进国家治理体系和治理能力现代化背景下全面深化改革必须发扬党的自我革命精神，因为改革也是一场革命，要求领导改革者必须具有自我革命的精神，既要勇于冲破思想观念的障碍，又要勇于突破利益固化的藩篱。二是在一党长期执政下推进全面从严治党必须解决好自我监督问题，执政党必须有正视问题的自觉和刀刃向内的勇气，彻底根除当前党的建设中存在的各种突出问题，建设世界上最强大的政党。党

① 比如，《习近平谈治国理政》第3卷的英文版把党的自我革命翻译成“Self-Reform of the CPC”。

的自我革命的目标就是要解决一党长期执政下自我监督这一世界性难题，通过行动回答“窑洞之问”，跳出“其兴也勃焉，其亡也忽焉”的历史周期率。

（三）以自我革命推进从严管党治党的重要意义

自我革命作为中国共产党在革命、建设、改革的伟大实践中形成的优良传统和政治优势，不仅在百年从严治党管党治党实践中发挥着重要作用，而且在新时代建设中国特色社会主义的伟大社会革命中依然具有重要意义。

第一，自我革命是体现党的本质属性和践行宗旨的根本要求。马克思主义政党的本质属性是批判性和革命性，其内在地要求马克思主义政党必须有自我革命的勇气。《共产党宣言》指出：共产党人到处都支持一切反对现存的社会制度和政治制度的革命运动。……共产党人到处都努力争取全世界民主政党之间的团结和协调。[①] 与西方国家形成于议会的资产阶级政党不同，马克思主义政党形成于无产阶级革命运动中，在无产阶级革命运动中不断发展壮大。作为一种新型政党，马克思主义政党始终代表先进生产力和生产方式，始终代表先进文化的前进方向，始终引领社会历史发展趋势和潮流，积极主动克服党自身存在的不足，坚持以批判性和革命性态度在否定之否定中不断改造自己，在革命性探索和实践中提升自己。中国共产党建立及其领导的新民主主义革命和社会主义革命，是无产阶级世界革命的重要组成部分。中国共产党天然具备了马克思主义政党批判性和革命性属性，继承了马克思主义政党的自我革命的本质特征。“不忘初心、牢记使命”就是不忘我们是共产党人，我们是革命党，要始终保持革命精神，不要丧失革命精神。中国共产党领导人民夺取全国政权要发扬革命精神和开展革命斗争，在夺取全国政权和长期执政条件下依然要发扬革命精

① 参见《马克思恩格斯选集》第 1 卷，人民出版社 2012 年版，第 435 页。

神和进行建设，以改革创新的新时代革命精神投入改革开放和现代化建设的实践中。在对外开放和发展社会主义市场经济条件下领导国家建设的进程中，我们党作为领导党和执政党要始终保持自我革命精神，不断开创改革开放和现代化建设的新局面。

中国共产党始终坚持全心全意为人民服务的根本宗旨。党除了工人阶级和最广大人民群众的利益，没有自己的特殊利益。习近平指出：“我们党之所以有自我革命的勇气，是因为我们党除了国家、民族、人民的利益，没有任何自己的特殊利益。”① 马克思主义政党是为最广大人民谋取利益的政党，完全不为自己谋取私利，只为民族和人民谋利益，总是以人民群众的利益为考虑问题的根本出发点。“心底无私天地宽。”中国共产党自我革命的勇气源于党的性质和根本宗旨，是从无私无畏的人民立场和情怀中来。中国共产党始终代表、维护和实现最广大人民根本利益，能够摆正公与私、是与非、义与利的关系，在革命、建设和改革中正确处理好个人利益和集体利益、当前利益和长远利益、局部利益和全局利益关系。广大党员和干部坚持公私分明，先公后私，克己奉公，努力做到甘于奉献、甘于付出，摆脱个人利益、部门利益和地方利益的局限，以昂扬锐气和浩然正气彰显共产党人自我革命的勇气。习近平指出：“不谋私利才能谋根本、谋大利，才能从党的性质和根本宗旨出发，从人民根本利益出发，检视自己；才能不掩饰缺点、不回避问题、不文过饰非，有缺点克服缺点，有问题解决问题，有错误承认并纠正错误。”②

第二，自我革命是传承优良传统和弘扬政治优势的经验总结。中国共产党百年建设史和70多年执政史，本质上就是一部自我净化、自我完善、自我革新、自我提升的自我革命史。1922年二大党章明确规定了党的严明

① 中共中央文献研究室编：《十八大以来重要文献选编》下卷，中央文献出版社2018年版，第590页。

② 中共中央文献研究室编：《十八大以来重要文献选编》下卷，中央文献出版社2018年版，第590页。

纪律，列出党员如果有违反六类纪律的情形，就必须开除出党。1926年8月，中共中央扩大会议发出《坚决清洗贪污腐化分子》的通告，提出对腐化分子混入党内的现象必须高度警惕，“应该很坚决的洗清这些不良分子，和这些不良倾向奋斗，才能坚固我们的营垒，才能树立党在群众中的威望”①。1942年至1945年的延安整风运动，既是一次全党范围的普遍的马克思主义教育运动，也是一次伟大的思想解放运动。延安整风清除了主观主义、宗派主义、党八股等不正之风，确立了实事求是的思想路线，明确了“惩前毖后，治病救人”的整党方针，形成了以整风方式开展自我革命的党建模式。1949年3月，毛泽东在党的七届二中全会上提出的“两个务必”，即“务必使同志们继续地保持谦虚、谨慎、不骄、不躁的作风，务必使同志们继续地保持艰苦奋斗的作风。我们有批评和自我批评这个马克思列宁主义的武器。我们能够去掉不良作风，保持优良作风”②。这是毛泽东对即将掌握全国政权的全党提出继续保持和发扬革命精神的要求。改革开放以来，我们党反复强调要继续发扬自我革命精神，面对困难与曲折不动摇不气馁，面对成就与赞扬不骄傲不自满，不在喝彩声和赞扬声中失去革命精神，始终保持清醒的政治头脑，始终传承自我革命的优良传统。中国共产党人始终是革命者，无论何时何地都不要丧失了革命精神。

勇于自我革命，是中国共产党区别于世界上其他政党的显著标志和独特政治优势。自我监督是世界性难题，是国家治理的“哥德巴赫猜想”。西方国家政党政治理论认为一党执政无法解决自身存在的问题，解决执政党监督的唯一途径就是实行三权分立的政治制度和竞争性的政党轮替制度，两党制或多党制是实现政党监督的必然选择。在长期执政条件下，中国共产党在建设中国特色社会主义的长期实践中探索自我监督的有效途径和宝贵经验，概括起来就是勇于自我革命。正如习近平所指出的：“我们党为什么能够在现代中国各种政治力量的反复较量中脱颖而出？为什么能

① 《建党以来重要文献选编（1921—1949）》第3册，中央文献出版社2011年版，第348页。
② 《毛泽东选集》第4卷，人民出版社1991年版，第1438—1439页。

够始终走在时代前列、成为中国人民和中华民族的主心骨？根本原因在于我们党始终保持了自我革命精神，保持了承认并改正错误的勇气，一次次拿起手术刀来革除自身的病症，一次次靠自己解决了自身问题。”① 回顾中国共产党百年来的发展历程，一方面党领导人民取得了伟大的成就，另一方面也经历过艰难险阻和困难曲折。比如，新民主主义革命时期大革命失败所犯的右倾机会主义错误和第五次反“围剿”失败犯下的“左”倾教条主义错误；社会主义革命和建设时期所犯的“大跃进”和农村人民公社化运动“左”的错误以及“文化大革命”的极左错误。我们党之所以能一次次转危为安、化险为夷，最根本的原因还在于我们党始终保持了自我革命精神，显示出中国共产党勇于自我革命的精神品格，彰显了中国共产党不同于其他政党的独特政治优势。“历史反复证明，高扬自我革命的精神，就能在革故鼎新、守正出新上不断实现大的跨越，就能不断给党和人民的事业注入生机活力。”②

第三，自我革命是解决改革难题和化解政党危机的根本途径。改革开放是党在新的历史条件下领导人民进行的新的伟大革命，是决定当代中国命运的关键抉择，是实现“两个一百年”奋斗目标和中华民族伟大复兴的关键。历经40多年改革开放和现代化建设，当前改革进入攻坚期和深水区，深层次矛盾和问题日益凸显，错综复杂的利益关系成为阻碍全面深化改革的“拦路虎”。新时代推进全面深化改革，完善中国特色社会主义制度、推进国家治理体系和治理能力现代化，必须以自我革命的勇气破解当前全面深化改革难题。习近平指出：“改革开放是我们党在新的时代条件下带领人民进行的新的伟大革命，是当代中国最鲜明的特色，也是我们党最鲜明的旗帜。”③ 全面深化改革是党领导人民进行的一场伟大的社会革

① 中共中央文献研究室编：《十八大以来重要文献选编》下卷，中央文献出版社2018年版，第590页。

② 甄占民：《全面从严治党和自我革命精神》，《学习时报》2016年11月28日。

③ 中共中央文献研究室编：《十八大以来重要文献选编》上卷，中央文献出版社2014年版，第508页。

命。在全面深化改革问题上，一些思想观念障碍和利益固化的藩篱往往不是来自体制外，而是来自体制内，思想僵化和利益固化问题的根本症结在于领导改革的执政党本身。因此，要破解当前改革发展中面临的各种难题，化解改革发展中的风险和挑战，全党就必须有强烈的历史使命感和责任感，一定要有自我革命的勇气和胸怀，拿出壮士断腕、背水一战的决心，敢于向积存多年的顽瘴痼疾开刀，敢于触及深层次利益关系和矛盾，以积极主动精神全面深化各领域改革，推动中国特色社会主义制度的自我完善和发展。

中国改革开放不能脱离世界经济政治发展的大环境，中国共产党的领导和建设同样不能脱离世界范围的政党政治发展进程。郑永年认为，“要认识中共十九大所发生的‘自我’革命，就必须理解当今世界所面临的政治权力危机，尤其是政党危机。不理解世界性的权力危机就很难理解中国共产党所进行的‘自我革命’的世界意义”①。在当今世界范围内，从西方发达国家到很多发展中国家的政党政治都出现了前所未有的危机，政党不再是政治生活的唯一核心，政党组织社会、凝聚共识、产生领袖、治理国家的功能都出现了严重的问题，导致政党政治出现了以“核心危机”为主要表征的政党危机。中国共产党作为中国特色社会主义事业的领导核心，党的领导水平和执政能力决定了中国改革开放和现代化建设的方向和成效。一个时期以来，党内政治生活中出现了一些突出问题，党的领导弱化、党的建设缺失，管党不严治党不力，少数党员干部违反政治纪律和政治规矩的“七个有之”现象等，不仅严重损害党内政治生态和党的团结统一，而且严重影响党和人民的事业发展。面对党内存在的突出问题，如果听之任之，任其乱起来和烂下去，党就会有走向失败的危险。要么“被革命”，要么“自我革命”，这是摆在中国共产党人面前的两种选择。党的十八大以来，以习近平同志为核心的党中央选择了“自我革命”，通过全面

① 郑永年：《中国共产党的“自我革命”——中共十九大与中国模式的现代性探索》，《全球化》2018 年第 2 期。

从严治党“去除”党内存在的“商业性”“腐败性”“消极性”问题，通过重新确定党的使命和革命性定位，并在此基础上以制度化规范党组织和党员干部的言行，重新界定党的现代性，努力探索跳出历史周期率的治国理政新路，避免重蹈长期执政的“大党”“老党”管党治党失败的覆辙。

二、以自我革命精神推进从严管党治党的百年历程

勇于自我革命作为一条主线，始终贯穿中国共产党从严管党治党的百年发展历程。“回顾党的历史，我们党总是在推动社会革命的同时，勇于推动自我革命，始终坚持真理、修正错误，敢于正视问题、克服缺点，勇于刮骨疗毒、去腐生肌。正因为我们党始终坚持这样做，才能够在危难之际绝处逢生、失误之后拨乱反正，成为永远打不倒、压不垮的马克思主义政党。”① 通过不断清除自身的肌体病毒和顽瘴痼疾，中国共产党不断克服和解决自身存在的各种问题，以强大的自我修复能力锻造坚强有力的马克思主义政党，永葆百年大党的先进性、纯洁性和生机活力。

（一）新民主主义革命时期党的自我革命

自建党时起，中国共产党就开始了自我革命的初步探索，在领导和组织反帝反封建革命斗争中，开创了新民主主义革命时期党的自我革命的模式，为建设和改革时期党的自我革命奠定了坚实的基础。

第一，大革命时期党的自我革命。建党初期，我们党就明确要建设组织严密、纪律严明的马克思主义革命党。1922 年党的二大通过的《中国共产党章程》明确规定下级服从上级、全党服从中央、少数绝对服从多数的纪律原则。党章第二十五条规定地方执行委员会有权对有违反六种党纪行

① 习近平：《习近平谈治国理政》第 3 卷，外文出版社 2020 年版，第 541 页。

为的党员给予开除。与此同时，党的二大制定的《关于共产党的组织章程决议案》进一步指出：“我们共产党，不是‘知识者所组织的马克思主义学会’也不是‘少数共产主义者离开群众之空想的革命团体’，‘应当是无产阶级中最有革命精神的大群众组织起来为无产阶级之利益而奋斗的政党，为无产阶级做革命运动的急先锋’”，“凡一个革命的党，若是缺少严密的集权的有纪律的组织与训练，那就只有革命的愿望便不能够有力量去做革命的运动”①。为强化党的组织性和严明党的纪律性，该决议案规定了七条原则，强调党的组织与训练必须是严密的集权的有纪律的，党的活动必须是不离开群众的。这些具体规定，就为刚刚走上中国政治舞台的中国共产党注入了强大的自我革命动力，即以严密组织性和严格纪律性锻造坚强有力的马克思主义革命党。

从党的一大到四大，在4年期间党员数量就由建党时的50多名发展到近千名。这一时期党员数量增速不快和党员队伍规模不大，党员质量问题还没有充分展现出来。1927年党的五大后，中共党员数量从近千名快速增长到约5.7万名。伴随党员数量的快速增长，党员发展中的质量问题逐渐显露。《中共中央局向中央执行委员会扩大会议的政治报告》明确指出五个方面的问题，其中党员数量增加而导致质量退化是摆在首位的问题。这一问题具体表现为：“（甲）同志都缺乏理论及确定的革命人生观，尤其是很少能将理论活用到实际工作上去。（乙）负责的工作同志，有雇佣劳动倾向，缺少从前那样刻苦奋斗的精神和自发的革命情绪。因此纵然能守纪律也不免形式主义机关主义的流弊。（丙）同志中之一部分，发生贪官污吏化（即有经济不清楚、揩油等情弊）。”② 为解决党员数量剧增造成的党员质量问题，中共中央发扬自我革命精神，采取一系列措施以提升党员质量。1926年发布的《坚决清洗贪污腐化分子》通告是我们党历史上颁布的第一个惩治贪污腐化分子的文件。1927

① 《建党以来重要文献选编（1921—1949）》第1册，中央文献出版社2011年版，第162页。

② 《建党以来重要文献选编（1921—1949）》第3册，中央文献出版社2011年版，第272页。

年 5 月，党的五大选举产生了第一个党的纪律检查机构——中央监察委员会，作为维护和执行党的纪律的专门机关，履行预防和惩治党员干部贪污腐化行为的职责。

第二，土地革命时期党的自我革命。大革命失败后，新民主主义革命进入土地革命战争时期。这一时期党的建设聚焦如何加强党对军队的领导、思想政治工作和基层组织建设。在革命斗争处于低潮的情势下，党如何以自我革命精神克服困难、锻造坚强有力的马克思主义政党，这是摆在当时中国共产党人面前的重大课题。1927 年的三湾改编和 1929 年的古田会议，是党在思想政治上和组织上进行的伟大自我革命，为建立党领导下的人民军队和党的思想政治、组织建设奠定了坚实基础。1927 年 9 月 29 日，毛泽东率领秋收起义部队到达江西永新县三湾时，因部队减员到不足千人，导致组织很不健全、思想混乱严重，一些意志不坚定者思想开始动摇。为适应革命斗争的需要，加强党对军队的领导，毛泽东主持召开前敌委员会议，决定对起义部队进行整顿和改编，被称为“三湾改编”。三湾改编的核心就是在部队中建立党组织，做到连有支部、营团有党委、连以上设党代表，实行官兵平等的民主原则。毛泽东创造性地确立“支部建在连上”“官兵平等”的治军方略，确定了党对军队的绝对领导，保证了党领导下的人民军队的无产阶级性质，在政治上、组织上奠定了新型人民军队的制度基础。

随着革命形势发展和革命队伍扩大，红军第四军及其党组织中加入了大量农民和其他小资产阶级出身的成员，在频繁战斗和艰苦生活的险恶环境下，军队内部极端民主化、重军事轻政治、不重视建立巩固的根据地、流寇思想和军阀主义等非无产阶级思想日益滋生蔓延。为了彻底解决红四军内部存在的这些突出问题，1929 年 12 月 28 日至 30 日，中国共产党红军第四军第九次代表大会在福建省上杭县古田召开。会议通过了《古田会议决议》。《古田会议决议》强调用马列主义和党的正确路线教育党和军队，划清了党领导的人民军队同旧军队的界限，确定了无产阶级的建军路线。古田会议确立了“思想建党”和“政治建军”的方针原则，是党内一次重要的以自我革命方式纠正了党和红军存在的问题，开启了把党建设成为无产阶级先锋队、把军队建设成为无产阶级领导的新型人民军队的伟大历程。

在红军第五次反“围剿”失败和长征初期严重受挫的情况下，为了纠正博古、王明、李德等领导人“左”倾路线在军事指挥上的错误，中共中央政治局于1935年1月在贵州遵义召开会议，依靠自己的力量独立自主解决土地革命战争时期党的路线方针政策问题。会议着重总结了第五次反“围剿”失败的经验教训，不同意博古的总结报告，而是同意毛泽东、张闻天提出的会议意见。张闻天根据与会多数人特别是毛泽东的发言内容，起草了《中共中央关于反对敌人五次“围剿”的总结决议》（简称《遵义会议决议》）。《遵义会议决议》充分肯定了毛泽东在领导红军长期作战中形成的战略战术基本原则，制定了红军今后的任务和战略方针，改组了中央领导机构，增选毛泽东为中央政治局常务委员。遵义会议是在长征途中党和红军面临生死存亡的紧急关头召开的一次具有重大转折意义的会议，结束了王明“左”倾冒险主义在党中央的统治，确立毛泽东在红军和中共中央的领导地位。遵义会议作为党在长征途中召开的一次以自我革命精神纠正错误路线的重要会议，在党的历史上具有重要的地位。党的历史上通过的两个历史决议高度评价了遵义会议在中国革命由挫折走向胜利的伟大转折中的历史意义。1945年通过的《关于若干历史问题的决议》指出：“在毛泽东所领导的在贵州省遵义城召开的扩大的中央政治局会议上，得以胜利地结束了‘左’倾路线在党中央的统治，在最危急的关头挽救了党。”[①] 1981年通过的《关于建国以来党的若干历史问题的决议》指出：“一九三五年一月党中央政治局在长征途中举行的遵义会议，确立毛泽东在红军和党中央的领导地位，使红军和党中央得以在极其危急的情况下保

① 《建党以来重要文献选编（1921—1949）》第22册，中央文献出版社2011年版，第87页。

存下来，并且在这以后能够战胜张国焘的分裂主义，胜利地完成长征，打开中国革命的新局面。这在党的历史上是一个生死攸关的转折点。”①

第三，抗日战争时期党的自我革命。如果说遵义会议是党在政治路线和组织、军事问题上开展自我革命的一次具有转折意义的伟大实践，那么延安整风运动则是在全党范围内开展的一次彻底的思想上、组织上、作风上的自我革命。抗日战争进入相持阶段后，为了提高全党的马克思列宁主义水平，肃清教条主义的影响，纠正党内存在的宗派主义、关门主义、冒险主义、风头主义、命令主义等不正之风，提高党的战斗力，以便战胜困难，夺取胜利，中国共产党决定在全党范围内开展一场普遍的整顿党的作风的运动。1942 年 2 月至 1945 年春季，我们党在延安和各抗日根据地开展了整顿党的作风运动，其任务是反对主观主义以整顿学风，反对宗派主义以整顿党风，反对党八股以整顿文风，中心内容是整顿学风。延安整风以反对主观主义整顿学风、反对宗派主义整顿党风、反对党八股整顿文风为主要内容，发扬自我革命精神，坚持“惩前毖后，治病救人”方针，以集中教育的方式清理党内存在的“左”、右倾错误的思想根源，批判了党内存在的教条主义和经验主义，使全党同志自觉运用马克思列宁主义的立场、观点和方法来观察问题、分析问题、解决问题。经过延安整风，我们党产生了“理论和实践相结合的作风，和人民群众紧密地联系在一起的作风以及自我批评的作风”。1945 年 4 月至 6 月召开了党的七大，七大修订的党章首次把毛泽东思想确立为党的根本思想。“中国共产党，以马克思列宁主义的理论与中国革命的实践之统一的思想——毛泽东思想，作为自己一切工作的指针，反对任何教条主义的或经验主义的倾向。”② 毛泽东在七大所作政治报告——《论联合政府》中把 24 年来党在革命斗争中形成的优良作风概括为“三大作风”，即“理论和实践相结合的作风，和人民

---

① 中共中央文献研究室编：《三中全会以来重要文献选编》下卷，人民出版社 1982 年版，第 790 页。

② 《中国共产党章程汇编（从一大到十七大）》，中共中央党校出版社 2006 年版，第 46 页。

群众紧密地联系在一起的作风以及自我批评的作风”①。“这次整风运动，既是一次全党范围内的马克思主义的思想教育运动，又是全面总结党的历史经验的成功实践。”通过以自我革命方式进行伟大的思想解放运动，全党在毛泽东思想的旗帜下实现了团结统一，为夺取抗日战争的胜利和新民主主义革命胜利，奠定了坚实的政治、思想、组织基础。

第四，解放战争时期党的自我革命。从抗日战争胜利到解放战争初期，中国共产党的党员数量在1947年发展到270万人。党员队伍的迅速发展壮大带来双重影响，一方面体现了党的凝聚力、吸引力、战斗力的增强，党领导的革命事业得到广大人民群众的高度认同和积极支持；另一方面也暴露出党员队伍快速发展过程中的一些突出问题，一些新党员缺乏经常性的阶级教育、思想教育和严格的组织生活。针对党的建设中组织不纯、思想不纯和作风不纯的问题，党中央决定以自我革命精神通过整党方式加强党的建设。整党的基本方针是开展批评与自我批评，以说服教育为主，“惩前毖后，治病救人”。整党的基本内容是重点整顿农村基层党组织，开展“三查”（查阶级、查思想、查作风）、“三整”（整顿组织、整顿思想、整顿作风）运动。整党要求全党彻底揭发脱离党的路线方针政策的错误思想和做法，克服党内的非无产阶级思想影响和官僚主义作风，牢固树立和践行全心全意为人民服务的宗旨；对那些错误严重、屡教不改的党员辅之以组织纪律处分；对极少数混进党内的地主、富农和流氓分子坚决清除出党。

在中国革命转折的关键时刻，党的七届二中全会于1949年3月5日至13日在河北省平山县西柏坡村召开。针对党内有可能出现的因胜利而滋生的骄傲情绪，以功臣自居的自满情绪，不求上进、贪图享乐的情绪，毛泽东在党的七届二中全会的报告中告诫全党要警惕资产阶级“糖衣炮弹”的袭击，提出了“两个务必”思想。“两个务必”同“三大作风”是一脉相

① 《毛泽东选集》第3卷，人民出版社1991年版，第1094页。

承、密切联系在一起的。只有谦虚谨慎，才能做到实事求是；只有艰苦奋斗，才能密切联系群众；做到以上这些，都离不开党内正确的批评和自我批评。党的七届二中全会提出的“两个务必”思想奠定了执政党党风建设的理论基础，是即将在全国取得执政地位的中国共产党开展党风廉政建设和反腐败的宣言书，为党执政后在社会主义建设时期进行党风廉政建设指明了方向和重点。

（二）社会主义革命和建设时期党的自我革命

新中国成立后，中国共产党已经从领导人民为夺取全国政权而奋斗的党，转变成为领导人民掌握全国政权并长期执政的党。“执政党的地位，很容易使我们同志沾染上官僚主义的习气。脱离实际和脱离群众的危险，对于党的组织和党员来说，不是比过去减少而是比过去增加了。”① 鉴于执政后一部分党员和领导干部中出现了骄傲自满，以功臣自居，滋长了官僚主义、贪图享受等新的问题，中共中央发扬自我革命精神，积极开展一系列声势浩大的正风肃纪反腐运动。

第一，社会主义革命时期党的自我革命。1950 年 5 月 1 日，中共中央发出指示，决定在全党全军范围内开展一次大规模的整风运动，克服上级机关的官僚主义、居功自傲情绪和“革命到头”思想。指示要求各级党组织结合总结的经验，开展批评与自我批评，克服党员干部中的骄傲自满情绪、命令主义作风，以及少数党员干部的腐化堕落、违法乱纪的错误。整风运动采取自上而下召开各级干部整风会议或举办整风训练班的方式进行学习文件，检查和总结工作，开展批评与自我批评。在 1950 年整风运动的基础上，中共中央于 1951 年 2 月召开政治局扩大会议，提出进行整党和建党工作，计划用三年时间完成整党任务，着重解决党内思想不纯和组织不纯等问题，普遍进行一次怎样做一名共产党员的教育。1951 年 4 月 9 日，

---

① 《邓小平文选》第 1 卷，人民出版社 1994 年版，第 214 页。

中共中央通过了《中国共产党第一次全国组织工作会议关于整顿党的基层组织的决议》和《中国共产党第一次全国组织工作会议关于发展新党员的决议》。两个决议分别提出做一名共产党员应具备的八项标准和严格管理好发展新党员工作的七项要求。

为了解决执政后国家机关和经济部门工作人员的贪污、浪费和官僚主义等不正之风，打击资产阶级对党员干部的腐蚀和拉拢，加强党执政后的党风廉政建设，中共中央决定开展“三反”“五反”运动。1951 年 12 月 1 日，中共中央作出《关于实行精兵简政、增产节约、反对贪污、反对浪费和反对官僚主义的决定》，向全党提出警告：“一切从事国家工作、党务工作和人民团体工作的党员，利用职权实行贪污和实行浪费，都是严重的犯罪行为。”① “中央要求党的各级领导机关在此次精兵简政的工作中，在展开全国规模的爱国增产节约运动中，在进行反对贪污和反对浪费的斗争中，同时展开一个反对官僚主义的斗争。”② 1952 年 1 月 26 日，中共中央发出《关于在城市中限期展开大规模的坚决彻底的“五反”斗争的指示》，要求“在全国一切城市，首先在大城市和中等城市中，依靠工人阶级，团结守法的资产阶级及其他市民，向着违法的资产阶级开展一个大规模的坚决的彻底的反对行贿、反对偷税漏税、反对盗骗国家财产、反对偷工减料和反对盗窃经济情报的斗争，以配合党政军民内部的反对贪污、反对浪费、反对官僚主义的斗争，现在是极为必要和极为适时的。”③ “三反”“五反”运动既是党执政以来第一次开展的大规模反对不正之风和贪污腐败的政治运动，也是党执政后以政治运动方式开展的第一次自我革命，保证了过渡时期总路线顺利实现。

---

① 中共中央文献研究室编：《建国以来重要文献选编》第 2 册，中央文献出版社 1992 年版，第 483 页。

② 中共中央文献研究室编：《建国以来重要文献选编》第 2 册，中央文献出版社 1992 年版，第 483—484 页。

③ 中共中央文献研究室编：《建国以来重要文献选编》第 3 册，中央文献出版社 1992 年版，第 53 页。

第二，社会主义建设时期党的自我革命。完成社会主义革命任务后，进入社会主义建设时期，党的执政地位得到完全巩固。随着权力高度集中的政治经济体制建立，极少数党员干部以权谋私的现象和官僚主义作风又有所滋长。为进一步密切党群关系，防止党和国家机关工作领导干部变为“特权阶层”，中共中央提出要加强党内的思想教育。从 1957 年到 1966 年，我们党进行了三次较大规模的整风运动。

第一次是 1957 年至 1958 年整风运动。这次整风运动以正确处理人民内部矛盾为主题，但后来被反右斗争扩大化打断。1957 年 4 月 27 日，中共中央向全党发出了《关于整风运动的指示》，决定在 1957 年进行一次普遍的深入整风运动。针对党内脱离群众和脱离实际的官僚主义、宗派主义和主观主义新的滋长，党中央认为有必要在全党重新进行一次普遍的、深入的反官僚主义、反宗派主义、反主观主义的整风运动，提高全党的马克思主义的思想水平，改进作风，以适应社会主义改造和社会主义建设的需要。1958 年 11 月，为克服干部的共产风、浮夸风、强迫命令风，检查干部贪污多占和特权自私的行为，同时达到惩治腐败和克服党内不正之风的目的，又开展了整党运动。1957 年至 1958 年整风运动在一定程度上遏制了官僚主义、形式主义、宗派主义歪风的蔓延，击退了极少数右派分子的进攻，对巩固党的执政地位是必要的。

第二次是 1961 年农村整风运动。1961 年 1 月 20 日，中共中央发出《中央工作会议关于农村整风整社和若干政策问题的讨论纪要》（以下简称《纪要》）。整风整社运动的目标是：进一步调整农村中的生产关系和上层建筑；纯洁干部队伍，纯洁党的组织，健全党的生活，加强党组织的堡垒作用；进一步提高干部和群众的政治水平，整顿干部作风，调整干部和群众的关系，在农村中形成一个广大群众心情舒畅的政治局面；充分调动农民群众的生产积极性，争取 1961 年取得农业丰收。《纪要》要求所有农村人民公社进行整风整社，彻底检查和纠正“共产风”、浮夸风、瞎指挥生产风、特殊化风、命令风；彻底反对贪污、浪费、官僚主义；彻底清查平调账，坚决退赔。这次整风采取了放手发动群众、大鸣大放的方法，对端正党风、克服腐败现象发挥了一定作用。

第三次是1963年至1966年“四清”运动。这次整风运动是根据中共中央的指示，在全国城乡开展的社会主义教育运动。1963年2月，中共中央召开工作会议决定在农村开展以“四清”为主要内容的社会主义教育运动。5月20日，中共中央制定出《关于目前农村工作中若干问题的决定（草案）》（简称“前十条”）。随后，中共中央把它作为指导社会主义教育运动的纲领性文件在党内传达。同年9月，中共中央在北京召开工作会议讨论制定了《关于农村社会主义教育运动中一些具体政策的规定（草案）》（简称“后十条”）。11月14日，中共中央发出《关于印发和宣传农村社会主义教育运动问题的两个文件的通知》，规定将两个“十条”印发全国农村每个支部，并在党内外宣读。此后，各地在试点的基础上，在部分县、社开始进行社会主义教育运动。“四清”最初是“清账目、清仓库、清工分、清财物”，这是一场波及全国的从检查财务制度入手的专项反腐败斗争。

（三）改革开放和现代化建设时期党的自我革命

1978年党的十一届三中全会是一次思想上、政治上、组织上具有重大转折意义的自我革命，彻底纠正十年“文化大革命”错误路线方针政策。改革开放以来，随着党从受到外部封锁和实行计划经济条件下领导国家建设的党，成为对外开放和社会主义市场经济条件下领导国家建设的党，党的自我革命进入新发展阶段。在改革开放和社会主义市场经济条件下，党如何在领导人民进行改革这一新的伟大革命中加强自身建设，以自我革命精神解决党自身建设存在的突出问题，是改革开放和现代化建设时期党的自我革命迫切需要解决的核心问题。

第一，改革开放初期党的自我革命。1978年12月8日至22日，党的十一届三中全会在北京召开，全会重新确立马克思主义的思想路线、政治路线和组织路线。在思想路线上，全会恢复了实事求是的思想路线；在政治路线上，停止使用“以阶级斗争为纲”的错误口号，否定“无产阶级专政下继续革命”的错误理论，把全党工作中心转移到社会主义现代化建设上；在组织路线上，强调坚持民主集中制原则。会议选举产生了新的中央纪律检查委员会，标志着党的纪律检察机关正式恢复重建。党的十一届三中全会是在党和国家向何处去的重大历史关头召开的一次具有里程碑意义的重要会议。“十一届三中全会果断停止使用‘以阶级斗争为纲’的口号，作出了把党和国家工作重心转移到经济建设上来，实行改革开放的历史性决策，实现了中国成立以来我们党历史上具有深远意义的伟大转折，开启了我国改革开放历史新时期。”①

随着改革开放全面推开，一些党员干部思想僵化保守、理论水平不高、政治能力不强、以权谋私等党风廉政问题逐渐暴露出来，一些党组织特别是基层党组织疏于对教育管理进行监督，严重影响了党的先进性和纯洁性，需要全党高度重视加强和改进党的建设，以自我革命精神解决改革开放新形势下党的建设问题。1983 年 10 月，党的十二届二中全会专门讨论整党问题。会议通过了《中共中央关于整党的决定》（以下简称《决定》），号召全党积极参加整党，实现党风的根本好转，努力把党建设成为领导社会主义现代化事业的坚强核心。《决定》指出整党的主要任务是：统一思想，整顿作风，加强纪律，纯洁组织。《决定》提出用三年时间（从 1983 年到 1986 年）对党的作风和组织进行一次全面整顿，解决党内存在的思想不纯、组织不纯和作风不纯的问题，发扬全心全意为人民服务的精神，纠正各种利用职权谋取私利的行为，反对官僚主义。全党要下定决心，用坚决、严肃、认真的态度进行这次整党，希望通过这次整党以提高全党的马克思主义水平，使我们党获得更加强大的生机和活力。邓小平指出：“我们一定要搞好这次整党，把我们党建设成为有战斗力的马克思主义政党，成

---

① 《曲青山党史论集》上卷，中国人民大学出版社 2017 年版，第 42 页。

为领导全国人民进行社会主义物质文明和精神文明建设的坚强核心。”①

按照《决定》的规划部署，整党工作从1983年下半年开始分三期进行。第一期整党的是中央、国家机关各部委和各省、区、市一级单位以及解放军各大单位。中共中央整党工作指导委员会和中央军委共派出有850人参加的90个整党工作指导小组，并成立了中央和国家机关10个口的整党工作指导小组。1985年2月，中共中央召开第二期整党工作会议，中心议题是讨论如何加强领导，搞好第二期整党工作，巩固第一期整党成果，特别是纠正新形势下的不正之风。参加第二期整党的是地、县两级单位。第二期整党单位在完成整党任务中要注意突出重点，着重解决好增强党员的党性，纠正新的不正之风，以保证改革顺利进行。第三期整党主要在农村地区进行，中央整党工作指导小组于1985年11月24日发出《关于农村整党工作部署的通知》，要求县以下单位主要是农村乡、村两级基层单位的整党从1985年冬开始。截至1987年上半年，改革开放以来第一次全面整党工作基本结束。与革命和建设时期广泛采用政治运动方式整党不同，这次整党没有采取大鸣大放、大搞“群众运动”的方式，避免了过去整党运动中“左”的错误做法。这次整党充分发扬了党自我革命的优良传统和政治优势，既在思想、作风、纪律、组织方面取得了成效，也积累了新时期正确处理党内问题的经验，开启了改革开放时代整党的新风气。

经过三年集中整党，党的建设突出问题得到一定程度缓解。但是，在国际大气候和国内小气候双重影响下发生的1989年政治风波，再次暴露了党的建设中存在的突出问题。比如，一些党组织严重不纯，一些党员被不同程度卷入动乱，极少数党员甚至成为动乱和反革命暴乱的策划者、组织者、煽动者、指挥者；有的党组织软弱涣散，放弃领导，个别的甚至支持动乱，公开同党和政府相对抗；有的党员、干部丢掉了党的优良作风，以致出现了许多消极腐败的问题等。针对这场政治风波中暴露出来的党的建

① 《邓小平文选》第3卷，人民出版社1993年版，第39页。

设突出问题，中共中央在1989年8月发出了《中共中央关于加强党的建设的通知》（以下简称《通知》），指出：“党的十三届四中全会，标志着我们党在这场关系生死存亡的斗争中，取得了决定性的胜利。我们一定要冷静地总结过去、思考未来，认真地吸取这场风波的经验教训，充分认识加强党的建设的重要性和紧迫性。从现在起，各级党委必须按照党的基本路线的要求，聚精会神地抓党的建设，下决心解决好当前党的建设中的迫切问题。”①《通知》从八个方面提出加强党的建设总体思路。

以集中整治政治风波中暴露出来的党建问题为契机，开启了以自我革命精神全面加强和改进党的思想、组织、作风、反腐败等方面建设，特别提出要以开展学习教育活动的方式重点整治突出问题。1990年3月，党的十三届六中全会作出《关于加强党同人民群众联系的决定》，要求各级领导干部必须经常深入基层，深入群众，扎扎实实工作，把党的路线、方针、政策落到实处。各级党委都要在深化政治体制改革中推进社会主义民主和法制建设，积极疏通和拓宽党同人民群众联系的渠道。坚定不移地加强党风廉政建设，继续发扬艰苦奋斗精神，克服党内存在的消极腐败现象。加强对各级领导机关和领导干部的监督，建立和完善党内监督和党外监督，自上而下的监督与自下而上的监督相结合的监督制度体系。党的基层组织和广大党员都要联系群众、宣传群众、组织群众，充分发挥战斗堡垒作用和先锋模范作用。在党内普遍深入地进行马克思主义群众观点和党的群众路线的再教育。

第二，市场经济体制初建时期党的自我革命。1992年党的十四大正式提出建立和完善社会主义市场经济体制，如何在改革开放和市场经济条件下加强和改进党的建设，是新形势下党的自我革命迫切需要解决的重大课题。针对从计划经济体制向社会主义市场经济体制转型过程中出现的新情况，党必须善于在新形势下认识自己、加强自己、提高自己、改进自己，

---

① 中共中央文献研究室编：《十三大以来重要文献选编》中卷，人民出版社1991年版，第588页。

以自我革命精神认真研究和解决党的建设中的新矛盾新问题。比如，一些地方和单位党不管党、治党不严，纪律松弛、组织涣散，思想上、组织上、作风上存在各种问题，特别是消极腐败现象在党内滋长蔓延，严重侵蚀着党员和干部队伍。这些问题不仅严重影响党的形象，而且严重削弱党长期执政的群众基础和社会基础，危及党长期执政和国家长治久安。

党的十四大以来，紧紧围绕党的基本路线加强党的建设，坚持问题导向，以自我革命精神解决改革开放和市场经济条件下党的建设突出问题。党的十四大首次把“坚持从严治党”正式写入新修订的党章：“必须紧密围绕党的基本路线加强党的建设，坚持从严治党，发扬党的优良传统和作风，提高党的战斗力，把党建设成为领导全国人民沿着有中国特色的社会主义道路不断前进的坚强核心。”① 按照全面从严治党要求，党中央先后出台了管党治党的党内法规和规范性文件，在全体党员和领导干部中组织开展一系列学习教育活动。

在党内法规制度建设方面，1997 年党的十五大修订的党章首次把邓小平理论确定为党的根本指导思想。“中国共产党以马克思列宁主义、毛泽东思想、邓小平理论作为自己的行动指南。”② 1994 年 9 月，党的十四届四中全会通过了《关于加强党的建设几个重大问题的决议》，总结了党的十一届三中全会以来党的作风建设的基本成就，提出要继续抓好党的作风建设，把反腐败斗争深入持久地进行下去。1997 年 2 月，中共中央印发了《中国共产党纪律处分条例（试行）》。1997 年 3 月，中共中央印发了《中国共产党党员领导干部廉洁从政若干准则（试行）》。1998 年 11 月，中共中央、国务院颁布《关于实行党风廉政建设责任制的规定》，首次提出建立党政领导干部党风廉政建设责任制度，实施责任内容、责任考核、责任追究等措施，重点聚焦检查和监督领导干部的党纪党风。这一时期出台的一系列党内法规和规范性文件，为从严治党提供了重要的党内法规制度遵循。

① 《中国共产党章程汇编（从一大到十七大）》，中共中央党校出版社 2006 年版，第 125 页。
② 《中国共产党章程汇编（从一大到十七大）》，中共中央党校出版社 2006 年版，第 142 页。

在党员和干部学习教育活动方面，1998 年 11 月，中共中央颁布了《中共中央关于在县级以上党政领导班子、领导干部中深入开展以“讲学习、讲政治、讲正气”为主要内容的党性党风教育的意见》，决定在两年内集中一段时间，在全国县级以上党政领导班子和领导干部中深入进行以“讲学习、讲政治、讲正气”为主要内容的党性党风教育，以有效解决党内尤其是领导干部中党性党风存在的突出问题。“三讲”教育活动采用了整风的精神，着重解决了党性党风方面存在的突出问题，对提高全党干部的政治素质，加强党性修养，端正思想作风，增强在改造客观世界的同时改造主观世界的自觉性具有重大意义。2000 年 11 月，中共中央办公厅发出《关于在农村开展“三个代表”重要思想学习教育活动的意见》，决定用两年左右的时间，在全国县（市）部门、乡镇、村领导班子和基层干部中，有计划、有步骤地开展“三个代表”重要思想学习教育活动。这次学习教育活动为党的十六大之后在全国兴起学习贯彻“三个代表”重要思想的新高潮奠定了坚实的实践基础。2001 年 9 月，党的十五届六中全会作出《关于加强党的作风建设的决定》，号召全党进行卓有成效的工作，全面贯彻落实“八个坚持、八个反对”，使党的作风有明显进步，使广大人民群众对党的作风建设看到实效、增强信心。

第三，新世纪以来党的自我革命。进入新世纪，党和国家建设进入新的发展阶段。全面建设小康社会，加快推进社会主义现代化，必须毫不放松地加强和改善党的领导，全面推进党的建设新的伟大工程。加强和改进新世纪党的建设，必须坚持党要管党、从严治党的方针，进一步解决提高党的领导水平和执政水平、提高拒腐防变和抵御风险能力这两大历史性课题。2002 年党的十六大修订的党章把“三个代表”重要思想确定为党的根本指导思想。“中国共产党以马克思列宁主义、毛泽东思想、邓小平理论和‘三个代表’重要思想作为自己的行动指南。”① 以“三个代表”重要

① 《中国共产党章程汇编（从一大到十七大）》，中共中央党校出版社 2006 年版，第 163 页。

思想为指导推进新世纪党的建设，以自我革命精神解决党的建设突出问题，成为新世纪初期自我革命的鲜明特色。

坚持以学习教育方式解决自身存在的突出问题，是新世纪党加强自身建设的宝贵经验。根据党的十六大和十六届四中全会精神，为进一步加强党的执政能力建设，全面推进党的建设新的伟大工程，确保党始终走在时代前列，更好地肩负起历史使命，中共中央于 2004 年 11 月颁布了《中共中央关于在全党开展以实践“三个代表”重要思想为主要内容的保持共产党员先进性教育活动的意见》（以下简称《意见》）。《意见》明确规定：从 2005 年 1 月开始，用一年半左右的时间，在全党开展以实践“三个代表”重要思想为主要内容的保持共产党员先进性教育活动。坚持用马克思主义中国化时代化发展的新成果“三个代表”重要思想武装全党的重要举措，是提高党的执政能力、巩固党的执政基础、完成党的执政使命的重要举措，是实现全面建设小康社会宏伟目标、推进中国特色社会主义伟大事业的重要举措。通过学习实践“三个代表”重要思想，引导广大党员学习贯彻党章，坚定理想信念，坚持党的宗旨，增强党的观念，发扬优良传统，认真解决党员和党组织在思想、组织、作风以及工作方面存在的突出问题，解决影响改革发展稳定、涉及群众切身利益的实际问题，不断增强党员队伍和党组织的创造力、凝聚力、战斗力，为实现全面建设小康社会的宏伟目标提供坚强的政治保证和组织保证。

2007 年党的十七大首次把科学发展观写入党章。“科学发展观，是同马克思列宁主义、毛泽东思想、邓小平理论和‘三个代表’重要思想既一脉相承又与时俱进的科学理论，是我国经济社会发展的重要指导方针，是发展中国特色社会主义必须坚持和贯彻的重大战略思想。”① 针对新世纪以来党的建设中存在的突出问题，如一些党员干部贯彻落实科学发展观的自

① 《中国共产党章程汇编（从一大到十七大）》，中共中央党校出版社 2006 年版，第 2—3 页。

党性还不高、对科学发展观的理解还不深，一些领导干部的思想、作风和能力素质与科学发展观的要求还不适应，一些影响和制约科学发展的问题还比较突出，保障科学发展的体制机制还不够健全等，党的十七大报告提出要在全党开展深入学习实践科学发展观活动。根据党的十七大作出的决策部署，中共中央颁布《中共中央关于在全党开展深入学习实践科学发展观活动的意见》，决定从2008年9月开始，用一年半左右的时间在全党分批开展深入学习实践科学发展观活动。围绕党员干部受教育、科学发展上水平、人民群众得实惠，进一步解放思想、实事求是、改革创新，切实增强贯彻落实科学发展观的自觉性和坚定性，着力转变不适应、不符合科学发展观要求的思想观念，着力解决影响和制约科学发展的突出问题以及党员干部党性党风党纪方面群众反应强烈的突出问题，全面提高新世纪党的执政能力、保持和发展党的先进性，把科学发展观贯彻落实到经济社会发展各个方面。

（四）中国特色社会主义新时代党的自我革命

党的十八大以来，以习近平同志为核心的党中央以强烈的历史担当和顽强的意志品质，从党长期执政和国家长治久安的战略高度重视加强和改进新形势下党的建设，开启全面从严治党的新篇章。2017年党的十九大修订的党章把习近平新时代中国特色社会主义思想确定为党的根本指导思想。“中国共产党以马克思列宁主义、毛泽东思想、邓小平理论、‘三个代表’重要思想、科学发展观、习近平新时代中国特色社会主义思想作为自己的行动指南。”① 面对新时代党的思想、组织、作风、反腐败等方面存在的突出问题，党中央明确提出“打铁必须自身硬”的要求，发扬勇于自我革命精神，在全面从严治党的伟大实践中锻造坚强有力的马克思主义执政党，以伟大的自我革命推动伟大的社会革命。

---

① 《中国共产党章程》，人民出版社2017年版，第1页。

第一，制定出台和贯彻落实中央八项规定精神。继承和弘扬我们党在革命时期形成的“三大纪律、八项注意”优良传统，基于全面从严治党新形势新要求，中央政治局会议于2012年12月4日审议《十八届中央政治局关于改进工作作风、密切联系群众的八项规定》，即中央八项规定。关于出台中央八项规定的总体考虑，习近平在中央政治局会议上关于改进工作作风、密切联系群众的讲话中明确指出：“新一届中央领导集体要定规矩，这是很重要的规矩。没有规矩，不成方圆。从我们在座各位做起来，新人新办法。制定这方面的规矩，指导思想就是从严要求，体现党要管党、从严治党。党风廉政建设，要从领导干部做起，领导干部首先要从中央领导做起。”① 中央八项规定就是要为全党立下改进工作作风、密切联系群众的新规矩，中央政治局同志从本人做起，一级带一级、层层抓落实，力求在工作作风上有新气象、在密切联系群众上有新成效，巩固党治国理政的执政根基和执政之源。

中央八项规定只是党的十八大以来改进工作作风迈出的第一步，不仅是我们作为共产党人应该做到的基本要求，而且是全面从严治党的实践必须一以贯之地坚持下去的作风建设实践。中央八项规定既不是最高目标，也不是最终目的；既不是空洞的口号，也不是无法兑现的承诺。贯彻落实中央八项规定精神是对全体党员和领导干部提出的改进工作作风、密切联系群众的共同要求。以落实中央八项规定精神破题，坚持以上率下，率先垂范，从中央做起，既抓思想引导又抓行为规范，执纪问责，严肃查处和曝光典型案件，以形成高压态势。各地不仅认真贯彻落实中央八项规定精神，也结合实际制定了具体细化措施。中央八项规定精神的贯彻落实，取得了一系列重要阶段性成果，赢得了人民群众的衷心拥护，推动了党风、政风、社会风气好转。中央八项规定作为管党治党、从严治党的重要抓手，对维护党中央权威、增强党的向心力，对保持党同人民群众的血肉联

---

① 中共中央文献研究室编：《习近平关于全面从严治党论述摘编》，中央文献出版社2016年版，第147—148页。

系都起到了重要作用。

第二，开展保持党的群众路线教育实践活动。党的十八大报告提出：“围绕保持党的先进性和纯洁性，在全党深入开展以为民务实清廉为主要内容的党的群众路线教育实践活动，着力解决人民群众反映强烈的突出问题，提高做好新形势下群众工作的能力。”[①] 2013 年 5 月 9 日，中共中央下发《关于在全党深入开展党的群众路线教育实践活动的意见》，明确这次活动由中央政治局带头开展，从 2013 年下半年开始自上而下分两批进行，至 2014 年 7 月基本完成。按照党的十八大战略部署和该意见，从 2013 年 6 月到 2014 年 10 月，围绕保持和发展党的先进性和纯洁性，在全党分两批开展以“为民、务实、清廉”为主题，按照“照镜子、正衣冠、洗洗澡、治治病”的总要求，自上而下在全党范围内深入开展党的群众路线教育实践活动。习近平在党的群众路线教育实践活动工作会议上发表的重要讲话中指出：“开展党的群众路线教育实践活动，是我们党在新形势下坚持党要管党、从严治党的重大决策，是顺应群众期盼、加强学习型服务型创新型马克思主义执政党建设的重大部署，是推进中国特色社会主义的重大举措，对保持党的先进性和纯洁性、巩固党的执政基础和执政地位，对全面建成小康社会，具有重大而深远的意义。”[②]

2014 年 10 月 8 日，习近平在党的群众路线教育实践活动总结大会上发表的重要讲话总结了活动取得的成效。通过开展群众路线教育实践活动，党在广大人民群众中的威信和形象进一步树立，群众对党执政的认同增强，党心民心进一步凝聚，形成了推动改革发展的强大正能量。群众路线教育实践活动为我们党在新形势下进行具有许多新的历史特点的伟大斗争作了思想上、组织上、作风上的重要准备，为进一步推进全面从严治党

---

① 中共中央文献研究室编：《十八大以来重要文献选编》上卷，中央文献出版社 2014 年版，第 40 页。

② 中共中央文献研究室编：《十八大以来重要文献选编》上卷，中央文献出版社 2014 年版，第 307 页。

创造了良好条件。尽管群众路线教育实践活动取得了良好的成效，但我们还要看到存在的问题和不足，特别是影响党的工作作风和密切联系群众的更深层次的问题还没有得到根本解决。群众路线教育实践活动虽有期限，但党的作风建设没有期限，作风建设永远在路上。

第三，开展“三严三实”专题教育。2014 年 3 月 9 日，习近平在参加十二届全国人大第二次会议安徽代表团审议时提出“三严三实”要求。他指出，各级领导干部都要树立和发扬好的作风，既严以修身、严以用权、严以律己，又谋事要实、创业要实、做人要实。“三严三实”既是共产党人最基本的政治品格和做人准则，也是党员、干部修身之本、为政之道、成事之要。“三严三实”贯穿了马克思主义政党建设的基本原则和内在要求，体现了共产党人的价值追求和政治品格，丰富和发展了党的作风建设理论，为加强新形势下党的作风建设提供了重要遵循。领导干部要自觉按照“三严三实”要求，使“三严三实”成为领导干部修身做人、用权律己的基本遵循、干事创业的行为准则。

2015 年 4 月 10 日，中共中央办公厅印发《关于在县处级以上领导干部中开展“三严三实”专题教育方案》（以下简称《方案》），对在县处级以上领导干部中开展“三严三实”专题教育作出安排。中共中央办公厅在印发的《方案》通知中明确指出：“在县处级以上领导干部中开展‘三严三实’专题教育，是党的群众路线教育实践活动的延展深化，是持续深入推进党的思想政治建设和作风建设的重要举措，是严肃党内政治生活、严明党的政治纪律和政治规矩的重要抓手。”① “三严三实”专题教育不同于在全党范围内开展的党的群众路线教育实践活动，这次专题教育的对象只限定各级党政机关、人民团体及其内设机构县处级以上领导干部和事业单位、国有企业中层以上领导人员，方式是融入领导干部经常性学习教育，不分批次、不划阶段、不设环节，不是一次活动。《方案》明确规定“三

① 中共中央文献研究室编：《十八大以来重要文献选编》中卷，中央文献出版社 2016 年版，第 466 页。

严三实”专题教育的总体要求、方法措施和组织领导等工作安排。①

第四，开展“两学一做”学习教育。2016年2月，中共中央办公厅印发了《关于在全体党员中开展“学党章党规、学系列讲话，做合格党员”学习教育方案》，并发出通知要求各地区各部门认真贯彻执行。开展“两学一做”学习教育，是面向全体党员深化党内教育的重要实践，是推动党内教育从领导干部这个“关键少数”向全体党员拓展、从集中性教育向经常性教育延伸的一项重要举措。开展“两学一做”学习教育的目的十分明确，是为了深入学习贯彻习近平系列重要讲话精神，推动全面从严治党向基层延伸，巩固拓展党的群众路线教育实践活动和“三严三实”专题教育成果，进一步解决党员队伍在思想、组织、作风、纪律等方面存在的问题，保持发展党的先进性和纯洁性。该方案明确规定了开展“两学一做”学习教育的总体要求、学习内容、主要措施、组织领导等工作安排。

开展“两学一做”学习教育以来成效显著，党员和领导干部在“两学一做”学习教育中提升了马克思主义理论修养和党性修养，与全面从严治党要求的合格党员的标准更加匹配。为进一步巩固“两学一做”学习教育的成果，提升“两学一做”学习教育的制度化水平，2017年3月，中共中央办公厅印发了《关于推进“两学一做”学习教育常态化制度化的意见》，并发出通知要求各地区各部门认真贯彻落实。该意见明确规定了推进“两学一做”学习教育常态化制度化的基本目标要求、学习内容、合格党员标准、贯彻落实措施。推进“两学一做”学习教育常态化制度化，有利于进一步用习近平系列重要讲话精神武装全党，确保全党更加紧密地团结在以习近平同志为核心的党中央周围，不断开创中国特色社会主义事业新局面。搞好“两学一做”学习教育，要坚持读原著、学原文、悟原理，联系实际学、带着问题学、不断跟进学，领会掌握基本精神、基本内容、基本要求，做到学而信、学而思、学而行。通过“两学一做”学习教育，引导

① 参见中共中央文献研究室编：《十八大以来重要文献选编》中卷，中央文献出版社2016年版，第468—472页。

广大党员按照“四讲四有”标准，做到政治合格、执行纪律合格、品德合格、发挥作用合格。

第五，开展“不忘初心、牢记使命”主题教育。2017 年 10 月 18 日，习近平在党的十九大报告中指出：“弘扬马克思主义学风，推进‘两学一做’学习教育常态化制度化，以县处级以上领导干部为重点，在全党开展‘不忘初心、牢记使命’主题教育，用党的创新理论武装头脑，推动全党更加自觉地为实现新时代党的历史使命不懈奋斗。”① 中国共产党人的初心和使命就是为中国人民谋幸福，为中华民族谋复兴。在全党开展“不忘初心、牢记使命”主题教育，旨在用党的创新理论武装头脑，进一步保持党的先进性，提高党的执政能力、巩固党的执政地位；进一步保持党的纯洁性，持续推动全面从严治党，严肃党内政治生活，净化党内政治生态；进一步保持党的战斗性，在决胜全面建成小康社会的战斗中、在推动经济社会全面发展的新使命中，推动全党更加自觉地为实现新时代党的历史使命不懈奋斗。

2019 年 5 月 13 日，中央政治局召开会议决定，从 2019 年 6 月开始在全党自上而下分两批开展“不忘初心、牢记使命”主题教育。同年 9 月，中共中央印发《关于开展第二批“不忘初心、牢记使命”主题教育的指导意见》，要求第二批主题教育要认真学习贯彻习近平重要指示精神和中央部署要求，把深入学习贯彻习近平新时代中国特色社会主义思想作为根本任务，全面把握守初心、担使命，找差距、抓落实的总要求，坚持抓思想认识到位、抓检视问题到位、抓整改落实到位、抓组织领导到位，充分借鉴运用第一批主题教育成功经验，以彻底的自我革命精神解决违背初心和使命的各种问题，努力实现理论学习有收获、思想政治受洗礼、干事创业敢担当、为民服务解难题、清正廉洁作表率的目标。2020 年 1 月 8 日，习近平在“不忘初心、牢记使命”主题教育总结大会上的讲话指出：“这次主题教育是新时代深化党的自我革命、推动全面从严治党向纵深发展的生动

① 《中国共产党第十九次全国代表大会文件汇编》，人民出版社 2017 年版，第 51 页。

实践，促进了全党思想上的统一、政治上的团结、行动上的一致，为我们党统揽‘四个伟大’、实现‘两个一百年’奋斗目标作了思想上政治上组织上作风上的有力动员，具有重大现实意义和深远历史影响。”[①] 2020 年 9 月，中共中央办公厅印发了《关于巩固深化“不忘初心、牢记使命”主题教育成果的意见》，为建立不忘初心、牢记使命制度提供基本遵循。

第六，开展党史学习教育。2021 年是中国共产党成立 100 周年，党中央决定在全党开展党史学习教育，巩固深化“不忘初心、牢记使命”主题教育成果，激励全党全国各族人民满怀信心迈进全面建设社会主义现代化国家新征程。2021 年 2 月，中共中央印发《关于在全党开展党史学习教育的通知》，就党史学习教育作出部署安排，要求各级党委（党组）把开展党史学习教育作为一项重大政治任务，突出学党史、悟思想、办实事、开新局，面向全体党员，以县处级以上领导干部为重点开展学习教育实践。通过党史学习教育，广大党员学史明理、学史增信、学史崇德、学史力行，增加了历史自信、增进了团结统一、增强了斗争精神。

第七，开展学习贯彻习近平新时代中国特色社会主义思想主题教育。2023 年 4 月，党中央决定以县处级以上领导干部为重点在全党深入开展学习贯彻习近平新时代中国特色社会主义思想主题教育。这次主题教育是贯彻落实党的二十大精神的重大举措，对于统一全党思想、解决党内存在的突出问题、始终保持党同人民群众血肉联系、推动党和国家事业发展，具有重要意义。总要求是“学思想、强党性、重实践、建新功”，根本任务是坚持学思用贯通、知信行统一，把习近平新时代中国特色社会主义思想转化为坚定理想、锤炼党性和指导实践、推动工作的强大力量，使全党始终保持统一的思想、坚定的意志、协调的行动、强大的战斗力，努力在以学铸魂、以学增智、以学正风、以学促干方面取得实实在在的成效。

---

① 习近平：《在“不忘初心、牢记使命”主题教育总结大会上的讲话》，《求是》2020 年第 13 期。

三、中国共产党百年自我革命的宝贵经验与重要启示

中国共产党在自我革命的伟大实践中形成极为丰富的自我革命理论，始终坚持从严管党治党，坚定理想信念，加强党性修养，严肃党内政治生活，坚持经常性教育和集中性教育相结合，勇于开展批评和自我批评，加强党内监督，接受人民监督，不断纯洁党的思想、组织、作风、肌体。中国共产党百年自我革命的理论发展和实践探索，为新时代推进国家治理体系和治理能力现代化、建设世界上最强大的马克思主义政党，积累了宝贵的经验、带来了重要的启示。

（一）百年自我革命的基本经验

梳理中国共产党百年自我革命的发展历程，在革命、建设、改革进程中虽历经困难与曲折，但在领导伟大的社会革命和进行伟大的自我革命的探索与实践中，积累了自我革命的宝贵经验。

第一，坚持以自我革命精神推进党的理论创新和路线调整。坚持以自我革命精神推进党的理论创新，注重用马克思主义中国化时代化发展最新成果武装全党并指导实践，这是中国共产党百年发展取得成功的重要密码之一。伟大的社会革命以伟大的思想革命为先导，伟大的思想革命引领伟大的社会革命发展。思想是行动的先导，自我革命首先从思想革命开始。只有在思想上勇于自我革命，克服和消除党内存在的各种错误思想，才能努力做到正本清源、立根固本。共产主义远大理想和中国特色社会主义共同理想，既是中国共产党人的精神支柱和政治灵魂，也是保持党的团结统一的思想基础。要把坚定理想信念作为党的思想建设的首要任务，用马克思主义中国化最新成果武装全党头脑，解决好世界观、人生观、价值观这个“总开关”问题，筑牢“压舱石”，拧紧“总开关”，自觉做共产主义远大理想和中国特色社会主义共同理想的坚定信仰者和忠实实践者。坚持

用理想信念和党性教育固本培元、补钙壮骨，筑牢信仰之基、补足精神之钙、把稳思想之舵。“中国共产党人坚信马克思主义基本原理是颠扑不破的科学真理，坚信马克思主义必须随着实践发展而不断丰富和发展，从来不把马克思主义看成是空洞、僵硬、刻板的教条。”① 中国共产党在百年探索与实践中，不断推动马克思主义基本原理同中国革命、建设和改革实践相结合，形成了毛泽东思想、邓小平理论、“三个代表”重要思想、科学发展观、习近平新时代中国特色社会主义思想，始终坚持以一脉相承的马克思主义中国化时代化最新理论成果武装全党，统一思想、统一意志、统一行动。

在百年党建的伟大实践中，中国共产党人发扬勇于自我革命精神，纠正错误的路线、方针、政策，带领全党和全国各族人民走向新的正确道路。延安整风运动和党的十一届三中全会既是中共历史上具有里程碑意义的重大转折事件，也是发扬自我革命精神纠正错误、坚持真理的伟大实践。中国共产党在革命时期曾犯过右倾投降主义、“左”倾盲动主义、“左”倾冒险主义的路线错误，导致党领导的革命事业和队伍建设遇到严重挫折。延安整风运动之前，党内存在各种非无产阶级思想，特别是主观主义、宗派主义、党八股三种不正之风对党的影响和危害尤甚。为提高全党的马列主义水平，解决党的思想理论和政治路线问题，以毛泽东为代表的中国共产党人创造性地提出了通过开展整风运动解决党的思想问题的办法，在延安和抗日根据地开展了整顿党的作风活动，探索马克思主义中国化的实践路径。党的七大把毛泽东思想确立为党的根本指导思想，既是马克思主义中国化的重大理论创新，也是党的历史上一次成功的思想建设自我革命的重要成果。“文化大革命”使党的思想理论和政治路线发展再次遇到严重挫折。为彻底纠正错误思想路线，以邓小平为代表的中国共产党人通过一场关于真理标准问题大讨论，纠正了“左”的错误思想路线，确

① 中共中央文献研究室编：《十七大以来重要文献选编》下卷，中央文献出版社 2013 年版，第 438 页。

立了解放思想、实事求是的正确思想路线，开辟了改革开放和社会主义现代化建设的新局面。中国共产党能够依靠自己和人民的力量纠正思想路线上的错误，在困难和挫折中创新和发展党的指导思想，探求解决问题的正确方向和道路。

第二，坚持以自我革命精神强化党的组织和净化党员队伍。以自我革命精神不断强化党的组织和净化党员队伍，是我们党始终保持生机活力和朝气蓬勃的重要原因之一。马克思主义政党是用革命理想和铁的纪律组织起来的政党，组织严密、纪律严明是马克思主义政党的力量所在和政治优势。历经革命、建设和改革不同发展阶段，中国共产党始终坚持用铁的纪律规范和约束党员、干部和党组织，用自我革命精神指导党的组织建设，始终保持党组织和党员队伍的先进性和纯洁性。1927 年第三次修正党章时首次把民主集中制原则写进党章，即“党部的指导原则为民主集中制”[①]。1928 年党的六大修订的党章明确把民主集中制原则作为党的根本组织原则，并提出贯彻执行民主集中制原则的三项要求。针对长征途中张国焘“另立中央”、抗战时期各根据地和地方局不服从党中央政令以及张国焘叛逃问题，毛泽东在 1938 年中共扩大的六届六中全会政治报告中首次提出民主集中原则的“四个服从”。[②] 1945 年七大党章把“四个服从”作为民主集中制原则的核心要求写入党章，指出民主集中制“是在民主基础上的集中和在集中指导下的民主”，并确立民主集中制的四项基本条件。[③] 党的十一届五中全会通过的《关于党内政治生活的若干准则》强调坚持民主集中制：维护党的集中统一，严格遵守党的纪律，坚持党性，根绝派性。1982 年党的十二大通过的党章提出了改革时期民主集中制的六条基本原则要求，成为指导改革开放以来党的组织建设一以贯之的根本组织原则。在民

① 《中国共产党章程汇编（从一大到十七大）》，中共中央党校出版社 2006 年版，第 26 页。

② 参见《建党以来重要文献选编（1921—1949）》第 15 册，中央文献出版社 2011 年版，第 645—646 页。

③ 参见《中国共产党章程汇编（从一大到十七大）》，中共中央党校出版社 2006 年版，第 51 页。

主集中制根本原则指导下，在百年党建的不同时期形成了以毛泽东、邓小平、江泽民、习近平为核心的党中央领导集体，以胡锦涛为总书记的党中央领导集体，形成党中央对全党的集中统一领导，保证党的团结统一和中央政令畅通，推动党中央路线方针政策的贯彻实施，领导全党和全国人民取得革命、建设和改革开放事业的伟大成就。

党员既是党组织机体最基本的细胞，也是党组织力量最基本的源泉。党的细胞有生机活力，党组织机体才有生机活力。毛泽东指出：“我们要建设的一个大党，不是一个‘乌合之众’的党，而是一个独立的、有战斗力的党。”① 增强党员队伍的生机活力，一方面要增强党内政治生活的政治性、时代性、原则性、战斗性，全面净化党内政治生态，使每个党组织都成为激浊扬清的战斗堡垒，使每个党员都成为扶正祛邪的战斗员；另一方面要以自我革命的精神纯洁和净化党员队伍，在革命、建设和改革的实践中始终保持党的先进性和纯洁性，在扩大党员队伍数量的同时更要重视提升党员质量。截至 2022 年 12 月 31 日，中国共产党的党员总数为 9804. 1 万名，党的基层组织 506. 5 万个。要管理好规模如此庞大的党员队伍和基层党组织，关键在于坚持全面从严治党，加强和规范党内政治生活，用自我革命精神清除党员队伍中的不合格分子和不合格党组织。我们要加强和规范党内政治生活，严肃党的政治纪律和政治规矩，全面净化党内政治生态。加强和规范党内政治生活，贯彻落实《关于新形势下党内政治生活的若干准则》，把增强党内政治生活的政治性、时代性、原则性、战斗性落到实处。按照党内法规制度规定，着力净化和纯洁党的组织队伍，严格查处违反党章党纪党规的党员干部，及时把各类不合格党员从党的组织队伍中清除出去。

第三，坚持以自我革命精神驰而不息纠治党的不正之风。马克思主义政党高度重视党的作风建设，特别重视马克思主义执政党的作风建设。坚

① 中共中央文献研究室编：《毛泽东文集》第 2 卷，人民出版社 1993 年版，第 179 页。

持以自我革命精神纠治各种不正之风、建设风清气正的马克思主义政党，既是中国共产党能够赢得民心取得政权的重要原因之一，也是中国共产党得以长期执政的重要保障之一。在新民主主义革命的伟大实践中，中国共产党形成了理论联系实际、密切联系群众、批评与自我批评三大优良作风。“三大作风”不仅成为党克敌制胜的力量源泉和有效法宝，也成为党执政后的宝贵精神财富。1940 年初秋，毛泽东在与马列学院的邓力群等人谈话中提出要用“延安作风打败西安作风”，“延安作风”是指中国共产党的作风，“西安作风”是指中国国民党的作风。① 1941 年至 1945 年，中国共产党通过延安整风运动纠正主观主义、宗派主义、教条主义错误，确立了实事求是的思想路线，实现了思想理论的革命化，推动马克思主义中国化的新发展，为党领导取得新民主主义革命胜利奠定了坚实的基础。新中国成立后，在社会主义革命和建设时期，党通过一系列的政治运动纠正党在领导建设中暴露的不正之风问题，努力净化党的思想、政治和组织队伍，以勇于自我革命精神纠正“文化大革命”错误。改革开放以来，在总结以政治运动方式管党治党的经验和教训基础上，党不断改进和创新自我革命的方式方法，采取以学习教育活动和依规治党方式推动党的自我革命，以正视问题的自觉和刀刃向内的勇气，全面加强和改进党的作风。党的十八大以来，习近平高度重视加强党的作风建设，以整治“形式主义、官僚主义、官僚主义、享乐主义、奢靡之风”为重点，坚持不懈纠正“四风”问题以及由“四风”延伸出的其他不正之风问题。“作风建设永远在路上，永远没有休止符，必须抓常、抓细、抓长，持续努力、久久为功。”② 通过深入持久抓作风建设，推进作风建设常态化制度化，以优良的党风凝聚党心民心，夯实党长期执政和国家长治久安的群众基础和社会基础。

---

① 参见李东朗：《“延安作风打败西安作风”》，《北京日报》2016 年 4 月 25 日。

② 中共中央文献研究室编：《十八大以来重要文献选编》中卷，中央文献出版社 2016 年版，第 99 页。

“执政党的党风问题是有关党的生死存亡的问题。”① 古今中外因为统治集团作风败坏导致人亡政息的案例比比皆是，当今世界上由于执政党的不正之风而失去政权的例子不胜枚举。党的作风是党的形象，关系人心向背，关系生死存亡。作风建设的核心问题是保持党同人民群众的血肉联系。党的作风是观察党群干群关系、人心向背的晴雨表。习近平指出：“如果不坚决纠正不良风气，任其发展下去，就会像一座无形的墙把我们党和人民群众隔开，我们党就会失去根基、失去血脉、失去力量。”② 加强作风建设，必须紧紧围绕保持党同人民群众的血肉联系，增强群众观念和群众感情，不断厚植党执政的群众基础。坚持以上率下，巩固拓展落实中央八项规定精神成果，继续整治“四风”问题，坚决反对特权思想和特权现象。抓作风建设，首先要从中央政治局做起。中央政治局的同志要带头把党的优良作风继承下来，发扬下去，率先垂范、身体力行，形成“头雁效应”。抓作风从严，关键要在抓常、抓细、抓长上下功夫，健全改进作风常态化长效机制。作风建设永远在路上，永远没有休止符。抓作风建设，必须要有钉钉子精神，踏石留印、抓铁有痕，锲而不舍、驰而不息，善始善终、善作善成，持之以恒正风肃纪，以优良党风促政风带民风。

第四，坚持以自我革命精神全面深入持久地推进反腐败斗争。坚决惩治和预防腐败，关系人心向背和党的生死存亡，是党始终必须抓好的重大政治任务。人民群众最痛恨腐败现象，腐败问题对执政党的伤害最大。如果腐败得不到有效惩治，党就会丧失人民的信任和支持；如果反腐败和建设廉洁政治问题解决不好，就会对党造成致命伤害，甚至亡党亡国。中国共产党自建党以来始终坚持反对腐败、建设廉洁政治的鲜明政治立场，以自我革命精神坚决反对腐败，注重保持党的肌体健康。《坚决清洗贪污腐化分子》的通告作为党的历史上颁布的第一个惩治贪污腐化分子的文件，

① 《陈云文选》第3卷，人民出版社1995年版，第332页。

② 中共中央文献研究室编：《习近平关于全面从严治党论述摘编》，中央文献出版社2016年版，第148页。

开启了惩治腐败的制度建设先河。1927 年 5 月，党的五大选举产生了第一个纪律检查机构——中央监察委员会，作为维护和执行党的纪律的专门机关，预防和惩治党员干部的贪污腐化行为。针对中华苏维埃政府内部出现的腐败现象，中央苏区建立了一套从中央到地方的党内、政府、工农群众的监察制度和财政经济领域的审计监察制度。新中国成立前夕，毛泽东等中央领导同志在进京路上提出著名的“赶考对”，警示全党同志要经受住权力的考验、不能被腐败击倒。新中国成立初期，我们党严肃查处了刘青山、张子善腐化堕落案件，教育了广大干部，在人民群众中树立了共产党人执法如山的形象。改革开放 40 多年来，党中央始终把党风廉政建设和反腐败斗争作为重要任务来抓。党的十八大以来，以习近平同志为核心的党中央从整治“四风”问题入手，充分发挥巡视利剑作用，坚定不移“打虎”“拍蝇”“猎狐”，党风廉政建设和反腐败斗争取得了压倒性胜利。

腐败问题的长期性、复杂性、艰巨性，决定了反腐败斗争必须一以贯之、坚定不移、坚持不懈。巩固发展反腐败斗争压倒性胜利，要求我们必须坚持有腐必反、有贪必肃，加强党对反腐败工作的集中统一领导，保持战略定力，持续强化不敢腐的震慑，扎牢不能腐的笼子，增强不想腐的自觉，以永远在路上的坚韧和执着把反腐败斗争推向纵深。要巩固发展反腐败斗争压倒性胜利，就必须坚持标本兼治。通过深化标本兼治，用好治标利器，夯实治本基础，一体推进不敢腐、不能腐、不想腐，构建不敢腐、不能腐、不想腐的有效机制。坚定不移“打虎”“拍蝇”“猎狐”，继续保持惩治腐败的威慑态势，“老虎”露头就要打，“苍蝇”乱飞也要拍，加大追逃追赃力度，让外逃贪官无所遁形。通过改革和制度创新切断利益输送的链条，压缩腐败的生存空间，铲除滋生腐败的土壤，形成靠制度管权、管事、管人的长效机制。增强不想腐的自觉，必须坚持从抓教育入手，教育引导广大党员干部坚定理想信念，坚守共产党人的精神家园，不断夯实党员干部廉洁从政的思想道德基础，筑牢拒腐防变的思想道德防线。尽管党风廉政建设和反腐败斗争取得了阶段性成就，但反腐败斗争的形势依然严峻复杂，全面从严治党依然任重道远，必须以自我革命精神铲除产生各种腐败问题的根源。

（二）百年自我革命的重要启示

百年大党老党保持青春活力的重要密码之一，在于不能丧失自我革命精神，越是长期执政越不能丧失自我革命精神。百年大党老党的自我革命任重道远，必须一以贯之地不断自我革命。新时代要做到“不忘初心、牢记使命”，全党必须始终有强烈的自我革命精神，拿出正视问题的自觉和刀刃向内的勇气，以伟大的自我革命推动伟大的社会革命。

第一，推进自我革命要“破”与“立”结合。中国共产党自我革命的性质和特点，决定了自我革命的方式是“破”与“立”的辩证统一，即革故鼎新的“破”与固本强基的“立”紧密结合。自我革命的“破”与“立”集中体现在推进自我革命进程中的自我净化、自我完善、自我革新、自我提高四个方面。

自我净化和自我革新是自我革命“破”的要求：自我净化是通过出重拳、下猛药、动刀子，通过雷厉风行的霹雳手段过滤杂质、清除毒素、割除毒瘤，纯洁净化党的队伍，保证党的机体健康。自我革新是弘扬改革创新精神，坚决破除一切滞后于时代发展的思想观念、体制机制、关系格局，以勇往直前、开拓进取的创新精神，勇于推动新时代党的理论创新、制度创新、实践创新，开辟新时代中国特色社会主义建设的新天地。

自我完善和自我提高是自我革命“立”的要求：自我完善是全面深化党的制度建设改革，扎紧制度建设的笼子，堵塞制度漏洞，健全完善党和国家监督体系，全面提升党的建设质量，切实增强全体党员和党组织的“免疫力”。自我提高是坚持见贤思齐、臻于至善，弘扬比学赶超精神，激发党员和领导干部的内在驱动力，通过积极主动地向书本学习、向实践学习、向人民群众学习，加强党性锻炼、政治历练、生活磨炼，全面提升党员和领导干部的政治境界、思想境界、道德境界，全面增强执政本领。

第二，推动全党养成自我革命的自觉意识。全党要发扬和践行自我革命精神，首先要养成自我革命的自觉意识。思想是行动的先导，意识是行动的动力。新中国成立初期，针对社会主义建设时期少数党员和领导干部革命意志衰退、革命热情不足的问题，毛泽东强调指出："我们要保持过去革命战争时期的那么一股劲，那么一股革命热情，那么一种拼命精神，把革命工作做到底。"① 改革开放初期，有学者提出"告别革命"的主张，认为革命只能破坏而不能建设，解决阶级矛盾可以采取改良而非革命。这种思想观念在知识界、少数党员和领导干部中颇有市场。随着改革开放和社会主义市场经济的发展，在以经济建设为中心的中国特色社会主义建设过程中，一些党员和领导干部专注抓经济发展，淡化了党组织的政治属性，丢掉了党组织的革命传统，甚至认为强调讲政治的党员和领导干部思想观念"左"倾。一些党员和领导干部认为，要扭住改革的主线，一心一意谋发展，必须摒弃革命斗争的思想观念。这种观点和认识是错误的，改革依然需要革命精神和自我革命精神。

全面深化改革是一场新的伟大社会革命。要解决全面深化改革中面临的国内外深层次的矛盾和问题，全党必须继续保持和发扬革命精神和自我革命精神。面对改革开放事业取得的伟大成就，我们不能陶醉在万众欢呼的喝彩声和赞扬声中，更不能躺在已取得的改革成就上失去革命精神；面对"四大考验""四种危险"的严峻形势，我们不能望而却步、畏难不前，更不能在进行具有新的历史特点的伟大斗争中当"绅士"，甚至当"逃兵"。形势越严峻，任务越繁重，风险考验越大，共产党人越要发扬自我革命精神。习近平指出，"在这种情况下，有没有强烈的自我革命精神，有没有自我净化的过硬特质，能不能坚持不懈同自身存在的问题和错误作

① 中共中央文献研究室编：《十六大以来重要文献选编》上卷，中央文献出版社 2005 年版，第 79 页。

斗争，就成为决定党兴衰成败的关键因素”①。

自我革命精神的本质正是承认问题并改正错误的勇气，未雨绸缪、抓早抓小，依靠自己的力量解决自身存在的问题。习近平指出：“要兴党强党，保证党永葆生机活力，就必须实事求是认识和把握自己，以勇于自我革命精神打造和锤炼自己。坚持自我革命精神，关键要有正视问题的自觉和刀刃向内的勇气。”②心底无私天地宽，不谋私利才能谋根本、谋大利。全体党员和领导干部务必“不忘初心、牢记使命”，践行全心全意为人民服务的根本宗旨，自觉增强忧患意识、危机意识，始终保持共产党人勇于斗争的革命斗争精神和敢于正视问题的自我革命精神，以伟大的自我革命推动实现伟大的社会革命。

第三，以自我革命精神全面深化制度改革。当前，全面深化改革面对更多的是深层次体制机制问题，需要从顶层设计的制度建设层面统筹规划，在建章立制和构建体系方面深化制度改革。邓小平在 1992 年南方谈话中指出：“恐怕再有三十年的时间，我们才会在各方面形成一整套更加成熟、更加定型的制度。”③ 党的十八大以来，随着改革进入攻坚期和深水区，改革实践验证了邓小平对制度化改革的预判，构建系统完备、科学规范、运行有效的制度体系，成为当前全面深化改革的当务之急。基于此，党的十八届三中全会首次把“完善和发展中国特色社会主义制度、推进国家治理体系和治理能力现代化建设”确定为全面深化改革的总目标，进而在党的十九届四中全会中把全面深化制度改革摆到更加突出的位置。

中国特色社会主义最本质的特征是中国共产党领导，中国特色社会主义制度的最大优势是中国共产党领导。中国共产党领导创建的中国特色社会主义根本政治制度、基本政治制度、法律体系、基本经济制度以及建立在这些制度基础上的经济、政治、文化、社会、生态文明等各项具体制

---

①② 中共中央文献研究室编：《十八大以来重要文献选编》下卷，中央文献出版社 2018 年版，第 591 页。

③ 《邓小平文选》第 3 卷，人民出版社 1993 年版，第 372 页。

度，任何制度方面和制度环节的改革都离不开中国共产党。党的领导和组织制度与国家制度交织在一起，党的机构与国家机构之间的权力配置与相互衔接，已成为几轮政治体制改革重点需要解决的课题。推进国家治理体系现代化，需要妥善处理好纵向的中央与地方权力分配与横向地区、部门和行业之间的权力分配，其中很多改革都触及深层次矛盾、触动各方面利益。作为总揽全局、协调各方的党中央和各级地方党委，只有充分发扬自我革命精神，冲破思想观念的障碍、突破利益固化的藩篱，才能在更高的政治站位和宽广的政治格局上推进全面深化改革。

新时代全面深化制度改革的重要方向是完善权力配置和运行制约机制。强化权力制约，合理分解权力，科学配置权力，形成决策权、执行权、监督权既合理分工又协调制约的权力结构和运行机制，保证党和国家机关依照法定权限和程序行使权力。在领导和执政过程中，中国共产党既要善于收权，也要善于放权。一方面，针对党的领导弱化和党的建设缺失，党中央必须集中统一领导，维护党中央的最高领导权威；另一方面，针对行政体制改革中存在的政府对微观经济运行干预过多、管得过死，重审批轻监管等突出问题，中央政府必须深化行政体制改革，采取简政放权的改革措施。无论是加强党的集中统一领导，还是推行简政放权的改革措施，都要求中国共产党人有勇于自我革命的勇气，敢于直面问题，增强党的自我修复能力。习近平指出："一定要有自我革新的勇气和胸怀，跳出条条框框限制，克服部门利益掣肘，以积极主动精神研究和提出改革举措。"①

第四，健全完善自我革命的制度保障体系。执政党是取得执政地位的政党，直接掌握着权力资源和行使公权力。权力容易导致腐败，绝对的权力导致绝对的腐败，不受监督的权力是极其危险的，这是一条政治铁律。权力不论大小，只要不受制约和监督，就都有可能被滥用。党和国家监督体系既是国家治理体系和治理能力现代化建设的关键环节，也是党在长期执政条件下

---

① 中共中央文献研究室编：《十八大以来重要文献选编》上卷，中央文献出版社 2014 年版，第 509 页。

实现自我革命的重要制度保障。毛泽东在1945年回答黄炎培提出的“历史周期率”命题时指出：“只有让人民来监督政府，政府才不敢松懈。只有人人起来负责，才不会人亡政息。”① 新中国成立以来，中国共产党一直在努力探索实现跳出历史周期率的民主新路，在领导社会主义建设和改革开放的发展过程中不断健全完善监督体系。新时代推进国家治理体系和治理能力现代化，依然要把健全完善党和国家监督体系纳入中国特色社会主义制度体系中，以自我革命精神把自我监督的有效制度确立并巩固下来。强化权力制约监督，必须铲除权力监督的真空地带，规范权力运行的流程，压缩权力行使的任性空间。只有用严密、高效、权威的监督制度管住公权力，构建起具有中国特色的监督体系，才能确保党长期执政的地位，跳出历史周期率。

党和国家监督体系建设是一项系统工程，由各类、各层级的监督子系统构成，如何科学统筹和优化配置监督体系各个子系统，是提高监督机制科学化水平的关键所在。要坚持和完善党和国家监督体系，就必须更加重视从体制机制上破解自我监督这一世界性难题，解答国家治理的“哥德巴赫猜想”，继续深化党和国家制度改革。坚持纪严于法、纪在法前、纪法分开、纪法贯通的原则，推动依规治党和依法治国相结合，健全完善党内法规制度，加强反腐败的国家立法，形成靠制度管权、管事、管人的长效机制，推动中国特色监督制度更加成熟更加定型。

自我革命的要求集中体现在政治层面对执政党的自我监督。在党和国家监督体系中，政治监督作为最根本的监督类型居于统领地位，贯穿监督体系子系统的全过程、各方面。“推进纪律监督、监察监督、派驻监督、巡视监督统筹衔接，健全人大监督、民主监督、行政监督、司法监督、群众监督、舆论监督制度，发挥审计监督、统计监督职能作用。”② 以政治监

① 中共中央文献研究室编：《毛泽东年谱（1893—1949）》（修订本）中卷，中央文献出版社2013年版，第611页。

② 《中国共产党第十九届中央委员会第四次全体会议文件汇编》，人民出版社2019年版，第64页。

督为统领，统筹协同、有机贯通、相互协调、一体推进是党和国家监督体系建设的重要思想和工作方法。各级党委（党组）承担全面从严治党主体责任，担负全面监督的职责；纪委监委作为监督执纪问责的专责机关，担负政治监督的专门责任；党的工作部门在明确各自职责的前提下做好职能监督工作；党的基层组织要按照党章党规要求承担起日常监督的职责；党员要积极主动行使民主权利，承担民主监督和群众监督的职责。通过把政治监督摆在首位，以政治监督为统领，推动各类监督合理配置和有机衔接，推动构建严密高效权威的监督体系网络，确保党和人民赋予的权力始终在正确的轨道上运行。总之，加强党的自我监督，必须坚持“落实全面从严治党主体责任、监督责任，提高党的建设质量”①。

第五，增强党员和领导干部自我革命本领。建设中国特色社会主义伟大事业，推进新时代伟大的社会革命，要求中国共产党人既要政治过硬，也要本领高强。无论是领导全国人民进行伟大的社会革命，还是进行伟大的自我革命，都离不开广大党员和各级领导干部。党员和领导干部是进行“两个伟大革命”的核心力量，肩负着推动“两个伟大革命”目标实现的领导者和实践者的职责。办好中国的事情关键在党、关键在人。关键在人，是指既要建设一支宏大的高素质干部队伍，也要建设一支高素质专业化的公务员队伍。“在我国，95% 以上的领导干部、80% 的公务员是共产党员，构成代表人民行使公权力的中坚。”② 管住了党员和领导干部，也就管住了行使公权力的绝大多数和关键少数。以自我革命强化权力运行制约和监督体系，必须增强党员和领导干部自我革命本领，保持革命队伍的骨干具有生机活力，以朝气蓬勃、精神焕发、斗志昂扬的精神状态，团结和带领全国人民为实现第二个百年奋斗目标而努力。

增强党员和领导干部的自我革命本领，必须按照全面从严治党战略部

① 《中国共产党第十九届中央委员会第五次全体会议文件汇编》，人民出版社 2020 年版，第 66 页。

② 肖培：《强化对权力运行的制约和监督》，《人民日报》2019 年 12 月 16 日。

署和总体要求，在学习、工作和生活实践中全面提升党员和领导干部的综合素养和能力。全体党员首先要从合格党员做起，切实履行党员基本义务，自觉尊崇遵守党章党纪党规和国家法律法规，增强“四个意识”、坚定“四个自信”、做到“两个维护”，贯彻落实党的路线方针政策。“把严的主基调长期坚持下去，不断增强党自我净化、自我完善、自我革新、自我提高能力。”① 党的干部是党和国家事业的中坚力量。领导干部和政府官员的双重身份意味着其承担行使公权力的职责，同时也决定了自我革命聚焦的关键少数就是领导干部和政府官员。领导干部要在增强自我革命本领方面走在前列，坚持以上率下，始终从自身做起，坚持惕厉自省，把自我革命当作一种责任、一种担当、一种精神追求。

领导干部特别是主要领导干部，首先要加强政治能力训练和政治实践历练，提高把握方向、把握大势、把握全局的能力和辨别是非、保持政治定力、驾驭政治局面、防范政治风险的能力，增强政治敏锐性和政治鉴别力。其次要增强党的意识和组织观念，在严格的党内政治生活和业务工作中加强思想淬炼、政治历练、实践锻炼、专业训练，严格遵守党的组织生活制度，按时参加“三会一课”、民主生活会、组织生活会。批评和自我批评既是中国共产党的优良作风，也是领导干部强身治病、保持机体健康的锐利武器，更是领导干部践行自我革命精神的重要手段。领导干部必须带头以批评和自我批评的示范行动引导党员，推动形成风清气正的良好党内政治生态。各级领导干部必须加强廉洁自律，严守党章党纪国法，增强政治定力、纪律定力、道德定力、抵腐定力，做到知行合一、言行一致，做清正廉洁的共产党人。

---

① 《中国共产党第十九届中央委员会第五次全体会议文件汇编》，人民出版社 2020 年版，第 66—67 页。

第十章

大担当："为世界谋大同"

- 中国应当对于人类有较大的贡献
- 和平与发展是当今时代的两大主题
- 世界处于百年未有之大变局

2018 年，习近平会见来访的联合国秘书长古特雷斯时表示："我们所做的一切都是为人民谋幸福，为民族谋复兴，为世界谋大同。"早在新中国成立之初，毛泽东就满怀信心地说"中国应当对于人类有较大的贡献"，一个自立自强有担当的新中国由此屹立东方；改革开放初期，邓小平提出"和平与发展是当今时代的两大主题"，为我们维护世界和平、进行社会主义现代化建设提供了重要的时代导向和战略擘画。今天，我们积极推动构建人类命运共同体，中国特色大国外交在百年未有之大变局的风云激荡中体现了全新作为、责任担当和使命引领。

一、中国应当对于人类有较大的贡献

中国共产党的革命事业从一开始就与世界和人类的发展紧密相关，既从世界总体形势中孕育产生，也致力对人类的解放和发展作出应有的贡献。

（一）中国共产党的历史使命与"世界大同"

1921 年 8 月，中国共产党第一次全国代表大会在浙江嘉兴南湖的一艘游船上胜利闭幕，宣告了中国共产党的诞生。中国国内的革命事业有了坚强的领导者——中国共产党，这艘游船获得了一个永载中国革命史册的名字——红船。从此，中国革命的航船扬帆起航，见证了中国历史上开天辟地的大事变。党的一大通过的《中国共产党的第一个纲领》从俄国十月革命后的世界总体形势出发，为中国找到马克思主义这个正确的革命理论，认识到只有社会主义、共产主义才能救中国，提出了"联合共产国际"的原则和规定。

此后，井冈山精神、长征精神、延安精神、西柏坡精神等进一步激励和鼓舞着中国共产党站在历史的高度，走在时代的前列，将中国人民的革命、建设和改革与世界总体形势、人类的和平与发展联系起来。1918 年 4 月，毛泽东等在长沙发起成立新民学会时，就提出了“改造中国与世界”的宏伟抱负和国际担当。1936 年，在和美国记者斯诺的谈话中，毛泽东指出：“日本侵略不仅威胁中国，而且也威胁世界和平，尤其是太平洋的和平”，“这样，日本的侵略就不仅是中国的问题，而且是应由太平洋地区所有国家来对付的问题。中国苏维埃和中国人民因此要同各国、各国人民、各党派和各群众组织团结起来，组成反对日本帝国主义的统一战线”①。在 1938 年的《中国共产党在民族战争中的地位》中，毛泽东强调：“中国胜利了，侵略中国的帝国主义者被打倒了，同时也就是帮助了外国的人民。”② 同年，毛泽东在《论持久战》中进一步明确：“中国的任务，就在于利用这种国际形势取得自己的彻底解放，建立独立的民主国家，同时也就是帮助世界的反法西斯运动。”“四亿五千万的中国人占了全人类的四分之一，如果能够一齐努力，打倒了日本帝国主义，创造了自由平等的新中国，对于争取全世界永久和平的贡献，无疑地是非常伟大的。”

在 1938 年 6 月撰写的《论人民民主专政》中，毛泽东对新中国内政外交的基本政策与世界大同的关系进行了思考和论述。他指出：“对于工人阶级、劳动人民和共产党，则不是什么被推翻的问题，而是努力工作，创设条件，使阶级、国家权力和政党很自然地归于消灭，使人类进到大同境域”，“康有为写了《大同书》，他没有也不可能找到一条到达大同的路”，只有“经过人民共和国到达社会主义和共产主义”，才能“到达阶级的消灭和世界的大同”，“中国有可能在工人阶级和共产党的领导之下稳步地由农业国进到工业国，由新民主主义社会进到社会主义社会和共产主义社会，消灭阶级和实现大同”③。

① 中共中央文献研究室编：《毛泽东文集》第 1 卷，人民出版社 1993 年版，第 390—391 页。
② 《毛泽东选集》第 2 卷，人民出版社 1991 年版，第 468、476 页。
③ 《毛泽东选集》第 4 卷，人民出版社 1991 年版，第 1469、1471、1476 页。

在取得革命的胜利、推翻帝国主义的压迫、建立新中国后，中国开始以独立自主的崭新面貌屹立于世界，并在平等、互利、互相尊重主权和领土完整的基础上与各国建立新型外交关系，成为维护世界和平、发展的重要力量。1956 年，毛泽东在《纪念孙中山先生》一文中明确提出，"中国是一个具有九百六十万平方公里土地和六万万人口的国家"，"中国应当对于人类有较大的贡献"①。为了实现这个目标，一代代中国人前赴后继，在中国共产党的领导下走过了一条艰难曲折、上下求索之路。其中，第一代领导集体在正确分析战后国际形势的基础上，不断积累内政外交的理论和实践经验，成功应对建国初期的一系列困难和挑战，展现出应对和驾驭复杂局面的能力，有效维护和巩固了新中国的国家政权，制定了一系列高瞻远瞩的外交政策和方针，从思想理念和对外交往实践上，为人类的和平与发展作出了重要贡献。

（二）"打扫干净屋子再请客"

1840 年鸦片战争以后，逐步陷入半殖民地半封建社会的旧中国，经历了长期饱受欺凌、战火连绵、山河破碎、民不聊生的黑暗历史，从那以后，独立自主与和平发展成为一代又一代中国人梦寐以求的夙愿。中国共产党从一大纲领开始，就把实现社会主义、共产主义作为自己的奋斗目标，把救中国作为自己的庄严使命。1922 年，在党的二大上进一步明确提出将"推翻国际帝国主义的压迫，达到中华民族的完全独立"作为党的最低纲领。1931 年，在《中华苏维埃共和国宪法大纲》中进一步规定，"中华苏维埃政权以彻底地将中国从帝国主义压榨之下解放出来为目的"，"不承认帝国主义在华的政治上经济上的一切特权"，"一切与反革命政府订立的不平等条约无效"②。1945 年 4 月，在抗日战争取得胜利前夕，党的七大提出党和全国人民的任务是要建立一个独立、自由、民主、统一、富强的

① 毛泽东：《纪念孙中山先生》，《人民日报》1956 年 11 月 12 日。

② 《苏维埃中国》，中国现代史资料编辑委员会翻印 1957 年版，第 19 页。

新中国。[①]

新中国的诞生开启了中国外交的新纪元，也为中国创立独立自主的和平外交方针创造了条件。1949 年 2 月初，毛泽东在西柏坡接见苏联领导人米高扬，在谈到即将建立的新中国外交政策时，提出了“打扫干净屋子再请客”的方针。他说，我们这个国家，如果形象地把它比作一个家庭来讲，它的屋内太脏了……解放后，我们必须好好加以整顿。等屋内打扫清洁，干净了，有了秩序，陈设好了，再请客人进来。我们的真朋友可以早点进屋子来，也可以帮助我们做点清理工作，但别的客人得等一等，暂时还不能让他们进门。

具体而言，“打扫干净屋子再请客”是指：清除帝国主义在中国的残余势力，取消帝国主义在中国的一切特权，以巩固新中国的独立与主权，在此基础上与愿遵守和平民主平等等原则的国家建立平等互利的外交关系。制定这条外交方针的背景是，“帝国主义总想保留一些在中国的特权”，新中国成立后，“帝国主义的军事力量被赶走了，但帝国主义在我国百余年来的经济势力还很大”，新中国想要获得独立自主的发展环境，就“要在建立外交关系以前把‘屋子’打扫一下”，即把帝国主义国家在中国的势力和特权逐步肃清，在互相尊重领土主权和平等互利的基础上同世界各国建立新的外交关系。毛泽东强调：“我们是愿意按照平等原则同一切国家建立外交关系的，但是从来敌视中国人民的帝国主义，决不能很快地就以平等的态度对待我们，只要一天它们不改变敌视的态度，我们就一天不给帝国主义国家在中国以合法的地位。”[②]

“打扫干净屋子再请客”的基本目标是与旧中国半殖民地的屈辱外交彻底决裂，创造独立自主的新型外交，使新中国在对外交往中处于主动地位。1949 年 6 月 15 日，毛泽东在中国人民政治协商会议筹备会议第一次

① 参见王巧荣主编：《中华人民共和国外交史（1949—2019）》第 2 版，当代中国出版社 2020 年版，第 9 页。

② 《毛泽东选集》第 4 卷，人民出版社 1991 年版，第 1435 页。

全体会议上致开幕词时庄严宣告："中国必须独立，中国必须解放，中国的事情必须由中国人民自己作主张，自己来处理，不容许任何帝国主义国家再有一丝一毫的干涉。"同时，"任何外国政府，只要它愿意断绝对于中国反动派的关系，不再勾结或援助中国反动派，并向人民的中国采取真正的而不是虚伪的友好态度，我们就愿意同它在平等、互利和互相尊重领土主权的原则的基础之上，谈判建立外交关系的问题"[①]。周恩来指出："我们对外交问题有一个基本的立场，即中华民族独立的立场，独立自主、自力更生的立场。"[②] 同年9月29日，中国人民政治协商会议第一届全体会议通过了《共同纲领》，其中宣布："中华人民共和国外交政策的原则，为保障本国独立、自由和领土主权的完整，拥护国际的持久和平和各国人民间的友好合作，反对帝国主义的侵略政策和战争政策。"在具体的外交政策上，强调，"对于国民党政府与外国政府所订立的各项条约和协定，中华人民共和国中央人民政府应加以审查，按其内容，分别予以承认，或废除，或修订，或重订"，"凡与国民党反动派断绝关系、并对中华人民共和国采取友好态度的外国政府，中华人民共和国中央人民政府可在平等、互利及互相尊重领土主权的基础上，与之谈判，建立外交关系"[③]。自此，《共同纲领》以国家临时宪法的形式将"打扫干净屋子再请客"正式确定为新中国外交政策的基本原则。

在"打扫干净屋子再请客"的思想指导下，新中国开创性地将谈判建交作为对外交往的重要方式之一。谈判的核心标准是：是否断绝与国民党残余政权的外交关系、在联合国对待回复新中国合法地位的态度，以及对待其管辖范围内国民党的各种机构与中国的一切国家资财的态度。谈判建交的外交实践不仅有利于新中国在复杂国际形势下辨别敌友，有利于新中国建立新型的外交关系，也有利于反对国际上制造"两个中国"的分裂图

① 《毛泽东选集》第4卷，人民出版社1991年版，第1465—1466页。
② 韩念龙：《当代中国外交》，中国社会科学出版社1987年版，第30页。
③ 《中国人民政治协商会议共同纲领》，《人民日报》1949年9月30日。

谋。谈判建交中确立的“一个中国”的原则也已成为中国外交贯穿始终的一项重要原则。依据“打扫干净屋子再请客”的原则，新中国先后和瑞典、丹麦、瑞士、芬兰、挪威等国正式建交。英国和荷兰为维护其在华利益，虽表示承认新中国，但在联合国对新中国代表权问题上持不明确表态，企图追随美国制造“两个中国”。因此，当时中国只与英国、荷兰建立了代办级外交关系。

“打扫干净屋子再请客”的外交原则、方针和政策，既是新中国在独立自主基础上开创新型外交关系的重要指导思想，也是中国外交长期坚持的特色、优势和传统，凝聚着新中国成立以来第一代领导人的外交理论和实践探索成果。该原则的有效实施维护了中国的独立、主权和领土完整，创造了有利于国家建设和发展的国际环境。中国开始以全新的姿态出现在国际舞台上，并对维护世界和平、促进人类的共同进步产生了深远的影响。

（三）抗美援朝，保家卫国

抗美援朝是新中国成立之初，中国共产党领导的新生政权和美帝国主义的第一场大规模直接碰撞。伟大的抗美援朝战争抵御了帝国主义的侵略扩张，捍卫了新中国安全，保卫了中国人民和平生活，稳定了朝鲜半岛局势，维护了亚洲和世界和平。

新中国成立后，朝鲜是中国唇齿相依的重要邻邦。第二次世界大战结束时，美国和苏联在朝鲜半岛以北纬38度线为界在南北两边分别接受日本投降，人为地将朝鲜分裂为受美国政府扶持的“大韩民国政府”和得到社会主义国家支持的“朝鲜民主主义人民共和国政府”南北两个对立的政权。1950年6月25日，在新中国成立不足一年，致力恢复和发展国民经济、巩固人民政权的时候，朝鲜南北双方爆发了内战。6月26日，美国政府从其全球战略和冷战思维出发，作出武装干涉朝鲜内战的决定，并派遣第七舰队侵入台湾海峡。7月7日，美国操作联合国安理会通过决议，成立由美国指挥的“统一司令部”，使用联合国旗号组织所谓“联合国军”侵入朝鲜半岛作战。在此背景下，朝鲜问题成为日趋严峻的国际问题，半岛及其周边地区的安全形势急剧恶化，严重威胁到中国的国家统一和国家安全。

中国共产党和中国人民一贯同情和支持朝鲜人民争取国家独立和统一的斗争。朝鲜战争爆发后，中国一直密切关注战场局势走向，在军事上“未雨绸缪”加强应对。1950 年 8 月 27 日以后，美国的军用飞机不断侵入中国领空，抵近侦察并对靠近朝鲜的中国境内目标进行轰炸和扫射，中国的安全受到越来越严峻的挑战和威胁。9 月中旬，美国纠集的“联合国军”在仁川登陆并加速向北推进，于 9 月 29 日抵达“三八线”附近。面对朝鲜战局的突变，周恩来于 9 月 30 日在政协全国委员会庆祝建国一周年大会上作报告时庄严宣告：“中国人民热爱和平，但是为了保卫和平，从不也永不害怕反抗侵略战争，中国人民决不能容忍外国的侵略，也不能听任帝国主义者对自己的邻人肆行侵略而置之不理。”① 10 月初，美军不顾中国政府的严正警告，悍然越过三八线，把战火烧到中朝边境。侵朝美军飞机多次轰炸中国东北边境地区，给人民生命财产造成严重损失，中国的国家安全面临严重威胁。

在战局遭受严重挫折的情况下，朝鲜政府和金日成首相分别在 10 月 1 日和 3 日两次请求中国政府出兵支援。10 月 3 日凌晨，周恩来紧急约见印度驻华大使潘尼迦，请他通过印度总理尼赫鲁把中国政府的严正立场转告给美国，明确表示：“美国军队正企图越过三八线，扩大战争。美国军队果真如此做的话，我们不能坐视不顾，我们要管。”② 但美国没有对中国的警告予以重视，继续推进侵朝战争。当时，新中国成立仅一年，经济恢复刚刚开始，物资极度匮乏，财政状况非常困难，人民政权还没有完全巩固，人民解放军武器装备相当落后，海军、空军尚处于初创阶段。一旦中

---

① 《周恩来选集》下卷，人民出版社 1984 年版，第 37 页。

② 中共中央文献研究室编：《周恩来年谱》上卷，中央文献出版社 1997 年版，第 83 页。

国公开援助朝鲜就会冒着同世界上经济实力最雄厚、军事力量最强大的美国发生直接冲突的危险。但如果让美国占领整个朝鲜，恣意践踏世界和平、欺凌友邦，对中国的邻国、对中国自身、对东方各国都将极为不利。

危急关头，应朝鲜党和政府的请求，中国共产党和中国政府以非凡气魄和胆略作出抗美援朝、保家卫国的历史性决策。1950 年 10 月 8 日，在美军越过三八线的第二天，中国领导人毛泽东发布《给中国人民志愿军的命令》，并电告朝鲜最高领导人金日成："根据目前形势我们决定派遣志愿军到朝鲜境内帮助你们反对侵略者。"① 10 月 19 日，中国人民志愿军高举保卫和平、反抗侵略的正义旗帜，"雄赳赳、气昂昂，跨过鸭绿江"，开始了伟大的抗美援朝战争。10 月 25 日，已作好战斗准备的志愿军与长驱直入的敌军遭遇，打响了出国作战的第一枪。经过连续作战，志愿军很快展现了帮助朝鲜反抗侵略的坚定决心和力量，先后粉碎了美国"感恩节（11 月 23 日）前结束朝鲜战争"和"圣诞节（12 月 25 日）前结束战争"的计划和攻势，多次沉重打击美国所谓的"王牌"部队。

朝鲜战争因复杂的国际背景具有长期性和艰苦性。1951 年 3 月 1 日，毛泽东在致斯大林的一份电报中明确指出，"朝鲜战争有长期化的可能"，"我军必须准备长期作战，以几年时间，消耗美国几十万人，使其知难而退，才能解决朝鲜问题"②。中国人民志愿军在取得云山战斗、长津湖战役等胜利后，也做好了与美国进行消耗战和拉锯战的思想和物质准备。中国抗美援朝的坚定意志推动国际社会对朝鲜战争的舆论氛围逐渐发生变化。同月，以英国为代表的欧洲国家公开声明，主张改变朝鲜战争政策，反对"联合国军"再次越过三八线，反对扩大朝鲜战争。在这种情况下，美国政府不得不对其侵朝战略方针作出调整。4 月 11 日，杜鲁门宣布撤销主张不惜把侵朝战争扩大到中国境内的"联合国军"总司令麦克阿瑟的一切职务，将朝鲜战争确定为一场"有限战争"。中国也适时推动停战谈判，邀

---

① 毛泽东关于派遣志愿军入朝作战问题给金日成的电报，1950 年 10 月 8 日。

② 毛泽东关于朝鲜战局和我军采取轮番作战方针给斯大林的电报，1951 年 3 月 1 日。

请朝鲜最高领导人金日成协商可能的停战谈判方针和方案，制定“充分准备持久作战和争取和谈，达到结束战争”的总方针①，并明确提出停战条件是“恢复三八线边界”。② 6 月 30 日，时任美国远东军和“联合国军”总司令李奇微发表声明，同意进行停战谈判。7 月 1 日，中国和朝鲜表示同意举行停战谈判。由此，抗美援朝战争转入边打边谈判阶段。

和平从来不是妥协退让就能轻易换来的。朝鲜停战谈判从 1951 年 7 月 10 日正式开始后，美国自恃占有海军、空军优势，在谈判中采取了拖延和讹诈的政策，在战场上陆续发起夏季攻势和秋季攻势，企图用谈判掩护军事进攻，以军事压力逼迫朝鲜和中国屈服。朝鲜战场进而出现了边打边谈、军事斗争与谈判斗争交织进行的复杂局面。针对这种情况彭德怀提出了“政治斗争与军事斗争双管齐下”③ 的方针，同美国在两条战线上展开了激烈的较量。在持续两年的打打谈谈中，美国不断向中朝方面施加军事压力，将其全部陆军的 1/3、空军的 1/5、海军的近一半投入朝鲜战场。中国人民志愿军和朝鲜人民军针锋相对，通过一次次战场胜利有力地配合停战谈判，使敌人在谈判桌上得不到的东西，在战场上也同样得不到。停战谈判所取得的每一步进展，事实上都是中朝军队在战场上给予敌人进攻沉重打击的结果。④ 1953 年 7 月 27 日，《朝鲜停战协定》终于在板门店签字。时任美国远东军和“联合国军”总司令克拉克成为“美国历史上第一个在没有取得胜利的停战协定上签字的司令官”⑤。

抗美援朝战争是在交战双方力量极其悬殊条件下进行的一场现代化战争。当时，中美两国国力相差巨大。在这样极不对称、极为艰难的情况下，中国人民志愿军同朝鲜军民密切配合，首战两水洞、激战云山城、会

---

① 参见中共中央文献研究室编，逄先知、金冲及主编：《毛泽东传（1949—1976）》上册，中央文献出版社 2003 年版，第 158 页。

② 参见毛泽东关于停战谈判问题致高岗、金日成电，1951 年 6 月 13 日。

③ 《彭德怀军事文选》，中央文献出版社 1988 年版，第 413 页。

④ 参见中共中央党史研究室：《中国共产党历史・第 2 卷（1949—1978）》上册，中共党史出版社 2011 年版，第 83—85 页。

⑤ 马克・克拉克：《从多瑙河到鸭绿江》，哈普公司 1954 年版，第 11 页。

战清川江、鏖战长津湖等，连续进行5次战役。此后又构筑起铜墙铁壁般的纵深防御阵地，实施多次进攻战役，粉碎“绞杀战”、抵御“细菌战”、血战上甘岭，创造了威武雄壮的战争伟业。[①] 截至战争结束，朝鲜人民军和中国人民志愿军共毙、伤、俘敌109万余人，其中美军39万余人。中国人民志愿军自身作战减员36.6万余人，开支战费62.5亿元人民币，消耗作战物资560余万吨，[②] 为执行保卫祖国安全、保卫远东和世界和平任务作出了伟大的贡献。最终，停战协定签署，美国被推回到战争的起点——三八线，中国人民志愿军与朝鲜人民和军队用铁的事实戳穿了美帝国主义不可战胜的神话。正如中国人民志愿军司令员彭德怀在《关于中国人民志愿军抗美援朝工作的报告》中所说，“它雄辩地证明：西方侵略者几百年来只要在东方一个海岸上架起几尊大炮就可以霸占一个国家的时代是一去不复返了”[③]。抗美援朝期间，中国人民志愿军指战员“爱护朝鲜的一山一水一草一木，不拿朝鲜人民一针一线”，与朝鲜人民结下了深厚的情谊。停战协定签署后，中国人民志愿军从1954年9月开始分批撤出朝鲜回国，用实际行动表现了中国人民希望和平解决朝鲜问题的诚意和中国无意在外国驻军的正义立场。

“抗美援朝，保家卫国”的伟大胜利是中国重新走向大国之路的重要起点，是中华民族走向伟大复兴的重要里程碑。作为一场保卫和平、反抗侵略的正义之战，这场战争将以反侵略和以弱胜强的战争丰碑屹立在人类历史长河中。战争的胜利顶住了美国侵略扩张的势头，维护了亚洲和世界的和平，深刻塑造了第二次世界大战结束后亚洲乃至世界的战略格局，极大鼓舞了全世界被压迫民族和人民争取民族独立和人民解放的正义事业，

---

① 参见习近平：《在纪念中国人民志愿军抗美援朝出国作战70周年大会上的讲话》，《人民日报》2020年10月24日。

② 参见军事科学院军事历史研究部：《抗美援朝战争史》，军事科学出版社2000年版，第461页。

③ 中共中央文献研究室编：《建国以来重要文献选编》第4册，中央文献出版社1993年版，第379页。

有力推动了世界和平与人类进步事业。这场战争的胜利还巩固了中国东北边疆的安全，为新生的中国赢得了国际威望和国际地位，为中国的经济建设和社会改革获得了一个相对稳定的和平环境。就在抗美援朝的同时，中国还积极进行了援越抗法斗争，粉碎了美国支持法国遏制新中国的战略意图。通过这些以斗争求和平的大国担当，中国周边的国际形势开始缓和，周边国家的民族解放运动得到了有力支持。

（四）和平共处五项原则

改善与发展同新兴民族独立国家，尤其是邻近的民族独立国家的关系，是新中国外交的重要方面。"抗美援朝，保家卫国"取得胜利后，中共中央确定了进一步缓和国际紧张局势、打破美国对中国的孤立封锁政策的外交总方针。当时，周边一些比较弱小的国家对新中国抱有一定的疑惧心理。为了消除这些国家对新中国的误解，和平友善地推动与这些国家共同解决诸如边界、华侨国籍等一些悬而未决的历史问题，促进中国与周边国家的关系发展，和平共处五项原则应运而生。

为解决中印之间存在的问题，特别是中国西藏地区与印度的关系中存在的问题，1953 年 12 月 31 日，周恩来在接见印度谈判代表团时，首次系统地提出了和平共处五项原则，即互相尊重主权和领土完整、互不侵犯、互不干涉内政、平等互利、和平共处，① 将其作为处理中印两国关系的基本原则；强调"两个大国之间，特别是象中印这样两个接壤的大国之间，一定会有某些问题。只要根据这些原则，任何业已成熟的悬而未决的问题都可以拿出来谈"②。最终，经过 4 个月的协商谈判，中印两国于 1954 年 4 月 29 日达成协议，签署了《中印关于中国西藏地方与印度之间的通商和

① 最初在接见印度谈判代表团时，"互相尊重主权和领土完整"的原始表述是"互相尊重领土主权"，"平等互利"的原始表述是"平等互惠"。此后和平共处五项原则的文字几经斟酌，直到 1955 年万隆会议才最后确定。

② 《周恩来外交文选》，中央文献出版社 1990 年版，第 63 页。

交通协定》及有关换文。“和平共处五项原则”被首次正式写进协定的序言中，以外交文件和国际条约的形式固定下来，成为指导两国关系的基本准则。

1954年6月，在日内瓦会议休会期间，周恩来总理应邀访问印度和缅甸。其间，他多次利用各种场合阐释中国的外交政策与和平共处五项原则的作用，指出“世界各国不分大小强弱，不论其社会制度如何，是可以和平共处的”，“如果世界各国都根据这些原则处理他们相互间的关系，那么，这一国家对那一国家进行威胁和侵略的情况就不会发生，世界各国和平共处的可能，就会变成现实”①。印度总理尼赫鲁在会谈中提议双方发表联合声明，周恩来表示同意，并请尼赫鲁起草。6月28日，经双方磋商后发表的《中印两国总理联合声明》重申和平共处五项原则为指导两国关系的基本原则，并指出，“这些原则不仅适用于各国之间，而且适用于一般国际关系之中”，“在亚洲及世界各地存在着不同的社会制度和政治制度。然而，如果接受上述各项原则并按照这些原则办事……这些国家就能和平共处并相互友好”②。在6月29日访问缅甸期间，周恩来又与缅甸总理吴努签署了《中缅两国总理联合声明》，同意和平共处五项原则是指导中缅关系的基本原则。两份联合声明是在日内瓦会议关于印度支那问题谈判进入关键阶段时对外公布的，引起了重大的国际反响。

在此后的外交实践中，中国领导人也逐渐将和平共处五项原则从处理与亚洲民族独立国家关系的最初定位，扩展为处理一般国际关系的基本准则。在1954年会见来华访问的英国工党代表团时，毛泽东对和平共处五项原则又几次作出阐述，强调“应该采取些步骤使五项原则具体实现，不要使五项原则成为抽象的原则”，“五项原则是一个长期方针，不是为了临时应付的。这五项原则是适合我国的情况的，我国需要长期的和平环境”，五项原则也是“适合亚洲、非洲绝大多数国家的情况的”，并特别指出：

① 《周总理在新德里举行记者招待会》，《人民日报》1954年6月29日。
② 《中印两国总理联合声明》，《人民日报》1954年6月29日。

"这也包括美国在内，希望美国也采取和平共处的政策。"[①] 1956 年，波兰与匈牙利事件发生后，中国于当年 11 月 1 日发表声明，指出社会主义国家之间的关系更应该建立在和平共处五项原则之上。[②]

中国还积极将和平共处五项原则作为指导具体外交实践的重要指引。20 世纪 50 年代，中国通过参加日内瓦会议和亚非会议等一系列外交活动，为争取缓和朝鲜半岛、印度支那等地区和国际紧张局势作出了重要贡献。日内瓦会议是中华人民共和国首次以五大国之一的地位和身份参加讨论国际问题的重要会议。中国还积极参加并推动了亚非会议的胜利召开，推动将在和平共处五项原则基础上引申和发展的"十项原则"写入《亚非会议最后公报》中，通过秉持争取团结、避免争吵、求同存异的方针和原则，有力消除了一些周边国家对中国的误会、疑虑和恐惧，赢得了友谊和信任，并扩大了新中国的国际影响，为进一步开展中国与亚非等第三世界国家之间的友好往来创造了有利条件。在和平共处五项原则的指导下，中国先后同缅甸、尼泊尔、蒙古、巴基斯坦、阿富汗等国解决了历史遗留下来的边界争端问题，并和缅甸、尼泊尔、阿富汗、柬埔寨、印度尼西亚等国先后签订了和平友好条约或互不侵犯条约。

在中国的积极推动下，和平共处五项原则的影响力和吸引力在国际社会不断扩大。20 世纪 60 年代兴起的不结盟运动选择和平共处五项原则作为指导原则。1970 年和 1974 年联合国大会通过的有关宣言均将和平共处五项原则融入其中。和平共处五项原则为世界一系列国际组织和国际文件所采纳，得到国际社会广泛赞同和遵守。在社会主义和资本主义两大阵营截然对立的时代，和平共处五项原则超越意识形态和社会制度，不仅成为中国对外政策的基石，也逐渐被国际社会普遍接受，显示出了蓬勃的生命力。

---

① 中共中央文献研究室编：《毛泽东文集》第 6 卷，人民出版社 1999 年版，第 341 页。

② 参见中共中央党史研究室编：《中国共产党历史·第 2 卷（1949—1978）》上册，中共党史出版社 2011 年版，第 319 页。

60 多年来，历经国际风云变幻的考验，和平共处五项原则已经成为开放包容的国际关系基本准则和国际法基本原则，精辟体现了新型国际关系的本质特征，适用于各种社会制度、发展水平、体量规模国家之间的关系。[①] 和平共处五项原则的提出是中国为建设国际新秩序作出的重大思想和理论贡献，不仅为中国发展同世界各国的关系提供了彼此都能接受的原则基础，也日益为世界上绝大多数国家所承认，成为普遍使用且经得住历史考验的发展国家间关系和解决国际争端的基本准则，对亚洲和世界各国之间的国际关系产生了极其深远和广泛的影响。

（五）坚定与第三世界人民站在一起

积极支持广大亚非拉地区人民的民族解放运动和正义事业，反对殖民主义、帝国主义的侵略和干涉，加强相关国家之间的团结与合作，既是毛泽东和中共中央制定的重要战略思想，也是新中国对外战略的重中之重。早在 1956 年中国共产党第八次全国代表大会开幕式上，毛泽东就明确指出："亚洲、非洲和拉丁美洲各国的民族独立解放运动，以及世界上一切国家的和平运动和正义斗争，我们都必须给以积极的支持。"[②] 1958 年 9 月 30 日，毛泽东在会见印度尼西亚总统苏加诺时指出："你认为我们做工作，交朋友，重点应该放在什么地方？我认为，应该放在三大洲，那就是亚洲、非洲和拉丁美洲，另外还有大半个欧洲。"[③]

从 20 世纪 50 年代中期开始，一大批亚非拉国家相继宣告独立，民族解放运动空前高涨。随着中国倡导的求同存异与和平共处五项原则不断得到认同，中国与这些国家的关系也在不断发展。到 60 年代中期，中国迎来了第二次建交高潮。支持亚非拉国家争取和维护民族独立的运动一直是中

---

① 参见习近平：《弘扬和平共处五项原则 建设合作共赢美好世界——在和平共处五项原则发表 60 周年纪念大会上的讲话》，《人民日报》2014 年 6 月 29 日。

② 中共中央文献研究室编：《毛泽东文集》第 7 卷，人民出版社 1999 年版，第 116 页。

③ 《毛泽东外交文选》，中央文献出版社、世界知识出版社 1994 年版，第 269 页。

国政府对外政策的主要内容之一。在这期间，中国对阿尔及利亚人民反对法国殖民统治斗争，古巴、巴拿马等国人民反美斗争等均给予了坚定的支持。

随着中国同亚非拉国家友好关系的不断增强，彼此之间领导人的应邀互访也越来越频繁。时任中国国家主席刘少奇、总理周恩来、外交部部长陈毅等人多次出访亚非国家，阐述中国的对外政策。在访问过程中，周恩来总理等党和国家领导人充分表达了中国人民同各国人民友好相处的真诚愿望，阐明了中国政府在许多重大国际问题上的立场，并就反对帝国主义、殖民主义、种族主义和以色列扩张主义、保卫世界和平，加强亚非拉国家之间的团结、促进彼此之间的友好合作关系等与亚非拉国家广泛交换意见，增进了相互之间的信任与合作。1963 年至 1964 年，周恩来对亚非欧 14 个国家进行了出访，并在访问非洲时提出了同阿拉伯国家和非洲国家关系的五项原则①、中国对外经济技术援助的八项原则②，成为指导中国处理与非洲和阿拉伯国家关系、向相关国家提供对外援助的根本性原则。此后，这些原则也逐渐成为中国处理同第三世界国家关系确立的具体准则。

20 世纪 70 年代，随着国际形势和中国对外关系的迅速发展，中国共产党对国际格局有了新的认识。1970 年 6 月，毛泽东在会见索马里政府代

---

① 五项原则的主要内容是：(1) 支持非洲和阿拉伯各国人民反对帝国主义和新老殖民主义、争取和维护民族独立的斗争；(2) 支持非洲和阿拉伯各国政府奉行和平中立的不结盟政策；(3) 支持非洲和阿拉伯各国人民用自己选择的方式实现统一和团结的愿望；(4) 支持非洲和阿拉伯国家通过和平协商解决彼此之间的争端；(5) 主张非洲国家和阿拉伯国家的主权应当得到一切其他国家的尊重，反对来自任何方面的侵略和干涉。

② 八项原则的主要内容是：(1) 根据平等互利的原则对外提供援助，不把援助看作是单方面的赐予，认为援助是相互的；(2) 严格尊重受援国的主权，绝不附带任何条件，绝不要求任何特权；(3) 以无息或低息贷款的方式提供经济援助，在需要时延长还款期限，尽量减少受援国的负担；(4) 对外提供援助的目的不是造成受援国对中国的依赖，而是帮助受援国逐步走上自力更生、经济上独立发展的道路；(5) 帮助受援国建设的项目，力求投资少、收效快，使受援国政府能够增加收入，积累资金；(6) 提供中国所能生产的、质量最好的设备和物资，并根据国际市场的价格议价，如所提供的设备和物资不合乎商定的规格和质量，保证退换；(7) 对外提供任何技术援助时，保证使受援国人员充分掌握这种技术；(8) 派到受援国帮助进行建设的专家，同受援国自己的专家享受同样的物质待遇，不容许有任何特殊要求和享受。

表团时指出，“我们把自己算作第三世界的。现在报纸上经常吹美国、苏联、中国叫做大三角，我就不承认。他们去搞他们的大三角、大四角、大两角好了。我们另外一个三角，叫做亚、非、拉”①。1974 年 2 月，毛泽东着手调整中国的对外战略，在同赞比亚总统卡翁达会谈时正式提出了“三个世界”划分的战略思想。② 其中，美国、苏联是第一世界，日本、欧洲、澳大利亚、加拿大是第二世界，亚非拉和其他地区的发展中国家是第三世界。“三个世界”划分的战略思想还确定了中国自身的地位，即中国属于第三世界。强调中国要加强同广大第三世界国家的团结，联合反对霸权主义。

1974 年 4 月 10 日，邓小平出席联合国大会第六届特别会议并发言，全面阐述了毛泽东关于“三个世界”的思想和我国的对外政策。他表示：中国政府和人民赞同并支持第三世界国家要求改变目前不平等的国际经济关系的主张和合理的改革建议；中国是一个社会主义国家，也是一个发展中的国家，中国属于第三世界。中国政府和中国人民，坚决支持一切被压迫人民和被压迫民族争取和维护民族独立、发展民族经济，反对殖民主义、帝国主义、霸权主义的斗争。中国现在不是，将来也不做超级大国。③

“三个世界”划分的战略思想，保证了“文化大革命”后期中国对外政策的稳定，对指导我国外交工作，坚持反对超级大国的霸权主义和战争威胁，努力建立和发展同第三世界各国以及其他类型国家的友好合作，甚至对推动中美两国关系正常化，都发挥了重要作用。“这一国际战略原则，对于团结世界人民反对霸权主义，改变世界政治力量对比，对于打破苏联霸权主义企图在国际上孤立我们的狂妄计划，改善我们的国际环境，提高我国的国际威望，起了不可估量的作用”④，有力地推动了中国国际战略地

① 中共中央文献研究室编：《毛泽东年谱（1949—1976）》第 6 卷，中央文献出版社 2013 年版，第 303 页。

② 参见中华人民共和国外交部、中共中央文献研究室编：《毛泽东外交文选》，中央文献出版社、世界知识出版社 1994 年版，第 600 页。

③ 参见中共中央文献研究室编：《邓小平文集（1949—1974 年）》下卷，人民出版社 2014 年版，第 355 页。

④ 《邓小平文选》第 2 卷，人民出版社 1994 年版，第 160 页。

位的提高以及新时期中国外交新格局的出现。

在"三个世界"划分的战略思想指引下，中国更加坚定与第三世界国家和人民站在一起。在抗美援越期间，中国在克服自身经济困难的情况下，向越南民主共和国提供了大量无私的援助。在中美关系缓和的过程中，中国政府坚持不拿原则做交易，继续向越南的抗美救国运动提供了大量的帮助和支持。中国还尽己所能，向非洲部分国家提供援助，建设了"坦赞铁路"等一批重点援助项目。[①] 在20世纪70年代与第三世界国家和人民同甘共苦、守望相助的过程中，中国掀起了与第三世界国家的建交高潮，双方的国家间关系不论在深度上还是在广度上，不论在政治领域还是在经济领域，都有长足的发展。中国积极支援亚非拉人民反帝、反殖、反霸的正义斗争，赢得了这些国家的信任和支持，推动这一时期中国外交工作取得多项突破性进展。新中国成立后，以美国为首的西方势力曾百般阻挠中华人民共和国恢复在联合国的合法席位，导致这一席位长期被台湾国民党当局窃取。1971年10月25日，联合国大会第26届会议第1976次全体会议上，就"恢复中华人民共和国在联合国组织中的合法权利问题"进行表决，由于亚非拉国家的鼎力支持，中华人民共和国最终以76票赞成，35票反对和17票弃权的压倒多数恢复了在联合国的合法席位。毛泽东在得知这个消息后说：主要是第三世界兄弟把我们抬进去的。可见，这一时期中国坚定与第三世界国家和人民站在一起，中国在国际上得到的支持也主要来自第三世界国家和人民。

"大道不孤，德必有邻。"从新中国成立到1976年9月毛泽东去世，中国经历了四次建交高潮，同中国建交的国家从1950年底的18个增加到1976年6月底的108个。中国在国际上深得人心，影响越来越大，朋友越来越多。第一代中国共产党领导集体矢志不渝，勇敢担负为世界谋大同的初心和使命。通过"打扫干净屋子再请客"为新生的中国争取到了独立自

---

① 参见王巧荣主编：《中华人民共和国外交史（1949—2019）》第2版，当代中国出版社2020年版，第164—167页。

主。通过“抗美援朝，保家卫国”维护了亚洲和世界的和平，塑造了第二次世界大战结束后亚洲乃至世界的战略格局。通过“和平共处五项原则”为不同社会制度、发展水平、体量规模国家之间友好往来建立了原则和基础。通过“坚定与第三世界人民站在一起”与第三世界国家和人民同甘共苦、守望相助，相互信任、相互支持。中国共产党人用一个个充满智慧光辉的外交思想和理念，一个个融入国际道义、大国担当的外交实践，践行了“中国应当对于人类有较大的贡献”的不懈追求。

二、和平与发展是当今时代的两大主题

改革开放之初，邓小平提出“和平与发展是当今时代的两大主题”的重要论断，同时在东欧剧变、苏联解体，国际共产主义运动在世界范围内受到了严重挫折的情况下，纵观全局提出了我们处理冷战后国际关系的“二十八字方针”，即“冷静观察，稳住阵脚，沉着应付，善于守拙，韬光养晦，决不当头，有所作为”，这是后冷战时代中国应对国际局势变化的核心战略指导思想。

（一）改革开放与时代主题的转换

恩格斯在《自然辩证法》中指出：“每一时代的理论思维，从而我们时代的理论思维，都是一种历史的产物，不同的时代具有非常不同的形式，并因而具有非常不同的内容。”①

19 世纪末 20 世纪初的时候，列宁分析了国际形势变化的特点，认为世界进入了“帝国主义时代”，并提出了时代的基本特征是战争与革命。

从 20 世纪后半期，世界形势开始发生重大变化，形成了有利于维护和平、促进发展的时代潮流。正是从这种世界格局的变化出发，80 年代以

① 《马克思恩格斯选集》第 3 卷，人民出版社 1972 年版，第 465 页。

来，以邓小平同志为核心的党的第二代中央领导集体以实事求是的科学态度，对当代世界的矛盾和问题作了深刻的分析和研究，确认"和平力量的增长超过战争力量的增长"[①]，认为世界大战是可以避免的，纠正了80年代以前以"战争与革命"为时代主题的提法，提出"现在国际形势看来会个有比较长时间的和平环境"[②]，并提出了以经济建设为中心的指导思想。

邓小平提出这一判断的主要依据是：首先，随着科学技术的迅猛发展，国际上各国之间的竞争主要集中在以科技和经济发展为中心内容的综合国力竞争上，发展问题已成为世界各国所共同关注的中心任务。1985年3月4日，邓小平指出："现在世界上真正大的问题，带有全球性的战略问题，一个是和平问题，一个是经济问题或者说发展问题。和平问题是东西问题，发展问题是南北问题。概括起来，就是东西南北四个字。南北问题是核心问题。"[③] 其次，从总体上看，世界在向多极化的方向发展，维护世界和平的力量超过了战争力量，"日本人民不希望有战争。欧洲人民也不希望有战争。第三世界，包括中国，希望自己发展起来，而战争对他们毫无好处"[④]，和平成为当今人类倡导的主要潮流。最后，经济全球化在一定程度上为社会主义和资本主义两种社会制度的共存和发展提供了新的历史契机。一方面，当代资本主义在自身发展中出现了新的重大变化，阶级矛盾和社会矛盾在一定程度上得到缓和；另一方面，社会主义还处在实践和发展的初期，巩固和发展社会主义制度，需要几代、十几代甚至几十代人的努力。在21世纪，社会主义和资本主义将由相互对峙走向既斗争又合作，相互影响、相互借鉴的和平共处时代。

中国走和平发展新道路要以具体的时间和空间为转换条件。首先，必须排除中国介入大规模战争的可能性，否则备战型的经济模式会与市场配

① 《邓小平文选》第3卷，人民出版社1993年版，第127页。
② 《邓小平文选》第3卷，人民出版社1993年版，第270页。
③ 《邓小平文选》第3卷，人民出版社1993年版，第105页。
④ 《邓小平文选》第3卷，人民出版社1993年版，第105页。

置资源的经济模式发生根本对立，从而错过有利于经济发展的宝贵时机。其次，必须明确发展的主要内涵在于综合国力的提升，苏联以军力的扩张维持所谓的超级大国地位却最终被军备竞赛拖垮的经验教训值得汲取。同时，中国的和平发展会形成制约战争发展的重要力量，成为世界和平力量发展的重要因素，进一步降低爆发世界大战的可能性。

20 世纪 90 年代以来，中国共产党具有重要意义的三次代表大会都对国际局势作了深刻的阐述。1992 年党的十四大报告中指出，当前世界正处在大变动的历史时期。两极格局已经终结，各种力量重新分化组合，世界正朝着多极化方向发展。新格局的形成将是长期的、复杂的过程。在今后一个较长时期内，争取和平的国际环境，避免新的世界大战是有可能的。同时，国际形势仍然动荡不安。世界各种矛盾在深入发展，武装冲突和局部战争接连不断，国际经济竞争日趋激烈。和平与发展仍然是当今世界的两大主题，世界要和平，国家要发展，社会要进步，经济要繁荣，生活要提高，已成为各国人民的普遍要求。① 1997 年党的十五大报告指出："当前国际形势总体上继续趋于缓和。和平与发展是当今时代的主题。多极化趋势在全球或地区范围内，在政治、经济等领域都有新的发展，世界上各种力量出现新的分化和组合。大国之间关系经历着重大而又深刻的调整。""多极化趋势有利于世界的和平、稳定和繁荣。""但是，冷战思维依然存在，霸权主义和强权政治仍然是威胁世界和平与稳定的主要根源。""世界仍不安宁。"② 2002 年党的十六大报告作了如下阐述："和平与发展仍是当今时代的主题。维护和平，促进发展，事关各国人民的福祉，是各国人民的共同愿望，也是不可阻挡的历史潮流。世界多极化和经济全球化趋势的发展，给世界的和平与发展带来了机遇和有利条件。新的世界大战在可预

① 参见江泽民：《加快改革开放和现代化建设步伐 夺取有中国特色社会主义事业的更大胜利——在中国共产党第十四次全国代表大会上的报告》，《人民日报》1992 年 10 月 21 日。

② 江泽民：《高举邓小平理论伟大旗帜胜利前进——学习十五大会议精神》，新华出版社 1997 年版，第 38—39 页。

见的时期内打不起来。""但是，不公正不合理的国际政治经济旧秩序没有根本改变。影响和平与发展的不确定因素在增加。传统安全威胁和非传统安全威胁的因素相互交织，恐怖主义危害上升。霸权主义和强权政治有新的表现。""世界还很不安宁，人类面临着许多严峻挑战。"①

（二）中国是冷战后世界格局中的一极

邓小平站在全球政治发展的视角，提出中国会成为世界多极中的一极，同时强调发展的和平属性，即"不称霸"。他指出，世界格局将来三极也好、四极也好、五极也好，所谓多极，中国算一极。中国不要自己贬低自己，怎么样也算一极。② 邓小平对中国在世界层面上发展目标的阐释是理性和务实的，他首先肯定中国是多极化中的一极。当今国际政治多极化中"极"的概念，主要指全球或地区中具有广泛而强大的吸引力、影响力和协调功能的中心，即重要的国际关系行为主体。冷战后大国关系处于重新分化、组合的状态，主要表现为美国竭力维持"一超"地位，企图促成以其为首的单极国际格局的形成；而以中国、俄罗斯、欧盟、日本等为代表的国际社会重要力量的崛起又推动着多极化趋势的发展，尤其是中国综合国力全面提升，正在成长为国际格局中举足轻重的"一极"。

第一，邓小平实事求是地指出中国是多极化的力量之一，这是一种典型的"双赢"思想，从而区别于搞霸权主义及推行单极化的零和思维。中国和平发展的重要内涵之一是中国能够在国际社会中切实、有效地维护国家利益，维护中国的主权和领土完整，不做强权国家的附庸，不成为大国权力斗争的牺牲品。同时，强调中国是和平地作为世界一极而存在，中国"将来发展富强起来，仍然属于第三世界"，"中国永远不会称霸，永远不

---

① 江泽民：《全面建设小康社会 开创中国特色社会主义事业新局面——在中国共产党第十六次全国代表大会上的报告》，《人民日报》2002 年 11 月 17 日。

② 参见《邓小平文选》第 3 卷，人民出版社 1993 年版，第 353 页。

会欺负别人，永远站在第三世界一边”①。“和平”在中国和平发展及民族复兴的过程中有两层含义：一是过程的延续性，中国的发展过程是一个争取和平、维护和平的过程，中国处于和平与发展的时代，这是中国能够走和平发展道路的前提；二是目标的指向性，中国的发展将有利于本国乃至世界的和平。所以，中国作为国际上有影响和负责任的大国，必须努力推行“和平外交战略”，为中国的经济建设营造良好的和平环境，同时为世界和平作出贡献。1984 年邓小平在会见巴西总统菲格雷时说：“中国对外政策的目标是争取世界和平。在争取和平的前提下，一心一意搞现代化建设，发展自己的国家，建设具有中国特色的社会主义。”②

第二，站在历史的高度，提出着眼振兴中华民族是中国和平发展的长远奋斗目标。邓小平指出，“党的十一届三中全会以后，我们集中力量搞四个现代化，着眼于振兴中华民族。没有四个现代化，中国在世界上就没有应有的地位”③。他铭记作为中国人的历史责任感，经常以中国近代史上饱受屈辱的历史警醒国人，指出 20 世纪 90 年代初西方七国首脑会议制裁中国的行径令人联想起 1900 年八国联军侵略中国的历史，“哪怕拖一百年，中国人也不会乞求取消制裁。如果中国不尊重自己，中国就站不住，国格没有了，关系太大了”④。他认为只有懂得这些民族屈辱的历史，才能成为中国发展的动力。“知耻而后勇”，他殷殷期盼国人振作奋起，“中国人分散开来力量不大，集合起来力量就大了”，“我们要利用机遇，把中国发展起来，少管别人的事，也不怕制裁”⑤。面对复杂的国际形势，邓小平指出，经过多年的发展中国的实力已经增强了，中国不但垮不了，还要进一步加快发展。

苏东剧变后，西方国家联合制裁中国，希望能在中国身上看到多米诺

① 《邓小平文选》第 3 卷，人民出版社 1993 年版，第 56 页。
② 《邓小平文选》第 3 卷，人民出版社 1993 年版，第 57 页。
③ 《邓小平文选》第 3 卷，人民出版社 1993 年版，第 357 页。
④ 《邓小平文选》第 3 卷，人民出版社 1993 年版，第 332 页。
⑤ 《邓小平文选》第 3 卷，人民出版社 1993 年版，第 358 页。

骨牌效应，使中国共产党垮台，最终达到“分化、西化”中国的目的。以江泽民同志为核心的党的第三代中央领导集体高举邓小平理论的伟大旗帜，“从容应对一系列关系我国主权和安全的国际突发事件，战胜在政治、经济领域和自然界出现的困难和风险，经受住一次又一次考验，排除各种干扰，保证了改革开放和现代化建设的航船始终沿着正确的方向破浪前进”①。进入21世纪，中国的和平发展乃至中华民族的伟大复兴将成为历史发展的必然趋势。

第三，立足国际共产主义事业的兴衰成败和中国的基本国情，强调建设中国特色社会主义要把发展放在第一位，为中国和平发展指明了具体的中长期奋斗目标。邓小平在南方谈话中指出：“周边一些国家和地区经济发展比我们快，如果我们不发展或发展得太慢，老百姓一比较就有问题了。”② 中国能否坚持社会主义道路，关键看是否能取得较快的经济增长速度，实现国家的发展战略。发展是中国的主要目标和当今时代昭示中华民族复兴的一条硬道理，中国解决所有问题的关键是靠自己的发展。中国的崛起是社会主义中国的崛起，只要中国这面社会主义旗帜不倒，国际共产主义事业、世界社会主义事业都将在曲折中得以不断发展和完善。

苏联、东欧等社会主义国家的剧变起因于内忧和外患，其中内因是根本原因，苏东国家的执政党把马克思主义教条化，不重视发展生产力，忽视改善人民群众的物质文化生活条件，体现不出社会主义制度的优越性，所以为本国人民所抛弃。

面对新形势、新任务，邓小平要求我们坚持解放思想、实事求是，把实践作为检验真理的唯一标准，坚持一切以是否有利于发展社会主义社会的生产力、是否有利于增强社会主义国家的综合国力、是否有利于提高人

---

① 江泽民：《全面建设小康社会 开创中国特色社会主义事业新局面——在中国共产党第十六次全国代表大会上的报告》，《人民日报》2002年11月17日。

② 《邓小平文选》第3卷，人民出版社1993年版，第375页。

民的生活水平这“三个有利于”为根本判断标准，深化改革开放，走出一条科学的可持续的发展道路。邓小平指出：“资本主义发展几百年了，我们干社会主义才多长时间！”“如果从建国起，用一百年时间把我国建设成中等水平的发达国家，那就很了不起！”[①] 邓小平对中国迈入小康社会勾勒的宏伟蓝图为中国和平发展乃至屹立于世界民族之林指明了具体的中长期奋斗目标。

（三）奉行独立自主、不结盟的外交政策

战略与策略能否有机结合是我党革命与建设事业成败得失的关键所在。邓小平审时度势地提出了一系列有关中国走和平发展道路的战略与策略，奉行独立自主、不结盟的外交政策，使中国的和平发展道路既有理论的前瞻性又有实践上的可行性。

第一，紧紧把握国家利益原则。

国家利益至上既是邓小平外交思想的首要原则，也是他阐述中国和平发展新道路的基本准则。1989 年 10 月，邓小平会见美国前总统尼克松时说：“考虑国与国之间的关系主要应该从国家自身的战略利益出发。”[②]

在和平与发展的时代背景下，邓小平赋予“独立自主”以新的内涵，“中国的事情要按照中国的情况来办，要依靠中国人自己的力量来办”[③]。1982 年党的十二大确立了“独立自主”“不结盟”的和平外交政策，“任何外国不要指望中国做他们的附庸，不要指望中国会吞下损害我国利益的苦果”[④]。苏东剧变后，西方国家联合制裁中国，企图以压促变。邓小平针锋相对，指出这是搞霸权主义、强权政治，“国家的主权、国家的安全要始终放在第一位”，对于“任何违反国际关系准则的行动，中国人民永远

① 《邓小平文选》第 3 卷，人民出版社 1993 年版，第 383 页。
② 《邓小平文选》第 3 卷，人民出版社 1993 年版，第 330 页。
③④ 《邓小平文选》第 3 卷，人民出版社 1993 年版，第 3 页。

不会接受，也不会在压力下屈服"①。

紧紧把握国家利益原则，必须坚持实行不结盟的对外政策。20 世纪 80 年代初，邓小平针对 20 世纪 70 年代中美两国结成"准同盟"关系对抗苏联的格局，强调"中国的对外政策是独立自主的，是真正的不结盟。中国不打美国牌，也不打苏联牌，中国也不允许别人打中国牌。"② 中国不结盟的外交政策使中国在国际社会中树立了负责任的大国形象，中国根据国际事务自身的是非曲直，从中国人民和世界人民的根本利益出发，作出自己的判断和抉择。

第二，坚持和平外交理念，积极推动建立国际政治经济新秩序，为中国的经济建设营造良好的和平环境。

首先，邓小平以和平外交理念倡导在国际社会中以和平共处五项原则为基本准则建立国际政治经济新秩序。邓小平针对美苏对峙形成的两极格局和冷战结束后的国际格局，一再强调政治多极化是未来国际格局的基本发展趋势，并提出中国要推动建设公正、合理的国际政治经济新秩序。中国一直是爱好和平的国家，自古以来的外交传统提倡"和为贵"，新中国成立后坚持以和平共处五项原则同世界各国发展对外关系。邓小平多次强调"处理国与国之间的关系，和平共处五项原则是最好的方式"，"其他方式，如'大家庭方式'，'集团政治方式'，'势力范围方式'，都会带来矛盾，激化国际局势。总结国际关系的实践，最具有强大生命力的就是和平共处五项原则"③。事实证明，只要遵守和平共处五项原则，各种不同社会制度、意识形态、文化传统的国家就可以和平共处，政治上加强沟通与理解，经济上平等互利地进行贸易交流。

其次，在处理同其他国家的领土争议时，提出了"搁置争议，共同开发"的思想，既使中国的国家利益得以维护，又创造性地提出一种新办法

① 《邓小平文选》第 3 卷，人民出版社 1993 年版，第 348 页。
② 《邓小平文选》第 3 卷，人民出版社 1993 年版，第 57 页。
③ 《邓小平文选》第 3 卷，人民出版社 1993 年版，第 96 页。

来稳定世界和地区局势。1984 年 2 月 22 日，邓小平会见美国乔治城大学战略与国际问题研究中心代表团时，指出世界上有许多争端要找个解决问题的出路，要找到办法用和平方式而不是战争手段解决这些问题。他说："有些国际上的领土争端，可以先不谈主权，先进行共同开发。"[①] 邓小平指出："我们有个钓鱼岛问题，还有个南沙群岛问题。" "这样的问题是不是可以不涉及两国的主权争议，共同开发。共同开发的无非是那个岛屿附近的海底石油之类，可以合资经营嘛，共同得利嘛。不用打仗，也不要好多轮谈判。"[②] 南沙群岛历来属于中国领土，现在越南、马来西亚、菲律宾等国占据了其中的一些岛礁，"将来怎么办？一个办法是我们用武力统统把这些岛收回来，一个办法是把主权问题搁置起来，共同开发，这就可以消除多年积累下来的问题。这个问题迟早要解决。世界上这类的国际争端还不少。我们中国人是主张和平的，希望用和平方式解决争端"[③]。邓小平指出解决国际争端，要根据新情况、新问题，提出新办法。搁置争议，不等于放弃解决，要实事求是，善于把握时机，"也许下一代人比我们更聪明些，会找到实际解决的办法"[④]。中国政府本着这一重要思想，有理、有利、有节地同日本政府进行了双向协调、沟通，努力从中日关系的大局出发解决钓鱼岛争端。中国一直致力通过合作渠道解决南海问题。2002 年 11 月 4 日，在金边举行的第八届东盟与中日韩（10 +3）领导人会议上，中国与东盟各国签署了《南海各方行为宣言》，规定对南沙群岛维持现状，不得在有争议的地区修建新建筑物。这是新世纪初对邓小平搁置争议、和平解决争端思想的重要实践。

再次，邓小平以和平外交思想处理与其他国家的历史遗留问题时，提出"结束过去，开辟未来"，表现出尊重历史、面向未来的宽广胸襟。他

---

① 《邓小平文选》第 3 卷，人民出版社 1993 年版，第 49 页。
② 《邓小平文选》第 3 卷，人民出版社 1993 年版，第 87 页。
③ 《邓小平文选》第 3 卷，人民出版社 1993 年版，第 87—88 页。
④ 《邓小平文选》第 3 卷，人民出版社 1993 年版，第 87 页。

针对中苏进行的边境谈判，一方面指出这是沙俄政府以不平等条约侵略中国形成的，另一方面“鉴于清代被沙俄侵占的 150 多万平方公里是通过条约规定的，同时考虑到历史和现实的情况，我们仍然愿意以这些条约为基础，合理解决边境问题”。1989 年邓小平在会见苏联最高苏维埃主席团主席、苏共中央总书记戈尔巴乔夫时，全面分析了中苏两国、两党交往的历史，强调对这些问题要“一风吹”，要“结束过去，开辟未来”，在今后的发展交往中“多做实事，少说空话”。

最后，“一国两制”的提出是邓小平对马克思主义国家观的创造性发展，并把和平共处五项原则用以解决国家内部事务，对于稳定国内国际局势，争取有利于国内进行经济建设的和平国际环境具有重大的现实意义，并为国际上许多历史遗留争端问题的解决提供了有益的探索。1981 年 9 月底，由叶剑英代表我国政府提出了解决台湾问题的“九条方针”，邓小平概括为“实际上是一个国家两种制度”①，并指出没有一个国家制定过这样开明的政策。1983 年邓小平提出了解决台湾问题的六点办法，包括祖国统一后台湾的党、政、军系统都由台湾自己来管，台湾将拥有独有的某些权力，表现了中国政府实现祖国统一的最大诚意。②“一国两制”被成功地应用于香港、澳门问题的解决，对台湾问题的解决有着重要的现实借鉴意义。

第三，推行经济外交方略，加大对外开放步伐。

中国的和平发展必须有坚实的物质基础，邓小平把经济建设看成中国的大局和解决一切国内国际问题的基础。他说：“先把经济搞上去，一切都好办。现在就是要硬着头皮把经济搞上去，就这么一个大局，一切都要服从这个大局。”③

对经济全球化的大潮，邓小平以经济外交方略推动国内经济建设，加

① 中共中央文献研究室编：《邓小平思想年谱（1975—1997）》，中央文献出版社 1998 年版，第 212 页。

② 参见《邓小平文选》第 3 卷，人民出版社 1993 年版，第 30 页。

③ 《邓小平文选》第 3 卷，人民出版社 1993 年版，第 129 页。

快对外开放的步伐。邓小平曾指出：“任何一个国家要发展，孤立起来，闭关自守是不可能的，不加强国际交往，不引进发达国家的先进经验、先进科学技术和资金，是不可能的。”①

我国的对外开放政策是全方位、多层次、宽领域的对外开放，“开放是对世界所有国家开放，对各种类型的国家开放”②。邓小平强调过，我们实行对外开放政策，并不只是对美国、日本、西欧等发达国家开放。对这些国家开放，是一个方面；另一方面，是南南合作；还有一个方面，是对苏联和东欧国家开放，一共三个大方面。邓小平强调中国“要研究多方面打开国际市场，包括进一步打开香港、东南亚和日本市场”③。

邓小平多次指出开放不会导致资本主义，“我国是以社会主义经济为主体的。社会主义经济基础很大，吸收几百亿、上千亿外资，冲击不了这个基础”④。

第四，在和平发展的策略上，冷静观察，“韬光养晦，有所作为”，埋头苦干，决不当头。

首先，面对复杂的国际局势，必须冷静观察。1991 年 10 月 5 日，在会见金日成时，邓小平强调在形成新的世界格局的过程中，“我们主要观察，少露锋芒，沉着应付”⑤。事实上，苏东剧变后西西矛盾暴露出来，主要发达资本主义国家在一系列国际问题上存在重大分歧，使中国在国际舞台上获得较大的发展空间。

其次，沉着应付，韬光养晦。韬光养晦，当时主要指在国际共产主义运动处于低潮时，中国要集中力量进行社会主义经济建设，对外交往中淡化意识形态色彩，沉着应对西方国家的分化、西化，赢得加速发展的宝贵

---

① 《邓小平文选》第 3 卷，人民出版社 1993 年版，第 117 页。

② 《邓小平文选》第 3 卷，人民出版社 1993 年版，第 237 页。

③ 《邓小平文选》第 3 卷，人民出版社 1993 年版，第 159—160 页。

④ 《邓小平文选》第 3 卷，人民出版社 1993 年版，第 65 页。

⑤ 中共中央文献研究室编：《邓小平思想年谱（1975—1997）》，中央文献出版社 1998 年版，第 457 页。

时机。中国的和平发展引起诸多国家特别是周边国家的疑虑，对此中国要打消他们的疑虑，表明自己走的是一条不称霸、不结盟的和平发展道路。在外交策略上注意灵活，所以邓小平讲道："不管怎么样，我们还是友好往来。朋友还要交，但心中要有数。不随便批评别人、指责别人，过头的话不要讲，过头的事不要做。"①

在对外关系中不以意识形态论亲疏，"中国观察国家关系问题不是看社会制度"②。1990 年 3 月，邓小平在同中央负责同志的谈话中指出："还是要坚持同所有国家都来往，对苏联对美国都要加强来往。不管苏联怎么变化，我们都要同它在和平共处五项原则的基础上从容地发展关系，包括政治关系，不搞意识形态的争论。"③ 不同社会制度的国家不以意识形态论亲疏，平等合作，求同存异，才能消除分歧，和平共处；相同社会制度的国家，也绝对不可以把意识形态凌驾于国家利益至上，必须坚决反对国家之间、党际之间"大国主义""家长制"等不正常现象。邓小平还根据国际共产主义的经验教训，提出了处理党际关系的四项原则，即独立自主、完全平等、互相尊重、互不干涉内部事务。

最后，埋头苦干，决不当头。1982 年 8 月 21 日，邓小平在会见当时的联合国秘书长德奎利亚尔时就明确提出：中国坚定不移地加强同第三世界国家的团结和合作，坚持不懈地反对霸权主义，维护世界和平，但中国决不当头。他说：中国"力量有限，作用也有限"。"中国只是第三世界的一员，作为第三世界的一员，要尽到我们自己的责任。""很多朋友说，中国是第三世界的头头。我们说，头头可不能当，头头一当就坏了。搞霸权主义的名誉很坏，当第三世界的头头名誉也不好。这不是客气话，这是一种真实的政治考虑。"④ 苏东剧变后，他在 1990 年 12 月 24 日同中央负责

---

① 《邓小平文选》第 3 卷，人民出版社 1993 年版，第 320 页。

② 《邓小平文选》第 3 卷，人民出版社 1993 年版，第 168 页。

③ 《邓小平文选》第 3 卷，人民出版社 1993 年版，第 353 页。

④ 中共中央文献研究室编：《邓小平思想年谱（1975—1997）》，中央文献出版社 1998 年版，第 229 页。

同志的谈话中说："第三世界有一些国家希望中国当头。但是我们千万不要当头，这是一个根本国策。这个头我们当不起，自己力量也不够。当了绝无好处，许多主动都失掉了。中国永远站在第三世界一边，中国永远不称霸，中国也永远不当头。"① 邓小平"决不当头"的思想是总结新中国成立多年以来在外交工作上的经验教训得出的真知灼见，中国的发展乃至民族复兴主要体现在中国的社会发展、经济进步及十几亿人口生活水平的显著提高，这些本身就是对国际社会的巨大贡献。

（四）冷战后中国走和平发展道路的辩证思考

中国走和平发展道路将是一个渐进的过程，必须与时俱进，辩证、客观地应对诸多困难和挑战。

第一，中国和平发展过程中，"和平"与"发展"是辩证统一的。从西方传统国际关系理论，如"均势"理论、现实主义理论的观点看，中国的崛起是对地区安全平衡的破坏，必然伴随着对亚太地区乃至世界主导权的争夺，使中国周边及亚太国家产生不安全感，从而催生"中国威胁论"。邓小平对中国和平发展战略的阐述则回答了这一问题：中国发展的方式诉诸和平手段，发展的过程是与其他国家共同发展、繁荣，最终走向"双赢"，而非我得彼失的零和游戏。事实证明，随着经济全球化，中国的经济发展带给周边和其他国家更多的机遇，中国巨大的市场需求为世界各国带来许多贸易盈余和就业机会。

中国和平发展的指向在于民族复兴，民族复兴的目标在于维护世界和平，促进共同发展。邓小平多次论及中国将来发展了也不会称霸，不会当头，而一个强大、崇尚和平、欣欣向荣的社会主义中国就是对世界和平与发展的重要贡献，就会成为维护世界和平的中坚力量。邓小平多次指出，中国一打内战，就会生产衰落，交通中断，难民将不是百万、千万而是上

① 《邓小平文选》第3卷，人民出版社1993年版，第363页。

亿的往外跑，将酿成世界性的灾难。所以，"中国不能把自己搞乱，这当然是对中国自己负责，同时也是对全世界全人类负责"①。

中国和平发展道路的"新"就新在它是人类历史上第一次超越后起大国传统的崛起之路，不是通过军事扩张、资源掠夺、争霸或称霸，而是通过和平的方式、渐进的方式，主要依靠自己的力量，促进国际社会互利共赢和共同发展，争取在本世纪中叶实现中华民族复兴。

1998 年，江泽民访问日本，中日两国在坚持《中日联合声明》《中日和平友好条约》的基础上，签署了《中日联合宣言》，宣布两国建立面向 21 世纪致力和平与发展的合作伙伴关系。2001 年 6 月 15 日，时任中国国家主席江泽民、俄罗斯总统普京、哈萨克斯坦总统纳扎尔巴耶夫、吉尔吉斯斯坦总统阿卡耶夫、塔吉克斯坦总统拉赫莫诺夫和乌兹别克斯坦总统卡里莫夫在上海共同签署了《打击恐怖主义、分裂主义和极端主义上海公约》(Shanghai Convention Against Terrorism，Separatism and Extremism)。中俄哈吉塔乌六国承诺将遵循《联合国宪章》的宗旨和原则，遵循此前"上海五国"历次元首会晤签署的声明和《上海合作组织成立宣言》的精神，为打击威胁各国领土完整和安全以及政治、经济和社会稳定的恐怖主义、分裂主义和极端主义势力（简称"三股势力"）进行有效的合作。

2003 年 12 月 10 日，温家宝访美并在哈佛大学发表了题为《把目光投向中国》的演讲，首次全面阐述了"中国和平崛起"的思想："中国的发展和崛起是和平的崛起，我们要走一条和一些大国不一样的道路，这条道路就是和平崛起的道路。"他特别从中国传统文化和价值观方面阐述了中国选择和平方式崛起的缘由："因为我们有自己的文化，源远流长的文化，这种文化的核心又是以和为贵，就是和的文化，当然我们还要和而不同，这种不同是相互补充，是相互借鉴，而不是冲突的来源。"②

---

① 《邓小平文选》第 3 卷，人民出版社 1993 年版，第 361 页。

② 《温家宝总理哈佛演讲："把目光投向中国"（全文)》，中新网 2003 年 12 月 12 日，https：//www. chinanews. com/n/2003-12-12/26/380015. html。

2006 年 4 月 26 日，哈萨克斯坦、中国、吉尔吉斯斯坦、俄罗斯、塔吉克斯坦、乌兹别克斯坦 6 个上合组织成员国的国防部部长会议在北京举行，再次向外界传递了维护地区安全、打击“三股势力”的信心。

2006 年 4 月，胡锦涛访美时在耶鲁大学发表的演讲中指出，中美两国“应该积极维护世界多样性，推动不同文明的对话和交融，相互借鉴而不是相互排斥，使人类更加和睦幸福，让世界更加丰富多彩”①。

第二，中国的和平发展与维护国家统一是相辅相成的。邓小平在同英国首相撒切尔夫人会谈时指出：“主权问题不是一个可以讨论的问题。”② 中国和平发展的过程中，国家的主权和安全是第一位的。中国在发展过程中虽然有和平诉求，但是不会为求一时之安全与稳定，而吞下损害中国利益的苦果。

邓小平多次强调维护中国的国格，“人们支持人权，但不要忘记还有一个国权。谈到人格，但不要忘记还有一个国格”③。中国和平发展的前提条件和外在特征在于国家主权统一和领土完整，一个主权受损、领土残缺的国家在世界舞台上是没有尊严可言的。

江泽民在党的十六大报告中总结了 13 年来党领导人民建设中国特色社会主义的十条基本经验，其中第九条归纳为：“坚持独立自主的和平外交政策，维护世界和平与促进共同发展。始终把国家的主权和安全放在第一位。在和平共处五项原则的基础上，同各国发展友好合作关系，反对霸权主义和强权政治，推动建立公正合理的国际政治经济新秩序。”④

当前国际局势总体上呈和平与稳定的态势，但是存在着一些影响地区不稳定的导火索，“世界和平与发展这两大问题，至今一个也没有解决。”⑤

---

① 胡锦涛：《在美国耶鲁大学的演讲》，《人民日报》2006 年 4 月 23 日。

② 《邓小平文选》第 3 卷，人民出版社 1993 年版，第 12 页。

③ 《邓小平文选》第 3 卷，人民出版社 1993 年版，第 331 页。

④ 江泽民：《全面建设小康社会 开创中国特色社会主义事业新局面——在中国共产党第十六次全国代表大会上的报告》，《人民日报》2002 年 11 月 17 日。

⑤ 《邓小平文选》第 3 卷，人民出版社 1993 年版，第 383 页。

在当前和今后相当长的时期，台湾问题是中国和平发展进程中的最重要、最紧迫的问题之一，事关中国主权统一和领土完整，属于中国的国家核心利益。台湾问题涉及"两国三方"，是中美关系的核心问题。近年来，美国一再违反自己在"八一七公报"中对中国作出的庄严承诺，不断向台湾出售先进的武器和军事装备。这是对中国内政的粗暴干涉和对中国安全的严重威胁，阻碍了中国的和平统一进程，同时也危害了亚太地区乃至世界的和平与稳定。

中国政府今后针对台湾问题必须做好两手准备，一是"促统"，密切两岸各方面交往，特别是经贸交流，加快大陆发展，对台湾产生"磁吸效应"，使台湾的未来发展系于大陆，同时扩大中美之间的共同利益基础，使台湾问题"边缘化""非核心化"，完成国家统一的平稳过渡。台湾地区的经济发展在很大程度上将有赖于大陆地区长期的政治稳定和经济发展局面。二是"防独"，加速中国国防现代化进程，对美国的军事干涉保持警惕和防范。2000 年 2 月 21 日，国务院台湾事务办公室、国务院新闻办公室发表《一个中国的原则与台湾问题》白皮书指出："如果出现台湾被以任何名义从中国分割出去的重大事变，如果出现外国侵占台湾，如果台湾当局无限期地拒绝通过谈判和平解决两岸统一问题，中国政府只能被迫采取一切可能的断然措施、包括使用武力，来维护中国的主权和领土完整，完成中国的统一大业。"①

第三，妥善处理好中国和平发展与韬光养晦的关系。中国的和平发展具有长期性和复杂性的特点，面临台湾问题、周边安全、能源危机等诸多问题。所以，中国必须抢抓未来 20 年的重要战略机遇期，减少国际战略环境的一些负面影响，不树敌或者少树敌，开展有利于进行国内经济建设的国际统一战线工作。

中国的迅速发展已经引起国际上包括美国等大国的关注，"美国现在

---

① 国务院台湾事务办公室、国务院新闻办公室：《一个中国的原则与台湾问题》，中国政府网 2002 年 2 月，http：//www. gov. cn/gongbao/content/2000/content_ 60035. htm。

不担心中国改革倒退，回到计划经济的老路，却害怕中国实力强大”[①]。显然，美国认为只有中国与美国存在发生军事冲突的可能性，而“防止任何一个能够对美国全球领导地位提出挑战的地区性大国的出现是美国的既定战略方针”[②]。妥善处理包括美国在内的大国关系是中国外交的重要课题，既要不卑不亢，维护国家利益，又要礼尚往来，加强双边沟通和交流。

韬光养晦应该成为中国和平发展的中长期策略，一方面减少其他国家特别是周边国家对中国崛起的疑虑和不安，从国家形象上保证发展过程的和平性，包括构建中美新型大国关系；另一方面，要从概念的内涵上体现中国发展的目标指向在于维护世界和平，必须坚持“不称霸、不当头、不干涉他国内政”这条基本原则。

此外，韬光养晦与“有所作为”须有机结合，经济建设与对外交往要同步进行。中国作为国际社会负责任的一员，在外交上还要紧紧把握国家利益这一主线，同周边国家和世界上其他国家增加信任，减少麻烦，发展合作，努力推动公正、合理的国际政治经济新秩序的形成，要大力开展周边外交、大国外交、多边外交，为中国的和平发展营造一个良好的国际环境。

2004 年 6 月 17 日，胡锦涛在上海合作组织塔什干峰会上发表《加强务实合作 共谋和平发展》的讲话，指出上海合作组织正发展成为加强成员国睦邻互信和务实合作的重要纽带，成为促进地区安全、稳定和发展的有效机制，成为国际和地区事务中的建设性力量，上海合作组织已经进入新的发展时期，扩大和深化各领域的合作将是其工作重点。[③]

三、科学把握大变局，推动构建人类命运共同体

党的十八大以来，以习近平同志为核心的党中央高瞻远瞩，总揽全

① 资中筠：《中美建交十周年与二十周年——变与不变》，《美国研究》1999 年第 1 期。

② 布热津斯基：《大棋局》，上海人民出版社 1998 年版，第 22 页。

③ 参见胡锦涛：《加强务实合作 共谋和平发展》，《人民日报》2004 年 6 月 18 日。

局，深刻思考人类前途命运、中国和世界发展大势，深刻把握世界处于百年未有之大变局，推动构建人类命运共同体，中国特色大国外交渐入佳境。

（一）把握国际形势要树立正确的历史观、大局观、角色观

党的十八大以来，习近平外交思想之所以是新时代中国特色大国外交的根本遵循和行动指南，关键在于它既提供了一种世界观，也提供了一种方法论，关键在于把握当前复杂多变的国际形势，要以科学的世界观和方法论领取其中所蕴含的“时”与“势”。

习近平在党的十九大报告中就国际形势和时代特征作出重要判断，强调指出世界正处于大发展、大变革、大调整时期，和平与发展仍然是时代主题。世界多极化、经济全球化、社会信息化、文化多样化深入发展，全球治理体系和国际秩序变革加速推进，各国的相互联系和依存日益加深，国际力量对比更趋平衡，和平发展大势不可逆转。同时，世界面临的不稳定性不确定性突出，世界经济增长动能不足，贫富分化日益严重，地区热点问题此起彼伏，恐怖主义、网络安全、重大传染性疾病、气候变化等非传统安全威胁持续蔓延，人类面临许多共同挑战。[①] 这是蕴含习近平外交思想的时代背景。

习近平指出，把握国际形势要树立正确的历史观、大局观、角色观。所谓正确的历史观，就是不仅要看现在国际形势什么样，而且要端起历史望远镜回顾过去、总结历史规律，展望未来、把握历史前进大势。所谓正确的大局观，就是不仅要看到现象和细节怎么样，而且要把握本质和全局，抓住主要矛盾和矛盾的主要方面，避免在林林总总、纷纭多变的国际乱象中迷失方向、舍本逐末。所谓正确的角色观，就是不仅要冷静分析各种国际现象，而且要把自己摆进去，在我国同世界的关系中看问题，弄清

① 参见习近平：《决胜全面建成小康社会 夺取新时代中国特色社会主义伟大胜利——在中国共产党第十九次全国代表大会上的报告》，《人民日报》2017 年 10 月 28 日。

楚在世界格局演变中我国的地位和作用，科学制定我国对外方针政策。[①]

因此，要树立世界眼光、把握时代脉搏，要把当今世界的风云变幻看准、看清、看透，从林林总总的表象中发现本质，尤其要认清长远趋势。要充分估计国际格局发展演变的复杂性，更要看到世界多极化向前推进的态势不会改变。要充分估计世界经济调整的曲折性，更要看到经济全球化进程不会改变。要充分估计国际矛盾和斗争的尖锐性，更要看到和平与发展的时代主题不会改变。要充分估计国际秩序之争的长期性，更要看到国际体系变革方向不会改变。要充分估计我国周边环境中的不确定性，更要看到亚太地区总体繁荣稳定的态势不会改变。[②]

在2018年中央外事工作会议上，习近平进一步作出世界处于百年未有之大变局和转型过渡期的重大判断，进一步深化了对和平与发展这一时代主题的认识。中国要发展，必须顺应世界发展潮流。当今世界是一个变革的世界，是一个新机遇新挑战层出不穷的世界，是一个国际体系和国际秩序深度调整的世界，是一个国际力量对比深刻变化并朝着有利于和平与发展方向变化的世界。我们看世界，既不能被乱花迷眼，也不能被浮云遮眼，而要端起历史规律的望远镜去细心观望。综合判断，我国发展仍然处于可以大有作为的重要战略机遇期。

中国需要什么样的外交、怎样办好新时代外交等一系列重大理论和实践问题，形成和确立了习近平新时代中国特色社会主义外交思想，即习近平外交思想。习近平外交思想主要体现在“十个坚持”：坚持以维护党中央权威为统领加强党对对外工作的集中统一领导，坚持以实现中华民族伟大复兴为使命推进中国特色大国外交，坚持以维护世界和平、促进共同发展为宗旨推动构建人类命运共同体，坚持以中国特色社会主义为根本增强战略自信，坚持以共商共建共享为原则推动“一带一路”建设，坚持以相互尊重、合作共赢为基础走和平发展道路，坚持以深化

---

①② 参见《坚持以新时代中国特色社会主义外交思想为指导 努力开创中国特色大国外交新局面》，《人民日报》2018年6月24日。

外交布局为依托打造全球伙伴关系，坚持以公平正义为理念引领全球治理体系改革，坚持以国家核心利益为底线维护国家主权、安全、发展利益，坚持以对外工作优良传统和时代特征相结合为方向塑造中国外交独特风范。

（二）推动构建人类命运共同体

党的十八大以来，习近平着眼人类社会的共同福祉，深入思考“建设一个什么样的世界，如何建设这个世界”等关乎人类前途命运的重大课题，并在不同场合对构建人类命运共同体进行了阐述，形成了科学完整、内涵丰富、意义深远的思想体系，这些构成了习近平外交思想的核心理念。

第一，推动构建人类命运共同体是习近平外交思想的核心理念。2013年3月，习近平出访俄罗斯时在莫斯科国际关系学院发表演讲，首次阐释了“人类命运共同体”这一概念。他指出：“这个世界，各国相互联系、相互依存的程度空前加深，人类生活在同一个地球村里，生活在历史和现实交汇的同一个时空里，越来越成为你中有我、我中有你的命运共同体。”① 以后，在多个重要国际场合，习近平都以构建人类命运共同体为主题发表演讲，深入、系统地阐述这一重要思想。

世界和平与发展面临的挑战越来越具有全局性、综合性和长远性。没有哪一国能够独善其身，也没有哪一国可以包打天下，需要各国同舟共济，携手共进。2017年2月11日，联合国社会发展委员会第55届会议通过决议，首次写入“构建人类命运共同体”理念。包括中国、美国、俄罗斯、法国、巴西、墨西哥、阿根廷在内的46个委员会成员全部参与了这一决议草案的磋商，在会上没有经过表决就直接获得通过。该决议草案同时还得到了七十七国集团的积极支持。

---

① 习近平：《论坚持推动构建人类命运共同体》，中央文献出版社2018年版，第5页。

习近平在党的十九大报告中强调："坚持推动构建人类命运共同体"，"我们呼吁，各国人民同心协力，构建人类命运共同体，建设持久和平、普遍安全、共同繁荣、开放包容、清洁美丽的世界"。"中国人民愿同各国人民一道，推动人类命运共同体建设，共同创造人类的美好未来！"① 他在党的二十大报告中进一步强调，构建人类命运共同体是世界各国人民前途所在。

为了实现中国与世界的共赢，习近平指出，构建人类命运共同体，国际社会一要坚持对话协商，建设一个持久和平的世界。二要坚持共建共享，建设一个普遍安全的世界。三要坚持合作共赢，建设一个共同繁荣的世界。四要坚持交流互鉴，建设一个开放包容的世界。五要坚持绿色低碳，建设一个清洁美丽的世界。②

第二，推动建设新型国际关系是构建人类命运共同体的基本路径。构建人类命运共同体需要世界各国都走和平发展道路，共同努力构建新型国际关系，推进国际体系和国际秩序变革。

2013 年 1 月 23 日，习近平在主持第十八届中共中央政治局第三次集体学习时指出，走和平发展道路，是我们党根据时代发展潮流和我国根本利益作出的战略抉择。我们要加强战略思维，增强战略定力，更好统筹国内国际两个大局，坚持开放的发展、合作的发展、共赢的发展，通过争取和平国际环境发展自己，又以自身发展维护和促进世界和平，不断提高我国综合国力，不断让广大人民群众享受到和平发展带来的利益，不断夯实走和平发展道路的物质基础和社会基础。③

2015 年 9 月，习近平在联合国总部发表题为《携手构建合作共赢新伙伴 同心打造人类命运共同体》的讲话，明确指出要"构建以合作共赢为

---

① 习近平：《决胜全面建成小康社会 夺取新时代中国特色社会主义伟大胜利——在中国共产党第十九次全国代表大会上的报告》，《人民日报》2017 年 10 月 28 日。

② 参见习近平：《共同构建人类命运共同体——在联合国日内瓦总部的演讲》，《人民日报》2017 年 1 月 20 日。

③ 参见《习近平谈治国理政》，外文出版社 2014 年版，第 247 页。

核心的新型国际关系，打造人类命运共同体"①。

党的十九大报告强调，要"推动建设相互尊重、公平正义、合作共赢的新型国际关系"。党的二十大报告再次强调推动构建新型国际关系。如果说人类命运共同体是人类追求的目标和愿景，那么构建新型国际关系则是实现这一愿景的基本路径。构建新型国际关系就是要摈弃冷战思维和强权政治，走出一条对话而不对抗、结伴而不结盟的国与国交往的新路。

相互尊重、公平正义、合作共赢是新型国际关系的基本理念，其中合作共赢体现了新型国际关系的本质特征。我们要坚持合作共赢，推动建立以合作共赢为核心的新型国际关系，坚持互利共赢的开放战略，把合作共赢理念体现到政治、经济、安全、文化等对外合作的方方面面。要坚持正确义利观，做到义利兼顾，要讲信义、重情义、扬正义、树道义。习近平在多个国际场合深刻诠释了中国以义为先、先义后利的传统理念，强调"只有义利兼顾才能义利兼得，只有义利平衡才能义利共赢"②。

要坚持不干涉别国内政原则，坚持尊重各国人民自主选择的发展道路和社会制度，坚持通过对话协商以和平方式解决国家间的分歧和争端，反对动辄诉诸武力或以武力相威胁。习近平指出，"要跟上时代前进步伐，就不能身体已进入二十一世纪，而脑袋还停留在过去，停留在殖民扩张的旧时代里，停留在冷战思维、零和博弈的老框框内"③。

2015 年 9 月 28 日，习近平在纽约联合国总部发表演讲时指出，要倡导以对话解决争端、以协商化解分歧。要在国际和区域层面建设全球伙伴关系，走出一条"对话而不对抗，结伴而不结盟"的国与国交往新路。构

① 习近平：《论坚持推动构建人类命运共同体》，中央文献出版社 2018 年版，第 254 页。

② 习近平：《共创中韩合作未来 同襄亚洲振兴繁荣——在韩国国立首尔大学的演讲》，《人民日报》2014 年 7 月 5 日。

③ 习近平：《论坚持推动构建人类命运共同体》，中央文献出版社 2018 年版，第 6 页。

建以合作共赢为核心的新型国际关系，呼吁各国携手迈向命运共同体、开创世界新的未来，进而推动建设人类命运共同体。①

第三，“一带一路”是构建人类命运共同体的重要实践。中国不仅倡导构建人类命运共同体，还通过共建“一带一路”和亚投行等具体机制，把自己的发展经验和机遇同世界各国分享，通过自身发展带动世界共同发展，构建人类利益共同体和命运共同体。

2013 年秋天，习近平在哈萨克斯坦和印度尼西亚提出共建丝绸之路经济带和 21 世纪海上丝绸之路，即“一带一路”倡议。2013 年，习近平访问中亚期间，首次提出共同建设“丝绸之路经济带”的战略构想。2013 年 9 月 7 日，习近平在哈萨克斯坦纳扎尔巴耶夫大学发表演讲时表示，为了使各国经济联系更加紧密、相互合作更加深入、发展空间更加广阔，我们可以用创新的合作模式，共同建设“丝绸之路经济带”，以点带面，从线到片，逐步形成区域大合作。②

2013 年习近平在访问东南亚期间，又提出构建“21 世纪海上丝绸之路”的倡议。2013 年 10 月 3 日，习近平在印尼国会发表演讲时表示：“中国愿同东盟国家加强海上合作，使用好中国政府设立的中国—东盟海上合作基金，发展好海洋合作伙伴关系，共同建设 21 世纪‘海上丝绸之路’。中国愿通过扩大同东盟国家各领域务实合作，互通有无、优势互补，同东盟国家共享机遇、共迎挑战，实现共同发展、共同繁荣。”③

之后，全球 100 多个国家和国际组织积极支持和参与“一带一路”建设，联合国大会、联合国安理会等重要决议也纳入“一带一路”建设内容。“一带一路”建设逐渐从理念转化为行动，从愿景转变为现实，建设成果丰硕。2017 年 5 月，中国在北京成功举办“一带一路”国际合作高峰

① 参见《继承弘扬联合国宪章宗旨和原则 中国将始终做世界和平的建设者、全球发展的贡献者、国际秩序的维护者》，《人民日报（海外版）》2015 年 9 月 29 日。

② 参见《习近平谈治国理政》，外文出版社 2014 年版，第 289 页。

③ 《习近平谈治国理政》，外文出版社 2014 年版，第 293 页。

论坛，进一步推动中国与相关国家凝聚发展共识，对接发展战略，共创共同发展的新前景。

2019 年 4 月 26 日，习近平在北京出席第二届“一带一路”国际合作高峰论坛开幕式，并发表题为《齐心开创共建“一带一路”美好未来》的主旨演讲。

“一带一路”建设既是经济战略，又是外交战略，为中国外交战略布局增添了新内容。“一带一路”虽然是立足中国的发展开放以及为之营造和平稳定的外部环境，但是有利于沿线国家的发展与和平，也是相关国家的战略。

共建“一带一路”倡议，目的是聚焦互联互通，深化务实合作，携手应对人类面临的各种风险挑战，实现互利共赢、共同发展。在各方共同努力下，“六廊六路多国多港”的互联互通架构基本形成，一大批合作项目落地生根，首届高峰论坛的各项成果顺利落实，150 多个国家和国际组织同中国签署共建“一带一路”合作协议。共建“一带一路”倡议同联合国、东盟、非盟、欧盟、欧亚经济联盟等国际和地区组织的发展和合作规划对接，同各国发展战略对接。从亚欧大陆到非洲、美洲、大洋洲，共建“一带一路”倡议为世界经济增长开辟了新空间，为国际贸易和投资搭建了新平台，为完善全球经济治理拓展了新实践，为增进各国民生福祉作出了新贡献，成为共同的机遇之路、繁荣之路。事实证明，共建“一带一路”不仅为世界各国发展提供了新机遇，也为中国开放发展开辟了新天地。

（三）形成全方位、多层次、立体化的外交布局

党的十八大以来，面对纷繁复杂的国际形势，在以习近平同志为核心的党中央坚强领导下，全面推进中国特色大国外交，形成全方位、多层次、立体化的外交布局。习近平在 2014 年召开的中央外事工作会议上指出：“中国必须有自己特色的大国外交。我们要在总结实践经验的基础上，

丰富和发展对外工作理念，使我国对外工作有鲜明的中国特色、中国风格、中国气派。”①

第一，构建总体稳定、均衡发展的大国关系框架。在中国的对外关系中，大国为关键。在习近平外交思想的指导下，我们要顺应国际形势的发展变化，积极构建稳定均衡的大国关系框架。党的二十大报告对新时代的中国外交布局作出了全面统筹部署：中国“深化拓展平等、开放、合作的全球伙伴关系，致力于扩大同各国利益的汇合点。促进大国协调和良性互动，推动构建和平共处、总体稳定、均衡发展的大国关系格局”②。

在中国对外关系体系中，中美关系既是中国外交工作需要协调的最重要双边关系，也是当今国际社会的焦点。从大国关系的角度考察，中美关系是当今世界上最重要、最复杂、最难驾驭的大国关系。美国是当今世界上的超级大国，中美关系发展趋势决定着世界格局的走向。中美关系的稳定发展对于中国争取和平稳定的国际环境至关重要，同时影响到许多中小国家的对华态度和走向。

2013 年 6 月，中美两国元首在加州安纳伯格庄园成功举行了一次历史性会晤，中美双方达成重要共识——共同构建中美新型大国关系。习近平对奥巴马强调，中美双方应该从两国人民根本利益出发，从人类发展进步着眼，创新思维，积极行动，共同推动构建新型大国关系。关于中美新型大国关系的内涵，习近平用三句话作了精辟概括：一是不冲突、不对抗。就是要客观理性地看待彼此战略意图，坚持做伙伴、不做对手；通过对话合作，而非对抗冲突的方式，妥善处理矛盾和分歧。二是相互尊重。就是要尊重各自选择的社会制度和发展道路，尊重彼此核心利益和重大关切，求同存异，包容互鉴，共同进步。三是合作共赢。就是要摒弃零和思维，在追求自身利益时兼顾对方利益，在寻求自身发展时促进共同发展，不断

① 《习近平谈治国理政》第 2 卷，外文出版社 2017 年版，第 443 页。

② 习近平：《高举中国特色社会主义伟大旗帜 为全面建设社会主义现代化国家而团结奋斗——在中国共产党第二十次全国代表大会上的报告》，《人民日报》2022 年 10 月 26 日。

深化利益交融格局。这一兼具战略性、建设性和开创性的重要共识，为中美关系的未来指明了方向，开辟了道路，同时也必将对亚太地区乃至国际格局的演变产生积极和深远影响。

2017 年习近平在美国佛罗里达州海湖庄园同特朗普举行中美元首会晤，会晤为中美关系发展奠定了建设性基调，尤其是双方宣布建立外交安全对话、全面经济对话、执法及网络安全对话、社会和人文对话四个高级别对话机制。在"习特会"上，习近平强调，中美两国关系好，不仅对两国和两国人民有利，对世界也有利。"我们有一千条理由把中美关系搞好，没有一条理由把中美关系搞坏。"① 合作是中美两国唯一正确的选择，我们两国完全能够成为很好的合作伙伴。

针对中美贸易摩擦问题，习近平指出，中美关系是当今世界最重要的双边关系之一。两国在维护世界和平稳定、促进全球发展繁荣方面拥有广泛共同利益、肩负着重要责任。保持中美关系健康稳定发展，既符合两国人民根本利益，也是国际社会普遍期待。中美两国谁也离不开谁，合则两利，斗则俱伤，合作是最好的选择。对于双方的经贸分歧和摩擦问题，我们愿意采取合作的方式加以解决，推动达成双方都能接受的协议。当然，合作是有原则的。

从 1975 年中国与欧洲经济共同体建立外交关系以来，中欧关系先后经历了"建设性伙伴关系""全面伙伴关系"以及"全面战略伙伴关系"三个阶段。中欧建立全面战略伙伴关系以来，中欧双方贸易额在 10 年间翻了两番。中国与欧盟是世界上最重要的两大经济体和贸易实体，合计分别占世界经济和贸易总量的 38% 和 44% 。2003 年，中国与欧盟建立全面战略伙伴关系。自 2004 年以来，欧盟即成为中国最大的贸易伙伴，中国则一直保持同期欧盟第二大贸易伙伴。2018 年，中欧双边贸易规模达 6816. 6 亿美元。国际金融危机以来，随着中国对欧盟投资的加快，中欧双向投资趋

① 《坚持对话合作 坚持互利共赢——习近平主席访问芬兰并赴美国佛罗里达州举行中美元首会晤取得圆满成功和丰硕成果》，《人民日报》2017 年 4 月 9 日。

向平衡发展。当前，欧盟在中国的累积外商直接投资达到1190亿美元，同期中国在欧盟直接投资存量也增至860亿美元，两者之比已缩减至1.38∶1。2020年12月30日，中欧领导人共同宣布如期完成中欧投资协定谈判。双方达成了一份平衡、高水平、互利共赢的投资协定，展现了中方推进高水平对外开放的决心和信心，将为中欧相互投资提供更大的市场准入、更高水平的营商环境、更有力的制度保障、更光明的合作前景，也将有力拉动后疫情时期世界经济复苏，增强国际社会对经济全球化和自由贸易的信心。

2013年以来，中俄两国通过一系列密集的高层交往，进一步加深了战略互信，提升了务实合作，活跃了人文交流，加强了国际协作，使中俄关系成为当前中国层次最高、基础最牢、内涵最丰富、最具地区和全球影响力的战略伙伴关系。习近平多次指出，中国和俄罗斯之间的关系是世界上最重要的一组关系，更是最好的一组大国关系。当前在欧美加大对俄罗斯制裁的同时，中俄战略协作伙伴关系成为俄罗斯的重要战略依托。2014年5月，俄罗斯天然气股份公司和中石油在经历了10年的艰难谈判后，就每年对华供应380亿立方米天然气达成一致，中俄以能源安全为基础的战略合作迈上新台阶。2019年6月5日至7日，习近平对俄罗斯进行国事访问，两国元首在莫斯科共同签署《中华人民共和国和俄罗斯联邦关于发展新时代全面战略协作伙伴关系的联合声明》。此次声明指出，中俄关系进入新时代，迎来更大发展的新机遇。双方宣布，将致力发展中俄新时代全面战略协作伙伴关系。

当前，中日关系逐步走向对话。2015年5月23日，习近平在人民大会堂出席中日友好交流大会并发表重要讲话，强调中日双方应该本着以史为鉴、面向未来的精神，在中日四个政治文件基础上，共促和平发展，共谋世代友好，共创两国发展的美好未来，为亚洲和世界和平作出贡献。2018年5月8日至11日，李克强赴日出席第七次中日韩政府领导人会议，并对日本进行正式访问。同年10月25日至27日，时任日本首相安倍晋三访华，这是李克强访问日本之后日本首相的回访，也是中日两国中断近八年之久的高层政治互访机制全面恢复的重要标志。2019 年，习近平出席大阪 G20 峰会期间与安倍晋三首相会谈，双方达成十点共识，中日关系延续了 2017—2018 年持续改善的势头，两国合作迎来了新的契机。

关于中印关系，习近平强调："中印作为两个最大的发展中国家和 10 亿以上人口级别的新兴市场经济体，都是世界经济增长的重要引擎，都是促进世界多极化、经济全球化的中坚力量。一个良好的中印关系是维护世界稳定的重要积极因素，对促进全人类的发展进步意义重大。"①

当前，既要把握"世界多极化加速推进"的大势，又要重视"大国关系深入调整"的态势。多极化令"唯一超级大国"难以为所欲为，与此同时中国加速崛起"树大招风"，存在被"前后夹击"的风险，需要捕捉大国关系的新变化，坚持推进多极化，深化全方位外交布局，构建稳定均衡的大国关系。

第二，以亲诚惠容理念指引打造周边命运共同体。中华民族历来注重敦亲睦邻，讲信修睦、协和万邦是中国一以贯之的外交理念。中国视周边为安身立命之所、发展繁荣之基。中国将打造周边命运共同体作为周边外交的战略目标，为此就要秉持亲诚惠容的周边外交理念，坚持与邻为善、以邻为伴，坚持睦邻、安邻、富邻，深化同周边国家的互利合作和互联互通。

周边关系在中国外交战略布局中占据首要的位置。习近平在党的二十大报告中强调，要"坚持亲诚惠容和与邻为善、以邻为伴周边外交方针，深化同周边国家友好互信和利益融合"②。

打造周边命运共同体要突出体现亲诚惠容的理念。"亲"即坚持睦邻友好，守望相助；讲平等、重感情；常见面，多走动；多做得人心、暖人

① 《习近平同印度总理莫迪在武汉举行非正式会晤》，《人民日报》2018 年 4 月 29 日。

② 习近平：《高举中国特色社会主义伟大旗帜 为全面建设社会主义现代化国家而团结奋斗——在中国共产党第二十次全国代表大会上的报告》，《人民日报》2022 年 10 月 26 日。

心的事，使周边国家对我们更友善、更亲近、更认同、更支持，增强亲和力、感召力、影响力。“诚”即诚心诚意对待周边国家，争取更多朋友和伙伴。“惠”即本着互惠互利的原则同周边国家开展合作，编织更紧密的共同利益网络，把双方利益融合提升到更高水平，让周边国家得益于我国的发展，使我国也从周边国家共同发展中获得裨益和助力。“容”即倡导包容的思想，强调亚太之大容得下大家共同发展，以更开放的胸襟和更积极的态度促进地区合作。要打造周边命运共同体，为此“要着力深化互利共赢格局。统筹经济、贸易、科技、金融等方面资源，利用好比较优势，找准深化同周边国家互利合作的战略契合点，积极参与区域经济合作”①。

亚洲是当今世界最具发展活力和潜力的地区之一，同时面临政治互信不足、经济发展不平衡、安全和治理问题突出等共同挑战，实现持久和平和共同繁荣任重道远。

东南亚是中国周边外交的重要方向。习近平指出：中国和东南亚山水相连，血脉相通，有文字可考的交往史长达2000多年。中华文明和东南亚文明千年互鉴共生。自20世纪60年代起，东南亚国家创建东盟，走上了联合自强之路，并在近半个世纪中风雨兼程，实现了从动荡贫弱到稳定发展的跨越，成为地区和国际舞台上维护和平、促进发展、深化合作的一支重要力量。东盟在自身发展和对外交往中，形成了独具特色的“东盟方式”，强调相互尊重、协商一致、照顾各方舒适度，为地区国家发展关系、深化合作、推进一体化提供了有益借鉴。中国将坚定发展同东盟的友好合作关系，坚定支持东盟发展壮大，坚定支持东盟共同体建设，坚定支持东盟在东亚区域合作中发挥主导作用。

在亚太区域乃至全球，中国必须发挥自身的主导作用，贯彻“结伴不结盟”方针，关键是在各个方向培育坚定有力的安全可信任的合作伙伴，树立“大周边”理念，打造周边命运共同体，如东南亚的柬埔寨、老挝，

① 《习近平谈治国理政》，外文出版社2014年版，第298页。

西北中亚的五国，西南的巴基斯坦，北部的俄罗斯等。中国只有形成在亚太区域乃至辐射全球的聚合效应才能增强抗打压能力，才能与美日避免"见招拆招"，同时保持战略定力。事实表明，中国从亚太和平繁荣的共同利益出发，倡导"一带一路"及亚投行等区域合作的开创性举措，从正面凸显了美日军事同盟尤其是特朗普执政期间冷战式安全导向与当今时代潮流的相悖。

第三，以正确义利观指导同发展中国家关系。广大发展中国家是中国在国际事务中的天然同盟军，要坚持正确义利观，要切实加强同发展中国家的团结合作，把我国发展与广大发展中国家共同发展紧密联系起来，做好同发展中国家团结合作的大文章。在与发展中国家关系方面，习近平强调，要"秉持正确义利观，和真实亲诚理论，加强同发展中国家的团结合作"①。

新兴市场国家和发展中国家已经成为平等互惠的全球自由贸易和以此为基础的全球秩序的主要支持力量，合作潜力巨大，彼此之间拥有很多尚待开发的合作空间。2017 年 9 月，在厦门市举办金砖国家领导人第九次会晤期间，习近平提出共同开创金砖合作第二个"金色十年"，指出，金砖国家就像五根手指，伸开来各有所长，但是攥起来就是一个拳头。只要五国团结一心，金砖不仅不会褪色，还会更加闪亮。

中国要维护国际公平正义，要为广大发展中国家说话；要做到义利兼顾，讲信义、重情义、扬正义、树道义；切实落实好正确义利观，做好对外援助工作，真正做到弘义融利。对于中国与发展中国家的关系，习近平明确指出，无论发展到哪一步，无论国际风云如何变幻，中国都将继续同广大发展中国家站在一起，永远做发展中国家的可靠朋友和真诚伙伴。

习近平指出："义，反映的是我们的一个理念，共产党人、社会主义

---

①　习近平：《决胜全面建成小康社会　夺取新时代中国特色社会主义伟大胜利——在中国共产党第十九次全国代表大会上的报告》，《人民日报》2017 年 10 月 28 日。

国家的理念。这个世界上一部分人过得很好，一部分人过得很不好，不是个好现象。真正的快乐幸福是大家共同快乐、共同幸福。我们希望全世界共同发展，特别是希望广大发展中国家加快发展。利，就是要恪守互利共赢原则，不搞我赢你输，要实现双赢。我们有义务对贫穷的国家给予力所能及的帮助，有时甚至要重义轻利、舍利取义，绝不能惟利是图、斤斤计较。”① “只有坚持正确义利观，才能把工作做好、做到人的心里去，这是中国外交得道多助的一个重要基础。”②

对非合作要讲“真、实、亲、诚”，中非合作是互利共赢的，中国在帮助非洲发展时不附加任何政治条件，重在帮助非洲国家把资源优势转化为发展优势，实现多元、自主、可持续发展。中国与拉美和加勒比国家虽然相距遥远，但友好关系源远流长，双方将增进政治互信，加强务实合作，不断提升整体合作水平。中国同阿拉伯国家彼此是相互尊重、相互认同、相互信赖的好朋友、好兄弟、好伙伴，双方将弘扬丝绸之路精神，即促进文明互鉴、尊重道路选择、坚持合作共赢、倡导对话和平，不断深化全面合作、共同发展的中阿战略合作关系。

第四，积极参与全球治理。冷战结束后，随着经济全球化的迅猛发展，国际政治的多元化，全球性问题日益增多，“现行全球治理体系不适应的地方越来越多，国际社会对变革全球治理体系的呼声越来越高。推动全球治理体系变革是国际社会大家的事”③。

党的二十大报告指出：“中国积极参与全球治理体系改革和建设，践行共商共建共享的全球治理观，坚持真正的多边主义，推进国际关系民主化，推动全球治理朝着更加公正合理的方向发展。”④ 因此，要切实推进多

---

① 《习近平提出正确义利观：中国外交的一面旗帜》，人民论坛2016年8月11日，http：//www. rmlt. com. cn/2016/0811/436329. shtml。

② 《习近平系列重要讲话读本：建立新型国际关系》，《人民日报》2014年7月15日。

③ 《习近平谈治国理政》第2卷，外文出版社2017年版，第449页。

④ 习近平：《高举中国特色社会主义伟大旗帜 为全面建设社会主义现代化国家而团结奋斗——在中国共产党第二十次全国代表大会上的报告》，《人民日报》2022年10月26日。

边外交，推动国际体系和全球治理改革，增加我国和广大发展中国家的代表性和话语权。

2015 年 11 月 18 日，习近平在菲律宾马尼拉 APEC 工商领导人峰会发表《发挥亚太引领作用 应对世界经济挑战》的主旨演讲，强调面对世界经济的“激流险滩”，亚太“巨轮”必须“校准航向、把好舵盘”，亚太各经济体必须“勇于担当、同舟共济”。针对美国强推 TPP 引发区域合作“碎片化”的消极倾向，他强调要坚持构建“开放型经济”，加快“亚太自贸区”（FTAAP）建设，推进区域经济一体化。

2019 年 3 月，习近平在中法全球治理论坛闭幕式上的讲话中指出，我们要坚持共商共建共享的全球治理观，坚持全球事务由各国人民商量着办，积极推进全球治理规则民主化。这再次向世界传递坚定维护多边主义、完善全球治理的清晰信号，获得与会各方一致赞同。共商共建共享的全球治理观，是中国积极参与全球治理体系变革和建设的基本理念和主张，为建设一个更加美好的世界提供了中国智慧，为破解世界共同面临的治理难题提供了中国方案。

在多边外交方面。习近平强调：“现在，世界上的事情越来越需要各国共同商量着办，建立国际机制、遵守国际规则、追求国际正义成为多数国家的共识。”①

2020 年 11 月 15 日，历时 8 年，区域全面经济伙伴关系协定（RCEP）终于正式签署。RCEP 是全球最大的自贸协定，成员国包括东盟 10 国与中国、日本、韩国、澳大利亚、新西兰，这 15 个成员国的总人口、经济体量、贸易总额均占全球总量约 30%。RCEP 顺利签署，对增强各国后疫情时代经济恢复、促进长期繁荣发展具有极为重要的推动作用。

第五，大力开展政党交流合作。2017 年 11 月 30 日至 12 月 3 日，来自世界 120 多个国家近 300 个政党和政治组织的领导人共 600 多名中外代表

---

① 《推动全球治理体制更加公正更加合理 为我国发展和世界和平创造有利条件》，《人民日报》2015 年 10 月 14 日。

出席中国共产党与世界政党高层对话会，各方一致通过《北京倡议》。习近平发表题为《携手建设更加美好的世界》的主旨演讲，在阐明构建人类命运共同体政党责任的同时，提出了许多政党政治与政党外交新理念，特别是提出建立新型政党关系的倡议，标志着当代中国政党外交进入新时代、达到新境界。习近平关于建立新型政党关系的倡议，重申中国共产党将在独立自主、完全平等、互相尊重、互不干涉内部事务的基础上，同各国各地区政党和政治组织发展交流合作，促进国家关系发展。

（四）坚持维护国家安全的底线思维

习近平在主持十八届中共中央政治局第三次集体学习时，强调了中国和平发展的原则和底线："我们要坚持走和平发展道路，但决不能放弃我们的正当权益，决不能牺牲国家核心利益。任何外国不要指望我们会拿自己的核心利益做交易，不要指望我们会吞下损害我国主权、安全、发展利益的苦果。中国走和平发展道路，其他国家也都要走和平发展道路，只有各国都走和平发展道路，各国才能共同发展，国与国才能和平相处。"①

习近平指出，当前和今后一个时期，我国对外工作要贯彻落实总体国家安全观，增强全国人民对中国特色社会主义的道路自信、理论自信、制度自信，维护国家长治久安。要争取世界各国对中国梦的理解和支持，中国梦是和平、发展、合作、共赢的梦，我们追求的是中国人民的福祉，也是各国人民共同的福祉。要坚决维护领土主权和海洋权益，维护国家统一，妥善处理好领土岛屿争端问题。要维护发展机遇和发展空间，通过广泛开展经贸技术互利合作，努力形成深度交融的互利合作网络。要在坚持不结盟原则的前提下广交朋友，形成遍布全球的伙伴关系网络。要提升我国软实力，讲好中国故事，做好对外宣传。要切实维护我国海外利益，不断提高保障能力和水平，加强保护力度。

---

① 《习近平谈治国理政》，外文出版社 2014 年版，第 249 页。

国家统一是中华民族的根本利益所在。习近平深刻论述了实现国家统一与民族复兴之间的内在联系。2013 年 6 月 13 日，习近平在会见吴伯雄时，提出"要坚持从中华民族整体利益的高度把握两岸关系大局"。2019 年 2 月，习近平在《告台湾同胞书》发表 40 周年纪念大会上，强调："祖国必须统一，也必然统一。这是 70 载两岸关系发展历程的历史定论，也是新时代中华民族伟大复兴的必然要求。"①

从新中国成立以来，"为世界谋大同"成为中国共产党人的崇高使命，这既是新时代中国共产党人所肩负的历史任务之一，也是世界各国人民的普遍呼声与殷切期盼！

---

① 习近平：《为实现民族伟大复兴 推进祖国和平统一而共同奋斗——在〈告台湾同胞书〉发表 40 周年纪念会上的讲话》，《人民日报》2019 年 1 月 3 日。

后　　记

中国共产党已经发展成为一个走过百年光辉历程、执政70多年、拥有9800多万名党员的世界上最大的马克思主义执政党。在100多年的接续奋斗中，党团结带领中国人民开辟了伟大道路，建立了伟大功业，铸就了伟大精神，创造了伟大奇迹，彰显了卓尔不群的大党风范、独特气质。本书依据习近平总书记的相关重要论述，把历史和现实、理论和实践结合起来，从百年大党如何铸就，百年大党的大志向、大情怀、大优势、大智慧、大担当等视角全方位揭示了中国共产党“大党的样子”的多姿面貌及丰富内涵，献礼建党103周年。

全书由主编拟定大纲并统改定稿，承担写作任务的都是对各相关领域术有专攻的专家学者，具体分工如下：第一章、第三章，王涛副教授；第二章，武晓超副教授；第四章，郇雷教授；第五章，张源副教授；第六章，王懂棋教授；第七章，刘晨光教授；第八章，沈传亮教授；第九章，赵绪生教授；第十章，张仕荣教授。

中央党校（国家行政学院）原分管日常工作的副校（院）长何毅亭同志欣然为本书作序，为全书增彩，这里表示衷心感谢。

曹　普

2023年11月